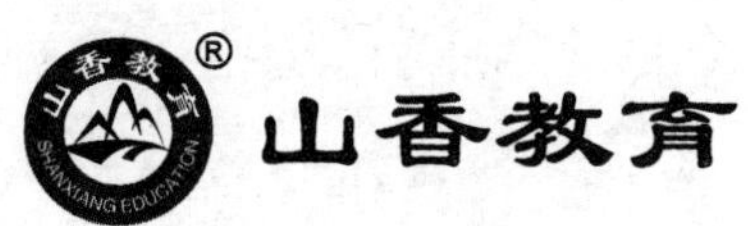

教师招聘考试历年真题详解及预测试卷

小学数学

真题试卷

（本真题试卷由山香教育考试命题研究中心收集、整理）

目 录

2023年湖北省教师招聘考试真题试卷(一)

小学数学

(时间:120分钟　总分:100分)

本套试卷共21小题,包括单项选择题(12小题),填空题(4小题),解答题(2小题),综合题(3小题)。

一、单项选择题(本大题共12小题,每小题3分,共36分)

1. 下面小数与10最接近的是(　　)

A. 10.01　　B. 10.002　　C. 9.99　　D. 9.099

2. 小明有5元和2元的人民币若干张,且恰好张数相同,小明可能有(　　)

A. 25元　　B. 32元　　C. 35元　　D. 60元

3. 如果三位数“$\overline{\square 15}$”除以39的商是两位数,除以51的商是一位数,那么“□”中的数是(　　)(常考)

A. 3　　B. 4　　C. 5　　D. 6

第3题

4. 如果a是一个大于2的质数,那么$a-1$一定是(　　)

A. 奇数　　B. 偶数　　C. 质数　　D. 合数

5. 一架朝西偏南30°方向飞行的飞机接到“朝相反方向飞行”的指令,执行指令后,这架飞机飞行方向是(　　)

A. 南偏西30°　　B. 西偏北30°　　C. 北偏东30°　　D. 东偏北30°

6. 把日历任意连续2个月的天数相加,得到的结果可能性最大的是(　　)

A. 59　　B. 60　　C. 61　　D. 62

7. 汪师傅做一个工艺品的$\frac{2}{9}$用了$\frac{5}{6}$小时,按这样的速度,他做一个这样的工艺品需要多少小时?解决这个问题正确的列式是(　　)(易错)

A. $\frac{2}{9}\div\frac{5}{6}$　　B. $\frac{5}{6}\div\frac{2}{9}$

C. $\frac{2}{9}\times\frac{5}{6}$　　D. $\frac{2}{9}\times\frac{6}{5}$

第7题

8. 下列调查中适宜采用全面调查方式的是(　　)

A. 了解全班学生的身高情况　　B. 了解全市中学生的心理健康状况

C. 调查长江流域的水质情况　　D. 了解一批灯泡的使用寿命

9. 如图,点 A,B,C,D 都在方格纸的格点处,AB 与 CD 相交于点 P,则 $\sin\angle APC$ 的值为(　　)

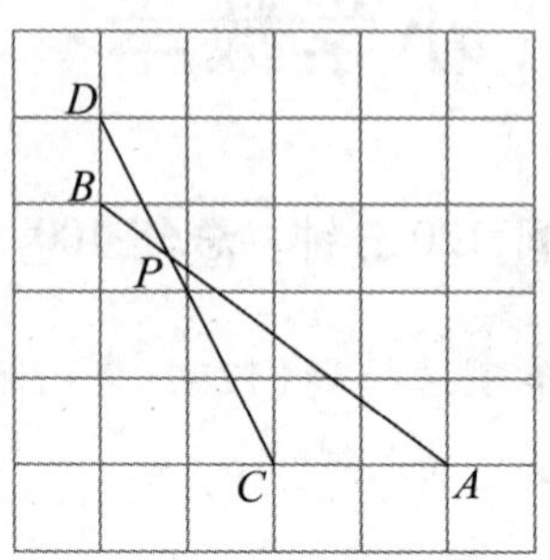

A. $\frac{\sqrt{3}}{5}$　　B. $\frac{2}{5}$　　C. $\frac{\sqrt{5}}{5}$　　D. $\frac{2\sqrt{5}}{5}$

10. 在平面直角坐标系中,等边三角形 AOB 如图放置,点 A 的坐标为(1,0),将 $\triangle AOB$ 绕点 O 逆时针方向旋转 $60°$,同时每边扩大为原来的 2 倍,得到 $\triangle A_1OB_1$;再将 $\triangle A_1OB_1$ 绕点 O 逆时针方向旋转 $60°$,同时每边扩大为原来的 2 倍,得到 $\triangle A_2OB_2$;…;依此类推,则点 A_{2023} 的坐标为(　　)

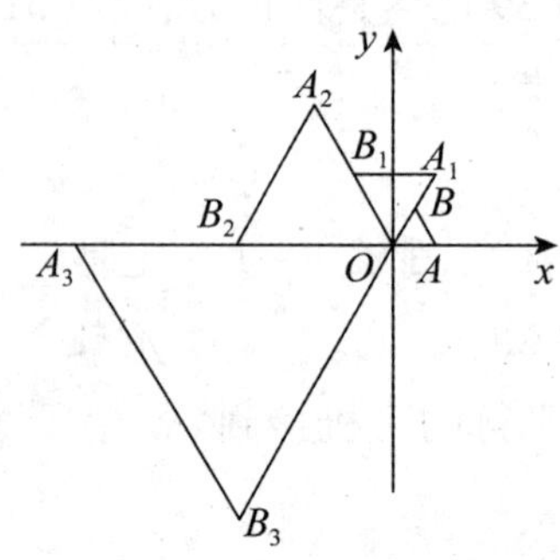

A. $(2^{2022},\sqrt{3}\times2^{2022})$　　B. $(2^{2022},-\sqrt{3}\times2^{2022})$

C. $(2^{2023},\sqrt{3}\times2^{2023})$　　D. $(2^{2023},-\sqrt{3}\times2^{2023})$

11. 学生对数学及数学学习有好奇心,乐于在数学探究中提出猜想和问题,勇于探索一些开放性的、非常规的实际问题和数学问题,这主要体现学生的(　　)

A. 运算能力　　B. 模型意识　　C. 应用意识　　D. 创新意识

12. 核心素养具有整体性、一致性和阶段性,在不同阶段具有不同表现,小学阶段侧重(　　)

A. 经验的感悟　　B. 概念的理解　　C. 实践的运用　　D. 方法的掌握

二、填空题(本大题共 4 小题,每小题 3 分,共 12 分)

13. 2020 年全国人口普查结果:湖北省总人口为 57 752 557 人,约为________亿人(保留一位小数)。

14. x,y,z 均为正整数,满足 $x \div 32 = y \cdots\cdots z$,且 y 比 z 小,则 x 最大是________。(易错)

第 14 题

15. 借助接紧的线、绷紧的弦帮助学生认识线段,这体现了数学教学基本原则中的具体与________相结合原则。

16. 如图,将 1 ~6 分别标在正方体展开图的 6 个面上,折成正方体后,将相交于同一个点的三个面上的数相加,和最大是________。(易错)

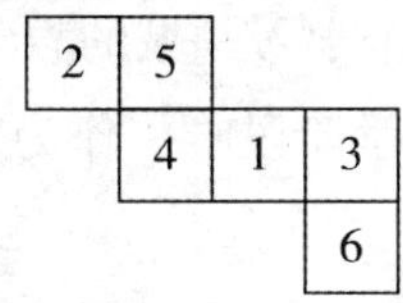

三、解答题(本大题共 2 小题,每小题 10 分,共 20 分)

17. 一辆公交车从起点站到终点站需要$\frac{7}{4}$小时,如果相邻两站之间平均行驶时间为 10 分钟,所有车站上下乘客一共用去 15 分钟,那么这条公交线路一共设有多少站?

18. 商场以每件 800 元的进价购入某款羽绒服 10 件,11 月份开始出售,此时的标价比进价高 50%;第二年 3 月份以标价的 3 折开始促销,卖完剩余部分,销售这款羽绒服共获利 640 元,问打折促销卖出多少件?

第 18 题

四、综合题(本大题共 3 小题,第 19,20 小题每小题 10 分,第 21 小题 12 分,共 32 分)

19. 阅读以下材料:

运算能力主要是指根据法则和运算律进行正确运算的能力。能够明晰运算的对象和意义,理解算法与算理之间的关系;能够理解运算的问题,选择合理简洁的运算策略解决问题;能够通过运算促进数学推理能力的发展。运算能力有助于形成规范化思考问题的品质,养成一丝不苟、严谨求实的科学态度。

请根据以上材料,回答以下问题:

(1)小学数学课程内容由数与代数、图形与几何、统计与概率、综合与实践四个学习领域组成,运算能力主要在哪一个学习领域的教学中完成?(2 分)

(2)运算能力是核心素养在小学阶段唯一作为“能力”要求的行为表现,请举例说明它主要包括哪些方面。(8 分)

20. 阅读以下二年级“有余数的除法”的教学片段并回答问题。

师:刚才同学们用9根小棒摆三角形,正好摆了3个。现在用10根小棒摆三角形,发现还是能摆3个,却剩下1根小棒,怎样用简洁的算式表示我们摆的过程和结果呢?先自己试着写一下,再与小组伙伴讨论你的想法。

教师通过巡视,投影展示学生有代表性的表示方法:

方法一:10 - 3 = 7(根),7 - 3 = 4(根),4 - 3 = 1(根)。

方法二:3 × 3 + 1 = 10(根)。

方法三:10 ÷ 3 = 3(个),剩1根。

生1:我认为第一种方法虽然表示了摆的过程和结果,但是太麻烦了,如果小棒更多一些,比如100根,那要写的算式太多了。

生2:我觉得第二种方法不好,等号右边应该表示摆的结果,可是10根不是摆的结果。

生3:我赞同第三种方法,等号左边的算式表示:10根小棒,每3根摆1个三角形,右边可以清楚地看出摆的结果是摆了3个三角形,剩1根小棒。

师:同学们真厉害!你们通过比较发现了更合理的表示方法,数学家在表示剩下的小棒时,和同学们想的略有不同,他们是这样表示的。

教师板书:10 ÷ 3 = 3(个)……1(根)。

引导学生学习规范的表示方法,认识余数。

(1)试简述该教学片段的设计意图;(4分)

(2)请指出这段教学的不足之处,并提出改进建议。(6分)

第20题

21. 阅读《义务教育教科书数学 · 三年级下册》第五单元“面积”中的内容：

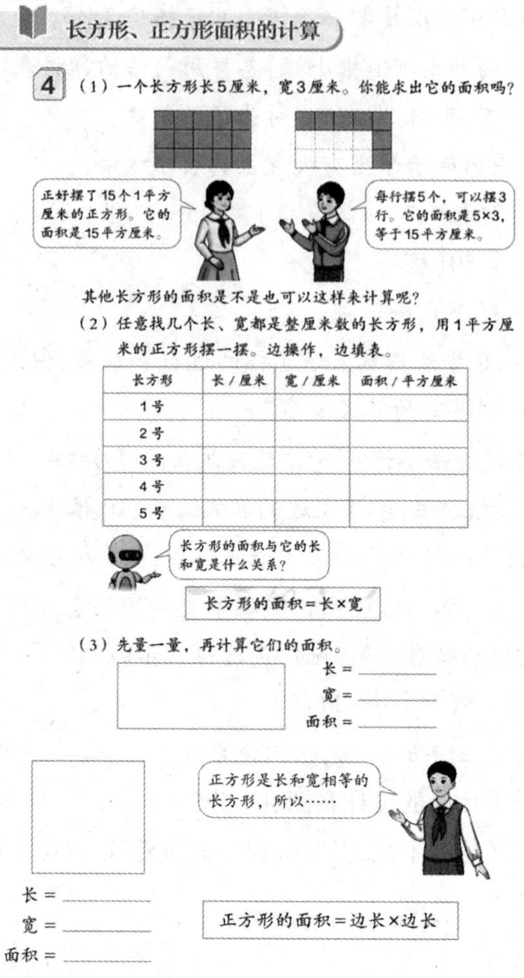

长方形、正方形面积的计算

4 （1）一个长方形长5厘米，宽3厘米。你能求出它的面积吗？

正好摆了15个1平方厘米的正方形。它的面积是15平方厘米。

每行摆5个，可以摆3行。它的面积是5×3，等于15平方厘米。

其他长方形的面积是不是也可以这样来计算呢？

（2）任意找几个长、宽都是整厘米数的长方形，用1平方厘米的正方形摆一摆。边操作，边填表。

长方形	长/厘米	宽/厘米	面积/平方厘米
1号			
2号			
3号			
4号			
5号			

长方形的面积与它的长和宽是什么关系？

长方形的面积＝长×宽

（3）先量一量，再计算它们的面积。

长＝＿＿＿＿
宽＝＿＿＿＿
面积＝＿＿＿＿

正方形是长和宽相等的长方形，所以……

长＝＿＿＿＿
宽＝＿＿＿＿
面积＝＿＿＿＿

正方形的面积＝边长×边长

根据以上教学内容，完成下列问题：

（1）“四基”是对义务教育阶段学生数学学习的整体基本要求，本节课学生需要理解和掌握的基础知识和基本技能是哪些？抽象、推理和模型是三种基本数学思想，本节课主要体现了哪些数学思想？本节课学生通过怎样的学习方式才能获得相应的基本活动经验？（4分）

（2）请依据（1）中的分析，写出本节课“探究新知”环节的教学设计。（8分）

2023年江苏省南京市教师招聘考试真题试卷（二）

小学数学

（时间:120分钟　总分:100分）

本套试卷共19小题，包括单项选择题（10小题），填空题（4小题），解答题（3小题），材料阅读与分析（2小题）。

一、单项选择题（本大题共10小题，每小题3分，共30分）

1. 数学是研究数量关系和空间形式的科学。数学源于对现实世界的（　　）

A. 抽象　　B. 观察　　C. 再现　　D. 想象

2.《义务教育数学课程标准（2022年版）》指出：评价不仅要关注学生数学学习结果，还要关注学生数学学习（　　）

A. 方法　　B. 策略　　C. 路径　　D. 过程

3. 已知向量 $\boldsymbol{a}, \boldsymbol{b}$ 满足 $|\boldsymbol{a}| = 1, |\boldsymbol{b}| = 2$，若 $\boldsymbol{a}$ 与 $\boldsymbol{b}$ 的夹角为 $\frac{\pi}{3}$，则 $|2\boldsymbol{a} - \boldsymbol{b}| =$（　　）

A. 1　　B. $\sqrt{2}$　　C. $\sqrt{3}$　　D. 2

4. 已知复数 z 满足 $\frac{z}{1+\mathrm{i}} = 3 + 4\mathrm{i}$，i为虚数单位，则复数 z 的模等于（　　）（易错）

第4题

A. 5　　B. $5\sqrt{2}$　　C. 25　　D. 50

5. 若 $\left(x - \frac{\sqrt{a}}{x^2}\right)^6$ 展开式中的常数项为60，则常数 a 的值为（　　）（常考）

第5题

A. 1　　B. 2

C. 4　　D. 8

6. 一只不透明的口袋内有大小、形状完全相同的9个小球，其中红球、黄球和白球各3个，从口袋内无放回地抽取2个球，则这2个球颜色不同的概率为（　　）

A. $\frac{3}{4}$　　B. $\frac{2}{3}$　　C. $\frac{1}{2}$　　D. $\frac{1}{3}$

7. 已知 $A=\frac{111\ 110}{222\ 221}$，$B=\frac{444\ 443}{888\ 887}$，则 A 与 B 的大小关系是（　　）（易混）

A. $A=B$　　　　B. $A>B$

C. $A<B$　　　　D. 无法比较

8. 在等差数列 $\{a_n\}$ 中，已知第 1 项到第 5 项的和为 25，第 6 项到第 10 项的和为 75，则该数列的第 6 项 $a_6=$（　　）

A. 9　　　　B. 10　　　　C. 11　　　　D. 12

9. 已知函数 $f(x)=\sin\omega x-\sqrt{3}\cos\omega x(\omega>0)$ 的最小正周期为 π，若函数 $y=f(x+\varphi)$ 的图象关于点 $\left(-\frac{\pi}{6},0\right)$ 中心对称，则 $|\varphi|$ 的最小值为（　　）（易错）

第 9 题

A. $\frac{\pi}{12}$　　　　B. $\frac{\pi}{6}$　　　　C. $\frac{\pi}{3}$　　　　D. $\frac{2\pi}{3}$

10. 如图，已知圆锥的顶点为 S，O 为底面圆心，轴截面 $\triangle SAB$ 为正三角形，若点 C 在底面圆周上，且 $\cos\angle ASC=\frac{7}{8}$，则直线 BC 与平面 SAC 所成角的正弦值为（　　）

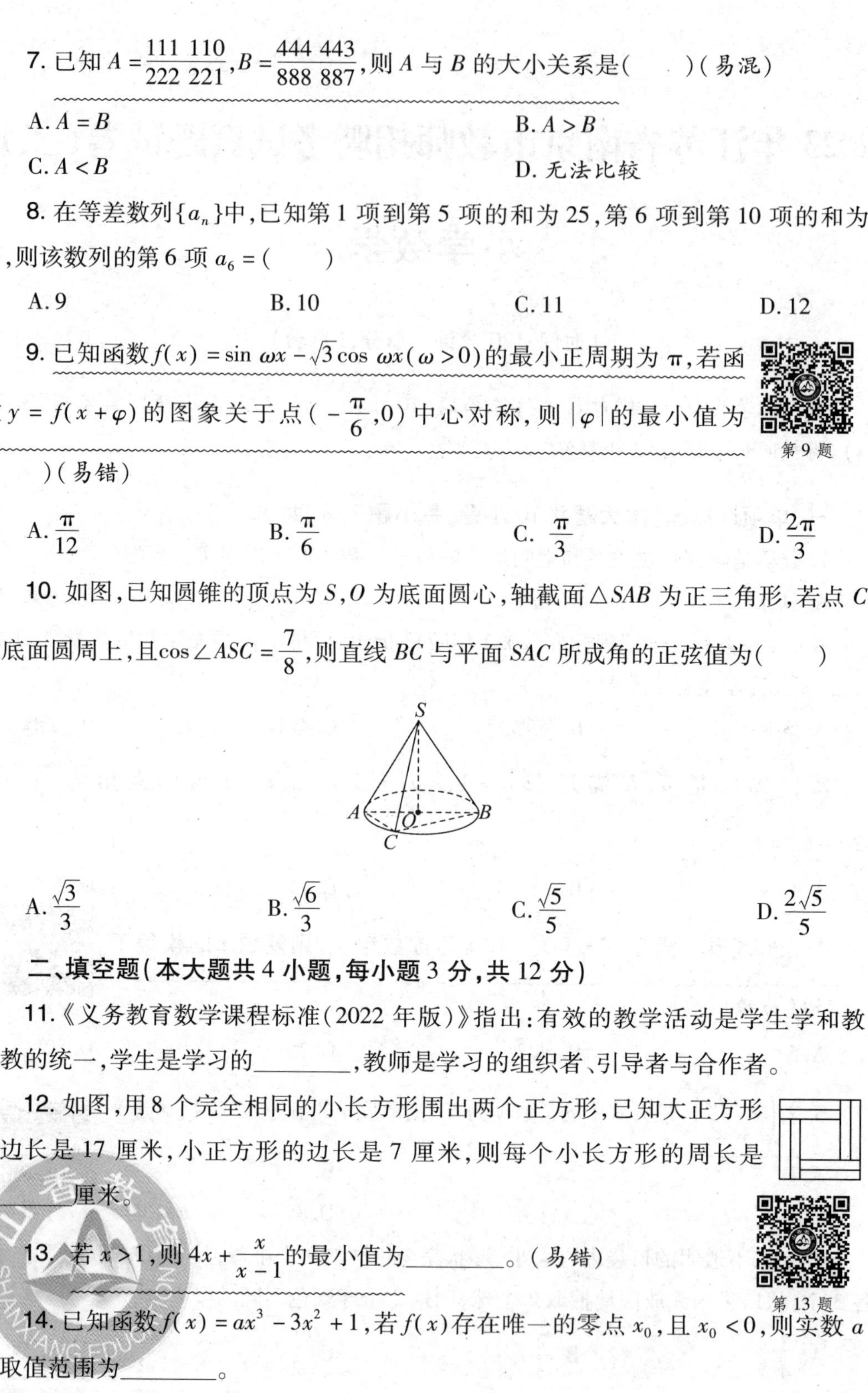

A. $\frac{\sqrt{3}}{3}$　　　　B. $\frac{\sqrt{6}}{3}$　　　　C. $\frac{\sqrt{5}}{5}$　　　　D. $\frac{2\sqrt{5}}{5}$

二、填空题（本大题共 4 小题，每小题 3 分，共 12 分）

11.《义务教育数学课程标准（2022 年版）》指出：有效的教学活动是学生学和教师教的统一，学生是学习的________，教师是学习的组织者、引导者与合作者。

12. 如图，用 8 个完全相同的小长方形围出两个正方形，已知大正方形的边长是 17 厘米，小正方形的边长是 7 厘米，则每个小长方形的周长是________厘米。

第 13 题

13. 若 $x>1$，则 $4x+\frac{x}{x-1}$ 的最小值为________。（易错）

14. 已知函数 $f(x)=ax^3-3x^2+1$，若 $f(x)$ 存在唯一的零点 x_0，且 $x_0<0$，则实数 a 的取值范围为________。

三、解答题(本大题共 3 小题,第 15 小题 10 分,第 16,17 小题每小题 12 分,共 34 分)

15. 在平面直角坐标系 xOy 中,点 $A(-2,3)$ 在抛物线 $E:y=ax^2+bx+3(a>0)$ 上。

(1)求 E 的对称轴方程;(3 分)

(2)若点 $B(m-1,y_1)$,$C(2m,y_2)$ 都在 E 上,试比较 y_1,y_2 的大小,并说明理由。(7 分)

16. 已知双曲线 $C:\dfrac{x^2}{a^2}-\dfrac{y^2}{b^2}=1(a>0,b>0)$ 的中心为原点,左、右焦点分别为 F_1,F_2,直线 l 是 C 的右准线。

(1)若 C 的离心率为 2,以线段 F_1F_2 为直径的圆被直线 $ax+by-ab=0$ 截得的弦长为 $2\sqrt{13}$,求 C 的方程;(5 分)

(2)若点 P 在 l 上,点 Q 在 C 上,$PF_2\perp QF_2$,求证:直线 PQ 与 OQ 的斜率之积是定值。(7 分)

17. 已知函数$f(x)=e^{x}$,$g(x)=ax^{2}$。

(1)若$a=1$,证明:当$x\geqslant 0$时,$f(x)\geqslant g(x)+1$;(5分)

(2)若$a=-\frac{1}{4}$,求同时与曲线$f(x)$和$g(x)$都相切的直线方程。(7分)

第17题

四、材料阅读与分析(本大题共2小题,每小题12分,共24分)

18. 阅读材料并解决以下问题:

在一场足球比赛中,星光队获得了一次罚点球的机会,他们准备从四名队员中选一人去完成罚点球的任务。下面是这四名队员近期罚点球情况统计。

队员	罚球数/个	进球数/个
甲	10	8
乙	20	19
丙	25	21
丁	30	27

(1)您认为星光队应该派哪名队员去完成罚点球的任务?为什么?(4分)

(2)《义务教育数学课程标准(2022年版)》指出:数学课程内容由数与代数、图形与几何、统计与概率、综合与实践四个学习领域组成。您认为以上阅读材料属于哪个学习领域?(2分)

(3)义务教育阶段数学课程要培养的学生核心素养,可以概括表达为“三会”,请您结合“三会”理念拟定以上阅读材料的教学目标。(6分)

19. 阅读材料并解决以下问题：

在七年级，我们通过观察、操作，发现三角形的三条中线相交于一点．你能运用相似形的有关知识证实这个结论吗？

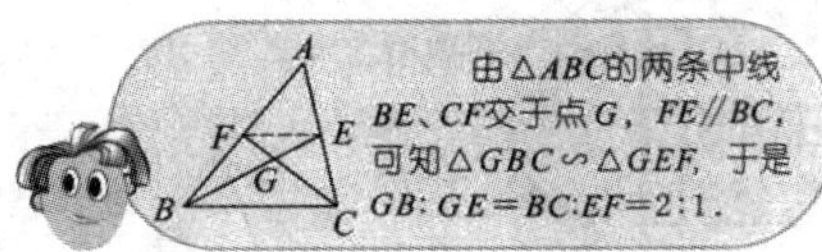

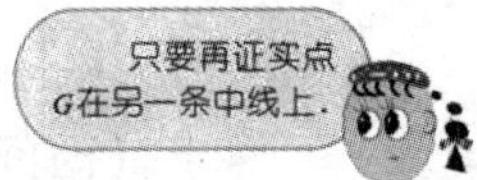

如图 6－27，$\triangle ABC$ 的中线 BE、CF 相交于点 G，连接 EF，则 $FE\parallel BC$，$FE=\frac{1}{2}BC$. 这样，由$\triangle GEF\backsim\triangle GBC$，可得 $GE=\frac{1}{2}GB$.

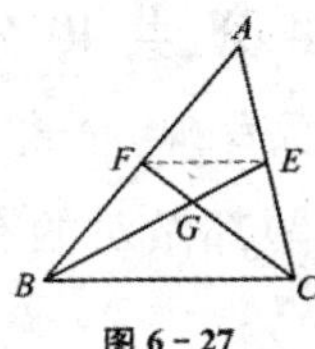

图 6－27

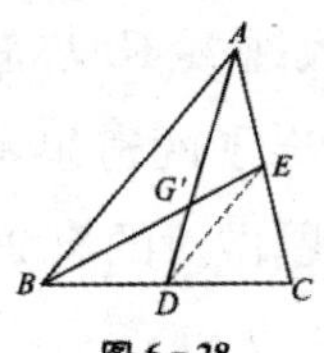

图 6－28

如图 6－28，AD 是$\triangle ABC$ 的另一条中线，设 AD 与 BE 相交于点 G'，连接 DE，同样可得$\triangle G'DE\backsim\triangle G'AB$，$G'E=\frac{1}{2}G'B$.

于是，点 G' 与点 G 重合，三角形的三条中线相交于一点．

（1）根据以上阅读材料，请您设计一个教学片段；（8 分）

（2）请用一种不同于阅读材料中的方法，证明“三角形的三条中线相交于一点”。（4 分）

2023 年安徽省教师招聘考试真题试卷(三)

小学数学

(时间:150 分钟　总分:120 分)

本套试卷共 22 小题,包括单项选择题(10 小题),填空题(5 小题),解答题(5 小题),案例分析题(1 小题),教学设计题(1 小题)。

一、单项选择题(本大题共 10 小题,每小题 4 分,共 40 分)

1. 杨老师给全班同学出了两道思考题,批改后发现,全班每人至少做对一题,第一题做对的有 30 人,第二题做对的有 25 人,两道题都做对的有 13 人,全班共有学生(　　)人。

A. 68 人　　B. 55 人　　C. 42 人　　D. 38 人

2. 在一块正方形空地中设计出两块绿地(下图中阴影部分),已知两块绿地的周长之和是 80 m,那么这块正方形空地的面积是(　　)

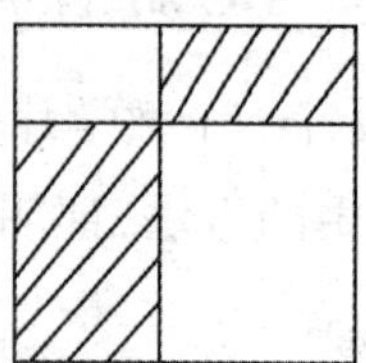

A. 160 m^2　　B. 400 m^2　　C. 800 m^2　　D. 1600 m^2

3. 已知集合 $A=\{x|1-2x\leqslant 0\}$,$B=\{m\}$,若 $A\cap B=B$,则实数 m 的取值范围是(　　)(易错)

A. $\left(-\infty,-\frac{1}{2}\right]$　　B. $\left(-\infty,\frac{1}{2}\right]$

C. $\left[-\frac{1}{2},+\infty\right)$　　D. $\left[\frac{1}{2},+\infty\right)$

4. 若 m 是整数,且 $m<\frac{\sqrt{7}-1}{2+\sqrt{7}}<m+1$,则 m 的值是(　　)(易错)

第 4 题

A. -1　　B. 0

C. 1　　D. 2

5. 观察图中正方形四个顶点所标的数字规律可知，数 2023 应标在(　　)(常考)

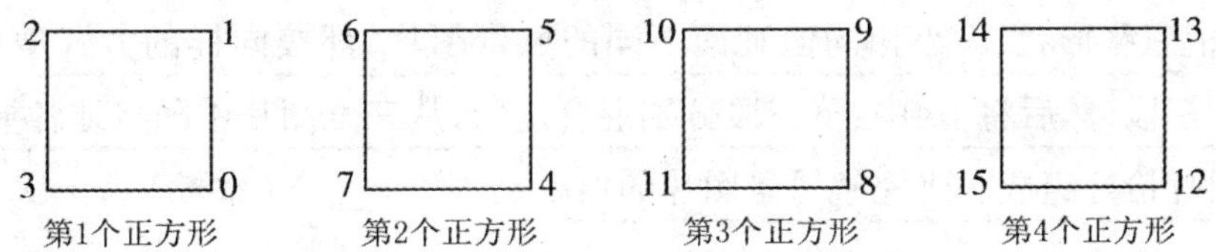

A. 第 505 个正方形的右下角　　B. 第 505 个正方形的左下角

C. 第 506 个正方形的右下角　　D. 第 506 个正方形的左下角

6. 已知实数 a,b,c 满足 $a^3=2^b=\log_2 c=\sin 15°$，则 a,b,c 的大小关系是(　　)(常考)

A. $b<a<c$　　B. $a<b<c$

C. $c<a<b$　　D. $c<b<a$

第 6 题

7. 已知实数 $a<b<0$，且 $\frac{a}{b}+\frac{b}{a}=4$，则 $\frac{a+b}{b-a}$ 的值为(　　)(易错)

A. -3　　B. $-\sqrt{3}$　　C. $\sqrt{3}$　　D. 3

8. 空间观念作为义务教育阶段数学学科核心素养的主要表现之一，下列选项中，与《义务教育数学课程标准(2022 年版)》空间观念内涵表述相符合的是(　　)

A. 建立数与形的联系，构建数学问题的直观模型

B. 根据语言描述画出相应的图形，分析图形的性质

C. 想象并表达物体的空间方位和相互之间的位置关系

D. 感知几何图形及其组成元素，依据图形特征进行分类

9.《义务教育数学课程标准(2022 年版)》对四个学习领域的课程内容按“内容要求”“学业要求”“教学提示”三个方面呈现，下列综合与实践领域各主题活动中的“内容要求”中不涉及量感的是(　　)

A. 我的教室　　B. 身体上的尺子

C. 曹冲称象的故事　　D. 度量衡的故事

10. 下列选项中，与《义务教育数学课程标准(2022 年版)》“核心素养的构成”表述不符合的是(　　)

A. 几何直观是数学眼光的主要表现之一

B. 空间观念是数学眼光的主要表现之一

C. 数据意识是数学语言的主要表现之一

D. 符号意识是数学语言的主要表现之一

二、填空题(本大题共 5 小题,每小题 4 分,共 20 分)

11. 把三张形状、大小相同但画面不同的风景图片,都按同样的方式剪成上、中、下相同的三段,然后将上、中、下三段分别混合洗匀,从三堆图片中随机地各抽取一张,这三张图片恰好组成一张完整风景图片的概率是________。(常考)

12. 已知函数 $f(x)=\begin{cases}3x^2,0\leqslant x\leqslant 1,\\4-x,1\leqslant x\leqslant 2,\end{cases}$ 则其连续区间为________。

13. 已知函数 $y=\tan^3 2x$,则 $y'=$________。(易错)

14. 已知双曲线 $C:\dfrac{x^2}{a^2}-\dfrac{y^2}{b^2}=1(a>0,b>0)$ 的右焦点 F 关于它的一条渐近线的对称点在另一条渐近线上,则双曲线 C 的离心率为________。

第 14 题

15.《义务教育数学课程标准(2022 年版)》在课程目标中指出,核心素养具有整体性、一致性和________。

三、解答题(本大题共 5 小题,每小题 8 分,共 40 分)

16. 音乐会门票原来 150 元一张,降价后观众人数增加了一倍,收入增加了 $\dfrac{1}{5}$,则每张门票降价多少元?(用算术方法解答)

17. 图 1 中的鹦鹉螺外壳非常漂亮,这是因为其内含优美的“黄金比例螺旋”,参照图 2 中各步骤,分别在各小正方形中画出四分之一圆弧,并将其依次连接即可画出“黄金比例螺旋”。若第一步画出的扇形半径长为 1 厘米,按照图 2 中所示方法依次画下去,则第八步图形中的“黄金比例螺旋”总长为多少厘米?(结果用 π 表示)

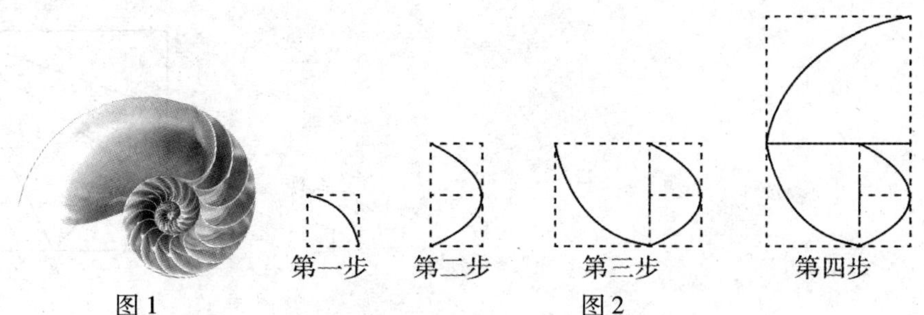

图 1　　图 2

18. 如图,在正方形 $ABCD$ 中,将 $\triangle DCE$ 沿 DE 折叠,使点 C 落在点 F 处,延长 EF 交 AB 于点 G,连接 DG,BF。

(1)求证:DG 平分 $\angle ADF$;(4 分)

(2)若 E 是 BC 边的中点,$AB=6$,求 $\triangle EDG$ 的面积。(4 分)

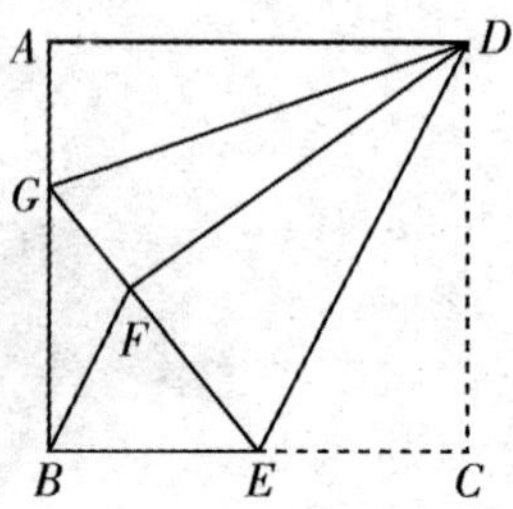

19. 如图，在圆内接四边形 $ABCD$ 中，$AB=2$，$BC=4$，且 $\angle ACB$，$\angle CBA$，$\angle BAC$ 依次成等差数列。

第 19 题

(1)求边 AC 的长；(4 分)

(2)求四边形 $ABCD$ 周长的最大值。(4 分)

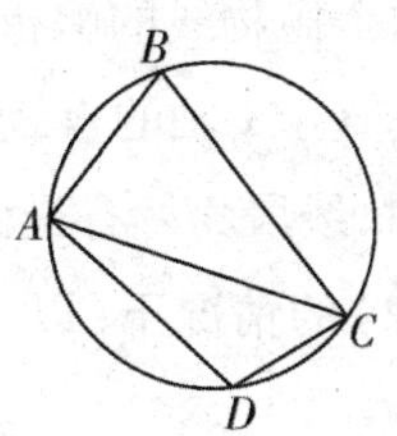

20. 如图,一次函数 $y=-\frac{1}{2}x+2$ 分别交 y 轴、x 轴于 A,B 两点,抛物线 $y=-x^2+bx+c$ 过 A,B 两点。

(1)求这个抛物线的解析式;(2 分)

(2)作垂直于 x 轴的直线 $x=t$,在第一象限交直线 AB 于点 M,交抛物线于点 N,求当 t 取何值时,线段 MN 有最大值?最大值是多少?(3 分)

(3)在(2)的情况下,以 A,M,N,D 为顶点作平行四边形,求第四个顶点 D 的坐标。(3 分)

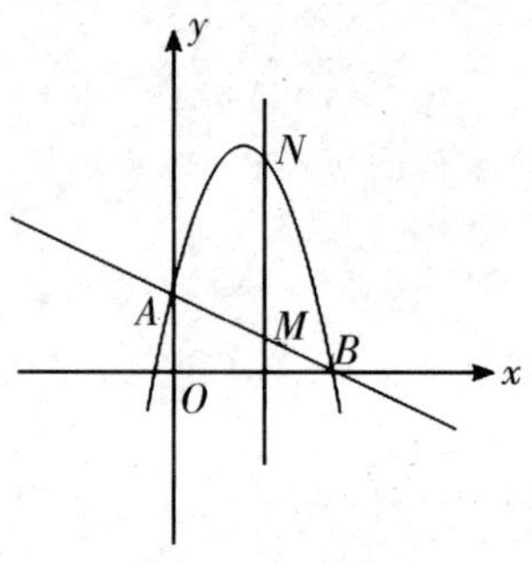

四、案例分析题(本大题共 1 小题,共 10 分)

21. 阅读素材:

队员	点球总数	投中次数
淘气	20	18
奇思	10	8
不马虎	25	21

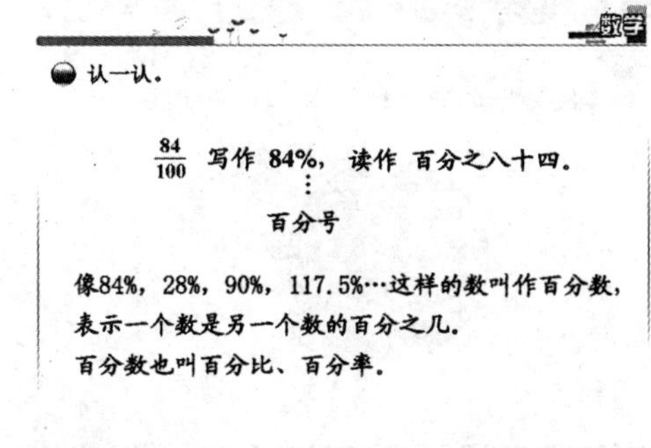

认一认。

$\frac{84}{100}$ 写作 84%,读作 百分之八十四。

百分号

像84%,28%,90%,117.5%…这样的数叫作百分数,表示一个数是另一个数的百分之几。

百分数也叫百分比、百分率。

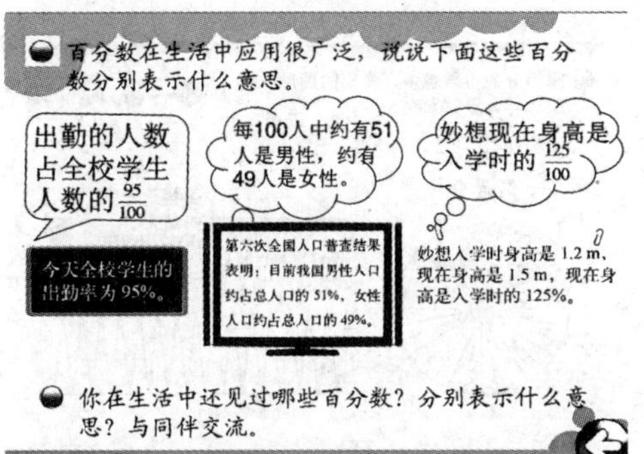

百分数在生活中应用很广泛,说说下面这些百分数分别表示什么意思。

你在生活中还见过哪些百分数?分别表示什么意思?与同伴交流。

(1)该素材涉及知识点在《义务教育数学课程标准(2022 年版)》中属于哪个学习领域?(2 分)

(2)分析以上素材的编排意图;(4 分)

(3)《义务教育数学课程标准(2022 年版)》在课程实施中指出:“教材素材的选取应尽可能地贴近学生的现实,以利于学生经历从现实情境中抽象出数学知识与方法的过程,发展抽象能力、推理能力等”。以上素材涉及哪几种“学生的现实”?并结合素材对其进行简要描述。(4 分)

五、教学设计题（本大题共 1 小题，共 10 分）

22. 阅读素材：

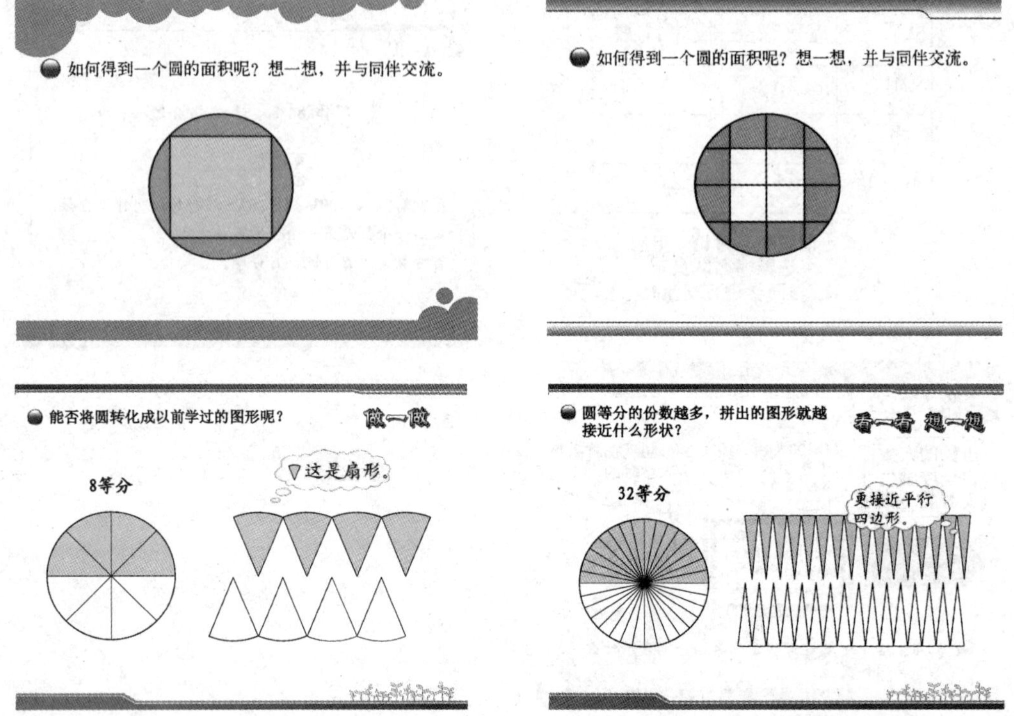

(1)利用以上素材实施教学，可以引导学生运用哪种思想对圆的面积公式进行推导？（2 分）

(2)《义务教育数学课程标准(2022 年版)》在实施建议中指出："注重教学内容与核心素养的关联"，依据上述素材，撰写一份体现此建议的教学设计。（只要求写出教学过程）(8 分)

第 22 题

2023年江西省教师招聘考试真题试卷(精编)(四)

小学数学

(时间:120分钟　总分:120分)

本套试卷共54小题,包括选择题和非选择题两部分。选择题部分包括单项选择题(50小题);非选择题部分包括解答题(2小题),材料分析题(1小题),教学片段设计题(1小题)。目前共收录52小题。

第一部分　选择题

单项选择题(本大题共48小题,每小题1分,共48分)

1. 课程教材要发挥(　　),启智增慧的作用。

A. 思想引领　　B. 真实描述

C. 培根铸魂　　D. 科学可靠

2. 全面贯彻党的教育方针,遵循教育教学规律,落实(　　)根本任务,发展(　　)教育。

A. 立德树人;素养　　B. 立德树人;素质

C. 教育教学;素质　　D. 党和国家;素养

3. 认真学习领会习近平总书记关于教育的重要论述,全面落实(　　)的时代新人培养要求。

A. 有理想、有本领、有见识　　B. 有理想、有道德、有目标

C. 有理想、有本领、有担当　　D. 有思想、有见识、有本领

4. 课程目标以学生发展为本,以(　　)为导向。

A. 教学内容　　B. 终身发展　　C. 教学活动　　D. 核心素养

5. 下列不属于小学阶段核心素养的主要表现的是(　　)

A. 数感　　B. 量感

C. 推理能力　　D. 运算能力

第5题

6. 核心素养具有整体性、(　　)和阶段性。

A. 一致性　　B. 间接性　　C. 完整性　　D. 表达性

7. 在义务教育阶段,数学眼光主要表现为:抽象能力(数感、量感、符号意识)、(　　)、空间观念与创新意识。

A. 应用意识　　B. 模型意识

C. 数据观念　　D. 几何直观

8. 百分数属于(　　)领域的知识。

A. 数与代数　　B. 综合与实践

C. 图形与几何　　D. 统计与概率

9. 综合与实践重在解决实际问题,以(　　)学习为主。

A. 项目主题　　B. 跨学科主题　　C. 单元主题　　D. 知识主题

10. 数学课程学业质量标准是(　　)的依据。

A. 学业考试命题　　B. 学业质量水平考试及评价

C. 学业水平考试命题及评价　　D. 学业考试及评价

11. 两千多年前,(　　)提出了"圆,一中同长也"。

A. 祖冲之　　B. 刘徽　　C. 欧几里得　　D. 墨子

12. 一个长方形长 x 米,宽 y 米,如果将它的长增加 3 米,宽增加 1 米,它的面积增加(　　)平方米。

A. $3y+x$　　B. $3y+x+3$

C. $3x+y$　　D. $3x+y+3$

13. 由 3,5,7,9 组成的不重复数字的四位数,从小到大排成一列,第 20 个数是(　　)

A. 9357　　B. 9375　　C. 9537　　D. 9573

14. 分子与分母的和是 24 的最简真分数有(　　)个。

A. 5　　B. 4　　C. 3　　D. 2

15. 有一箱饼干,如果按每 4 小包一堆分开,结果多出 1 小包,如果按每 5 小包一堆分开,也是多出 1 小包,如果按每 6 小包一堆分开,还是多出 1 小包。这箱饼干至少有(　　)小包。(常考)

第 15 题

A. 49　　B. 60　　C. 61　　D. 121

16. 明明和军军两人同时从家里出发,相向而行,明明每分钟行 120 米,5 分钟后明明已超过中点 30 米,这时两人还相距 20 米,军军每分钟行(　　)米。

A. 104　　B. 108　　C. 110　　D. 114

17. 有 13 枚硬币,其中 12 枚质量相同,还有一枚是假币,比真币轻。如果用天平称,至少称(　　)次能保证把这枚假币找出来。

A. 2　　B. 3　　C. 4　　D. 5

18. 学校进行乒乓球选拔赛,每个参赛选手都要和其他所有选手各赛一场,一共进行了 36 场比赛,有(　　)人参加选拔赛。(易混)

A. 8　　B. 9

C. 10　　D. 12

第 18 题

19. 书架上层有 6 本不同的故事书,下层有 5 本不同的连环画,借阅的同学只能从中任选一本故事书和一本连环画,有(　　)种不同的选法。

A. 25　　B. 30　　C. 35　　D. 40

20. 红红、明明、军军三人在玩耍时,有一人不小心打碎了花瓶。红红说:"是军军打的。"明明说:"不是我摔坏的。"军军说:"是明明摔坏的。"他们当中有一个人说了谎话。请问是(　　)摔坏了花瓶。

A. 红红　　B. 明明　　C. 军军　　D. 不确定

21. 梯形稻田由 3 个边长为 40 m 的等边三角形组成,为了防止鸟偷吃稻谷,在每条线段(共 7 条)的起点每隔 10 m 站一个稻草人,一共站(　　)个稻草人。(易错)

A. 35　　B. 26　　C. 28　　D. 21

22. 某校开运动会,红红和兰兰在学校 300 m 的环形跑道上跑步,红红每分钟跑 150 m,兰兰每分钟跑 120 m。两人同时同地同向出发,(　　)分钟后红红第一次追上兰兰。

A. 7　　B. 8　　C. 9　　D. 10

23. 将 13 分成若干个自然数的和,若使这些自然数的乘积达到最大,则这个最大的乘积是(　　)

A. 96　　B. 102　　C. 108　　D. 116

24. 比的前项扩大 3 倍,比的后项除以$\frac{1}{3}$,比值(　　)

A. 扩大 3 倍　　B. 扩大 9 倍　　C. 不变　　D. 缩小 3 倍

25. 电动扶梯匀速由下往上运行,小程每分钟向上走 20 级台阶,小红每分钟向上走 15 级台阶,结果小程 5 分钟到达楼上,小红用了 6 分钟到达楼上,则电动扶梯共(　　)级。

A. 140　　B. 150　　C. 160　　D. 165

26. 星期天上午,明明从上午 9 时整开始写作业,到时针和分针第一次重合时写完。明明完成作业共花了(　　)分钟。(易错)

A. $43\frac{7}{11}$　　B. $45\frac{9}{11}$　　C. $47\frac{3}{11}$　　D. $49\frac{1}{11}$

27. 甲、乙两件家电成本共 250 元,家电甲按 30% 的利润定价,家电乙按 20% 的利润定价,后来应顾客要求,两种商品按九折出售,共获利 33.5 元。家电甲的成本是(　　)元。

A. 130　　B. 140　　C. 145　　D. 150

28. 一段圆柱形木料,如果沿平行底面的地方将其截成两段,它的表面积增加 6.28 平方厘米;如果沿着底面直径将其劈成两半,它的表面积增加 180 平方厘米,原来的圆柱的表面积是(　　)平方厘米。(注:π 取 3.14)

A. 268.88　　B. 278.88　　C. 288.88　　D. 298.88

29. 三个连续自然数,后两个数的积与前两个数的积之差为 136,这三个数中最小的数是(　　)

A. 65　　B. 66　　C. 67　　D. 68

30. 把一根长 96 厘米的铁丝做成一个长方体的框架(接头处不计)。已知长、宽、高的比是 3∶2∶1,则长方体中最大的面的面积是(　　)平方厘米。

A. 48　　B. 64　　C. 78　　D. 96

31. 有含糖量为 5% 的糖水 800 克,要使其含糖量增加到 24%,需要加入(　　)克糖。(易错)

A. 180　　B. 190

C. 200　　D. 210

第 31 题

32. 在一个圆柱形水桶里,垂直放入一根半径是 5 厘米的圆钢。如果把它全部放入水里(水未溢出),桶里的水面就上升 9 厘米,如果把水中的圆钢露出 8 厘米,这时桶里的水面就下降 4 厘米,这段圆钢的体积是(　　)立方厘米。(注:π 取 3.14)

A. 1403　　B. 1413　　C. 1423　　D. 1433

33. 在小学数学学习中,利用转化思想解决数学问题的是(　　)

①2.5 ÷ 0.5 = 25 ÷ 5 = 5

②125 × 6 × 8 = 125 × 8 × 6

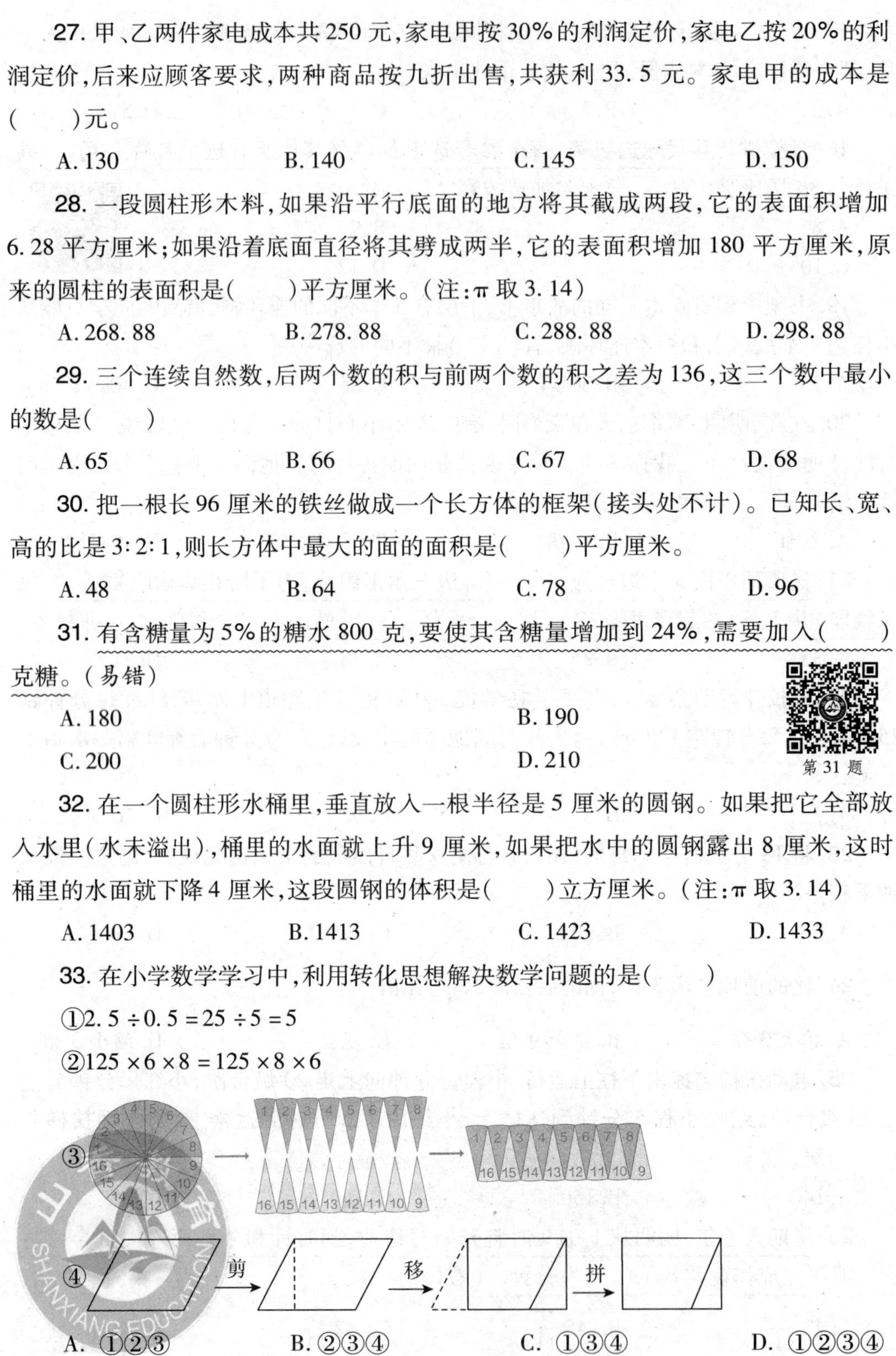

A. ①②③　　B. ②③④　　C. ①③④　　D. ①②③④

34. 一艘轮船每小时行32千米，在长192千米的河中逆流航行要12小时到达，返回需要（　　）小时。

A. 4　　B. 5　　C. 6　　D. 7

35. 一个纸箱装有四种规格相同，颜色不同的球，每种十个，至少取（　　）个球才能保证其中一定有三个颜色一样。（常考）

A. 9　　B. 10　　C. 11　　D. 12

36. 某集团甲、乙两个校区原有图书本数的比为7∶5，如果甲给乙6500本，甲、乙比变为3∶4，原来甲有（　　）本书。

A. 24 500　　B. 25 000　　C. 25 500　　D. 26 000

37. 万达商城原有TCL、创维两种品牌电视共630台，其中TCL品牌电视占总数的20%，后又进了一些TCL，这时TCL品牌电视占两种品牌电视总数的30%，则又运进了（　　）台TCL电视。

A. 80　　B. 88　　C. 90　　D. 96

38. 一项工程，甲单独做要10小时，乙单独做要12小时，若甲先做一小时，乙接替甲做一小时，再由甲做一小时，两人如此交替完成工作共需要（　　）小时。

A. $10\frac{1}{6}$　　B. $10\frac{5}{6}$　　C. $11\frac{1}{6}$　　D. $11\frac{5}{6}$

39. 下列运算正确的是（　　）

A. $3a+2b=5ab$　　B. $3a\times 2a=6a^2$

C. $a^3+a^4=a^7$　　D. $(a+b)^2=a^2-b^2$

40. 若$\sqrt{a+2}+|b-1|=0$，则$(a+b)^{2023}=$（　　）

A. -1　　B. 1　　C. 2023　　D. -2023

41. 某健美操团队共有10人，其中13岁的有3人，14岁的有5人，15岁的有2人，则该团队成员的平均年龄为（　　）

A. 14.2　　B. 14.1　　C. 13.9　　D. 13.7

42. 已知等腰三角形两边长分别为3和7，则周长为（　　）

A. 13　　B. 17　　C. 13或17　　D. 13或10

43. 用一条宽度相等且足够长的纸条打一个结（如图1），然后轻轻拉紧、压平后得到如图2所示正五边形$ABCDE$，则图2中$\angle BAC=$（　　）

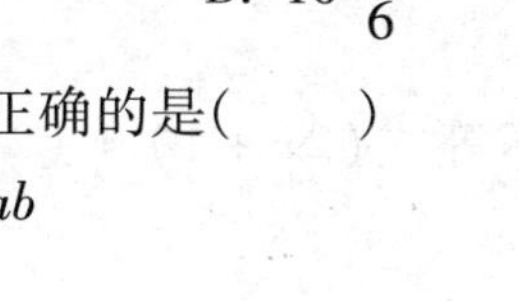

图1

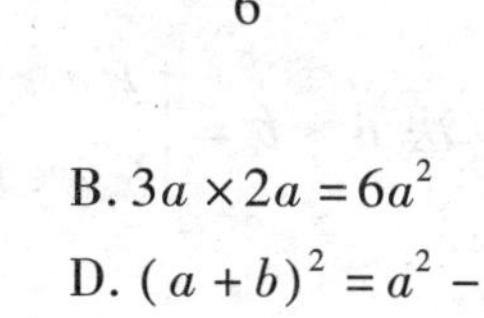

A B E C D

图2

A. 30°　　B. 35°　　C. 36°　　D. 38°

44. 如图，PA，PB 分别与圆 O 相切于 A，B 两点，点 C 为圆 O 上一点，连接 AC，BC，若 $\angle P=52°$，则 $\angle ACB$ 的度数为(　　)(常考)

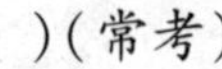

第 44 题

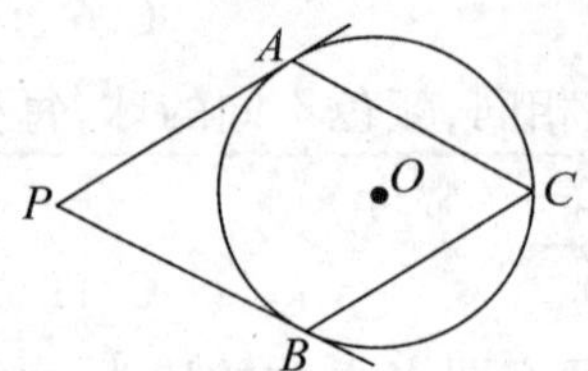

A. 62°　　B. 74°　　C. 68°　　D. 64°

45. 如图，主视图正确的是(　　)

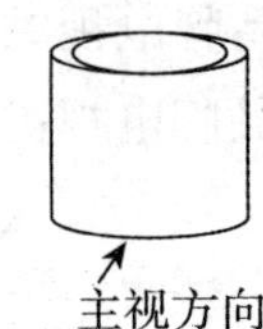

A.　　B.　　C.　　D.

46. 定义一种算法 $a*b=\begin{cases}a,a\geqslant b,\\b,a<b,\end{cases}$ 则不等式 $(2x+1)*(2-x)>3$ 的解集为(　　)

A. $x>1$ 或 $x<\frac{1}{3}$

B. $-1<x<\frac{1}{3}$

C. $x>1$ 或 $x<-1$

D. $x>\frac{1}{3}$ 或 $x<-1$

47. 如图，在平行四边形 $ABCD$ 中，$\angle ABC$ 的平分线交 AD 于点 E，$\angle BCD$ 的平分线交 AD 于点 F，若 $AB=3$，$BC=4$，则 EF 的长为(　　)

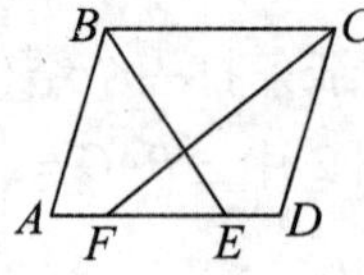

A. 1　　B. 2　　C. 2.5　　D. 3

48. 13 人中至少有 2 人在同一个月过生日的概率为 P，则(　　)

A. $P=0$

B. $0<P<1$

C. $P=1$

D. $P>1$

第二部分　非选择题

一、解答题(本大题共 2 小题,第 1 小题 10 分,第 2 小题 15 分,共 25 分)

1. 小蕊的爸爸每天开车上下班,往返的平均速度为 36 千米/时,单程用时 30 分钟。小蕊每天乘公交车上下学,往返的平均速度为 20 千米/时,单程用时 18 分钟。每辆车平均每千米排放 160 克的二氧化碳。

(1)小蕊的爸爸从家到公司的开车距离为多少?假设小蕊的爸爸一年上班 250 天,其通勤总行程共为多少?这一年所排出的二氧化碳总量是多少千克?(5 分)

(2)三月份按 22 天来算,小蕊和他爸爸三月份各有多少千米的行程?三月他们所乘坐的交通工具排放的二氧化碳量分别是多少千克?(5 分)

2. 已知二次函数 $C_1: y = x^2 - 2mx + 2m^2 - 2m - 1$($m$ 为常数)。

(1)求二次函数 C_1 的顶点坐标(用含 m 的代数式表示);(3 分)

(2)改变 m 的值,顶点 P 会在曲线 C_2 上运动,求曲线 C_2 的解析式;(4 分)

(3)当 C_1 的顶点 P 和 C_1 与 x 轴的两个交点构成等腰直角三角形时,求 m 的值。(8 分)

二、材料分析题(本大题共1小题,共20分)

3. 材料:

"公顷的认识"教学片段

环节一:引入新课

师:同学们,我们已经学过了哪些常用的面积单位?你能用手势比划它们的大小吗?在我们的生活中,经常会与面积打交道,请你给下面各题连上正确的面积单位。

(1)一块橡皮擦上面的面积大约是15　　　　平方米

(2)一张课桌桌面的面积大约是24　　　　平方分米

(3)一间教室地面的面积大约是50　　　　平方厘米

(4)二小新址的面积大约是6

师:同学们前3题连得又快又对,第4题为什么连不了?学生思考,教师板书揭题:公顷。

环节二:感知公顷,认识1公顷的含义

师:1公顷藏在哪呢?课件显示当地不同风景图片(华东地区最大、全国第二大的九龙漈瀑布景区面积大约是950公顷,周宁县塔景区面积大约是1公顷……)

师:刚才这些景区都用了什么面积单位?1公顷究竟有多大?数学里是怎么规定的呢?

(学生自学课本,认识公顷的含义)

环节三:体会1公顷的大小

师:谁能结合实际猜一猜1公顷的面积有多大?

生:我们学校的占地面积比县塔大,应该有1公顷。

生:我觉得体育馆的面积应该是1公顷左右。

师:1公顷的大小比较难想象,能与县塔面积做比较,多好的办法呀!

师:同学们,课前老师对体育场的面积进行调查(课件显示体育场图片)体育场长150米,宽约65米,请你估算一下,体育场面积有1公顷吗?(学生闭眼,根据教师的描述想象在体育场走一圈,说出自己的想法)

生:沿着1公顷大的体育场走一圈大约需要3分钟。

生:1公顷真的很大……

师:(出示:多媒体教室面积是150平方米)请同学们算一算,几个这样的教室约为一公顷?

师:依次出示以下图片,并回忆这些地方,用计算器算出得数。

(1)五(3)班教室的面积大约是50平方米,(　　)个这样的教室面积大约是1

公顷。

(2)四小篮球场的面积大约是400平方米,(　　)个这样的篮球场面积大约是1公顷。

(3)周宁河滨公园的面积大约是3300平方米,(　　)个这样的公园面积大约是1公顷。

选择一个你熟悉而喜欢的地方,根据刚才的推算,再次闭眼感受公顷的大小。

(1)结合材料,说一说值得我们借鉴的方面有哪些?(5分)

(2)谈一谈“量感”的含义是什么?根据材料,说一说达成了哪些教学目标?(7分)

(3)在数学教学实践中发展学生的量感需要注意些什么?(8分)

三、教学片段设计题(本大题共 1 小题,共 25 分)

4. 以"小数乘小数"为例,通过"想一想""比一比""说一说""算一算"等活动,放手让学生自主探索,揭示小数乘小数的算理,探索数运算的一致性,渗透数学思想,写出教学过程及每个教学环节的设计意图。

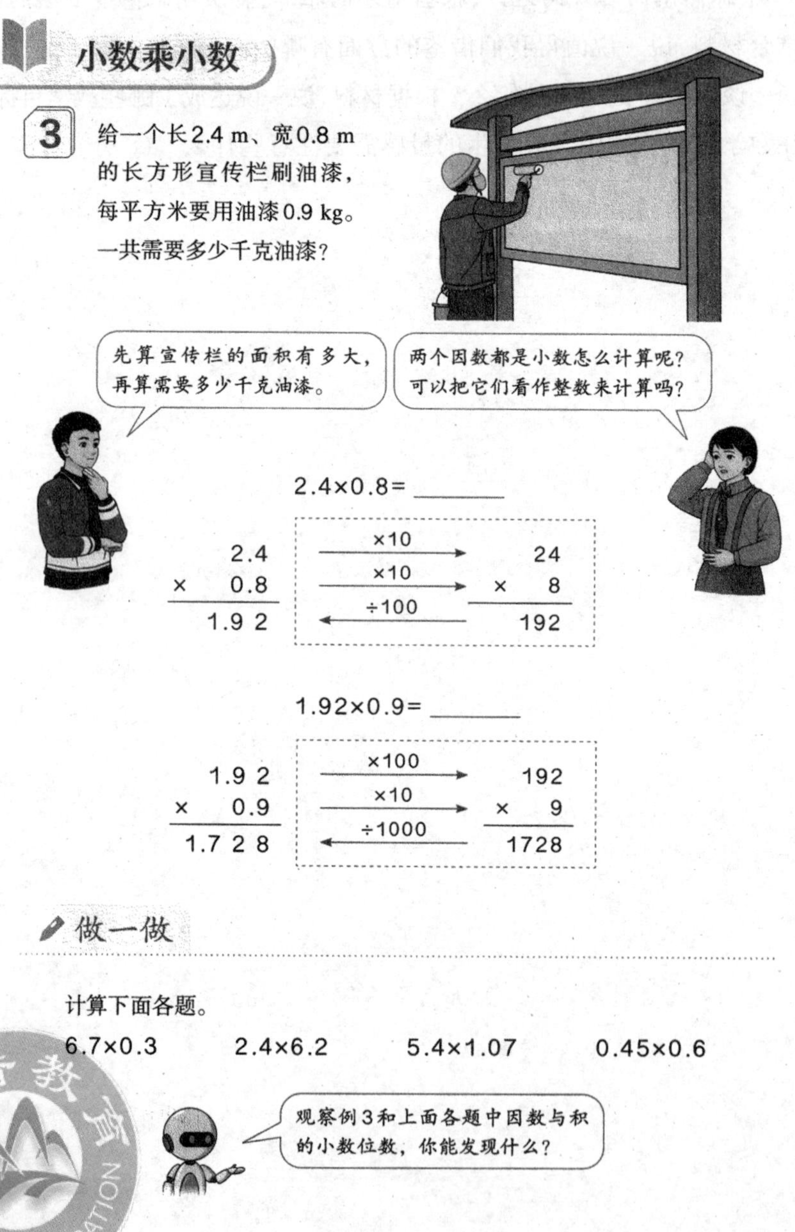

要求：

(1)教学片段要有层次、有条理；

(2)设计意图要写清楚，在每个环节中具有落实了哪些“四基”和“四能”目标。

2022年湖南省长沙市长沙县教师招聘考试真题试卷(五)

小学数学

(时间:120 分钟　总分:100 分)

本套试卷共17小题,包括单项选择题(9小题),填空题(3小题),解答题(5小题)。

一、单项选择题(本大题共9小题,每小题3.5分,共31.5分)

1. 已知集合 $A=\{x|x(x-5)>0\}$,$B=\{x|-1\leqslant x\leqslant 4\}$,则 $A\cap B=$(　　)(易错)

A. $[-1,4)$　　B. $(0,4]$　　C. $[-1,0)$　　D. $(0,5]$

2. 已知 i 为虚数单位,则 $\left(\frac{1+i}{1-i}\right)^{2022}=$(　　)

A. i　　B. -1　　C. $-i$　　D. 1

3. 已知向量 $\boldsymbol{a}=(-1,x-2)$,$\boldsymbol{b}=(2x,1)$,若 $\boldsymbol{a}\perp\boldsymbol{b}$,则 $x=$(　　)(常考)

A. 2　　B. -2　　C. $\sqrt{17}$　　D. $\frac{2}{3}$

4. 某空间几何体的三视图如图所示(网格小正方形的边长为1),则该几何体的表面积为(　　)(易混)

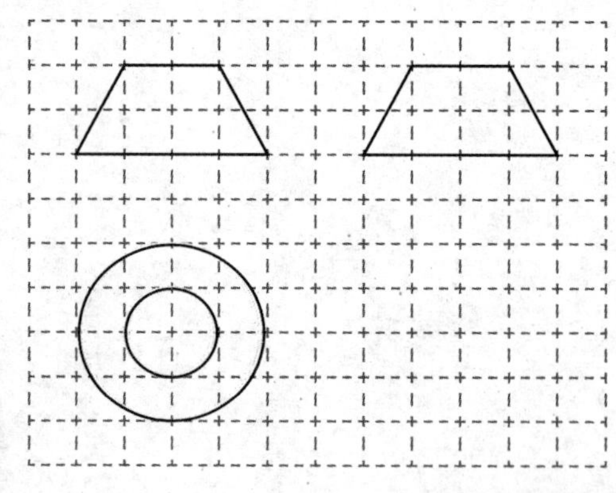

A. $4\pi+3\sqrt{5}\pi$　　B. $6\pi+3\sqrt{5}\pi$

C. $5\pi+3\sqrt{5}\pi$　　D. $6\pi+6\sqrt{5}\pi$

5. 若 $\cos x+3\sin x=0$，则 $\tan 2x=$（　　）（易错）

A. $-\frac{3}{4}$　　B. $-\frac{3}{5}$　　C. $\frac{3}{4}$　　D. $\frac{3}{5}$

6. 已知实数 x,y 满足 $x+2y=2$，则 2^x+4^y 的最小值为（　　）

A. $2\sqrt{2}$　　B. 4　　C. $3\sqrt{2}$　　D. 2

7. 已知函数 $f(x)=x^2-2x+\ln|x-1|+a$，下列说法中错误的是（　　）

A. 当 $a>1$ 时，$f(x)>0$ 恒成立

B. 对任意实数 a，$f(x)$ 的图象为轴对称图形

C. 对任意实数 a，$f(x)$ 在 $(1,+\infty)$ 上单调递增

D. 存在实数 a，使关于 x 的不等式 $f(x)\geqslant 0$ 的解集为 $(-\infty,0]\cup[2,+\infty)$

8. 已知抛物线 $y^2=8x$ 的焦点为 F，过点 F 作直线 $x+(m-1)y-2m-2=0$ 的垂线，垂足为 Q，点 P 是抛物线上的动点，则 $|PQ|+|PF|$ 的最小值为（　　）（易错）

A. $4+\sqrt{3}$　　B. $4-\sqrt{3}$　　C. $5+\sqrt{2}$　　D. $5-\sqrt{2}$

9. 已知 $\lim\limits_{x\to\infty}\left(\frac{x^2+1}{x+1}-ax-b\right)=\frac{1}{2}$，则 $a+b=$（　　）

A. $\frac{5}{2}$　　B. $\frac{1}{2}$　　C. $-\frac{5}{2}$　　D. $-\frac{1}{2}$

二、填空题（本大题共 3 小题，每小题 3.5 分，共 10.5 分）

10. 若 $\left(x^2-\frac{2}{x}\right)^n$ 的二项展开式的二项式系数之和是 64，则 $n=$________。（常考）

11. 设函数 $f(x)=e^x+a(x-1)+b$ 在区间 $[1,2]$ 上存在零点，则 a^2+b^2 的最小值为________。

12. $\int_0^2 x^2\mathrm{d}x=$________。

三、解答题（本大题共 5 小题，第 13,14 小题每小题 10 分，第 15 小题 12 分，第 16,17 小题每小题 13 分，共 58 分）

13. 在 $\triangle ABC$ 中，三个内角 A,B,C 对应的边分别为 a,b,c，$\sqrt{3}a=2b\sin A$，角 B 为锐角。

(1) 求角 B 的大小；(4 分)

(2) 若 $b=3$，$\overrightarrow{BC}=3\overrightarrow{BD}$，试求 $\triangle ACD$ 面积的最大值。(6 分)

14. 在一个不透明的密闭箱子中有 8 个除颜色外完全相同的小球，从中任取 2 个小球，恰有 1 个白球的概率为$\frac{4}{7}$。

(1)求箱子中白球的个数；(4 分)

(2)从箱子中任取 3 个小球，记取出的白球个数为 X，求 X 的分布列和数学期望。(6 分)

15. 已知数列$\{a_n\}$和$\{b_n\}$满足 $a_n=\frac{na_{n-1}}{a_{n-1}+2n-2}(n\geqslant 2,n\in \mathbf{N}^*)$，$b_n=\left(1-\frac{1}{2^n}\right)a_n$，$b_1=\frac{1}{2}$，$a_n\neq 0$，$b_n\neq 0$。

(1)求数列$\{a_n\}$的通项公式；(6 分)

(2)记数列$\{b_n\}$的前 n 项和为 T_n，求证：$\frac{1}{2}\leqslant T_n<2$。(6 分)

16. 已知椭圆 $C:\frac{x^2}{a^2}+\frac{y^2}{b^2}=1(a>b>0)$的离心率为$\frac{\sqrt{2}}{2}$,左、右焦点分别为 F_1,F_2,其四个顶点构成的四边形的面积为 $4\sqrt{2}$。

(1)求椭圆 C 的方程;(5 分)

(2)过点 $P(3,0)$的直线 l 交椭圆 C 于 M,N 两点,当$\triangle F_1MN$ 的面积取得最大值时,求$\triangle F_2MN$的面积。(8 分)

17. 已知函数$f(x)=x^3+(a+1)x^2+2(a-1)x+2(a-1)$。

(1)当 $a=1$ 时,试讨论函数$f(x)$的单调区间和极值;(5 分)

(2)若当 $x>-1$ 时,$f(x)\geqslant 0$ 恒成立,求实数 a 的取值范围。(8 分)

2022年山西省临汾市尧都区教师招聘考试真题试卷(精编)(六)

小学数学

(时间:100分钟　总分:60分)

本套试卷共27小题,包括单项选择题(18小题),多项选择题(4小题),判断题(5小题),目前本试卷共收录26小题。

一、单项选择题(本大题共17小题,每小题2.2分,共37.4分)

1. "$a>\frac{11}{4}$"是"一元二次方程 $x^2+(2a-1)x+3+\frac{3a}{4}=0$ 有两个实根"的(　　)(常考)

A. 充分不必要条件　　B. 必要不充分条件

C. 充要条件　　D. 既不充分也不必要条件

2. 已知集合 $Q=\{x|y=\ln(x-5)\}$, $W=\left\{x\left|y=\frac{1}{\sqrt{-5+4x+x^2}}\right.\right\}$, 则 $W\cap Q=$(　　)

A. $(-\infty,5)$　　B. $(5,+\infty)$

C. $(-\infty,-5)\cup(1,+\infty)$　　D. $(-\infty,5)\cup(5,+\infty)$

3. 已知函数 $f(x)=-x^2+4x+m$, 当 $x\in[0,1]$ 时, 若 $f(x)$ 有最小值 -3, 则 $m=$(　　)(易错)

A. 1　　B. -1　　C. 3　　D. -3

4. 已知 $\boldsymbol{m}=(1,\sqrt{3})$, $\boldsymbol{n}=(\sin x,\cos x)$, $f(x)=\boldsymbol{m}\cdot\boldsymbol{n}$, 则函数 $f(x)$ 的单调递减区间为(　　)

A. $\left(k\pi-\frac{5\pi}{6},k\pi-\frac{\pi}{6}\right)(k\in\mathbf{Z})$　　B. $\left(k\pi-\frac{2\pi}{3},k\pi-\frac{\pi}{3}\right)(k\in\mathbf{Z})$

C. $\left(2k\pi+\frac{\pi}{6},2k\pi+\frac{7\pi}{6}\right)(k\in\mathbf{Z})$　　D. $\left(2k\pi+\frac{\pi}{3},2k\pi+\frac{4\pi}{3}\right)(k\in\mathbf{Z})$

5. 已知$f(x)=\sqrt{3}\sin 2x+2+2\cos^2 x$，则$f(x)$的最小正周期为(　　)

A. $\frac{\pi}{2}$　　B. π　　C. 2π　　D. 3π

6. 在$(x+\sqrt{3})^8$的二项展开式中，系数是有理数的项的个数为(　　)

A. 3　　B. 4　　C. 5　　D. 6

7. 在$(x+1)^n$的二项展开式中，第四项和第八项的二项式系数相等，则该展开式中奇数项的二项式系数之和为(　　)(易错)

A. 2^8　　B. 2^9　　C. 2^{10}　　D. 2^{11}

8. 已知四棱锥$P-ABCD$是正四棱锥，$PA=AB$，点E,F分别为PB,PC的中点，则异面直线AE和BF所成角的余弦值为(　　)

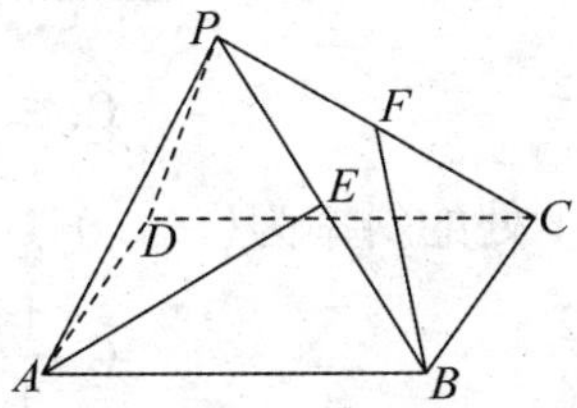

A. $\frac{1}{3}$　　B. $\frac{1}{4}$　　C. $\frac{1}{6}$　　D. $\frac{1}{8}$

9. 已知某正三棱柱的棱长都相等，其外接球的表面积为$\frac{28\pi}{3}$，则该正三棱柱的棱长为(　　)(常考)

A. 2　　B. 3　　C. 4　　D. 5

10. 在$\triangle ABC$中，已知角A,B,C的对边分别为a,b,c，$\angle A=\frac{\pi}{3}$，$b=1$，$S_{\triangle ABC}=2\sqrt{3}$，则$a=$(　　)

A. 4　　B. 2　　C. $\sqrt{57}$　　D. $\sqrt{61}$

11. 已知$a=2\sqrt{2}$，$b=\lg 100$，$c=e$，则a,b,c的大小关系为(　　)

A. $a<b<c$　　B. $a>c>b$

C. $b>a>c$　　D. $c>a>b$

12. 若实数x,y满足$\begin{cases}x-y+3\leqslant 0,\\ xy\geqslant 0,\end{cases}$则$\sqrt{x^2+y^2}$的最小值为(　　)

A. 1　　B. 3　　C. $\sqrt{3}$　　D. $2\sqrt{3}$

13. 在30个灯泡中，有3个已损坏，从这30个灯泡中任取2个灯泡，至少取到1个已损坏灯泡的概率为（　　）

A. $\frac{22}{145}$　　B. $\frac{28}{145}$　　C. $\frac{37}{145}$　　D. $\frac{56}{145}$

14. 已知等比数列$\{a_n\}$的各项均大于零，$a_1+a_3=10$，$a_3+a_5=40$，设$b_n=\log_2 a_n$，则数列$\{(-1)^n b_n^2\}$的前100项和等于（　　）

A. 5050　　B. -5050　　C. 10 100　　D. $-10\ 100$

15. 已知圆$(x-m)^2+(y-3)^2=9$与圆$(x+n)^2+(y-2)^2=4$外切，则mn的最大值为（　　）

A. 2　　B. 4　　C. 6　　D. 9

16. 复数$z=-\frac{1}{3}\mathrm{i}(2\mathrm{i}-1)$在复平面内所对应的点位于第（　　）象限。

A. 一　　B. 二　　C. 三　　D. 四

17. 曲线$y=\sqrt[3]{x-2}$在$x=1$处的斜率为（　　）

A. $\frac{1}{3}$　　B. $\frac{2}{3}$　　C. $\frac{1}{4}$　　D. $\frac{3}{4}$

二、多项选择题（本大题共4小题，每小题2.75分，共11分。多选、错选或少选均不得分）

18. 下列关于平面中的点和线的说法，正确的是（　　）

A. 任意两个点可以通过一条直线连接

B. 若两条直线有两个公共点，则这两条直线可能不重合

C. 连接两点的线中，线段最短

D. 不在同一直线上的4个点可画6条直线

19. 下列函数中，属于奇函数，且在区间$(0,+\infty)$上单调递减的有（　　）（易错）

A. $y=x^{-1}$　　B. $y=2^{-x}$　　C. $y=\lg x$　　D. $y=-x^3$

20. 若存在常数k使得无穷数列$\{a_n\}$满足$a_{mn}=ka_m a_n$，则称其为$P(k)$数列，下列说法正确的有（　　）

A. 若数列$\{a_n\}$是$P(1)$数列，$a_6=1$，$a_{12}=3$，则$a_3=\frac{1}{3}$

B. 若等差数列$\{b_n\}$是$P(2)$数列，则b_n可能等于0

C. 若等差数列$\{b_n\}$是$P(2)$数列，则b_n可能等于$\frac{1}{2}$或$\frac{n}{2}$

D. 不存在$P(k)$数列$\{c_n\}$，使得c_{2020}，c_{2021}，c_{2022}，…为等比数列

21. 已知 a,b,c,d 都是正实数,且$\frac{a}{b}<\frac{c}{d}$,下列不等式成立的有(　　)

A. $\frac{a}{a+b}<\frac{c}{c+d}$　　B. $\frac{c}{c+d}<\frac{a}{a+b}$

C. $\frac{d}{c+d}<\frac{b}{a+b}$　　D. $\frac{b}{a+b}<\frac{d}{c+d}$

三、判断题(本大题共 5 小题,每小题 1.88 分,共 9.4 分)

22. 设 $a+a^{-1}=4$,则 $a^3+a^{-3}=52$。(　　)

23. 若 $\boldsymbol{a}=(1,2)$,$\boldsymbol{b}=(-1,3)$,则 $\cos\langle\boldsymbol{a},\boldsymbol{b}\rangle=\frac{\sqrt{2}}{2}$。(　　)

24. 定义在 $\mathbf{R}$ 上的偶函数 $f(x)$,满足 $f(x+4)=f(x)$,$f(3)=0$,则函数 $f(x)$ 在区间 $(0,8)$ 内零点的个数至少为 5。(　　)(易错)

25. 已知函数 $f(x)=2\cos^2\left(x+\frac{\pi}{12}\right)+\sin 2x$,则 $f(x)$ 的对称轴为 $x=\frac{k\pi}{2}+\frac{\pi}{6}$ $(k\in\mathbf{Z})$。(　　)

26. 已知点 P 是抛物线 $y^2=16x$ 上一点,设点 P 到此抛物线准线的距离是 d_1,到直线 $x+y+30=0$ 的距离是 d_2,则 d_1+d_2 的最小值是 $17\sqrt{2}$。(　　)

2022 年 6 月浙江省杭州市教育系统公开教师招聘考试真题试卷(七)

中小学数学

(时间:120 分钟　总分:100 分)

本套试卷共 22 小题,包括单项选择题(10 小题),填空题(6 小题),解答题(6 小题)。

一、单项选择题(本大题共 10 小题,每小题 3 分,共 30 分)

1. 下面算式中,结果最大的是(　　)

A. $\frac{1}{7}+\frac{1}{13}$　　B. $\frac{1}{17}+\frac{1}{29}$　　C. $\frac{1}{31}+\frac{1}{37}$　　D. $\frac{1}{41}+\frac{1}{47}$

2. 函数 $f(x)=\sin\left(2x+\frac{\pi}{4}\right), x\in\mathbf{R}$ 的最小正周期是(　　)(常考)

A. 2π　　B. π　　C. $\frac{\pi}{2}$　　D. $\frac{\pi}{4}$

3. 将一个正方体的表面涂成红色,然后把它切成 27 个小正方体,那么三面红色的小正方体有(　　)个。(易混)

第 3 题

A. 12　　B. 8　　C. 6　　D. 4

4. 计算一组数据的平均数和方差时,若将原数据每一个数都减去某个相同的正数,然后对所得的新数据进行统计分析,新数据与原数据相比(　　)

A. 平均数不变,方差减小　　B. 平均数增加,方差增加

C. 平均数减小,方差不变　　D. 平均数减小,方差减小

5. 每个学校有 1 个校长,1 个书记,开会时只需去一位校长或书记,但不能缺席。已知最近三次会议每校只有一人参会(如下表:●出席;○没出席)。

	赵	钱	孙	李	王	陈
1	○	●	●	●	○	○
2	●	○	●	○	○	●
3	○	○	○	●	●	●

如果一所学校的校长是钱,那么这所学校的书记是(　　)

A. 赵　　B. 李　　C. 王　　D. 陈

6. 一个不透明的布袋中装有除颜色外,其他都相同的三个小球,把它们分别标号1,2,3,随机摸出一个小球记下数字后放回,再随机摸出一个小球记下数字,两次摸出的小球标号的和为5的概率为(　　)

A. $\frac{1}{9}$　　B. $\frac{2}{9}$　　C. $\frac{1}{3}$　　D. $\frac{2}{3}$

7. 有一个破表,每小时比标准时间快4分钟,在标准时间中午12点时将这只破表校准,那么这只破表指向16点时,标准时间是(　　)(易错)

第7题

A. 15:44　　B. 15:45

C. 15:42　　D. 16:16

8. 已知$(-1,y_1)$,$(1,m)$,$(2,y_2)$,$(3,n)$,$(4,y_3)$在二次函数$y=x^2+ax$(a为常数)的图象上,若$mn<0$,则(　　)

第8题

A. $y_2<y_1<y_3$　　B. $y_2<y_3<y_1$

C. $y_3<y_2<y_1$　　D. $y_1<y_2<y_3$

9. 平行四边形$ABCD$中,$1<\frac{AB}{BC}<2$,$\angle DAB$与$\angle ABC$的角平分线AE,BF交于点G,若$DF=\frac{3}{2}EF$,则$S_{四边形BCEG}:S_{\triangle ABG}=$(　　)

A. $\frac{3}{4}$　　B. $\frac{11}{16}$

C. $\frac{23}{32}$　　D. $\frac{45}{64}$

D F E C G A B

10. 已知A,B,C为球O的球面上的三个点,圆O_1为$\triangle ABC$的外接圆,若圆O_1的面积为4π,$AB=BC=AC=OO_1$,则球O的表面积为(　　)(易错)

A. 64π　　B. 48π　　C. 36π　　D. 32π

二、填空题(本大题共6小题,每小题4分,共24分)

11. 已知$f(x)=\begin{cases}2x+3,x<1,\\ \ln(\sqrt{1+x^2}-x),x\geqslant 1,\end{cases}$则$f(-2)=$________。

12. 有一块直径为16 cm的半圆形木板,现将它沿直线从Ⅰ号位无滑动地向右翻滚到Ⅲ号位,如图。在这一过程中,点O走过的路程是________ cm。(结果请用最简的含有π的式子表示)

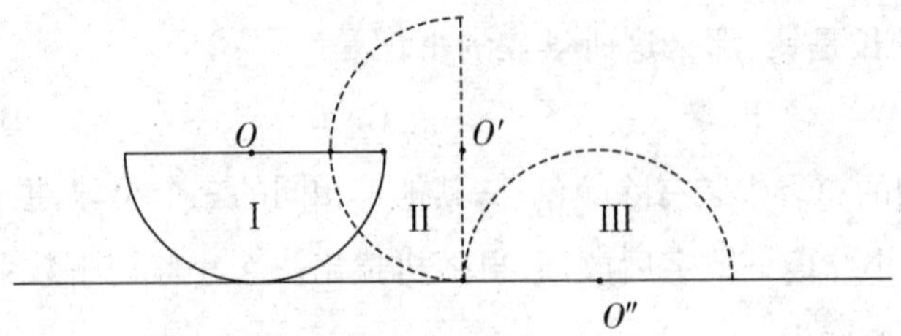

13. 已知 $x^2-7x+1=0$ 的两个实数根分别是 x_1,x_2，则 $x_1^2+x_2^2=$ ________。

14. 已知 N 是 1，2，3，4，…，2019，2020，2021，2022 的最小公倍数，如果 $N=2^x\cdot M$，且 M 为奇数，那么 $x=$ ________。

15. 如图，三角形纸片 ABC，点 D 在 AB 上，E 在 BC 上，把△BDE 沿 DE 折叠，使 B，C 重合，连接 AE，若 $\angle ABC=45°$，$AD=1$，$BD=4$，则 $AE=$ ________。（常考）

第 15 题

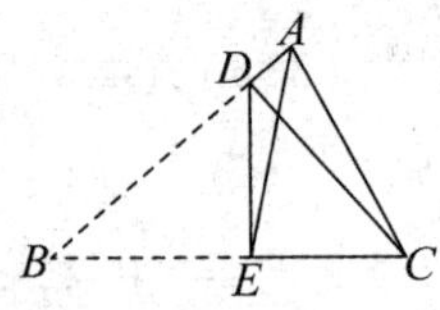

16. 在△ABC 中，$BC=2$，$\angle BAC=60°$，则 $S_{\triangle ABC}$ 最大为________。

三、解答题（本大题共 6 小题，第 17，18 小题每小题 6 分，第 19，20 小题每小题 7 分，第 21 小题 8 分，第 22 小题 12 分，共 46 分）

17. 房间的门框上的门是折叠门，由相同两片组成，每片宽 50 cm，门框下有轨道，供 B 滑动，完全打开时，两片重叠，位于左边且与门框垂直，图 1→图 3 反映了门从完全打开到完全闭合的过程，那么，当门关闭了一半时，B 点与 C 点运动过的路程总和是多少？（π 取 3）

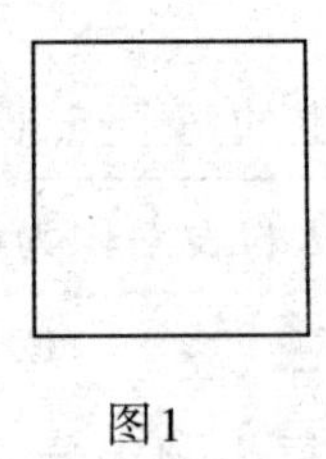
图1

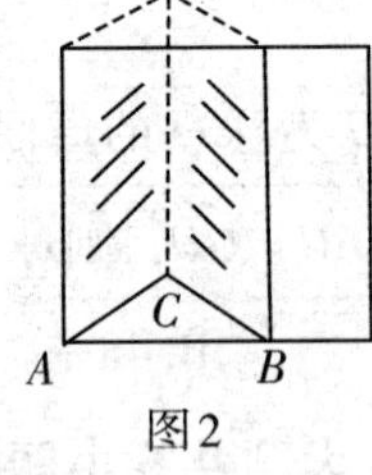

图2

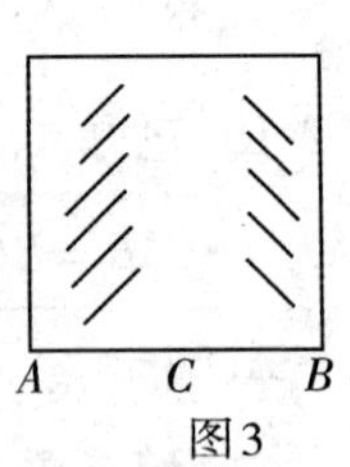

图3

18. 一次活动中，男性人数比总人数的 80% 少 160 人，女性人数比男性人数的$\frac{3}{5}$多 18 人，那么这次活动的总人数、男性人数、女性人数各为多少？

19. 如图，圆的面积与长方形的面积相等，圆的半径与长方形的宽相等，已知阴影部分的周长比圆的周长多 6.28 cm，求阴影部分的面积和周长。（π 取 3.14）

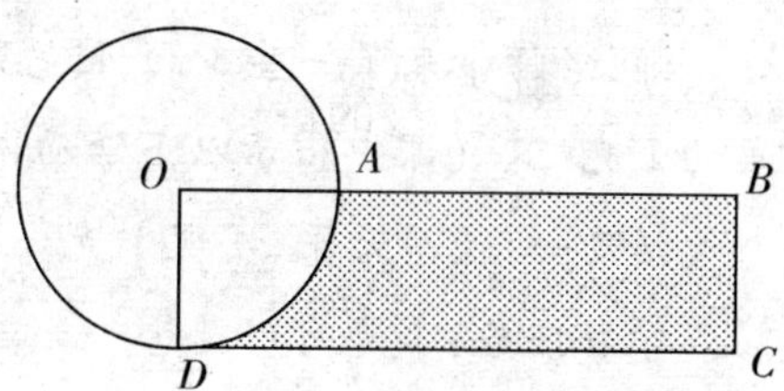

20. 有 n 张数字卡片,其上写的数是从 1 开始的从小到大排列的连续自然数,小明拿走其中 1 张,算得剩下的平均数为 $22\frac{1}{7}$,则小明拿走的那张写着数字几?

第 20 题

21. 以下是李老师在教学二年级《克与千克》"建立 1 克的质量标准"时的教学环节,分析此环节的教学目标、设计意图和教法特点。

建立 1 克的质量标准

1. 自主探究

师:生活中你们见过重约 1 克的物品吗?

生:纽扣、羽毛、铅笔。

师:老师带来了一些东西,1 克到底可以是哪些物品,让我们一起用天平来发现这里的 1 克吧。(课中出示以下活动内容和要求)

活动一:使用天平,发现 1 克。

学习任务:1 克可以是……

学习材料:2 分硬币、一小盒黄豆、回形针、小面包、橡皮泥(学生每组都有)。

学习方法:称一称,说一说,贴一贴(把重 1 克的物品粘贴在作业单上)。教师给大家 4 分钟时间。

2. 汇报交流

师:同学们称出了这么多"1 克",请把这些"1 克"介绍给同学听一听。

学生上台展示作业单并介绍。

师:这些"1 克"有什么相同和不同的地方?

生:它们都很轻,都是 1 克。

生:它们的大小和数量不一样。

师:刚才我们称出了这么多“1 克”,老师这里还有很多生活中的物品,你能快速找到这些材料里的“1 克” 吗? 可以用刚才称出的“1 克”去掂一掂,感受一下,每组挑两个最有手感的同学上来,带着你称出的“1 克”来找“1 克”。

师:请找对的最强手感王介绍一下经验!

生:我一手拿着 2 分硬币,一手拿着 2 粒花生,掂了掂发现差不多重。

寻找1 g

2分硬币	1个
黄豆	5粒
回形针	2枚
小面包	部分
橡皮泥	1块

22. 下面是人教版五年级下册第六单元“异分母分数加、减法”的教学内容，完成本节课的教学设计（必须有教学目标、重难点和简要教学过程部分）。

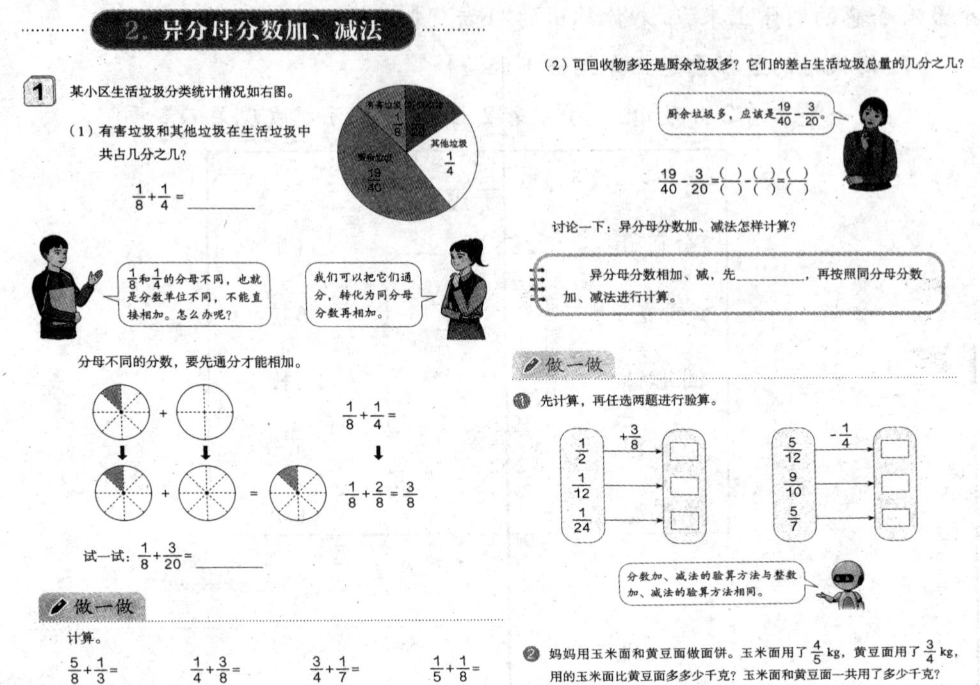

2. 异分母分数加、减法

1 某小区生活垃圾分类统计情况如右图。

（1）有害垃圾和其他垃圾在生活垃圾中共占几分之几？

$\frac{1}{8}+\frac{1}{4}=$______

分母不同的分数，要先通分才能相加。

$\frac{1}{8}+\frac{1}{4}=$

$\frac{1}{8}+\frac{2}{8}=\frac{3}{8}$

试一试：$\frac{1}{8}+\frac{3}{20}=$______

做一做

计算。

$\frac{5}{8}+\frac{1}{3}=$　　$\frac{1}{4}+\frac{3}{8}=$　　$\frac{3}{4}+\frac{1}{7}=$　　$\frac{1}{5}+\frac{1}{8}=$

（2）可回收物多还是厨余垃圾多？它们的差占生活垃圾总量的几分之几？

$\frac{19}{40}-\frac{3}{20}=\frac{(\ )}{(\ )}-\frac{(\ )}{(\ )}=\frac{(\ )}{(\ )}$

讨论一下：异分母分数加、减法怎样计算？

异分母分数相加、减，先______，再按照同分母分数加、减法进行计算。

做一做

1. 先计算，再任选两题进行验算。

$+\frac{3}{8}$：$\frac{1}{2}$，$\frac{1}{12}$，$\frac{1}{24}$

$-\frac{1}{4}$：$\frac{5}{12}$，$\frac{9}{10}$，$\frac{5}{7}$

2. 妈妈用玉米面和黄豆面做面饼。玉米面用了$\frac{4}{5}$ kg，黄豆面用了$\frac{3}{4}$ kg，用的玉米面比黄豆面多多少千克？玉米面和黄豆面一共用了多少千克？

2022 年河南省洛阳市教师招聘考试真题试卷(八)

数　学

(时间:120 分钟　总分:100 分)

本套试卷共 120 小题,包括单项选择题(60 小题),判断题(50 小题),多项选择题(10 小题)。

一、单项选择题(本大题共 60 小题,每小题 0.85 分,共 51 分)

1. 已知集合 $A=\{(x,y)|x,y\in\mathbf{N}_+,y\leqslant x\}$,$B=\{(x,y)|x+y=10\}$,则 $A\cap B$ 中元素的个数为(　　)

A. 2　　B. 5　　C. 4　　D. 6

2. "$a<0$"是"点$(0,1)$在 $x^2+y^2-2ax-2y+a+1=0$ 外"的(　　)(常考)

A. 充分不必要条件　　B. 必要不充分条件

C. 充要条件　　D. 既不充分也不必要条件

3. 设函数 $f(x)=\begin{cases}x^2+x, x<0,\\ -x^2, x\geqslant 0,\end{cases}$ $g(x)$为定义在 $\mathbf{R}$ 上的奇函数,且当 $x<0$ 时,$g(x)=x^2-2x-5$,若 $f[g(a)]\leqslant 2$,则实数 a 的取值范围是(　　)(易错)

A. $(-\infty,-1]\cup[0,2\sqrt{2}-1]$　　B. $[-1,2\sqrt{2}-1]$

C. $(-\infty,-1]\cup(0,3)$　　D. $[-1,3]$

4. 已知函数 $f(x)=\mathrm{e}^x(a\mathrm{e}^x-1)+x$,其中 $a>0$,若函数 $f(x)$有 2 个极值点,则实数 a 的取值范围是(　　)

A. $(0,+\infty)$　　B. $[1,+\infty)$　　C. $\left(0,\frac{1}{8}\right)$　　D. $[1,3]$

5. 已知定义域为 $\mathbf{R}$ 的函数 $f(x)=\frac{b-2^x}{2^x+a}$是奇函数,则实数 a,b 的值是(　　)

A. $a=1,b=-1$　　B. $a=2,b=-1$

C. $a=1,b=1$　　D. $a=-1,b=-1$

6. 已知函数 $f(x)=|\log_3 x|$,实数 m,n 满足 $0<m<n$,且 $f(m)=f(n)$,若 $f(x)$在

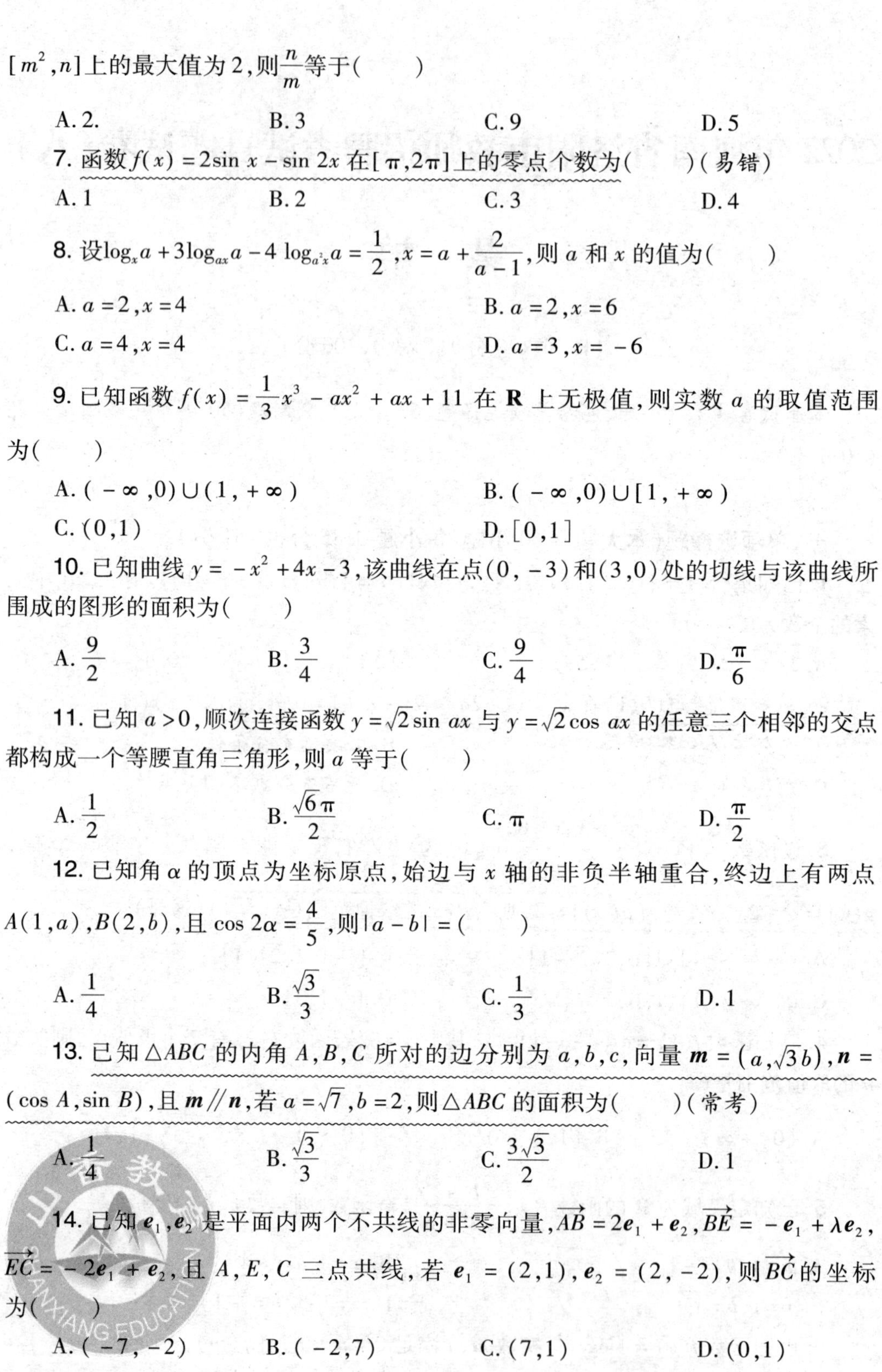

$[m^2, n]$上的最大值为2,则$\frac{n}{m}$等于(　　)

A. 2.　　B. 3　　C. 9　　D. 5

7. 函数$f(x)=2\sin x-\sin 2x$在$[\pi, 2\pi]$上的零点个数为(　　)(易错)

A. 1　　B. 2　　C. 3　　D. 4

8. 设$\log_x a+3\log_{ax} a-4\log_{a^2x} a=\frac{1}{2}$,$x=a+\frac{2}{a-1}$,则$a$和$x$的值为(　　)

A. $a=2, x=4$　　B. $a=2, x=6$

C. $a=4, x=4$　　D. $a=3, x=-6$

9. 已知函数$f(x)=\frac{1}{3}x^3-ax^2+ax+11$在$\mathbf{R}$上无极值,则实数$a$的取值范围为(　　)

A. $(-\infty, 0)\cup(1, +\infty)$　　B. $(-\infty, 0)\cup[1, +\infty)$

C. $(0, 1)$　　D. $[0, 1]$

10. 已知曲线$y=-x^2+4x-3$,该曲线在点$(0, -3)$和$(3, 0)$处的切线与该曲线所围成的图形的面积为(　　)

A. $\frac{9}{2}$　　B. $\frac{3}{4}$　　C. $\frac{9}{4}$　　D. $\frac{\pi}{6}$

11. 已知$a>0$,顺次连接函数$y=\sqrt{2}\sin ax$与$y=\sqrt{2}\cos ax$的任意三个相邻的交点都构成一个等腰直角三角形,则a等于(　　)

A. $\frac{1}{2}$　　B. $\frac{\sqrt{6}\pi}{2}$　　C. π　　D. $\frac{\pi}{2}$

12. 已知角α的顶点为坐标原点,始边与x轴的非负半轴重合,终边上有两点$A(1, a)$,$B(2, b)$,且$\cos 2\alpha=\frac{4}{5}$,则$|a-b|=$(　　)

A. $\frac{1}{4}$　　B. $\frac{\sqrt{3}}{3}$　　C. $\frac{1}{3}$　　D. 1

13. 已知$\triangle ABC$的内角A, B, C所对的边分别为a, b, c,向量$\boldsymbol{m}=(a, \sqrt{3}b)$,$\boldsymbol{n}=(\cos A, \sin B)$,且$\boldsymbol{m}/\!/\boldsymbol{n}$,若$a=\sqrt{7}$,$b=2$,则$\triangle ABC$的面积为(　　)(常考)

A. $\frac{1}{4}$　　B. $\frac{\sqrt{3}}{3}$　　C. $\frac{3\sqrt{3}}{2}$　　D. 1

14. 已知$\boldsymbol{e}_1, \boldsymbol{e}_2$是平面内两个不共线的非零向量,$\overrightarrow{AB}=2\boldsymbol{e}_1+\boldsymbol{e}_2$,$\overrightarrow{BE}=-\boldsymbol{e}_1+\lambda\boldsymbol{e}_2$,$\overrightarrow{EC}=-2\boldsymbol{e}_1+\boldsymbol{e}_2$,且$A, E, C$三点共线,若$\boldsymbol{e}_1=(2, 1)$,$\boldsymbol{e}_2=(2, -2)$,则$\overrightarrow{BC}$的坐标为(　　)

A. $(-7, -2)$　　B. $(-2, 7)$　　C. $(7, 1)$　　D. $(0, 1)$

15. 在$\triangle ABC$中，角A,B,C所对的边分别为a,b,c，向量$\boldsymbol{m}=(\cos B,2a-b)$，$\boldsymbol{n}=(\cos C,c)$，且$\boldsymbol{m}/\!/\boldsymbol{n}$，则角$C$为(　　)

A. $\frac{\pi}{3}$　　B. $\frac{\sqrt{6}\pi}{2}$　　C. π　　D. $\frac{\pi}{2}$

16. 已知多项式$x^4-5x^3+11x^2+ax+b$能被x^2-2x+1整除，则a,b的值为(　　)

A. $a=11,b=4$　　B. $a=2,b=-1$

C. $a=1,b=1$　　D. $a=-11,b=4$

17. 在平行四边形$ABCD$中，$AB=2AD$，$\angle BAD=60°$，E为CD的中点，若$\overrightarrow{AF}=\lambda\overrightarrow{AB}$，且$AE\perp DF$，则$\lambda=$(　　)

A. $\frac{1}{2}$　　B. $\frac{3}{2}$　　C. $-\frac{1}{2}$　　D. $-\frac{3}{2}$

18. 若数列$\{a_n\}$的通项公式是$a_n=(-1)^{n+1}\cdot(5n-2)(n\in\mathbf{N}^*)$，则$a_1+a_2+\cdots+a_{2022}=$(　　)

A. -3027　　B. 3027　　C. -5055　　D. 5055

19. 数列$\{a_n\}$满足$a_1=\frac{9}{8}$，$a_n=\frac{a_{n+1}-1}{a_n-1}(n\in\mathbf{N}^*)$，若对于$n\in\mathbf{N}^*$都有$m>\frac{1}{a_1}+\frac{1}{a_2}+\cdots+\frac{1}{a_n}$成立，则$m$的最小整数值是(　　)

A. 3　　B. 4　　C. 9　　D. 8

20. 已知$n\in\mathbf{N}^*$，设S_n是单调递减的等比数列$\{a_n\}$的前n项和，$a_2=\frac{1}{2}$，且S_4+a_4,S_6+a_6,S_5+a_5成等差数列，则数列$\{a_n\}$的通项公式为(　　)(常考)

A. $(2^n-1)^2$　　B. $\frac{1}{3}(2^n-1)^2$　　C. $\frac{1}{2^{n-1}}$　　D. $\frac{1}{3}(4^n-1)^2$

21. 若正数a,b满足$\frac{1}{a}+\frac{1}{b}=1$，则$\frac{1}{a-1}+\frac{4}{b-1}$的最小值为(　　)

A. 36　　B. 16　　C. 4　　D. 49

22. 已知正方体$ABCD-A_1B_1C_1D_1$的棱长为2，点E是棱AD的中点，点F,G在平面$A_1B_1C_1D_1$内，若$|EF|=\sqrt{5}$，$CE\perp BG$，则$|FG|$的最小值为(　　)

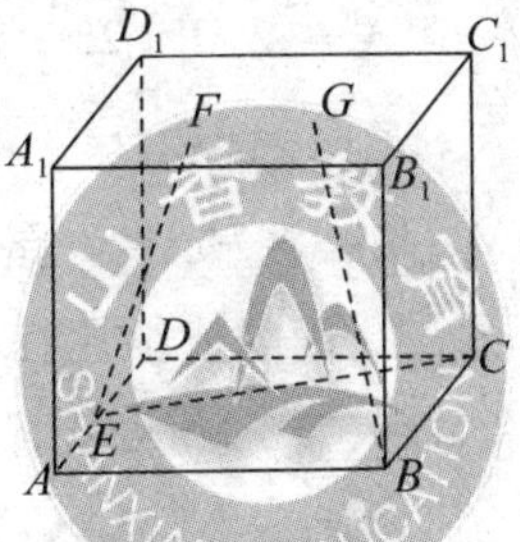

A. $\frac{4\sqrt{2}}{3}$　　B. $\frac{16\sqrt{3}}{9}$

C. $\frac{3\sqrt{5}}{5}-1$　　D. $\frac{32\sqrt{3}}{27}$

23. 已知圆 $C:(x-3)^2+(y-2)^2=r^2(r>0)$ 被直线 $l:y=x+2$ 截得的弦长等于该圆的半径,则圆 C 的方程为(　　)

A. $(x-3)^2+(y-2)^2=6$　　B. $(x+3)^2+(y+2)^2=6$

C. $(x+3)^2+(y-2)^2=6$　　D. $(x-3)^2+(y+2)^2=6$

24. 已知直线 $y=a$ 与双曲线 $C:\frac{x^2}{a^2}-\frac{y^2}{b^2}=1(a>0,b>0)$ 的一条渐近线交于点 P,双曲线 C 的左、右顶点分别为 A_1,A_2,若 $|PA_2|=\frac{\sqrt{5}}{2}|A_1A_2|$,则双曲线 C 的离心率为(　　)

A. $\sqrt{2}$ 或 $\frac{\sqrt{10}}{3}$　　B. $\frac{\sqrt{10}}{3}$　　C. $\sqrt{2}$　　D. 1

25. 已知椭圆 $C:\frac{x^2}{a^2}+\frac{y^2}{b^2}=1(a>b>0)$ 的两个焦点分别为 F_1,F_2,P 为椭圆 C 上一点,且 $\overrightarrow{PF_1}\cdot\overrightarrow{PF_2}=0$,若 $S_{\triangle PF_1F_2}=9$,则 b 的值为(　　)

A. 2　　B. 3　　C. 1　　D. 4

26. 已知随机变量 x 服从正态分布 $N(\mu,\sigma^2)$,若 $P(x>-1)+P(x\geqslant 5)=1$,则 μ 的值为(　　)(常考)

A. -1　　B. 2　　C. -2　　D. 1

27. 张利早上开车上班要经过有红绿灯的两个路口,根据经验,在第一个路口遇到红灯的概率为0.4,在第二个路口遇到红灯的概率为0.5,在两个路口连续遇到红灯的概率为0.2,某天早上张利在第一个路口遇到了红灯,则他在第二个路口也遇到红灯的概率是(　　)

A. 0.2　　B. 0.3　　C. 0.4　　D. 0.5

28. 在复平面上,一个正方形的四个顶点按逆时针方向依次为 Z_1,Z_2,Z_3,O(其中 O 为原点),已知 Z_1 对应复数 $z_1=1+\sqrt{3}\,\mathrm{i}$,则 Z_1 和 Z_3 对应复数的乘积 z_1z_3 等于(　　)

A. $-2\sqrt{3}+2\mathrm{i}$　　B. $-2\sqrt{3}-2\mathrm{i}$

C. $2\sqrt{3}-2\mathrm{i}$　　D. $2\sqrt{3}+2\mathrm{i}$

29. 在"一带一路"知识测验后,甲、乙、丙三人对成绩进行预测,甲:我的成绩比乙高;乙:丙的成绩比我和甲的都高;丙:我的成绩比乙高。成绩公布后,三人成绩互不相同且只有一个人预测正确,那么三人按成绩由高到低的顺序排列为(　　)

A. 甲、乙、丙　　B. 乙、丙、甲

C. 丙、乙、甲　　D. 甲、丙、乙

30. 已知直线 l 过抛物线 $C:y^2=x$ 的焦点，并交抛物线 C 于 E,F 两点，若 $|EF|=2$，则弦 EF 的中点 G 的横坐标是（　　）

A. $\frac{3}{2}$　　B. $\frac{4}{3}$　　C. $\frac{3}{4}$　　D. 1

31. 极限 $\lim\limits_{x\to 0} x^3\sin\frac{1}{x^3}$ 的值为（　　）

A. 3　　B. -1　　C. 0　　D. 1

32. 反常积分 $\int_0^{+\infty} e^{-ax}dx(a>0)$ 的值为（　　）

A. π　　B. 2　　C. 4　　D. $\frac{1}{a}$

33. 极限 $\lim\limits_{x\to\infty}\left(\frac{1+x^2}{2+x^2}\right)^{2x^2+1}$ 的值为（　　）

A. e　　B. e^2　　C. $\frac{1}{e^2}$　　D. $\frac{1}{e}$

34. 函数 $f(x)$ 在 $x=1$ 处连续，且 $\lim\limits_{x\to 1}\frac{f(x)}{x-1}=2$，则 $f'(1)$ 的值为（　　）

A. 1　　B. 2　　C. 4　　D. 0

35. 函数 $y=2x^2-\ln x$ 的单调递减区间为（　　）

A. $(-\infty,0]$　　B. $\left(0,\frac{1}{2}\right]$

C. $(0,+\infty)$　　D. $[1,+\infty)$

36. 若点 $(1,3)$ 为曲线 $f(x)=ax^3+bx^2$ 的拐点，则 a,b 的值分别为（　　）

A. $a=1,b=-1$　　B. $a=-\frac{3}{2},b=\frac{9}{2}$

C. $a=1,b=1$　　D. $a=-1,b=-1$

37. 不定积分 $\int\frac{dx}{(x+1)^2\sqrt{x^2+2x+2}}=$（　　）

A. $-\frac{\sqrt{x^2+2x+2}}{(x+1)^2}+C$

B. $-\frac{\sqrt{x^2+2x+2}}{x+1}+C$

C. $-(x+1)^2\sqrt{x^2+2x+2}+C$

D. $-(x+1)\sqrt{x^2+2x+2}+C$

38. 函数$f(x)=\int_0^{x^3}\sin t^2\mathrm{d}t$的导函数$f'(x)$为(　　)

A. $\sin x^2$　　B. $3x^2\sin x^2$　　C. $3x^2\sin x^6$　　D. $x^2\sin x^6$

39. 极限$\lim\limits_{x\to 0}\dfrac{\int_0^x t^2\mathrm{e}^{t^2}\mathrm{d}t}{\int_0^x \mathrm{e}^{t^2}\mathrm{d}t}$的值为(　　)

A. -1　　B. 2　　C. 0　　D. 1

40. 定积分$\int_0^{\ln 2}\sqrt{1-\mathrm{e}^{-2x}}\mathrm{d}x$的值为(　　)

A. $\ln(2+\sqrt{3})$　　B. $-\dfrac{\sqrt{3}}{2}$

C. $\ln(2+\sqrt{3})-\dfrac{\sqrt{3}}{2}$　　D. $\dfrac{\sqrt{3}}{2}$

41. 极限$\lim\limits_{(x,y)\to(2,0)}\dfrac{\tan(xy)}{y}$等于(　　)

A. 2　　B. 1　　C. -2　　D. 0

42. 若L是抛物线$y=x^2$上从点$O(0,0)$到点$B(1,1)$之间的一段弧，则$\int_L 2xy\mathrm{d}x+x^2\mathrm{d}y$为(　　)

A. -2　　B. 2　　C. 1　　D. 3

43. 设Ω是由$x=0,y=0,z=0$与平面$x+2y+z=1$所围成的封闭区域，则$I=\iiint\limits_{\Omega}x\mathrm{d}v$为(　　)

A. $\dfrac{1}{4}$　　B. $\dfrac{1}{8}$　　C. $\dfrac{1}{24}$　　D. $\dfrac{1}{48}$

44. 微分方程$y''+3y'+2y=\mathrm{e}^{-x}+\sin x$的通解为(　　)

A. $y=C_1\mathrm{e}^{-2x}+C_2\mathrm{e}^{-x}+x\mathrm{e}^{-x}-\dfrac{3}{10}\cos x+\dfrac{1}{10}\sin x$

B. $y=C_1\mathrm{e}^{-2x}+C_2\mathrm{e}^{-x}+x\mathrm{e}^{-x}$

C. $y=C_1\mathrm{e}^{-2x}+C_2\mathrm{e}^{-x}-\dfrac{3}{10}\cos x+\dfrac{1}{10}\sin x$

D. $y=\mathrm{e}^{x}(C_1\cos x+C_2\sin x)$

45. 设$\begin{cases}x=-u^2+v+z,\\ y=u+vz,\end{cases}$则$\dfrac{\partial u}{\partial x}$为(　　)

A. $\dfrac{x}{z-2}$　　B. $\dfrac{1}{2uz+1}$　　C. $-\dfrac{z}{2uz+1}$　　D. $-\dfrac{z-u}{2uz+1}$

46. 球面 $x^2+y^2+z^2=14$ 在点(1,2,3)处的切平面方程为(　　)

A. $x+2y+3z-14=0$　　B. $x+2y+3z=0$

C. $x+y+z-14=0$　　D. $x+2y+3z+14=0$

47. 球面 $x^2+y^2+z^2=a^2(a>0)$被平面 $z=\frac{a}{4}$与 $z=\frac{a}{2}$所夹部分面积为(　　)

A. $\frac{\pi a^2}{2}$　　B. πa^2　　C. $\frac{\pi a^2}{4}$　　D. $\frac{\pi a^2}{6}$

48. 若 L 为连接(1,0)及(0,1)两点的直线段, 则$\int_L(x+y)\mathrm{d}s$ 的值为(　　)

A. -2　　B. $\sqrt{2}$　　C. 1　　D. $\sqrt{3}$

49. 函数 $f(x)=\frac{1}{1+x}$关于 x 的幂级数展开式为(　　)

A. $\sum\limits_{n=0}^{\infty}x^n(-1<x<1)$　　B. $\sum\limits_{n=0}^{\infty}(-1)^n x^n(-1\leqslant x<1)$

C. $\sum\limits_{n=0}^{\infty}(-1)^n x^n(-1<x<1)$　　D. $\sum\limits_{n=0}^{\infty}(-1)^n x^n(-1\leqslant x\leqslant 1)$

50. 已知 D 是由直线 $y=1,x=2$ 以及直线 $y=x$ 所围成的闭区域, 则$\iint\limits_D xy\mathrm{d}x\mathrm{d}y$ 的值为(　　)

A. 3　　B. $\frac{9}{8}$　　C. 1　　D. $\sqrt{3}$

51. 已知 L 是三顶点分别为(0,0),(3,0),(3,2)的三角形的正向边界, 则$\oint_L(2x-y+4)\mathrm{d}x+(5y+3x-6)\mathrm{d}y$ 的值为(　　)

A. 3　　B. 12　　C. 10　　D. 9

52. 幂级数$\sum\limits_{n=1}^{\infty}\frac{(x-1)^n}{2^n\cdot n}$的收敛域为(　　)(易错)

A. $(-1,3]$　　B. $[-1,3]$

C. $[-1,3)$　　D. $(-1,3)$

53. 设 $\boldsymbol{A}$ 为 3 阶矩阵, $|\boldsymbol{A}|=-2$, 把 $\boldsymbol{A}$ 按列分块为 $\boldsymbol{A}=(\boldsymbol{A}_1,\boldsymbol{A}_2,\boldsymbol{A}_3)$, 则$|\boldsymbol{A}_3-2\boldsymbol{A}_1,3\boldsymbol{A}_2,\boldsymbol{A}_1|$的值为(　　)

A. 0　　B. 1　　C. 2　　D. 6

54. 设 $\boldsymbol{A}$ 为 3 阶矩阵, $|\boldsymbol{A}|=\frac{1}{2}$, 则$|(2\boldsymbol{A})^{-1}-5\boldsymbol{A}^*|$的值为(　　)

A. -16　　B. 16　　C. -4　　D. 4

55. 设矩阵 $\boldsymbol{A}$ 与矩阵 $\boldsymbol{B}$ 相似，其中 $\boldsymbol{A}=\begin{pmatrix}1 & 2 & 3\\ -1 & x & 2\\ 0 & 0 & 1\end{pmatrix}$，已知 $\boldsymbol{B}$ 的特征值有 1，2，3，则 x 的值为(　　)

A. -16　　B. 2　　C. -4　　D. 4

56. 行列式 $D_n=\begin{vmatrix}a & b & b & \cdots & b\\ b & a & b & \cdots & b\\ b & b & a & \cdots & b\\ \vdots & \vdots & \ddots & \vdots & \\ b & b & b & \cdots & a\end{vmatrix}$ 的值为(　　)

A. $[a+(n-1)b](a-b)^{n-1}$　　B. $[a+(n-1)b](a-b)$

C. $[a+(n-1)b](a-b)^{n}$　　D. $(a+nb)(a-b)^{n-1}$

57. 设 3 阶矩阵 $\boldsymbol{A}$ 的特征值为 1，2，-3，则 $|\boldsymbol{A}^*+3\boldsymbol{A}+2\boldsymbol{E}|$ 的值为(　　)

A. 25　　B. 36　　C. 6　　D. 5

58. 设 X 表示 100 次独立重复射击中命中目标的次数，每次命中目标的概率为 0.2，则 X^2 的数学期望 $E(X^2)$ 为(　　)

A. 416　　B. 400　　C. 20　　D. 16

59. 设随机变量 X 满足 $E(X)=1$，则 $E[E(X)+2]$ 为(　　)

A. 1　　B. 2　　C. 3　　D. 4

60. 设随机变量 X 服从正态分布 $X\sim N(3,4)$，若 $P(X<a)=0.5$，则 a 的值为(　　)

A. 0.5　　B. 4　　C. 3　　D. 2

二、判断题（本大题共 50 小题，每小题 0.69 分，共 34.5 分。正确的括号内填“A”，错误的填“B”）

61. 若方阵 $\boldsymbol{A}$ 与 $\boldsymbol{B}$ 可逆，则有 $(\boldsymbol{AB})^{-1}=\boldsymbol{A}^{-1}\boldsymbol{B}^{-1}$。(　　)

62. 若方阵 $\boldsymbol{A}$ 可逆，则有 $(\boldsymbol{A}^{\mathrm{T}})^{-1}=(\boldsymbol{A}^{-1})^{\mathrm{T}}$。(　　)

63. 若行列式主对角线上的元素全部为 0，则行列式的值必为 0。（易错）(　　)

64. 若方阵 $\boldsymbol{A}$ 与 $\boldsymbol{B}$，$\boldsymbol{A}+\boldsymbol{B}$ 都可逆，则有 $\boldsymbol{A}^{-1}+\boldsymbol{B}^{-1}$ 可逆。(　　)

65. 若行列式有两列元素对应成比例，则行列式的值必为 0。(　　)

66. 含零向量的向量组必线性无关。(　　)

67. 齐次线性方程组的基础解系中含有的解向量是线性相关的。(　　)

68. 若$\boldsymbol{A}$为n阶可逆矩阵,则$\boldsymbol{A}$的特征值不为0。 ( )

69. 若$\boldsymbol{A}$为n阶可逆矩阵,则$\boldsymbol{A}$为非奇异矩阵。 ( )

70. 若$\boldsymbol{A}$为n阶可逆矩阵,则$|\boldsymbol{A}|\neq 0$。 ( )

71. 行列式等于它的任意一行的各元素与其对应的余子式乘积之和。 ( )

72. 若矩阵$\boldsymbol{A}$中所有的r阶子式全为0,则有$R(\boldsymbol{A})<r$。 ( )

73. 向量组$\boldsymbol{\alpha}_1,\boldsymbol{\alpha}_2,\cdots,\boldsymbol{\alpha}_m$线性无关的充要条件是$R(\boldsymbol{\alpha}_1,\boldsymbol{\alpha}_2,\cdots,\boldsymbol{\alpha}_m)<m$。 ( )

74. 若$\boldsymbol{A}$为可逆矩阵且$k\neq 0$,则$(k\boldsymbol{A})^{-1}=k\boldsymbol{A}^{-1}$。 ( )

75. 若矩阵$\boldsymbol{A},\boldsymbol{B}$相似,则$|\boldsymbol{A}|=|\boldsymbol{B}|$。 ( )

76. 若数列有界,则数列收敛。 ( )

77. 若函数$f(x)$在$[a,b]$上连续,则函数$f(x)$在$[a,b]$上可积。 ( )

78. 若函数$y=f(x)$在点x_0处可导,则函数$y=f(x)$在点x_0处一定可微。( )

79. 若函数$f(x)$在区间I上的导数恒为0,则函数$f(x)$在区间上I是一个常数。

( )

80. 若x_0为极值点,则$f'(x_0)=0$。 ( )

81. 向量$\boldsymbol{a}$与向量$\boldsymbol{b}$垂直的充要条件是$\boldsymbol{a}\cdot\boldsymbol{b}=0$。 ( )

82. 若函数$z=f(x,y)$在点(x_0,y_0)处偏导数存在,则它在点(x_0,y_0)处可微。

( )

83. 可微函数$z=f(x,y)$的驻点必定是其极值点。 ( )

84. 若级数$\sum\limits_{n=1}^{\infty}u_n$绝对收敛,则级数$\sum\limits_{n=1}^{\infty}u_n$收敛。 ( )

85. 设$P(A)=0.8,P(B)=0.4,P(AB)=0.2$,则$P(A|B)=0.25$。 ( )

86. 若事件A与B独立,则事件A与$\overline{B}$独立。 ( )

87. 若事件$A\subset B$,则$P(A)\leqslant P(B)$。 ( )

88. 设连续型随机变量X的概率密度为$f(x)$,分布函数为$F(x)$且$F(x)$可导,则$f(x)=F'(x)$。 ( )

89. 两离散型随机变量相互独立的充要条件是它们的联合概率密度函数等于两边缘概率密度函数的乘积。 ( )

90. 若随机变量X与Y相互独立,则X与Y不相关。 ( )

91. 两个正态随机变量的和还是正态随机变量。 ( )

92. 设随机变量X服从$N(\mu,\sigma^2)$,则$E(X)=\mu,D(X)=\sigma$。 ( )

93. 设随机变量X与Y都服从$N(0,1)$,则X^2+Y^2服从自由度为2的χ^2分布。

( )

94. 样本均值 $\overline{X}$ 与样本方差 S^2 分别是总体均值 μ 与总体方差 σ^2 的无偏估计量。 ( )

95. 两个随机变量的线性相关性越强，相关系数的绝对值越接近于1。 ( )

96. 设 $\xi \sim N(1,\sigma^2)$，且 $P(\xi<0)=0.2$，则 $P(1<\xi<2)=0.2$。 ( )

97. 线性回归直线 $\hat{y}=\hat{b}x+\hat{a}$ 一定经过样本点的中心 $(\overline{x},\overline{y})$。 ( )

98. 在残差图中，残差点分布的带状区域的宽度越狭窄，其模型拟合的精确度越高。 ( )

99. 若 A,B 为互不相容事件，$P(A)>0,P(B)>0$，则 $P(B|A)=0$。 ( )

100. 若 A,B 为两随机事件，且 $B\subset A$，则 $P(B-A)=P(B)-P(A)$。 ( )

101. 若 $\boldsymbol{A},\boldsymbol{B}$ 为 n 阶矩阵，则 $\boldsymbol{AB}=\boldsymbol{BA}$。 ( )

102. 若矩阵 $\boldsymbol{AB}=\boldsymbol{O}$，则 $\boldsymbol{A}=\boldsymbol{O}$ 或 $\boldsymbol{B}=\boldsymbol{O}$。 ( )

103. 若 $\boldsymbol{A},\boldsymbol{B}$ 为 n 阶对称矩阵，则有 $\boldsymbol{AB}$ 为对称矩阵。 ( )

104. 若 $\boldsymbol{A},\boldsymbol{B}$ 可乘积，则有 $(\boldsymbol{AB})^{\mathrm{T}}=\boldsymbol{A}^{\mathrm{T}}\boldsymbol{B}^{\mathrm{T}}$。（易错） ( )

105. 交错级数 $\sum\limits_{n=1}^{\infty}(-1)^n\cdot\frac{1}{n^2}$ 是绝对收敛的。 ( )

106. 若函数 $z=f(x,y)$ 在点 (x,y) 处可微，则偏导数 $\frac{\partial z}{\partial x}$ 和 $\frac{\partial z}{\partial y}$ 存在。 ( )

107. 若 $\lim\limits_{n\to\infty}u_n=0$，则级数 $\sum\limits_{n=1}^{n}u_n$ 一定收敛。 ( )

108. 若函数 $f(x)$ 是奇函数，则 $\int_{-2022}^{2022}f(x)\mathrm{d}x=0$。 ( )

109. 若在区间 $[a,b]$ 上恒有 $f(x)\geqslant 0$，则 $\int_a^b f(x)\mathrm{d}x\geqslant 0$。 ( )

110. 闭区间上的连续函数一定有界。 ( )

三、多项选择题（本大题共10小题，每小题1.45分，共14.5分。多选、错选或少选均不得分）

111. 已知函数 $f(x)=\sin\left(x+\frac{\pi}{8}\right)$，给出下列结论，正确的结论是( )

A. $f(x)$ 的最小正周期为 2π

B. $f\left(\frac{\pi}{2}\right)$ 是 $f(x)$ 的最大值

C. 把函数 $y=\sin x$ 图象上的所有点向左平移 $\frac{\pi}{8}$ 个单位长度，可得到函数 $y=f(x)$ 的图象

D. $f(x)$ 的最小正周期为 π

112. 已知两条不同的直线 l,m 和两个不同的平面 α,β，则以下命题错误的有(　　)

A. 若 $m/\!/\beta,\alpha\perp\beta$，则 $m\perp\alpha$

B. 空间中，三点确定一个平面

C. 若 $l,m\subset\beta,l/\!/\alpha,m/\!/\alpha$，则 $\alpha/\!/\beta$

D. 若 $\alpha\cap\beta=m,l/\!/\alpha$ 且 $l/\!/\beta$，则 $l/\!/m$

113. 下列等式中正确的是(　　)

A. $\int f'(x)\mathrm{d}x=f(x)$

B. $\left[\int f(x)\mathrm{d}x\right]'=f(x)$

C. $\left[\int f(2x)\mathrm{d}x\right]'=2f(2x)$

D. $\int f'(2x)\mathrm{d}x=\frac{1}{2}f(2x)+C$

114. 下列四个级数中收敛的为(　　)

A. $\sum_{n=1}^{\infty}\frac{1}{n(n+1)}$

B. $\sum_{n=1}^{\infty}\sin\frac{1}{n^3}$

C. $\sum_{n=1}^{\infty}\frac{n+1}{n}$

D. $\sum_{n=1}^{\infty}\ln\left(1+\frac{1}{n^3}\right)$

115. 张家界有 A,B,C,D 四个景点，李铭来该市游览，已知李铭游览景点 A 的概率为$\frac{2}{3}$，游览景点 B、景点 C 和景点 D 的概率都是$\frac{1}{2}$，且李铭是否游览这四个景点相互独立。用随机变量 X 表示李铭游览的景点的个数，则下列结论中正确的是(　　)

A. $P(X\leqslant1)=\frac{1}{4}$

B. $P(X=2)=\frac{3}{8}$

C. $P(X=4)=\frac{1}{24}$

D. $E(X)=\frac{13}{6}$

116. $x=1$ 是函数 $y=\frac{x^3-1}{x-1}$的间断点，其类型为(　　)

A. 无穷间断点

B. 可去间断点

C. 第一类间断点

D. 第二类间断点

117. 函数 $f(x)$ 在 $[a,b]$ 上的图形是凸的，则在 (a,b) 内(　　)(易错)

A. $f''(x)<0$

B. $f'(x)$ 单调递减

C. $f''(x)>0$

D. $f'(x)$ 单调递增

118. 已知 n 阶方阵 $\boldsymbol{A}$ 与 $\boldsymbol{B}$ 相似，则有(　　)

A. $\boldsymbol{A}$ 与 $\boldsymbol{B}$ 特征值相同

B. $|\boldsymbol{A}|=|\boldsymbol{B}|$

C. $R(\boldsymbol{A})=R(\boldsymbol{B})$

D. $\boldsymbol{A}$ 与 $\boldsymbol{B}$ 特征多项式相同

119. 设四元非齐次线性方程组的系数矩阵为 $\boldsymbol{A}$,且 $R(\boldsymbol{A})=3$,已知 $\boldsymbol{\eta}_1,\boldsymbol{\eta}_2,\boldsymbol{\eta}_3$ 是其 3 个解向量,且 $\boldsymbol{\eta}_1=\begin{pmatrix}2\\3\\4\\5\end{pmatrix}$,$\boldsymbol{\eta}_2+\boldsymbol{\eta}_3=\begin{pmatrix}1\\2\\3\\4\end{pmatrix}$,则下列向量是方程组的解的是(　　)

A. $\begin{pmatrix}3\\4\\5\\6\end{pmatrix}$　　B. $\begin{pmatrix}5\\7\\9\\11\end{pmatrix}$　　C. $\begin{pmatrix}1\\2\\3\\4\end{pmatrix}$　　D. $\begin{pmatrix}-1\\-1\\-1\\-1\end{pmatrix}$

120. 设 3 阶矩阵 $\boldsymbol{A}$ 的特征值有 1,2,-1,则 $\boldsymbol{A}^*+3\boldsymbol{A}-2\boldsymbol{E}$ 的特征值为(　　)

A. -3　　B. -1　　C. 6　　D. 3

2021年广东省广州市增城区教师招聘考试真题试卷(精编)(九)

小学数学

(时间:120 分钟　总分:100 分)

本套试卷共44小题,包括单项选择题(30小题),判断题(5小题),填空题(5小题),解答题(4小题)。目前已收录42小题。

一、单项选择题(本大题共29小题,第1~18小题每小题0.95分,第19~29小题每小题2.5分,共44.6分)

1. 2020年12月10日,教育部表示,截至2019年底,我国九年义务教育巩固率达(　　),全国高中阶段教育毛入学率达89.5%,即将实现基本普及。

A. 75.7%　　B. 81.2%　　C. 87.6%　　D. 94.8%

2. 品德评价法是德育中经常使用的方法。以下没有运用品德评价法的是(　　)(易错)

A. 对学生表现出的好的思想给予肯定

B. 在学生出现不良思想时进行教育和引导

C. 在一定时期内对学生思想品德作比较全面的评价

D. 让学生遵守课堂纪律、作息制度等

3. 田老师在课堂的前五分钟对学生做了简单的测试,发现大部分学生都没有掌握上节课的知识,于是临时决定这节课不讲授新知识,改为复习课。上述田老师的行为(　　)

A. 打乱了教学计划,不利于课程的进展

B. 影响了正常的教学进度,不利于学生学业的发展

C. 备课不够充分,没有对学生的反应提前做好预设

D. 过于随意,是缺乏职业道德的表现

4.（　　）是一种灵活的、适应性较强的课程开发模式。该模式的理论基础是英国著名课程理论家劳顿提出的“文化分析”理论。

A. 实践模式　　B. 环境模式　　C. 情境模式　　D. 综合模式

5. 实施学生综合素质评价的基本出发点是为了真实、全面地反映学生在校期间整体素质和个性发展状况。学生综合素质评价应坚持形成性评价和终结性评价相结合，注重学生的日常行为表现，注意收录反映学生成长过程和发展水平的描述与实证材料。这体现学生综合素质评价的（　　）

A. 导向性原则　　B. 公平性原则

C. 多样性原则　　D. 发展性原则

6. 小红和她的同学们很喜欢围着老师，并且模仿老师写字、读书。这体现了学生的（　　）特点。（常考）

A. 可塑性　　B. 向师性　　C. 复杂性　　D. 创造性

7. 某班主任总是对同学们说：“咱们班犹如海洋上航行的船。你们都是勇斗巨浪的海员，我就是你们的老船长，目标都是彼岸。”该班主任的话体现了班集体具备（　　）的特征。

A. 明确的共同目标　　B. 一定的组织结构

C. 共同生活的准则　　D. 团结、和谐、向上的人际关系

8. 孙老师是某小学五年级（1）班的班主任，在开学时她就制定了班级规章制度，并在每周五的班会上对一周以来没有违反班规的同学给予奖励。孙老师的做法体现出的课堂管理取向是（　　）

A. 教师效能取向　　B. 行为主义取向

C. 人本主义取向　　D. 认知主义取向

9. 数学老师在讲几何初步知识时，提问学生：生活中大家看到哪些物品是长方形、正方形或三角形呢？这些图形各自有什么特点呢？通过一系列的讨论交流，学生对几何图形有更加充分的理解，并且对几何知识产生了极大的学习兴趣。案例中数学老师遵循的教学原则是（　　）

A. 直观性原则　　B. 启发性原则

C. 量力性原则　　D. 因材施教原则

10. 李老师在讲解数学题目时，吴浩同学提出了不同的解题方法，李老师却告诉吴浩：“不要管其他的解题方法，你只管记住我的这种方法就行了。”李老师的做法（　　）

A. 合理，在课堂上就应该拿出教师的威严

B. 合理,有利于提高吴浩在解题时的严谨性

C. 不合理,不利于吴浩创造性的培养

D. 不合理,这种做法是对吴浩人格的不尊重

11. 教育行动研究是针对实际问题提出改进计划,通过在实践中实施、验证、修正而得到研究结果的一种研究方法。某学校六年级的刘老师在做教育行动研究时,可以选择的研究课题是(　　)

A.“我国教育改革的发展走向”　　B.“如何让差生抄作业”

C.“如何有效批改学生作业”　　D.“如何对学生实施适度体罚”

12. 小乔学习完长方形的面积公式后,再学习三角形的面积公式时,总是忘记三角形的面积要除以2,这种现象属于(　　)(易混)

A. 前摄抑制　　B. 倒摄抑制　　C. 首因效应　　D. 近因效应

13. 小陶在课堂上吃零食、偷看漫画书,老师并没有批评他,而是表扬了那些上课遵守课堂纪律、认真学习的同学。老师的做法属于(　　)(常考)

A. 直接强化　　B. 自我强化

C. 效果强化　　D. 替代强化

14. 小丽向宁老师哭诉,说爸爸妈妈总是不信任自己,每次用手机查数学公式都被责骂是在玩游戏,觉得自己做什么都是错的。对此,宁老师的下列做法合理的是(　　)

A. 安抚小丽情绪,建议小丽尽量在学校完成作业,避免回家和父母产生冲突

B. 立即打电话给小丽父母,站在专业教育工作者的立场对其进行批评

C. 严厉批评小丽,教育小丽作为学生应该尽量少用手机

D. 征求小丽和其父母的意见,进行家访,促进三方沟通,实现家校合作的教育

15. 洋洋最近对圆柱、圆锥等立体图形十分感兴趣,于是她认真听数学老师讲课,遇到不理解的知识点,积极查阅资料。根据奥苏贝尔的学习动机分类,洋洋的学习动机属于(　　)

A. 外部学习动机　　B. 附属内驱力

C. 认知内驱力　　D. 自我提高内驱力

16. 明明读六年级之后,发现自己对中、低年级阶段学习的一些知识掌握并不全面,于是结合现阶段所学内容对之前知识点进行了巩固和完善,这属于学习迁移中的(　　)

A. 顺向正迁移　　B. 顺向负迁移

C. 逆向正迁移　　D. 逆向负迁移

17. 王老师根据学生平时的行为表现给予小红花奖品，对小红花数量多的学生进行表扬。根据《中华人民共和国教师法》中对教师权利的划分，王老师行使的是(　　)(易错)

A. 民主管理权　　　　B. 管理学生权

C. 科学研究权　　　　D. 教育教学权

18. 某乡镇小学二年级学生小童在开学前患了重病，小童的父母想给他办理休学，住院进行治疗，则小童父母提出的休学申请，应由(　　)批准。

A. 小童所在班级的班主任

B. 小童所在学校的校长

C. 当地民政局

D. 当地乡镇人民政府或县级人民政府教育行政部门

19. 某团队有5名成员，他们的平均年龄是35岁，因为工作需要先后调来两个人加入该团队。第一个人加入后该团队的平均年龄增加了1岁，第二个人加入后该团队的平均年龄比两人加入前的平均年龄减小1岁，则第二个加入该团队的人为(　　)岁。

A. 28　　B. 26　　C. 24　　D. 22

20. 某小学五年级(1)班所有学生排成一个三角形队伍参加校运会的开幕式表演，已知三角形队伍的第一排只有1名学生，每一排都比前一排多2名学生，共有7排，则该班共有(　　)名学生。

A. 13　　B. 39　　C. 46　　D. 49

21. 在下列的乘法算式中，每个汉字和圆圈代表一个数字，不同的汉字代表不同的数字，相同的汉字代表相同的数字，圆圈中的数字可以相同也可以不同，则这个乘法算式的乘积为(　　)

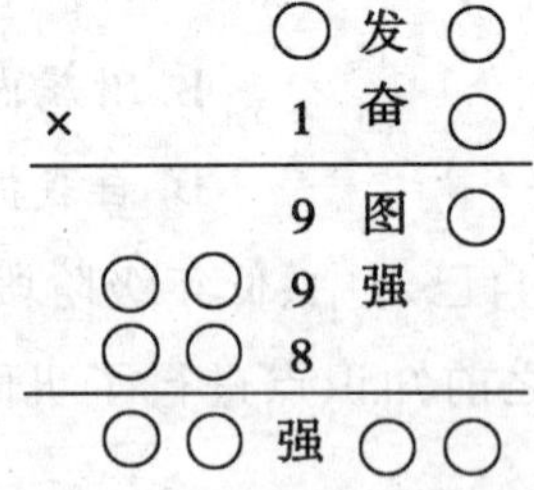

A. 39 772　　　　B. 39 672

C. 49 834　　　　D. 46 672

22. 一列火车车长 90 米,与一列纵队长 60 米的行人队伍相向而行,火车的行驶速度是行人队伍走路速度的 10 倍。如果行人队伍中的人见火车驶过的时间为 6 秒,那么坐在火车上的人见行人队伍完全走过的时间为(　　)秒。

A. 4　　　　B. 16　　　　C. 40　　　　D. 60

23. 小明妈妈每次做饭时都会买 A、B 两种食材共 1 千克。现在 A 降价 20%,B 提价 10%,两种食材的单价均变为每千克 8.8 元,总价比原来减少了 1 元,则小明妈妈买了 A 种食材(　　)千克,B 种食材(　　)千克。

A. 0.6;0.4　　　　B. 0.5;0.5

C. 0.7;0.3　　　　D. 0.4;0.6

24. 甲驾车从 A 地开往 B 地,乙驾车从 B 地开往 A 地,两人同时开始驾车沿同一条公路从起始地前往目的地,甲用了 5 小时,乙用了 6 小时,已知两人在驾车 3 小时后相距 58 千米,则 A、B 两地之间的公路长(　　)千米。

A. 558　　　　B. 569　　　　C. 580　　　　D. 590

25. 李老师购买了一批文具,其中作业本和铅笔的平均价格是 8.8 元,铅笔和圆珠笔的平均价格是 9.1 元,圆珠笔和橡皮擦的平均价格是 8.9 元,且作业本的价格比橡皮擦的价格低 1 元。那么李老师购买的这批文具中铅笔的价格是(　　)元。

A. 8.7　　　　B. 8.9　　　　C. 9.3　　　　D. 9.5

26. 在平面直角坐标系中,已知点 $A(1,2)$,其关于直线 $x=2$ 对称的点为 B,点 B 关于直线 $y=3$ 对称的点为 C,则点 C 的坐标为(　　)

A. $(3,2)$　　　　B. $(4,3)$　　　　C. $(3,4)$　　　　D. $(2,3)$

27. 将直线 $y=kx+b$ 向右平移 2 个单位,再向上平移 3 个单位,得到直线 $y=2x+1$,则下列关于直线 $y=kx+b$ 的说法中不正确的是(　　)

A. 与 y 轴交于 $(0,2)$

B. 与抛物线 $y=x^2+4$ 有两个交点

C. 与圆心在坐标原点,半径为 0.8 的圆相离

D. 经过第一、二、三象限

28. 已知 $\sin\alpha-\cos\alpha=\frac{\sqrt{73}}{7}$,$\alpha\in\left(0,\frac{3}{4}\pi\right)$,则 $\tan\alpha=$(　　)(常考)

A. $\frac{5-\sqrt{73}}{5+\sqrt{73}}$　　　　B. $\frac{5+\sqrt{73}}{5-\sqrt{73}}$

C. $\frac{9+\sqrt{73}}{9-\sqrt{73}}$　　　　D. $\frac{9-\sqrt{73}}{9+\sqrt{73}}$

29. 黑色不透明的盒子中有红、黄、蓝三种颜色不同而其他完全相同的小球，其中红色球5个，黄色球3个，蓝色球2个。从中任意取3个球，没有取到红色球的概率为(　　)(常考)

A. $\frac{1}{10}$　　B. $\frac{1}{6}$　　C. $\frac{1}{18}$　　D. $\frac{1}{12}$

二、判断题(本大题共5小题，每小题0.58分，共2.9分。正确的括号内填"A"，错误的填"B")

30. 素质教育主要包括德智体美劳五方面，在教育过程中应坚持"五育并进，智育先行"。(　　)

31. 教师要与学生经常进行心理换位思考，设身处地为学生着想，听取学生的意见，满足学生的正当要求。(　　)

32. 先设定一个目标，然后选取与起点邻近的未被访问过的任意一点，向目标方向移动，逐步逼近目标，这属于启发式中的逆向反推法。(　　)

33. 根据埃里克森的发展理论，对于六到十二岁的儿童，教师应该积极地训练儿童适应社会、掌握今后生活所必需的知识和技能。(　　)

34. 根据《中华人民共和国教育法》，国家鼓励开展教育对外交流与合作，支持学校及其他教育机构引进优质教育资源，依法开展中外合作办学，发展国际教育服务，培养国际化人才。(　　)

三、填空题(本大题共5小题，每小题2.8分，共14分)

35. $10+20+30-40+50+60+70-80+90+100+110-120+\cdots+250+260+270-280$的值为________。

36. 已知三个数的平均数是200，这三个数分别是一位数、二位数、三位数，其中二位数的个位数字是4，三位数的十位数字是1，个位数字是8，则这三个数之积为________。

37. 有甲、乙两种浓度分别为64%和36%的酒精溶液，若把它们调配成浓度为40%的酒精溶液，所需的甲、乙两种酒精溶液的质量之比为________。(常考)

38. 在某年国庆节假期的第一天(10月1日)，小红一家人出发去了著名景点丽江古城游玩。已知那年的10月份有4个星期日、5个星期六，那么小红一家人出发当天是星期________。

39. 有一梯形$ABCD$，上下底边分别为AD和BC，AC交BD于点E，$BE=2DE$。已知三角形DEC的面积为20，则梯形$ABCD$的面积为________。

四、解答题(本大题共 3 小题,第 40 小题 6 分,第 41、42 小题每小题 12 分,共 30 分)

40. 如图所示,圆是以正方形 $ABCD$ 的边长 CD 为直径的圆,若阴影部分①比阴影部分②的面积大10.75平方厘米,求正方形 $ABCD$ 的边长以及阴影部分①的面积。(π 取 3.14)

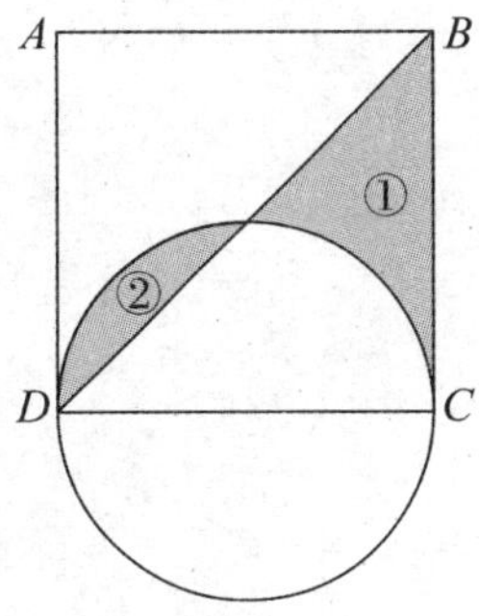

41. 在平面直角坐标系 xOy 中,已知二次函数 $y=ax^2+bx-3$ 与 x 轴交于 A,B 两点,且函数图象经过最低点 $C(-1,-4)$。

(1)求该二次函数的解析式;(3 分)

(2)设直线 $y=\sqrt{3}x+3\sqrt{3}$ 上有一点 D 使得 $AD=BD$,且点 D 在点 A 和点 B 之间,求点 D 的坐标;(4 分)

(3)判断(2)中的 $\triangle ABD$ 是否为等边三角形,并求其面积。(5 分)

42. 已知数列$\{a_n\}$满足$a_1=3,a_{n+1}=2a_n-n+1,n\in\mathbf{N}_+$,数列$\{b_n\}$满足$b_2=8$,其前9项和为153,且数列$\{b_n\}$为等差数列。

(1)求数列$\{a_n\}$,$\{b_n\}$的通项公式;(6分)

(2)若数列$\{c_n\}$的前n项和为T_n,$c_n=\dfrac{6}{[2\log_2(a_n-n)-1](2b_n-1)}$,求$T_n$。(6分)

2021年四川省凉山市喜德县教师招聘考试真题试卷(十)

小学数学

(时间:120分钟　总分:100分)

本套试卷共26小题,包括填空题(7小题),判断题(5小题),单项选择题(5小题),计算题(4小题),应用题(5小题)。

一、填空题(本大题共7小题,每小题1分,共7分)

1. 一个数是由9个亿、5个千万、3个十万和7个千组成的,这个数写作________,四舍五入到亿位是________。

2. $\frac{3}{4}=12\div(\quad)=(\quad):20=(\quad)\%=(\quad)$(填小数)。

3. 小李买了1000元的国库券,定期三年,如果按年利率2.55%来计算,到期时他取回本金和利息一共________元。(常考)

4. 王芳骑自行车,3小时骑了75千米,平均每小时骑________千米。照这样计算,她骑1千米需要________小时。

5. 若$xy=3$,则x和y成________比例关系;若$\frac{m}{n}=4$,则m和n成________比例关系。

6. 一个圆柱的底面积是62.8 dm^2,高是15 dm,与它等底等高的圆锥的体积是________ dm^3。

7. 一个长方体的棱长总和是108分米,相交于同一个顶点的三条棱的和是________分米。若长∶宽∶高=2∶3∶4,则这个长方体的体积是________立方分米。

二、判断题(本大题共5小题,每小题1分,共5分)

8. 3千克25克是3.25千克。　(　　)

9. 面积相等的两个三角形可以拼成一个平行四边形。(易错)　(　　)

10. 一个三位小数用四舍五入法保留两位小数是4.60,则这个小数的最大值是

4.604。 (　　)

11. 一组数据的中位数一定大于这组数据的平均数。 (　　)

12. 一个数不是正数就是负数。 (　　)

三、单项选择题(本大题共5小题,每小题4分,共20分)

13. 一杯牛奶,喝去20%后加满水,再喝掉50%,此时牛奶占容积的(　　)(易错)

A. 50%　　B. 40%　　C. 30%

14. 如果小红家在小强家北偏东42°的方向上,那么小强家在小红家(　　)的方向上。(常考)

A. 南偏西42°　　B. 北偏东48°　　C. 南偏西48°

15. 在比例尺1∶1 000 000的地图上,图上距离为10 cm的两地,实际距离是(　　)千米。

A. 100 000　　B. 100　　C. 1 000　　D. 10 000

16. 若 $a+b=23$,则 $(a+5)+(b-4)=$ (　　)

A. 22　　B. 23

C. 24　　D. 无法确认

17. 一个圆环,它的外圆直径是内圆直径的2倍,则这个圆环的面积(　　)

A. 比内圆面积大　　B. 比内圆面积小　　C. 与内圆面积相等

四、计算题(本大题共4小题,第18~20小题每小题8分,第21小题4分,共28分)

18. 简便计算。

(1) $100-9.8-9.7-9.5$;(4分)

(2) $\frac{1}{2}+\frac{1}{6}+\frac{1}{12}+\frac{1}{20}+\frac{1}{30}+\frac{1}{42}$。(4分)

19. 列式计算。

(1) $\left(48-4\times1\frac{1}{2}\right)$除 21 的商是多少?(4 分)

(2)12 加上一个数的$\frac{2}{5}$,和是 18,这个数是多少?(4 分)

20. 解方程。

(1) $\frac{1}{8}(x+0.5)=75\%$;(4 分)

(2) $\frac{x}{6.5}=\frac{5.2}{4}$。(4 分)

21. 如图所示,圆的面积与长方形的面积相等,圆的周长为 6.28 厘米,则长方形的周长是多少厘米?(π 取 3.14)(4 分)

五、应用题(本大题共5小题,每小题8分,共40分)

22. 一批零件,第一天加工了总数的$\frac{1}{3}$,第二天加工的数量是第一天的$\frac{1}{6}$,第二天结束时还剩22个零件未加工,则这批零件一共有多少个?(常考)

23. 甲、乙两种糖的单价比是4∶5,把这两种糖混合成100克的什锦糖,质量比是4∶1,单价为8.4元,那么原来每种糖的单价各是多少元?

24. 今有鸡兔同笼,笼中有35个头,94只脚,问:鸡兔各几何?

25. 一个长方体木块,它的棱长总和是 180 cm,它的长、宽、高之比是 4∶4∶1。现将这个长方体木块切割成体积最大的圆柱体,这个圆柱体的体积是多少立方厘米?

26. 某列车通过 250 米长的隧道用了 25 秒,通过 210 米长的隧道用了 23 秒。问:该列车与另一辆长 320 米,速度为 64.8 千米/时的列车错车而过需要多少秒?

2021年山东省临沂市教师招聘考试真题试卷(精编)(十一)

数　学

(时间:120分钟　总分:100分)

本套试卷共80小题,包括教育基础知识和数学学科专业知识两部分。教育基础知识部分包括单项选择题(40小题),多项选择题(15小题);数学学科专业知识部分包括单项选择题(11小题),多项选择题(4小题),填空题(5小题),解答题(5小题)。目前共收录79小题。

第一部分　教育基础知识

一、单项选择题(本大题共40小题,每小题0.7分,共28分)

1. 不同时期有不同的教育内容,追溯历史,苏轼的少年时代,最有可能的学习材料是(　　)

A. 四书五经　　B."六艺"　　C. 程朱理学　　D."七艺"

2. 当一个不守纪律的学生表现出良好的守纪行为时,老师便撤销对他的批评,老师的这一做法属于(　　)

A. 正强化　　B. 负强化　　C. 消退　　D. 惩罚

3. 同学叫小明出去玩,可是他正在做作业,小明最终克制了自己,谢绝了同学的邀约。这主要体现的心理过程是(　　)

A. 知觉过程　　B. 思维过程　　C. 意志过程　　D. 情感过程

4. 在师生关系上,我国古代教育强调师道尊严,而现代教育则强调尊师爱生、民主平等,这一事实反映了教育的(　　)(常考)

A. 历史性　　B. 继承性　　C. 相对独立性　　D. 永恒性

5. 按照赫尔巴特的教育理论,在教育学的学科基础上,能够说明教育的途径、手段的是(　　)

A. 伦理学　　B. 心理学　　C. 实践哲学　　D. 生理学

6. 赵老师认为:数学学习中形成的认真审题的态度及其审题的方法将会对学习化学、物理等学科有积极影响。这种现象属于(　　)(常考)

A. 负迁移　　B. 垂直迁移　　C. 一般迁移　　D. 具体迁移

7. 王老师在课堂教学中经常采用小组竞赛的方式组织教学,教学过程中出现了小组间隐匿学习资料的现象,这体现了教育的(　　)

A. 正向显性功能　　B. 正向隐性功能

C. 负向显性功能　　D. 负向隐性功能

8. 李强经常在同学中表现出贪玩、不在乎考试的样子,但在私下里却偷偷努力,拼命学习。从李强的表现来看,其自我价值动机倾向的类型极有可能是(　　)(易错)

A. 高驱低避型　　B. 低驱高避型

C. 低驱低避型　　D. 高驱高避型

9. 在解决问题时,人们常常采用启发式策略,主要是为了(　　)

A. 保证问题解决的正确性　　B. 提高想象力

C. 缩短问题解决的时间　　D. 提高动机水平

10. 在中国历史上,为集中权力,统一思想,秦始皇焚书坑儒,汉武帝独尊儒术。这体现了(　　)

A. 政治经济制度决定受教育权

B. 政治经济制度决定教育内容的取舍

C. 教育相对独立于一定社会的政治经济制度

D. 教育与社会发展的不平衡性

11. 儿童的思维发展从具体到抽象,不可逆转,这要求我们在教育中要遵循儿童心理发展的(　　)规律。

A. 连续性　　B. 顺序性　　C. 不均衡性　　D. 阶段性

12. 在学校文化中,有一种无形的力量(如学校的办学理念、校风、学风等)影响着学校的发展,这种无形的力量属于学校的(　　)

A. 精神文化　　B. 制度文化　　C. 规范文化　　D. 物质文化

13. 以日本学制为蓝本,明显反映"中学为体,西学为用"思想的中国近代学制是(　　)

A. 壬子癸丑学制　　B. 癸卯学制　　C. 壬寅学制　　D. 壬戌学制

14. 赵老师在教学中不太讲究结构,喜欢与学生相互作用,喜欢采用讨论的方法,从以上表现看,赵老师的认知风格可能是(　　)

A. 场依存型　　B. 场独立型　　C. 冲动型　　D. 反思型

15. 春秋时期孔子兴办私学,“自行束脩以上,吾未尝无诲焉”。就教师职业的历史发展而言,这属于教师职业发展的(　　)

A. 非职业化阶段　　B. 职业化阶段

C. 专门化阶段　　D. 专业化阶段

16. 李老师在教学过程中充分发挥自身潜能,教学中的每一项任务力求做到极致,按照马斯洛需求层次理论,李老师达到的最高层次的需要是(　　)(常考)

A. 尊重需要　　B. 归属与爱的需要

C. 自我实现的需要　　D. 安全的需要

17. 学生的个性各不相同,学习方式多种多样,要求老师因材施教,在特定情况下运用“教学机智”,这体现教师职业劳动的(　　)(常考)

A. 主体性　　B. 示范性　　C. 间接性　　D. 创造性

18. 教师仅掌握学科专业知识是不够的,教师还要掌握关于学生身心发展方面的知识,这些知识属于教师的(　　)

A. 条件性知识　　B. 本体性知识

C. 实践性知识　　D. 缄默性知识

19. 教学中,孔子提到“不愤不启,不悱不发”,这要求教师在提问时做到(　　)

A. 提问明确具体　　B. 提问有层次性

C. 提问有趣味性　　D. 提问时机合适

20. “学生所学到的,顶多也不过像是在他口袋里装了几把钥匙或者几枚铜钱而已。学生所学的一切,对他个人的心智成长,毫无意义。”马斯洛此话批判的是(　　)

A. 内发学习　　B. 经验学习　　C. 主动学习　　D. 外铄学习

21. 教物理的王老师在教学过程中经常想到的问题是:如何呈现教学内容,如何有效地把握课堂,如何帮助学生提高成绩。说明王老师处于教师专业发展的(　　)阶段。(易混)

A. 关注生存　　B. 关注情境　　C. 关注学生　　D. 关注自我

22. 讲解完全平方公式后,王老师提出问题:“已知 $a=99$, $b=97$,那么 $a^2-2ab+b^2=?$”并要求学生立即给出答案,这是(　　)的提问。

A. 知识水平　　B. 理解水平　　C. 应用水平　　D. 评价水平

23. 学生在上课时对学习内容用眼看、用耳听、用心记、用嘴说。这样做不仅能多渠道获取信息,还能提高(　　)能力。

A. 注意的转移　　B. 注意的起伏

C. 注意的分散　　D. 注意的分配

24. 在三维课程目标中,特别关注让学生"学会学习"的维度是(　　)维度。(常考)

A. 知识　　B. 过程与方法

C. 情感态度与价值观　　D. 技能

25. 为了节省时间,提高教学效率,对于一些理论性、难度或操作性相对较低的学科知识,比较适合的课程内容编排方式是(　　)(易错)

A. 直线式编排　　B. 螺旋式编排

C. 纵向组织编排　　D. 横向组织编排

26. 王老师的课堂教学特别强调"以预设为基础,提高生成的质量和水平;以生成为导向,提高预设的针对性和开放性",这符合课程实施的(　　)

A. 相互调适取向　　B. 忠实取向　　C. 创生取向　　D. 过程取向

27. 维果斯基的"最近发展区"思想与《学记》的"语之而不知,虽舍之可也"的表述体现了(　　)的原则。

A. 因材施教　　B. 教学相长　　C. 启发性　　D. 量力性

28. 在班级内部,教师根据学生的特点、兴趣与意愿进行分组教学,各组学习时间相同,学习内容不同,这种分组是(　　)

A. 外部分组　　B. 内部分组　　C. 能力分组　　D. 作业分组

29. 若教学的主要目标在于情感态度和价值观的激发与养成,则在以下的教学模式中,应优选(　　)

A. 抛锚式教学　　B. 范例式教学

C. 情境—陶冶式教学　　D. 目标—导控式教学

30. 学生以词的声音表象、动觉表象为支柱进行智力活动,处于心智技能的(　　)阶段。

A. 物质活动或物质化活动　　B. 出声的外部言语

C. 无声的外部言语　　D. 内部言语

31. 按照评价采用的标准进行分类,事业编教师招聘考试属于(　　)

A. 标准参照性评价　　B. 常模参照性评价

C. 个体内差异评价　　D. 诊断性评价

32. 参加实验的学生预先知道自己将参加某项实验,从而行为表现得更为积极和主动,比平时有更佳的努力和表现,这种效应是(　　)

A. 霍桑效应　　B. 罗森塔尔效应

C. 主试效应　　D. 巴纳姆效应

33. 王老师是某年级的级部主任，每学期的期初、期末总有个别学生家长想送礼请客，王老师一概拒之门外，王老师的行为主要体现了师德规范中的(　　)

A. 爱岗敬业　　B. 教书育人　　C. 为人师表　　D. 关爱学生

34. 老师在教学中经常指导学生学习列提纲和画关系图等技术，帮助学生分析课程的内容结构，更好地理解课程内容。老师想通过它教会学生的学习策略是(　　)(常考)

A. 资源管理策略　　B. 精加工策略

C. 组织策略　　D. 复述策略

35. 为相对全面地认识学生在解决特定的人际—社会问题时可能的反应及遇到的困难，以及更好地引发学生良好的道德情感，帮助学生学会关心，教师应选用的德育模式是(　　)

A. 认知模式　　B. 体谅模式

C. 社会模仿模式　　D. 价值澄清模式

36. 在班级管理中，王老师特别强调集体的教育力量，开展集体活动，让学生在良好的班级氛围中得到教育，同时通过对个别学生的教育，来促成集体的形成与发展，这种班级管理模式是(　　)

A. 班级平行管理　　B. 班级民主管理

C. 班级常规管理　　D. 班级目标管理

37. 认为学习成绩差的学生品行也不好，这是一种(　　)

A. 社会刻板效应　　B. 投射效应

C. 罗森塔尔效应　　D. 近因效应

阅读材料，回答 38 ~ 40 小题。

下课后，几位年轻教师就课堂教学展开交流。

庄老师说："采用什么样的教学方法，其关键在于教学内容。比如弄清概念之间的关系，讲授法的效果比较好，而要解决技能操作方面的问题，演示法、练习法等更有优势。"

国老师说："教学方法的选用既要看内容，更要考虑这堂课你要达到什么成果，如果要让学生形成某种情感态度，情感陶冶法是首选，如果要让学生记住一些基本知识的话，讲授法效果较好。"

殷老师说："我认同两位老师的说法，但是教学方法要发挥其应有的作用，离不开对学生学习动机的激发，我在上课时经常结合教学内容进行关于学习的社会意义、个人前途等方面的教育，我发现学生的学习干劲更足了。"

38. 庄老师提到的弄清概念之间的关系，按照奥苏伯尔对学习的分类，最适合的学习方式是(　　)

A. 有意义的接受学习　　B. 有意义的发现学习

C. 机械的接受学习　　D. 机械的发现学习

39. 从国老师的谈话中，我们能够看出，对教学方法的选用，其关注点在于(　　)

A. 课程性质　　B. 能力水平　　C. 教师素养　　D. 课程目标

40. 殷老师注重将学习内容与学习的社会意义、个人前途等联系起来激发学生的学习动机，这种学习动机类型是(　　)(常考)

A. 远景的直接性动机　　B. 近景的间接性动机

C. 近景的直接性动机　　D. 远景的间接性动机

二、多项选择题(本大题共 15 小题，每小题 0.8 分，共 12 分。多选、错选或少选均不得分)

41. 关于个体身心发展的动因，下列表述或观点倾向于"外铄论"的是(　　)

A. 化性起伪

B. 人的心灵如同一块白板，可以任意涂抹

C. 万物皆备于我

D. 行为主义的行为塑造理论

42. 德育方法的选择需要考虑学生的心理年龄特征，对小学低年级学生比较奏效的德育方法是(　　)

A. 两难问题辨析法　　B. 分组讨论法

C. 情感陶冶法　　D. 实际锻炼法

43. 以下属于经典性条件反射的是(　　)

A. 小明帮同学受到了表扬，以后就经常帮助别人

B. 一朝被蛇咬，十年怕井绳

C. 看见闪电捂耳朵

D. 望梅止渴

44. 下列教育家与其思想观点对应正确的是(　　)

A. 荀子：倡导"性恶论"，认为教育的作用是"化性起伪"

B. 洛克：反对天赋观念，提出了"白板说"，倡导"绅士教育"

C. 杜威：认为教育即生活，学校即社会

D. 陶行知：认为生活即教育，提出了生活教育理论

45. 以下属于建构主义的教学主张的是(　　)

A. 有意义的自由学习观　　B. 支架式教学

C. 情境性教学　　D. 随机通达教学

46. 下列表述中,体现对教师能力素养要求的是(　　)

A. "要使学生获得一点知识的亮光,教师应吸进整个光的海洋"

B. 教师应"既知教之所由兴,又知教之所由废"

C. 教师语言表达要做到"生动、形象、具有启发性"

D. 教师应注意课堂教学中的自我监控与课后的自我反思

47. 以下心理学派与代表人物对应正确的是(　　)

A. 精神分析——弗洛伊德　　B. 行为主义——华生

C. 人本主义——艾利斯　　D. 格式塔——托尔曼

48. 课程有多种分类,不同类型的课程具有不同的特点,下列关于不同类型课程特点的描述正确的是(　　)

A. 学科课程特别强调知识的逻辑,布鲁纳的结构主义课程是其典型代表

B. 活动课程特别强调学生的直接经验,杜威的活动课程是其典型代表

C. 显性课程是学校情境中以直接的、明显的方式呈现的课程,在学校课程建设中不可或缺

D. 隐性课程是学校情境中以间接的、内隐的方式呈现的课程,在学校课程建设中可有可无

49. 下列表述中,能够体现循序渐进教学原则的是(　　)(易错)

A. 孔子《论语》中"闻斯行诸"的故事

B. 孟子"盈科而进"的教学方法

C.《学记》中"杂施而不孙,则坏乱而不修"的表述

D. 苏格拉底的"产婆术"

50. 下列关于需要的说法,正确的是(　　)

A. 需要具有对象性

B. 人和动物满足自然需要的方式没有区别

C. 社会需要是人特有的

D. 人的需要是发展的

51. 下列关于教学方法的表述,正确的是(　　)

A. 注入式教学把学生看成是知识的容器,讲授法是其典型代表

B. 讨论法和读书指导法属于以语言传递为主的教学方法

C. 演示法是一种辅助性教学方法,要和讲授法、谈话法等配合使用

D. 美国心理学家布鲁纳倡导的发现法是一种以引导、探究为主的教学方法

52. 了解和研究学生是班主任工作的前提和基础,下列描述反映中等生特点的是(　　)(易错)

A. 自尊心和竞争意识强　　B. 信心不足

C. 不适度的自尊心,意志力薄弱　　D. 表现欲不强

53. 张强在学习数学方面是一位自我效能感比较高的学生,他在数学学习上可能表现为(　　)

A. 做数学题时遇到困难更有坚持性　　B. 上数学课认真听讲

C. 学习数学情绪低落　　D. 喜欢选择与数学学习相关的活动

54.《关于全面深化新时代教师队伍建设改革的意见》提出,要弘扬高尚师德,广大教师要坚持四个统一,争做(　　)的好教师。

A. 有理想信念　　B. 有道德情操

C. 有扎实学识　　D. 有仁爱之心

55. 下列说法中合理合法的是(　　)

A. 实施义务教育,不收学费、杂费

B. 按照学生的考试成绩进行排队,侵犯了学生的隐私权

C. 不分民族、语言,年满6周岁的儿童应上小学,特殊情况可放宽到7周岁

D. 如果学生旷课,要及时通知家长或者其他监护人

第二部分　数学学科专业知识

一、单项选择题(本大题共11小题,每小题1.8分,共19.8分)

1. 已知集合 $A=\left\{x\left|\frac{1-x}{x}\geqslant 0\right.\right\}$,集合 $B=\{x|2x-1>0\}$,则集合 $A\cap B=$(　　)

A. $(0,1]$　　B. $\left(\frac{1}{2},1\right]$　　C. $\left(0,\frac{1}{2}\right)$　　D. $\left(\frac{1}{2},+\infty\right)$

2. 下列函数中,既是偶函数又在 $(0,+\infty)$ 上单调递减的函数是(　　)(常考)

A. $y=-x^2+4$　　B. $y=|x|+1$

C. $y=2x^3$　　D. $y=2^{|x|}$

3. 复数 $z=\frac{1}{1-3\mathrm{i}}$ 的共轭复数的虚部是(　　)

A. $\frac{1}{10}$　　B. $-\frac{1}{10}$　　C. $-\frac{3}{10}$　　D. $-\frac{3}{10}\mathrm{i}$

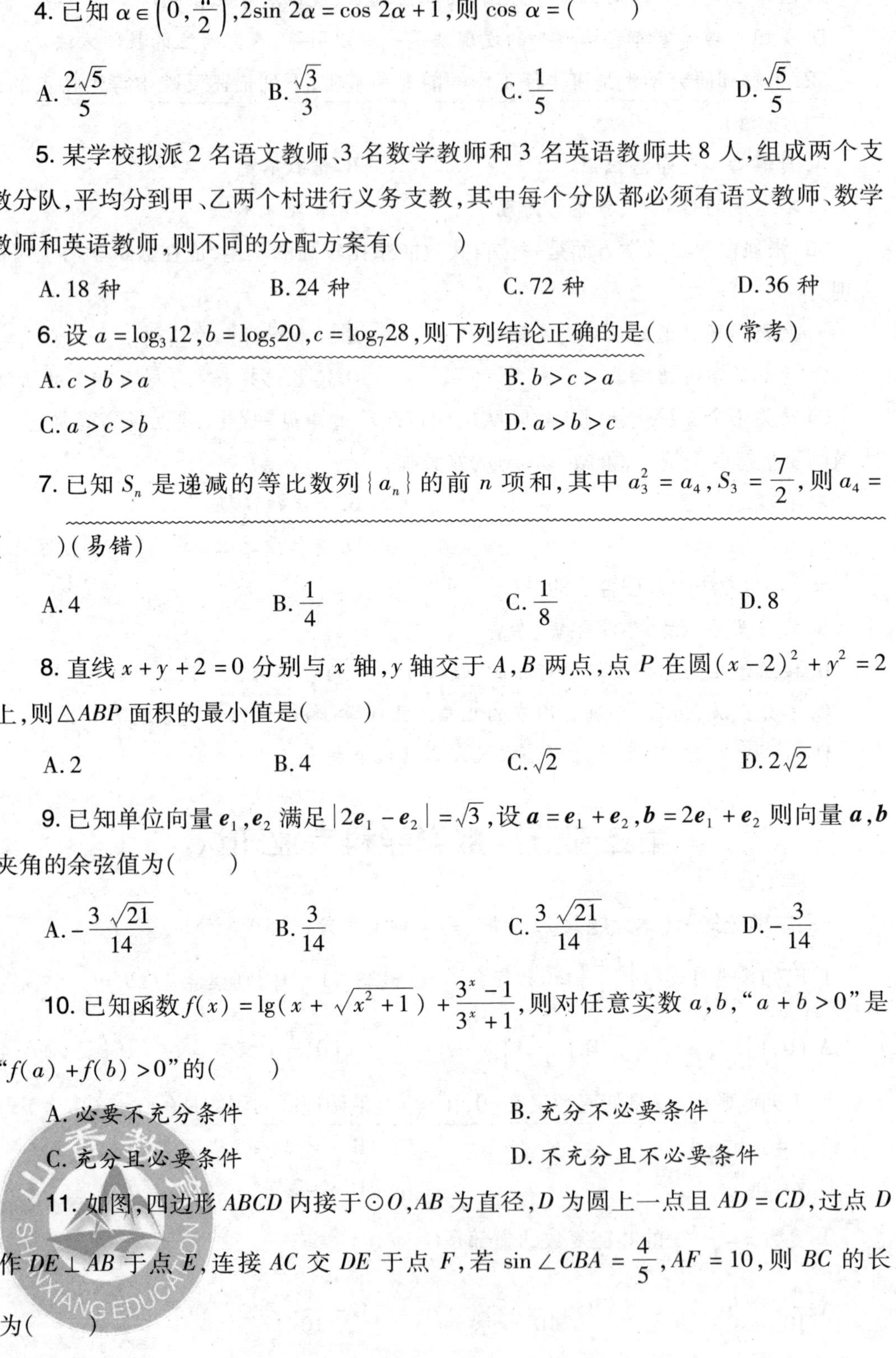

4. 已知 $\alpha \in \left(0, \frac{\pi}{2}\right)$，$2\sin 2\alpha = \cos 2\alpha + 1$，则 $\cos\alpha =$（　　）

A. $\frac{2\sqrt{5}}{5}$　　B. $\frac{\sqrt{3}}{3}$　　C. $\frac{1}{5}$　　D. $\frac{\sqrt{5}}{5}$

5. 某学校拟派 2 名语文教师、3 名数学教师和 3 名英语教师共 8 人，组成两个支教分队，平均分到甲、乙两个村进行义务支教，其中每个分队都必须有语文教师、数学教师和英语教师，则不同的分配方案有（　　）

A. 18 种　　B. 24 种　　C. 72 种　　D. 36 种

6. 设 $a = \log_3 12$，$b = \log_5 20$，$c = \log_7 28$，则下列结论正确的是（　　）（常考）

A. $c > b > a$　　B. $b > c > a$

C. $a > c > b$　　D. $a > b > c$

7. 已知 S_n 是递减的等比数列 $\{a_n\}$ 的前 n 项和，其中 $a_3^2 = a_4$，$S_3 = \frac{7}{2}$，则 $a_4 =$（　　）（易错）

A. 4　　B. $\frac{1}{4}$　　C. $\frac{1}{8}$　　D. 8

8. 直线 $x + y + 2 = 0$ 分别与 x 轴，y 轴交于 A，B 两点，点 P 在圆 $(x-2)^2 + y^2 = 2$ 上，则 $\triangle ABP$ 面积的最小值是（　　）

A. 2　　B. 4　　C. $\sqrt{2}$　　D. $2\sqrt{2}$

9. 已知单位向量 $\boldsymbol{e}_1$，$\boldsymbol{e}_2$ 满足 $|2\boldsymbol{e}_1 - \boldsymbol{e}_2| = \sqrt{3}$，设 $\boldsymbol{a} = \boldsymbol{e}_1 + \boldsymbol{e}_2$，$\boldsymbol{b} = 2\boldsymbol{e}_1 + \boldsymbol{e}_2$ 则向量 $\boldsymbol{a}$，$\boldsymbol{b}$ 夹角的余弦值为（　　）

A. $-\frac{3\sqrt{21}}{14}$　　B. $\frac{3}{14}$　　C. $\frac{3\sqrt{21}}{14}$　　D. $-\frac{3}{14}$

10. 已知函数 $f(x) = \lg(x + \sqrt{x^2+1}) + \frac{3^x - 1}{3^x + 1}$，则对任意实数 a，b，“$a + b > 0$”是“$f(a) + f(b) > 0$”的（　　）

A. 必要不充分条件　　B. 充分不必要条件

C. 充分且必要条件　　D. 不充分且不必要条件

11. 如图，四边形 $ABCD$ 内接于 $\odot O$，AB 为直径，D 为圆上一点且 $AD = CD$，过点 D 作 $DE \perp AB$ 于点 E，连接 AC 交 DE 于点 F，若 $\sin\angle CBA = \frac{4}{5}$，$AF = 10$，则 BC 的长为（　　）

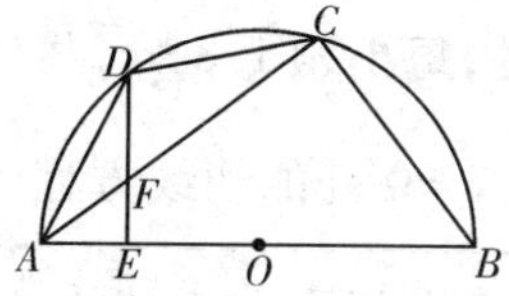

A. 16　　　　B. 20　　　　C. 32　　　　D. 24

二、多项选择题(本大题共 4 小题,每小题 1.8 分,共 7.2 分。多选、错选或少选均不得分)

12. 对具有相关关系的两个变量 x 和 y 进行回归分析时,经过随机抽样获得的成对样本数据为 $(x_i,y_i)(i=1,2,\cdots,n)$,则下列结论正确的是(　　)

A. 若两变量 x,y 具有线性相关关系,则回归直线至少经过一个样本点

B. 若变量 y 和 x 之间的相关系数为 $r=-0.97$,则变量 y 和 x 之间具有很强的线性相关关系

C. 若以模型 $y=a\mathrm{e}^{bx}$ 拟合该组数据,为了求出回归方程,设 $z=\ln y$,将其变换后得到线性方程为 $z=6x+\ln 3$,则 a,b 的估计值分别是 3 和 6

D. 用相关指数 R^2 来刻画回归效果,R^2 越小,说明模型的拟合效果越好

13. 设 $f(x)=\cos\dfrac{x}{2}-\sqrt{3}\sin\dfrac{x}{2}-\dfrac{1}{2}$,则下列结论错误的是(　　)

A. $f(x)$ 的一个周期为 -2π　　　　B. $f(x+\pi)$ 的一个零点为 $x=\dfrac{\pi}{3}$

C. $f(x)$ 的图象关于直线 $x=\dfrac{5\pi}{3}$ 对称　　　　D. $f(x)$ 在 $\left(\dfrac{\pi}{2},\pi\right)$ 上单调递减

14. 如图,正方体 $ABCD-A_1B_1C_1D_1$ 的棱长为 2,线段 B_1D_1 上有两个动点 M,N,且 $MN=1$,则下列结论正确的是(　　)

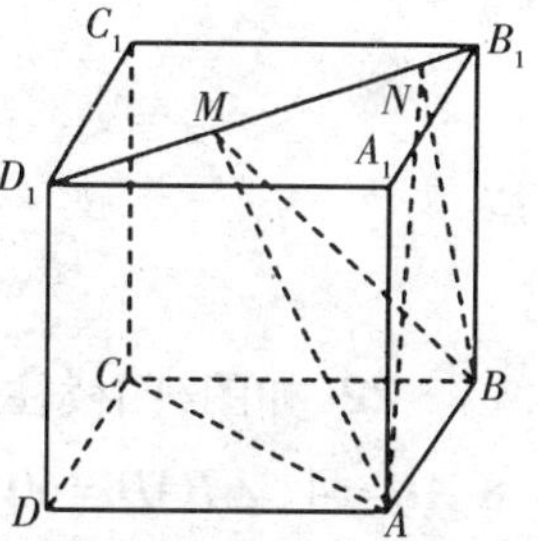

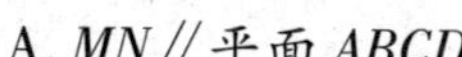

A. MN // 平面 $ABCD$

B. $AC\perp BM$

C. 三棱锥 $M-ABN$ 的体积为定值

D. $\triangle AMN$ 的面积与 $\triangle BMN$ 的面积相等

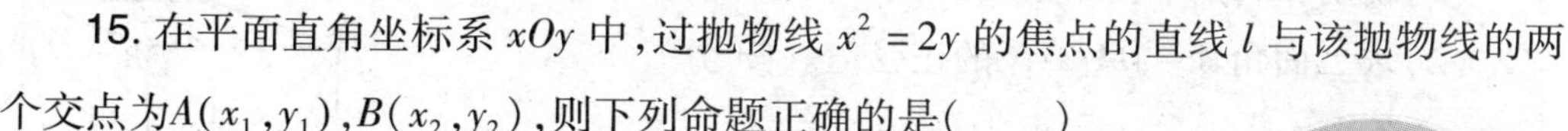

15. 在平面直角坐标系 xOy 中,过抛物线 $x^2=2y$ 的焦点的直线 l 与该抛物线的两个交点为 $A(x_1,y_1)$,$B(x_2,y_2)$,则下列命题正确的是(　　)

A. $x_1x_2=-1$

B. $|OA|+|OB|$ 的最小值是 $2\sqrt{2}$

C. 以 AB 为直径的圆与直线 $y=-\dfrac{1}{2}$ 相切

D. 经过点 B 与 x 轴垂直的直线与直线 OA 的交点一定在定直线上

三、填空题(本大题共 5 小题,每小题 1.8 分,共 9 分)

16. 曲线 $y=\mathrm{e}^{x}+x^{2}-\frac{2}{3}x$ 在 $x=0$ 处的切线方程为________。(常考)

17. 如图,二次函数 $y=ax^{2}+c$ 的图象与直线 $y=mx+n$ 交于 $A(-1,y_1)$,$B(3,y_2)$ 两点,则不等式 $ax^{2}+mx+c-n<0$ 的解集是________。(易错)

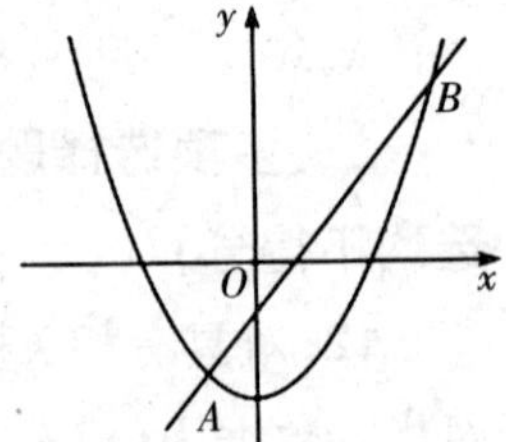

18. $(x+y)(2x-y)^{5}$ 的展开式中含 $x^{2}y^{4}$ 的项为________。

19. 已知双曲线 $C:\frac{x^{2}}{a^{2}}-\frac{y^{2}}{b^{2}}=1(a>0,b>0)$ 的左、右焦点分别为 F_1,F_2,过点 F_2 且斜率为 3 的直线与双曲线 C 的渐近线在第四象限交于点 P,若 $PF_1\perp PF_2$,则双曲线 C 的离心率为________。

20. 数列 $\{a_n\}$ 满足 $a_{n+1}+(-1)^{n}a_n=2n-1$,则 $\{a_n\}$ 的前 100 项的和为________。

四、解答题(本大题共 4 小题,第 21 小题 4 分,第 22 ~ 24 小题每小题 5 分,共 19 分)

21. 已知 a,b,c 分别为 $\triangle ABC$ 三个内角 A,B,C 的对边,$a(\cos C+\sqrt{3}\sin C)=b+c$。

(1)求角 A;(2 分)

(2)若 $a=2$,$\triangle ABC$ 的面积为 $\sqrt{3}$,求 $\triangle ABC$ 的周长。(2 分)

22. 如图,四棱柱 $ABCD-A_1B_1C_1D_1$ 的底面是菱形,侧棱 $AA_1\perp$ 底面 $ABCD$,$AA_1=8$,$AD=4$,$\angle BAD=60°$,点 E,M,N 分别是 BC,BB_1,A_1D 的中点。

(1)证明:$MN/\!/$平面 C_1DE;(2 分)

(2)求二面角 $A-MA_1-N$ 的正弦值。(3 分)

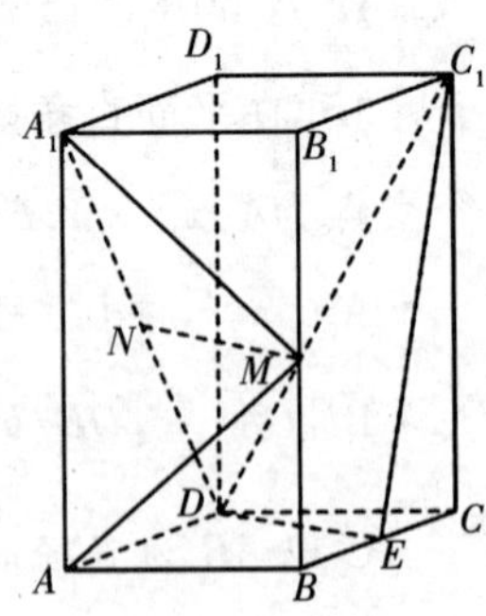

23. 已知椭圆 $E:\frac{x^2}{a^2}+\frac{y^2}{b^2}=1(a>b>0)$的离心率为$\frac{\sqrt{3}}{2}$，且椭圆 E 上的点到其焦点的最大距离为$2+\sqrt{3}$，O 为坐标原点。

(1)求 E 的方程；(2 分)

(2)过点 $A(0,-2)$的直线 l 与 E 相交于 P，Q 两点，$\triangle OPQ$ 的面积最大时，求直线 l 的方程。(3 分)

24. 已知函数 $h(x)=\ln x-x-x^2$。

(1)求 $h(x)$的单调区间；(2 分)

(2)设$f(x)=h(x)+x^2+2\sin x$，求证：$f(x)$在$(0,2\pi)$内有两个不同的零点。(3 分)

2021年天津市南开区教师招聘考试真题试卷(十二)

数　学

(时间:150分钟　总分:100分)

本套试卷共56小题,包括教育综合知识与数学学科专业知识两部分。教育综合知识部分包括单项选择题(20小题),多项选择题(10小题);数学学科专业知识部分包括单项选择题(20小题),解答题(5小题),案例分析题(1小题)。

第一部分　教育综合知识

一、单项选择题(本大题共20小题,每小题0.5分,共10分)

1. 根据教育系统自身形式化的程度,可以将教育形态划分为(　　)

A. 抽象教育和具体教育　　B. 集体教育和个性教育

C. 非制度化教育和制度化教育　　D. 家庭教育、学校教育和社会教育

2. 在对知识进行分类时,有关"是什么"的知识属于(　　)

A. 陈述性知识　　B. 程序性知识

C. 策略性知识　　D. 演绎性知识

3. 评价者根据一定的评价内容和标准,通过日常对评价对象的观察和了解,经过综合分析并以此对评价对象的品德状况给予终结性整体评定的方法是(　　)(常考)

A. 操行评定评价法　　B. 整体印象评价法

C. 操行计量评定法　　D. 代表性品德行为整体测评法

4. 下列选项中,体现教学设计指导性特征的是(　　)

A. 教师进行教学设计的过程,实质上就是实际教学活动的每个环节、每个步骤在教师头脑中的预演过程

B. 教学设计是教师为组织和指导教学活动精心设计的施教蓝图,是教师有关下

一步教学活动的一切设想

C. 教师在设计教学方案时，可以有目的、有重点地突出某一种或几种教学要素，以达到特定的教学目标

D. 教学设计的过程，实际上就是教师根据不同的教学目标和不同学生的特点，创造性地思考、设计教学实施方案的过程

5. 下列对教师职业的基本特征说法正确的是(　　)

①教师职业是一种专业性的职业；

②教师职业是以教书育人为职责的创造性职业；

③教师职业是一种同其他职业没有实质区别的实践活动；

④教师职业是需要持续专业化的职业。

A. ①②③　　B. ①②④　　C. ①③④　　D. ②③④

6. 班级组织中存在着正式群体和非正式群体，下列对正式群体和非正式群体说法正确的是(　　)

①正式群体和非正式群体往往是同时发生作用，交互影响的；

②正式群体在学校人际关系系统中起主导作用；

③非正式群体具有满足个体需要、保护心理健康等重要作用；

④教师应当将非正式群体作为重点管理和防范的对象，抑制其破坏作用。

A. ①②③　　B. ①②④　　C. ①③④　　D. ①②③④

7. 人们经常会使用“为人师表”“学高为师，身正为范”等词句形容教师。这些词句反映的是教师的(　　)

A. 人格形象　　B. 文化形象　　C. 道德形象　　D. 专业形象

8. 在知识学习的过程中，做笔记属于下列学习策略中的(　　)(易错)

A. 组织策略　　B. 复述策略　　C. 精加工策略　　D. 指导策略

9. 著有《民主主义与教育》一书，并提出“教育即生活”的主张，认为教育是生活的过程的教育家是(　　)

A. 杜威　　B. 裴斯泰洛齐

C. 赫伯特·斯宾塞　　D. 威廉·詹姆斯

10. 教师的劳动具有很大的特殊性，究其本质来说，教师劳动是一种(　　)

A. 复杂的脑力劳动　　B. 复杂的体力劳动

C. 精神生产的劳动　　D. 传递知识的劳动

11. 党的十九大报告中首次提出，要“努力让每个孩子都能享有(　　)的教育”。这是以习近平同志为核心的党中央坚持“以人民为中心”的发展思想，谋划教育事业

改革发展的生动体现。

A. 科学而有质量　　B. 科学而有情怀

C. 公平而有质量　　D. 公平而有情怀

12. 为增进对学生的了解,以解决实际问题为目的的研究,旨在创造性地运用理论解决实际问题的研究方法是(　　)

A. 观察法　　B. 实验法　　C. 行动研究法　　D. 调查法

13. 班集体的构成要素不包括(　　)

A. 共同的目标　　B. 一定的组织结构

C. 共同的生活准则　　D. 良好的课堂氛围

14. 问题解决会受到很多因素的影响。下列选项中,属于影响问题解决的因素的是(　　)

①问题所在的情境;②认知结构的限制;③定式和功能固着;④动机和情绪状态。

A. ①②③　　B. ①②④　　C. ①③④　　D. ①②③④

15. 根据《中华人民共和国教育法》的规定,考生在国家教育考试中有以下(　　)行为,由组织考试的教育考试机构工作人员在考试现场采取必要措施予以制止并终止其继续参加考试。

①非法获取考试试题或者答案的;②抄袭他人答案的;③携带或使用考试作弊器材、资料的;④让他人代替自己参加考试的。

A. ①②③　　B. ①②④　　C. ②③④　　D. ①②③④

16. 建立了世界上第一个心理学实验室,被称为“科学心理学之父”的心理学家是(　　)。

A. 华生　　B. 詹姆斯　　C. 冯特　　D. 铁钦纳

17. 英语教师要求学生背诵26个英文字母时,强调要注意前后字母排列的顺序。从知觉的特性而言,这主要体现了知觉的(　　)

A. 选择性　　B. 整体性　　C. 理解性　　D. 恒常性

18. 儿童能理解“小刚比小亮高,小亮比小明高,所以小刚比小明高”这样的因果关系表达,但还不能理解“$A>B,B>C$,所以$A>C$”这样的抽象命题。这说明他们处于皮亚杰的(　　)

A. 感知运动阶段　　B. 前运算阶段

C. 具体运算阶段　　D. 形式运算阶段

19. 某学生近一段时间认真完成作业并及时上交,发现老师不再点名批评他,就继续认真写作业按时交作业。这说明他受到了(　　)。(易混)

A. 正强化　　B. 负强化　　C. 正惩罚　　D. 负惩罚

20. 如果学生已经掌握了哺乳动物的相关知识,现在再来认识穿山甲,当教师告诉学生穿山甲是唯一已知具有鳞片的哺乳胎生动物,学生很快就能想到穿山甲具有的特点。这种学习是(　　)

A. 上位学习　　B. 下位学习

C. 并列结合学习　　D. 命题学习

二、多项选择题(本大题共10小题,每小题1分,共10分。多选、错选或少选均不得分)

21. 人本位的价值取向是把人作为教育目的根本所在的思想主张,其特点主要有(　　)

A. 重视人的价值、个性发展和需要

B. 把人的个性发展和需要的满足视为教育的价值所在

C. 主张应根据人的本性发展和自身完善这种"天然的需要"来确立教育目的

D. 认为教育目的的根本在于使人的本性、本能得到自然发展

22. 下列选项中,各课程理论流派和其优点对应正确的是(　　)

A. 经验主义课程论:有利于学生掌握系统的科学文化知识,继承优秀的人类文化遗产

B. 学科中心主义课程论:以学生的活动为中心,有利于激发学生的兴趣,培养社会实践能力

C. 社会改造主义课程论:重视课程与社会的联系,有利于为社会需要服务

D. 存在主义课程论:注重学生的情感、责任和人生价值,有利于建立和谐的师生关系

23. 依据学校教育的基本实践,德育组成部分的基本方面包括(　　)

A. 政治教育　　B. 思想教育　　C. 法纪教育　　D. 道德教育

24. 人类思维可以从不同角度进行分类。根据思维探索目标的方向不同,可以把思维分为(　　)

A. 聚合思维　　B. 发散思维　　C. 形象思维　　D. 抽象思维

25. 反射是有机体的基本生命活动,分为非条件反射和条件反射。以下在学校发生的现象属于条件反射活动的是(　　)

A. 实验课闻到刺激性的气味就咳嗽

B. 被老师批评后见老师就躲

C. 听到老师叫自己名字立刻起身

D. 午餐时看到美味的饭菜流唾液

26. 情绪状态包括心境、激情和应激。以下属于激情的是(　　)

A. 学校组织班级拔河比赛,三年级(1)班获得第一名,同学们欢呼雀跃

B. 亮亮因为期中考试成绩好,连着几天都很高兴

C. 听老师说下周要测验,一段时间内同学们显得忧心忡忡

D. 听到南京大屠杀的故事,同学们义愤填膺

27. 意志活动中的动机冲突有多种类型。下列属于回避—回避型冲突的是(　　)

A. 素质拓展课报名,小静对周三下午的竖笛课和舞蹈课都很感兴趣,但又不能同时参加

B. 小明在学校犯了错误,想认错又怕挨批评;不认错又怕被揭发后受更大处分

C. 欢欢周末既不想跟妈妈出门聚会,又不愿意留在家里写作业

D. 涛涛和好朋友闹了矛盾,不再交往有点舍不得,自己主动和好又担心得不到谅解

28. 认知学习理论包括格式塔心理学的早期研究和现代认知心理学的研究。下列关于认知学习理论的观点正确的是(　　)

A. 学习是主动在头脑内部建构的,以意识为中介

B. 学习是通过顿悟过程实现的

C. 学习是引起外部行为的变化过程

D. 教学的目的在于理解学科的基本结构

29. 三年级的小辉学习成绩一直不理想,于是妈妈采用物质奖励的方法鼓励他,结果他的学习成绩有了很大进步。老师也在课堂上开始关注小辉,并在同学面前表扬他,他心里很高兴。小辉通过努力学习体会到了探究知识的快乐,学习更加用心了。根据奥苏伯尔的动机理论,小辉的学习动机包括(　　)

A. 认知内驱力　　B. 附属内驱力

C. 自我提高内驱力　　D. 交往内驱力

30. 人本主义心理学强调在教育活动中建立朋友式的师生关系,营造良好、健康的课堂气氛。罗杰斯提出建立和谐师生关系的原则包括(　　)

A. 真诚一致　　B. 敏感　　C. 接纳　　D. 同理心

第二部分　数学学科专业知识

一、单项选择题(本大题共 20 小题,每小题 1.5 分,共 30 分)

1. 若在复平面内表示复数 $z=\dfrac{m^2+m-6}{m}+(m^3+2m)\mathrm{i}$(i 为虚数单位)的点位于第

三象限，则实数 m 的取值范围是（　　）

A. $(0,2)$　　B. $(-\infty,-3)$　　C. $(-3,0)$　　D. $(2,+\infty)$

2. 设集合 $U=\mathbf{R}$，$A=\{x\mid y=\ln(-x^2-3x)\}$，$B=\left\{y\,\middle|\,y=x+\frac{1}{x}+1(x<0)\right\}$，则图中阴影部分表示的集合是（　　）

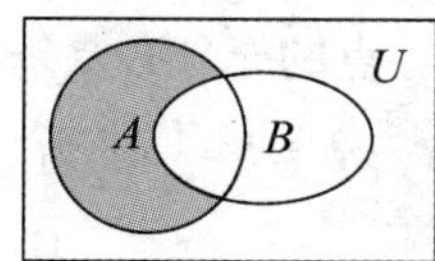

A. $\{x\mid -3<x<-1\}$　　B. $\{x\mid -3<x<0\}$

C. $\{x\mid -1<x<0\}$　　D. $\{x\mid x<-3\}$

3. 已知 a,b,c 为三条不同的直线，α,β,γ 为三个不同的平面，则下列说法正确的是（　　）（易错）

A. 若 $\alpha\perp\beta$，$\alpha\cap\beta=l$，点 $P\notin l$，则过点 P 垂直于 l 的直线在平面 α 内

B. 若 $a\perp\alpha$，$b/\!/\beta$，$\alpha\perp\beta$，则 $a\perp b$

C. 若 α 内存在不共线的三点到 β 的距离相等，则 $\alpha/\!/\beta$

D. 若 $\alpha\perp\beta$，则 α 内的任意直线必垂直于 β 内的无数条直线

4. 给出下列 4 个命题：

①若函数 $f(2^x)$ 的定义域为 $[1,2]$，则函数 $f(x)$ 的定义域为 $[2,4]$；

②在区间 $(0,+\infty)$ 上，函数 $y=x^{-1}$，$y=x^{\frac{1}{2}}$，$y=(x-1)^2$，$y=x^3$ 中有三个增函数；

③若随机变量 ξ 服从正态分布 $N(1,\sigma^2)$，且 $P(\xi<2)=0.8$，则 $P(0<\xi<1)=0.2$；

④$y=\sqrt[3]{(x+1)^3}$ 与 $y=\frac{\sqrt{(x+1)^3}}{\sqrt{x+1}}$ 表示同一函数。

其中正确的有（　　）个。

A. 0　　B. 1　　C. 2　　D. 3

5. 已知数列 $\{a_n\}$ 是递增数列，且对于任意的 $n\in\mathbf{N}_+$，$a_n=n^2-\lambda n$ 恒成立，则实数 λ 的取值范围是（　　）

A. $(3,+\infty)$　　B. $(-\infty,3)$　　C. $(2,+\infty)$　　D. $(-\infty,2)$

6. 已知等差数列 $\{a_n\}$ 的前 n 项和为 S_n，公差为 d_1，若数列 $\{\sqrt{S_n}\}$ 为等差数列，则（　　）（常考）

A. $a_1=\sqrt{d_1}$　　B. $d_1=\sqrt{3}a_1$　　C. $a_1=\sqrt{2}d_1$　　D. $d_1=2a_1$

7. 已知实数 x,y 满足 $\log_x 3<\log_y 3$，则下列关系式不可能成立的是（　　）

A. $0<y<x<1$　　B. $0<x<1<y$　　C. $1<y<x$　　D. $1<x<y$

8. 下列命题中正确命题的个数是(　　)

①“$e^a > e^b$”是“$\ln a > \ln b$”的充分不必要条件；

②“$a > b$”是“$a + \frac{1}{a} > b + \frac{1}{b}$”的必要不充分条件；

③如果函数 $y = f(x)$ 在区间$[a, b]$上的图象是一条连续不断的曲线，那么 $f(a)f(b) < 0$ 是函数 $y = f(x)$ 在区间(a, b)上存在零点的充分必要条件；

④已知 $\boldsymbol{a}, \boldsymbol{b}$ 为非零向量，则“$\boldsymbol{a}^2 \cdot \boldsymbol{b} = \boldsymbol{b}^2 \cdot \boldsymbol{a}$”为“$|\boldsymbol{a}|\boldsymbol{a} = |\boldsymbol{b}|\boldsymbol{b}$”的充分必要条件。

A. 1　　B. 2　　C. 3　　D. 4

9. 在三棱锥 $A-BCD$ 中，$AB = CD = 2$，$AD = BC = \sqrt{3}$，$AC = BD = \sqrt{5}$，则三棱锥 $A-BCD$ 的外接球的表面积为(　　)

A. 6π　　B. 12π　　C. 9π　　D. 8π

10. 已知 $n = \int_1^{e^6} \frac{1}{x} dx$，那么$\left(2\sqrt{x} - \frac{1}{\sqrt{x}}\right)^n$的展开式中的常数项为(　　)

A. -120　　B. 80　　C. -160　　D. 120

11. 取正方体的 12 条棱的中点，至少通过其中三个中点的平面有(　　)个。(易错)

A. 157　　B. 106　　C. 220　　D. 81

12. 已知 $f(x) = A\sin(\omega x + \varphi)\left(A > 0, \omega > 0, |\varphi| < \frac{\pi}{2}\right)$的部分图象如图所示，下列说法正确的是(　　)

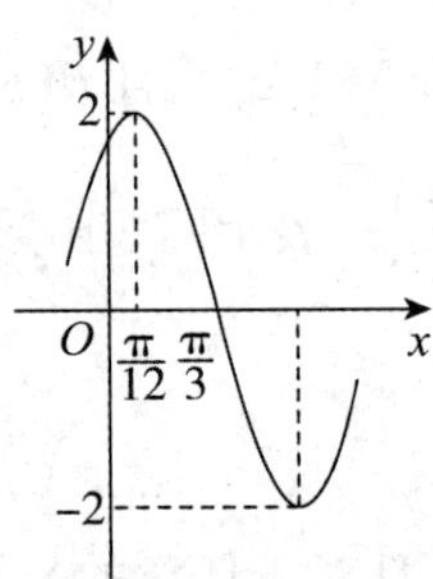

①函数 $y = f(x)$ 的图象关于点$\left(-\frac{\pi}{6}, 0\right)$对称；

②函数 $y = f(x)$ 的图象关于直线 $x = -\frac{5\pi}{12}$ 对称；

③函数 $y = f(x)$ 在$\left(\pi, \frac{3\pi}{2}\right)$上单调递减；

④该函数的图象向左平移$\frac{\pi}{12}$个单位长度可得函数 $y = 2\cos 2x$ 的图象。

A. ①③　　B. ②③　　C. ①②　　D. ①②④

13. 已知函数$f(x)=|x-1|+|x+1|-\frac{1}{2}|x|$，若函数$y=kx+1$与函数$f(x)$的图象有交点，则实数$k$的取值范围是(　　)

A. $\left[-\frac{1}{2},\frac{1}{2}\right]$　　B. $\left(-\infty,-\frac{1}{2}\right]\cup\left[\frac{1}{2},+\infty\right)$

C. $\left[-\frac{3}{2},\frac{3}{2}\right]$　　D. $\left(-\infty,-\frac{3}{2}\right]\cup\left[\frac{3}{2},+\infty\right)$

14. 在三棱锥$P-ABC$中，$PA=1$，$AB=2$，$BC=4$，$PC=3$，则$\overrightarrow{PB}\cdot\overrightarrow{AC}$的值为(　　)

A. 3　　B. 5　　C. -2　　D. -4

15. 已知$a,b\in(0,+\infty)$，且$2a+b=1$，则$4a^2+b^2-2\sqrt{ab}$的最小值为(　　)

A. $\frac{1-\sqrt{2}}{2}$　　B. $1-\sqrt{2}$　　C. $\sqrt{2}+1$　　D. $\frac{\sqrt{2}+1}{2}$

16. 设$a,b\in\mathbf{R}$，关于x的方程$(x^2-ax+1)(x^2-bx+1)=0$的四个实根构成以$\frac{1}{2}$为公比的等比数列，则ab的值为(　　)

A. $\frac{15}{2}$　　B. $\frac{25}{8}$　　C. $\frac{27}{4}$　　D. $\frac{17}{6}$

17. 已知一组数据的频率分布直方图如图所示，由此估计这组数据的众数、中位数、平均数分别为(　　)(易错)

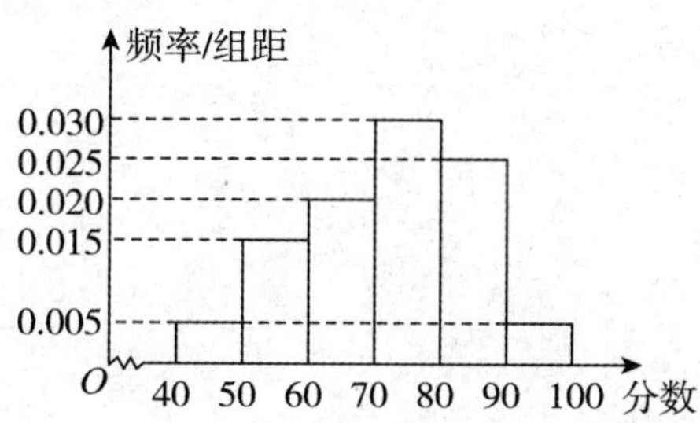

A. 80，72，74　　B. 75，72，73

C. 75，72.3，72　　D. 75，73.3，72

18. 椭圆$E:\frac{x^2}{a^2}+\frac{y^2}{b^2}=1(a>b>0)$的长轴为$AB$，点$C$为椭圆上的一点，且$\sin\angle CAB=\frac{\sqrt{10}}{10}$，$\angle CBA=\frac{\pi}{4}$，则椭圆$E$的离心率为(　　)

A. $\frac{\sqrt{6}}{3}$　　B. $\frac{\sqrt{3}}{3}$　　C. $\frac{\sqrt{6}}{4}$　　D. $\frac{\sqrt{3}}{4}$

19. 设定义域为$(-\pi,\pi)$的偶函数$y=f(x)$的导函数为$f'(x)$，当$x\in(-\pi,0)$时，

$f(x)=\ln(-x)+f'\left(\frac{\pi}{2}\right)\sin x$。若 $a=f\left(\log_{\pi}\frac{1}{3}\right)$，$b=f(e^{\frac{1}{3}})$，$c=f(2^{\ln\pi})$，则 a,b,c 的大小关系是(　　)

A. $b<a<c$　　　　B. $c<b<a$

C. $c<a<b$　　　　D. $a<b<c$

20. 已知函数 $f(x)=\begin{cases}3a+e^{x}, x>0,\\ -\log_{a}(x+1)+2, x\leqslant 0\end{cases}$ 在定义域上单调递增，若函数 $g(x)=f(x)-x-2$ 恰有一个零点，则实数 a 的取值范围是(　　)

A. $\left[\frac{1}{e},1\right)$　　B. $\left[\frac{1}{3},\frac{1}{e}\right]$　　C. $\left[\frac{1}{3},1\right)$　　D. $\left[\frac{1}{e},\frac{3}{3}\right]$

二、解答题(本大题共 5 小题，第 21 小题 6 分，第 22 ~ 24 小题每小题 8 分，第 25 小题 10 分，共 40 分)

21. 已知某篮球运动员定点投篮投中的概率为 $\frac{3}{4}$，投中得 1 分，不中得 0 分，三分线外投篮投中的概率为 $\frac{2}{3}$，投中得 3 分，不中得 0 分。假设每次是否投中互不影响，若该运动员进行 3 次投篮，其中定点投篮 1 次，三分线外投篮 2 次，求该篮球运动员总得分 X 的分布列和数学期望。

22. 如图 1,在$\triangle PBC$中,$PB=PC=3\sqrt{5}$,$BC=6$,$\overrightarrow{BC}=3\overrightarrow{DE}$。将$\triangle PDE$沿 DE 折起到$\triangle ADE$的位置,连接 AB,AC,得到如图 2 所示的四棱锥 $A-BCED$,点 F 满足$\overrightarrow{BF}=2\overrightarrow{FA}$。

(1)求证:DF∥平面 ACE;(3 分)

(2)当平面 $ADE\perp$平面 $BCED$ 时,求平面 ACE 和平面 DEF 所成锐二面角的正弦值。(5 分)

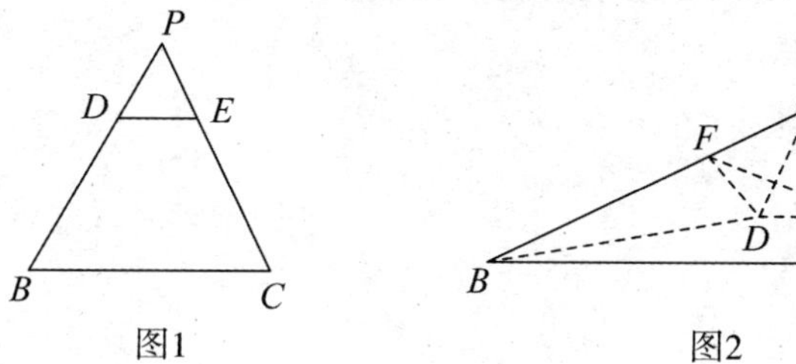

图1　　图2

23. 已知正项数列$\{a_n\}$的前 n 项和为 S_n,$a_1=2$,$na_{n+1}=2S_n(n\in\mathbf{N}_+)$,且数列$\{b_n\}$满足$\dfrac{1}{\log_2 b_1+1}+\dfrac{2}{\log_2 b_2+1}+\dfrac{3}{\log_2 b_3+1}+\cdots+\dfrac{n}{\log_2 b_n+1}=\dfrac{n}{2}(n\in\mathbf{N}_+)$。

(1)求数列$\{a_n\}$和$\{b_n\}$的通项公式;(4 分)

(2)设 $c_n=a_nb_n$,求数列$\{c_n\}$的前 n 项和 T_n。(4 分)

24. 已知椭圆$\frac{x^2}{a^2}+\frac{y^2}{b^2}=1(a>0,b>0)$的一个焦点与抛物线$y=\frac{1}{4}x^2$的焦点重合，点$\left(\frac{\sqrt{2}}{2},1\right)$在椭圆上。

(1)求椭圆的标准方程;(3 分)

(2)若直线 l_1 与 l_2 互相垂直且都经过点$(0,1)$,并与椭圆分别交于 M,N 和 P,Q 四个点,求四边形 $PMQN$ 面积的最小值和最大值。(5 分)

25. 已知函数$f(x)=ae^{\ln x}\ln x(a\neq0)$。

(1)讨论$f(x)$的单调性;(3 分)

(2)求$f(x)$在$[a,2a]$上的最大值;(3 分)

(3)当 $a=1$ 时,任取两个不相等的正数 x_1,x_2,且 $x_1<x_2$,若存在正数 x_0,使得$f'(x_0)=\frac{f(x_2)-f(x_1)}{x_2-x_1}$成立,求证:$x_1<x_0<x_2$。(4 分)

三、案例分析题(本大题共 10 分)

26. 函数的单调性与奇偶性的教学难点在于在理解函数单调性、奇偶性的本质的基础上,利用定义或借助图象证明某函数的单调性。请针对此教学难点写出你的教学建议。

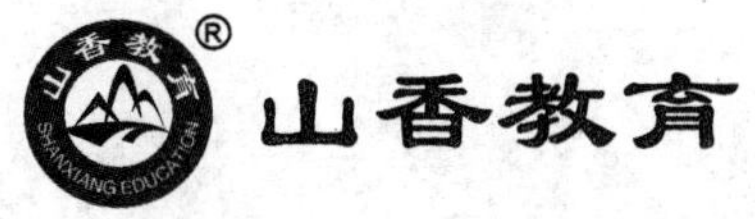

教师招聘考试历年真题详解及预测试卷

小学数学

预测试卷

（本预测试卷由山香教育考试命题研究中心编写）

目　录

教师招聘考试预测试卷(一)

小学数学

(时间:120 分钟　总分:100 分)

本套试卷共 28 小题,包括填空题(5 小题),判断题(5 小题),单项选择题(10 小题),计算题(3 小题),解答题(5 小题)。

一、填空题(本大题共 5 小题,每小题 2 分,共 10 分)

1. 两个自然数的差是 3,它们的最大公约数与最小公倍数的乘积为 180,这两个自然数是________。

2. 甲、乙、丙三人合修一堵围墙。甲、乙合修 6 天修好围墙的$\frac{1}{3}$,乙、丙合修两天修好余下的$\frac{1}{4}$,剩下的三人又合修了 5 天才完成,三人共得工资 180 元。按各人完成的工作量的多少来合理地分配,乙应得________元。

3. 已知:$A \div B \div C = 6$,$A \div B - C = 6$,$A - B = 62$,则 $A =$________。

4. 在下图中(单位:厘米)两个阴影部分面积的和是________平方厘米。

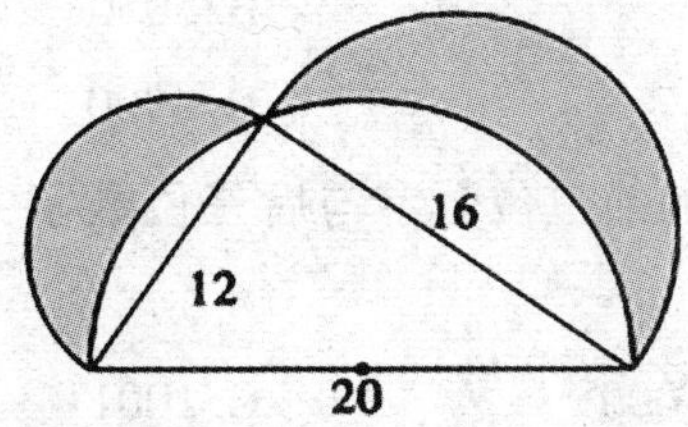

5. 一个圆柱体的容器中,放有一个长方体的铁块,现在打开水龙头往容器中注水,3 分钟时,水恰好没过长方体铁块的顶面,又过了 18 分钟,水灌满容器。已知容器的高度是 50 厘米。长方体铁块的高度是 20 厘米,那么长方体铁块的底面积是容器底面积的________倍。

二、判断题(本大题共 5 小题,每小题 2 分,共 10 分)

6. 在 0.4 和 0.5 之间有无数个两位小数。　　(　　)

7. 一个体积为0.4立方分米的木块,占地面积是0.4平方分米。（　　）

8. 6个老同学见面,每两人握一次手,一共将握15次手。（　　）

9. 钝角三角形中最小的一个角不一定小于45°。（　　）

10. 175至少加上5,就能同时被2,3,5整除。（　　）

三、单项选择题(本大题共10小题,每小题2分,共20分)

11. 甲和乙跑100米,甲到终点时,乙跑了90米;乙又和丙跑100米,乙到终点时,丙也只跑了90米。那甲和丙跑100米,甲到终点时,丙跑了(　　)米(甲、乙、丙三人均匀速跑步)。

A. 20　　B. 80　　C. 81　　D. 100

12. 某种农药是用药和水按照1∶1200的比例配制而成的药液,现有6 kg药,能配制这种农药(液态)(　　)kg。

A. 7200　　B. 7206　　C. 7212　　D. 7218

13. 下列图形是正方体的展开图的是(　　)

A. 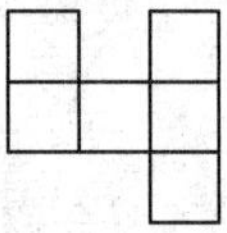　　B. 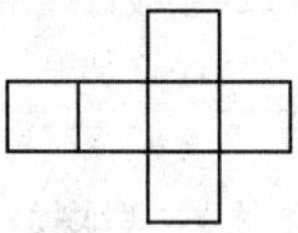　　C. 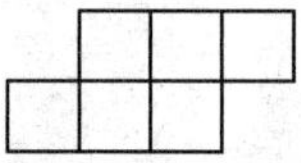　　D.

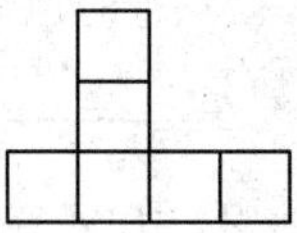

14. 在一个人工湖周围每隔6米种一棵柳树,一共种了180棵。再在相邻的两棵柳树间每隔2米种植一株月季,则一共需要(　　)株月季。

A. 240　　B. 360　　C. 420　　D. 540

15. 平面上有100条直线,其中任意两条直线相交,且任意三条或三条以上的直线不相交于一点,则平面上的100条直线共有(　　)个交点。

A. 5000　　B. 5050

C. 4950　　D. 4900

16. 一个六位数,如果它的前三位数字与后三位数字完全相同,顺序也相同,则此六位数可以被(　　)整除。

A. 111　　B. 1000　　C. 1001　　D. 1111

17. 一只鱼缸里有很多条金鱼,共有5个品种,至少捞出(　　)条金鱼,才能保证捞出的鱼里一定有5条相同品种的金鱼。

A. 5　　B. 15　　C. 21　　D. 25

18. 把一个大的正方体切成8个小正方体,这些小正方体的表面积之和是大正方体表面积的(　　)倍。

A. 1　　B. 2　　C. 4　　D. 8

19. 一根绳子用去它的$\frac{3}{5}$后，还剩$\frac{3}{5}$米，则（　　）

A. 用去的绳子较长　　B. 剩下的绳子较长

C. 用去的与剩下的一样长　　D. 无法确定

20. 果园有59吨水果运到超市销售，大货车的载重量是7吨，小货车的载重量是4吨，大货车运一趟耗油14升，小货车运一趟耗油9升，运完这些水果最少耗油（　　）升。

A. 112　　B. 121　　C. 124　　D. 135

四、计算题（本大题共3小题，第21、22小题每小题8分，第23小题4分，共20分）

21. 简便计算。

(1)计算：$\left[\left(84\times\frac{5}{7}+12\right)\div1\frac{5}{13}-\frac{2}{3}\right]\times\frac{2}{11}+0.\dot{3}$；(4分)

(2)计算：$\frac{1}{4}\times\left(4.85\div\frac{5}{18}-3.6+6.15\times3\frac{3}{5}\right)+\left[5.5-1.75\times\left(1\frac{2}{3}+\frac{19}{21}\right)\right]=$ ________。(4分)

22. 解方程。

(1)$\frac{1}{4}x=-\frac{1}{2}x+3$；(4分)

(2)若 $x=-2$ 是关于 x 的一元二次方程 $x^2+\frac{3}{2}ax-a^2=0$ 的一个根,求 a 的值。(4 分)

23. 先化简,再求值:$\frac{x-2}{x^2-1}\div\frac{2x+2}{x^2+2x+1}+\frac{1}{x-1}$,其中$x=\sqrt{2}+1$。

五、解答题(本大题共 5 小题,每小题 8 分,共 40 分)

24. 当母亲的年龄是女儿现在年龄的 2 倍的时候,女儿的年龄是母亲现在年龄的 $\frac{1}{4}$,现在母亲和女儿的年龄之和是 68 岁,求女儿现在的年龄。

25. 现有 1 个长、宽、高都为 1 cm 的正方体,1 个长、宽都为 1 cm,高为 2 cm 的长方体,3 个长、宽都为1 cm,高为 3 cm 的长方体。下列图是把这五个立体图形合并成某一立体图形时,从上面、前面、侧面所看到的图形。请利用下面三个图形把合并成的立体图形(如例图)样子画出来,并求出其表面积。

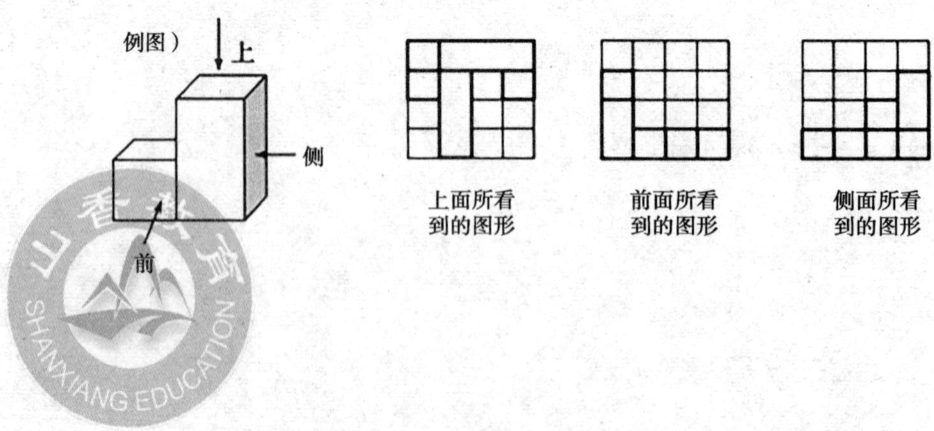

26. 某种商品每件的进价为 30 元，在某段时间内若以每件 x 元出售，可卖出 $(100-x)$ 件。设该种商品这段时间内的利润为 y 元。

(1)直接写出利润 y 元与售价 x 元之间的函数关系式；(4 分)

(2)当售价为多少元时，利润可达到 1000 元？(4 分)

27. A、B 两市相距 150 千米，分别从 A、B 处测得文物保护区 C 处的方向角如图所示，文物保护区区域是以 C 为圆心，45 千米为半径的圆，$\tan\alpha=1.627$，$\tan\beta=1.373$。为了开发旅游，有关部门设计修建连接 A、B 两市的高速公路，问连接 A、B 两市的高速公路是否穿过文物保护区，请说明理由。

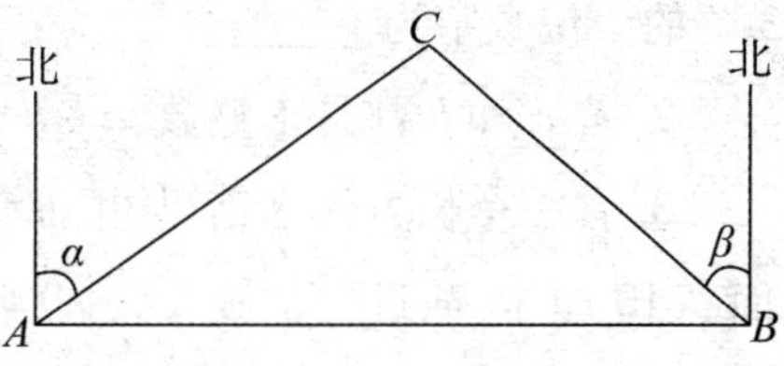

28. 某公园每张个人票 5 元，供 1 人入园。每张团体票 30 元，供不超过 10 人的团体入园。买 10 张或者更多团体票可优惠 10%。某单位秋游，原来准备的钱刚好够 145 人的门票用，临时又增加了两个人，这两个人每人带来了 m 元钱，结果 147 人刚好都能入园，则 m 的值最小是多少？

教师招聘考试预测试卷(二)

小学数学

(时间:120 分钟　总分:100 分)

本套试卷共 24 小题,包括填空题(10 小题),单项选择题(8 小题),解答题(4 小题),案例分析题(1 小题),教学设计题(1 小题)。

一、填空题(本大题共 10 小题,每小题 3 分,共 30 分)

1. 已知 $3^1=3,3^2=9,3^3=27,3^4=81,3^5=243,3^6=729,3^7=2187,3^8=6561,\cdots$,则 3^{2005} 的个位数字为________。

2. 若 a 和 b 都是正整数,$a \div b=6$,则 a 和 b 的最大公约数是________。

3. 有一个长方体水箱,从里面量长为 40 厘米,宽为 30 厘米,深为 35 厘米,箱中水面高 10 厘米,放进一个棱长为 20 厘米的正方体铁块后,铁块顶面仍高于水面。这时水面高________厘米。

4. 观察下列等式:$1-\frac{7}{8}=1^2\times\frac{1}{8},2-\frac{14}{9}=2^2\times\frac{1}{9},3-\frac{21}{10}=3^2\times\frac{1}{10},\cdots$,用含有 n ($n\in\mathbf{N}_+$)的等式表示观察所发现的规律是________。

5. 一天,甲、乙、丙三人去郊外钓鱼,已知甲比乙多钓 6 条,丙钓的条数是甲的 2 倍,丙比乙多钓 22 条,则他们三人一共钓了________条鱼。

6. 掷一枚骰子,向上点数不大于 4 的概率为________。

7. 有一群猴子分一筐桃子,第一只猴子分了这筐桃子的 $\frac{1}{9}$,第二只分了剩下的 $\frac{1}{8}$,……,第八只猴子分了第七只猴子分后剩下的 $\frac{1}{2}$,第九只猴子分到了最后的 9 个。原来一共有________个桃子。

8. 某公园的路旁有一排树,若每棵树之间间隔 3 米,则第一棵树和第六棵树之间相隔________米。

9. 若一个整数除以 84 的余数是 46,则它分别除以 3,4,7 所得的三个余数之和是________。

10. 五年级(一)班共有 36 人,每人参加一个兴趣小组,共有 A、B、C、D、E 五个小组,若参加 A 组的有 15 人,参加 B 组的仅次于 A 组,参加 C 组、D 组的人数相同,参加 E 组的人数最少,只有 4 人,那么参加 B 组的有________人。

二、单项选择题(本大题共 8 小题,每小题 3 分,共 24 分)

11. 下面分数中不能化成有限小数的是(　　)

A. $\frac{52}{65}$　　B. $\frac{19}{25}$　　C. $\frac{21}{35}$　　D. $\frac{5}{12}$

12. 用 100 千克玉米可以兑换 60 千克大米,王奶奶用一个 4 千克重的容器,连同容器称了 100 千克玉米,兑换了连同容器重 60 千克的大米,这种兑换(　　)

A. 合理　　B. 不合理,大米少兑了 1.6 千克

C. 不合理,少兑了玉米 1.6 千克　　D. 不合理,多兑了大米 1.6 千克

13. 八个一样的小球按顺序排成一排,涂上红、白两种颜色,5 个涂红色,3 个涂白色,求恰好有三个连续的小球涂成红色的涂法共有(　　)种。

A. 24　　B. 30　　C. 20　　D. 36

14. 果汁糖每千克 28.5 元,牛奶糖每千克 46.5 元,现要求混合后糖的单价为每千克 32 元,则果汁糖和牛奶糖应取的质量比为(　　)

A. 29∶7　　B. 7∶29　　C. 31∶19　　D. 19∶31

15. 现在是 3 时整,再经过(　　)分钟,时针正好与分针重合。

A. 15　　B. $15\frac{4}{11}$　　C. $16\frac{4}{11}$　　D. $17\frac{4}{11}$

16. 芳芳从家出发,先向北偏东 30°方向走了 40 米,又向南偏东 30°方向走了 40 米,她现在在家的(　　)方向。

A. 正西　　B. 正北　　C. 正南　　D. 正东

17. 以下 4 个命题中,真命题是(　　)

①7 是一个约数;②正方形的周长与其边长成正比例关系;③直线长度是射线长度的 2 倍;④两个真分数之间至少存在一个真分数。

A. ①②　　B. ②④　　C. ③④　　D. ②③

18. 在连续的 9 个整数中,质数最多有(　　)

A. 2 个　　B. 3 个　　C. 4 个　　D. 5 个

三、解答题(本大题共 4 小题,每小题 6 分,共 24 分)

19. 长方形 $ABCD$ 的边上有两点 E,F,线段 AF,BF,CE,BE 把长方形分成若干块,

其中三个小块的面积标注在图上,阴影部分的面积是多少平方米?

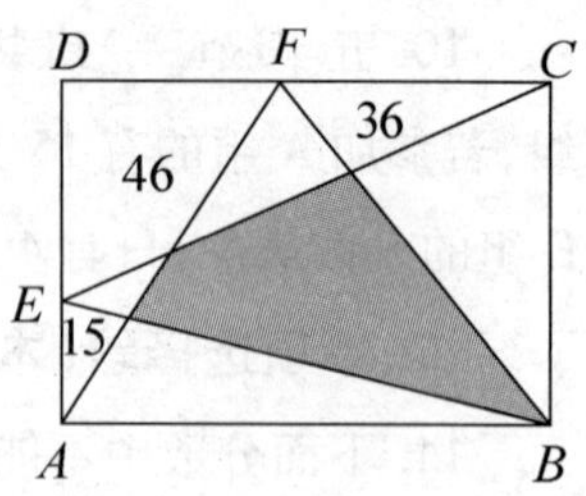

20. 学校运来一批树苗,分给四、五、六年级学生种植。四、五年级学生分得树苗棵数之比为3∶5;五、六年级学生分得树苗棵数之比为4∶7。已知六年级学生分得树苗比四年级学生多46 棵,求这批树苗的总数。

21. 铺设一条4200 米长的公路,甲、乙两工程队单独完成所需费用相同。已知甲工程队比乙工程队每天多铺设20 米,甲工程队每天需要的费用比乙工程队每天需要的费用多40%。

(1)求甲、乙两工程队每天各铺设多少米?(3 分)

(2)若乙工程队每天的费用为10 万元,两个工程队同时从两个方向施工,求两队合作完成铺设该公路的总费用。(3 分)

22. 如图,A,B,D,E 四点在$\odot O$ 上,AE,BD 的延长线相交于点 C,直径 AE 为 8,$OC=12$,$\angle EDC=\angle BAO$。

(1)求证:$\frac{CD}{AC}=\frac{CE}{CB}$。(3 分)

(2)计算 $CD \cdot CB$ 的值,并指出 CB 的取值范围。(3 分)

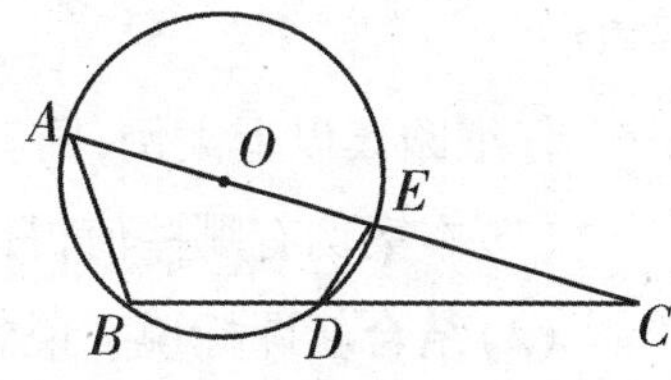

四、案例分析题(本大题共 8 分)

23. 下面是“一位数除两位数”的笔算除法教学片段。

课件出示例 1,引入问题:三年级 2 个班共种 42 棵树苗,平均每班种多少棵?列出算式“42 ÷ 2 =”,让学生用自己喜欢的方法探究答案,在四人小组内交流各自的想法和做法后集体反馈。

生 1:我是用摆小棒的方法来做的。(边说边用小棒演示)

生 2:我是用口算的方法,40 ÷ 2 = 20,2 ÷ 2 = 1,20 + 1 = 21。

生 3:我会用竖式的方法。(边板演边说明:先用 4 除以 2 等于 2,再用 2 乘 2 等于 4,4 减 4 等于 0,不用写这个 0,接着用 2 除以 2 等于 1,再用 1 乘 2 等于 2,2 减 2 等于 0,这个 0 写下来,42 ÷ 2 = 21)

师:还有谁也会用竖式的方法?(有一半学生举起小手)

师:这么多,太好了,就请你们做小老师来教教大家用笔算做除法,(请一名学生说出笔算的过程)大家对这种方法有没有补充或问题?(学生摇头)

师:大家都是这样做的,那我有一个问题:列竖式的时候,为什么 4 除以 2 得到的 2 要写在十位上?而且还要继续用 2 乘 2 得 4,写在被除数 4 下面,再相减呢?(学生一脸茫然,开始思考)

师:大家可以把分小棒的过程和口算的方法与竖式对照着想一想,在小组内讨论讨论。(学生交流,教师巡视指导)

师:谁来讲一讲?

生 4:我们分小棒时,先把 4 捆小棒分成 2 份,每份 2 捆,也就是 2 个十,所以 4 除以 2 的商 2 要写在十位上,然后再用 2 乘 2 得 4,写在被除数 4 的下面,是因为原来的 4 捆小棒,每个班分到两捆后,二二得四,分的正好也是 4 捆,4 减 4 等于 0,说明正好分完了,没有剩余。

生 5:我用口算的过程也可以解释竖式的方法,我们先算 40 除以 2 等于 20,竖式里就先用被除数十位上的 4 除以 2,因为得到的是 2 个十,所以商要写在十位上。(教师指导学生用统一的方法说明个位上商的由来)

师：现在，同学们是真正地学会了笔算除法的方法，同桌间再把这种方法互相说一说。

仔细阅读以上案例，回答下面问题：

(1)本案例有哪些值得借鉴的方面，请说明理由；(4 分)

(2)结合新课标说一说怎样基于学生已有的知识经验进行数学教学？(4 分)

五、教学设计题(本大题共 14 分)

24. 请你以“平行四边形的面积”为例，就如何利用转化的思想，引导学生探究平行四边形面积计算公式，设计一个教学片段，写出该教学片段每个环节的设计意图。

附：五年级上册“平行四边形的面积”。

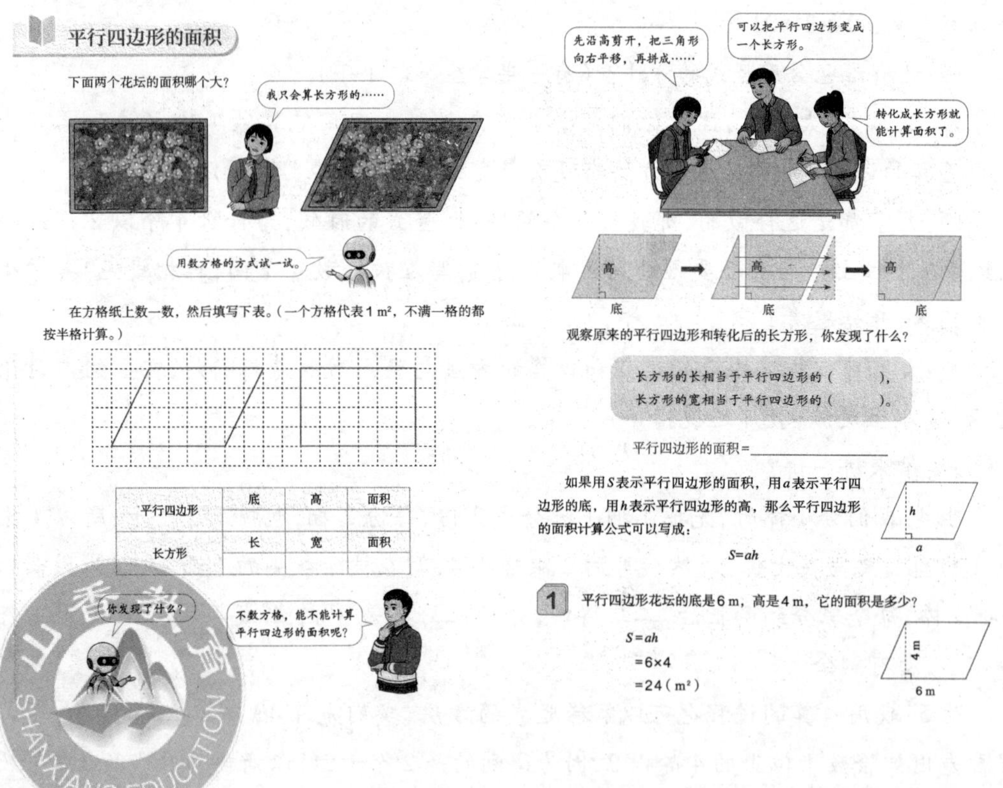

平行四边形的面积

下面两个花坛的面积哪个大？

在方格纸上数一数，然后填写下表。(一个方格代表 1 m^2，不满一格的都按半格计算。)

平行四边形	底	高	面积
长方形	长	宽	面积

观察原来的平行四边形和转化后的长方形，你发现了什么？

长方形的长相当于平行四边形的(　　　)，

长方形的宽相当于平行四边形的(　　　)。

平行四边形的面积=____________

如果用 S 表示平行四边形的面积，用 a 表示平行四边形的底，用 h 表示平行四边形的高，那么平行四边形的面积计算公式可以写成：

$$S=ah$$

1 平行四边形花坛的底是 6 m，高是 4 m，它的面积是多少？

$S=ah$

$=6\times4$

$=24(m^2)$

教师招聘考试预测试卷(三)

小学数学

(时间:120 分钟　总分:100 分)

本套试卷共 26 小题,包括单项选择题(15 小题),填空题(5 小题),解答题(4 小题),简答题(1 小题),教学设计题(1 小题)。

一、单项选择题(本大题共 15 小题,每小题 2 分,共 30 分)

1. 已知复数 z 的实部为 1,虚部为 -1,则$\frac{1}{z}$表示的点在(　　)

A. 第一象限　　B. 第二象限　　C. 第三象限　　D. 第四象限

2. 若集合 $A=\{x|x-2<0\}$,$B=\{x|e^x>1\}$,则 $A\cap B=$(　　)

A. $\mathbf{R}$　　B. $(-\infty,2)$　　C. $(0,2)$　　D. $(2,+\infty)$

3. 如果关于 x 的一元二次方程 $x^2+4x+a=0$ 的两个不相等实数根 x_1,x_2 满足 $x_1x_2-2x_1-2x_2-5=0$,那么 a 的值为(　　)

A. 3　　B. -3　　C. 13　　D. -13

4. 甲、乙两个容积相同的瓶子分别装满盐水,已知甲瓶中盐、水的比是 2∶9,乙瓶中盐、水的比是 3∶10,现在把甲、乙两瓶盐水混合在一起,则混合盐水中,盐与盐水的比是(　　)

A. 5∶24　　B. 5∶19　　C. 24∶5　　D. 59∶286

5. 现安排甲、乙、丙、丁、戊 5 名同学参加志愿者服务活动,每人从事翻译、导游、礼仪、司机四项工作之一,每项工作至少有一人参加。甲、乙不会开车但能从事其他三项工作,丙、丁、戊都能胜任四项工作,则不同安排方案的种数是(　　)

A. 152　　B. 126　　C. 90　　D. 54

6. 若函数 $f(x)=\sin(3x+\varphi)$满足 $f(a+x)=f(a-x)$,则 $f\left(a+\frac{\pi}{6}\right)$的值为(　　)

A. $\frac{\sqrt{3}}{2}$　　B. ±1　　C. 0　　D. $\frac{1}{2}$

7. 已知圆柱的高为 1,它的两个底面的圆周在直径为 2 的同一个球的球面上,则该圆柱的体积为(　　)

A. π　　B. $\frac{3\pi}{4}$　　C. $\frac{\pi}{2}$　　D. $\frac{\pi}{4}$

8. 如图,AB 是$\odot O$ 的直径,且经过弦 CD 的中点 H,已知 $\sin\angle CDB=\frac{3}{5}$,$BD=5$,则 AH 的长为(　　)

A. $\frac{25}{3}$　　B. $\frac{16}{3}$

C. $\frac{25}{6}$　　D. $\frac{16}{6}$

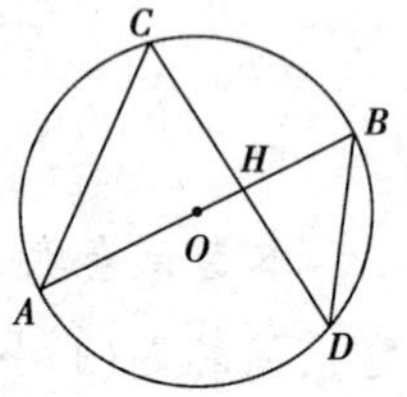

9. 某校举行四年级数学竞赛,获奖者中得 100 分的有 4 人,得 98 分的有 6 人,得 95 分的有 16 人,得 93 分的有 10 人,则获奖同学的平均分为(　　)分。

A. 94. 5　　B. 95. 5　　C. 96. 5　　D. 97. 5

10. 已知函数 $f(x)$ 在 $\mathbf{R}$ 上满足 $f(x)=2f(2-x)-x^2+8x-8$,则曲线 $y=f(x)$ 在点 $(1,f(1))$ 处的切线方程是(　　)

A. $y=2x-1$　　B. $y=x$

C. $y=3x-2$　　D. $y=-2x+3$

11. 设 F 为抛物线 $y^2=4x$ 的焦点,A,B,C 为该抛物线上三点,若 $\overrightarrow{FA}+\overrightarrow{FB}+\overrightarrow{FC}=\mathbf{0}$,则 $|\overrightarrow{FA}|+|\overrightarrow{FB}|+|\overrightarrow{FC}|=$(　　)

A. 9　　B. 6　　C. 4　　D. 3

12. 在平面直角坐标系 xOy 中,$A(x,y)$ 为二元一次不等式组 $\begin{cases}x+y\leqslant 2,\\2x-y\leqslant 1,\\4x-y\geqslant -2\end{cases}$ 所表示的区域上一动点,则 $2x+y$ 的最大值为(　　)

A. 0　　B. 1　　C. 2　　D. 3

13. 已知 $f(x)=ax^2+bx$ 是定义在 $[a-3,2a]$ 上的偶函数,则 $a+b$ 的值是(　　)

A. 0　　B. 1　　C. 2　　D. 3

14. 在《义务教育数学课程标准(2022 年版)》中,要求第一学段的学生在数与运算方面能熟练口算(　　)以内数的加减法。

A. 20　　B. 30　　C. 40　　D. 50

15. 解不等式$|a-1|>4$的时候，需要讨论 a 的取值情况，这体现了数学思想中的(　　)

A. 分类讨论思想　　B. 数学模型思想

C. 符号化思想　　D. 归纳整理思想

二、填空题(本大题共5小题，每小题2分，共10分)

16. 设a,b均为自然数，且$3a>b$，若a除以5余1，b除以5余4，则$(3a-b)$除以5的余数是________。

17. 如果一个大于1的自然数的所有约数的乘积恰好等于这个自然数的平方，则称这个数是“好数”，则最小的5个“好数”之和是________。

18. 如图所示，在$\triangle ABC$中，$CE:BE=1:2$，$DE/\!/AC$，若$\triangle ABC$的面积为S，则$\triangle ADE$的面积为________。

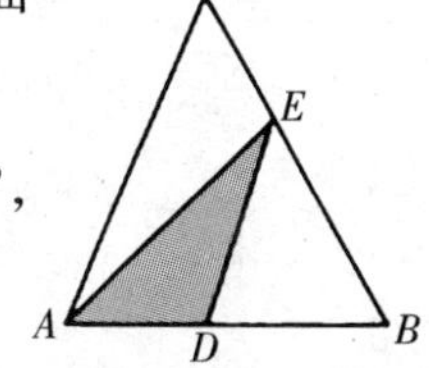

19. 已知平面向量$\boldsymbol{a},\boldsymbol{b}$满足$|\boldsymbol{a}|=2$，$|\boldsymbol{b}|=1$，$\boldsymbol{a}$与$\boldsymbol{b}$的夹角为$60°$，则$|\boldsymbol{a}+2\boldsymbol{b}|=$________。

20. $\lim\limits_{n\to\infty}\dfrac{6n-5}{2n}=$________。

三、解答题(本大题共4小题，第21、22小题每小题8分，第23、24小题每小题10分，共36分)

21. 甲、乙两人从A、B两地同时出发，相向而行，25分钟后相遇，相遇后两人继续前进，5分钟后甲到达B地，甲调头并将速度提高1倍的同时，乙也提高速度，恰好在A地追上乙。问：乙走完全程需要多少时间？

22. 某厂生产产品 x 件的总成本 $c(x)=1200+\frac{2}{75}x^3$（万元），已知产品单价 p（万元）与产品件数 x 满足：$p^2=\frac{k}{x}$，生产 100 件这样的产品单价为 50 万元。

（1）设产量为 x 件时，总利润为 $L(x)$（万元），求 $L(x)$ 的解析式；（4 分）

（2）产量 x 定为多少件时总利润 $L(x)$（万元）最大？并求最大值。（精确到 1 万元）（4 分）

23. 已知椭圆 $C:\frac{x^2}{a^2}+\frac{y^2}{b^2}=1(a>b>0)$ 过点 $\left(1,\frac{\sqrt{6}}{2}\right)$，焦距长 $2\sqrt{2}$，过点 $Q(1,0)$ 的直线 l 交椭圆 C 于 A,B 两点。

（1）求椭圆 C 的方程；（4 分）

（2）已知点 $P\left(\frac{7}{4},0\right)$，求证：$\overrightarrow{PA}\cdot\overrightarrow{PB}$ 为定值。（6 分）

24. 已知数列$\{a_n\}$的前 n 项和为 S_n, $a_1=1$, $S_{n+1}=4a_n+2(n\geqslant1, n\in\mathbf{N}_+)$。

(1)设 $b_n=a_{n+1}-2a_n$,证明:数列$\{b_n\}$是等比数列;(5 分)

(2)求数列$\{a_n\}$的通项公式。(5 分)

四、简答题(本大题共 10 分)

25. 请你结合小学数学教材相关知识,分析如何培养学生的数感?

五、教学设计题(本大题共 14 分)

26. 先阅读以下材料(义务教育教科书北师版《数学》四年级下册的部分内容),再回答下面的问题。

探索与发现:三角形边的关系

● 用小棒摆三角形,下面哪组能摆成?哪组摆不成?与同伴交流。(单位:厘米)

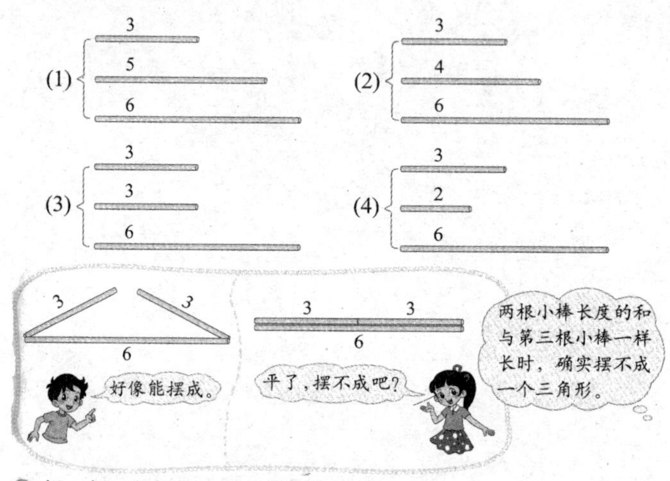

● 想一想,怎样的 3 根小棒能摆成一个三角形?与同伴说一说。

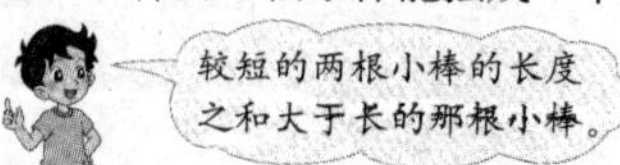

● 算一算,比一比,能摆成三角形的 3 根小棒长度之间有什么关系?(单位:厘米)

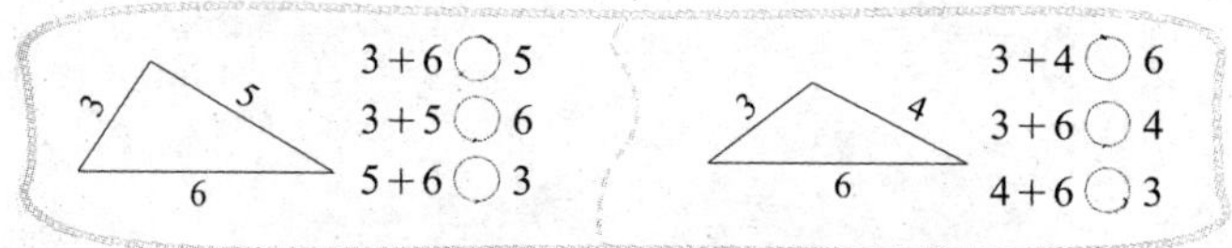

三角形任意两边之和大于第三边。

(1)教材中摆三角形的实验在本节课的学习过程中起到什么作用?(4 分)

(2)对新授部分写出简单的教学设计。(10 分)

教师招聘考试预测试卷(四)

小学数学

(时间:120 分钟　总分:100 分)

本套试卷共 28 小题,包括单项选择题(15 小题),填空题(8 小题),解答题(4 小题),案例分析题(1 小题)。

一、单项选择题(本大题共 15 小题,每小题 2 分,共 30 分)

1. 教学“圆的面积”时,渗透的最重要的数学思想是(　　)

A. 分类思想　　B. 集合思想　　C. 极限思想　　D. 函数思想

2. 推理一般包括(　　)

A. 逻辑推理和类比推理　　B. 逻辑推理和演绎推理

C. 合情推理和演绎推理　　D. 逻辑推理和合情推理

3. 依据《义务教育数学课程标准(2022 年版)》,下列不属于“六三”学制中第一学段的学段目标的是(　　)

A. 经历简单的分类过程,能根据给定的标准进行分类,形成初步的数据意识

B. 能在教师指导下,从日常生活中提出简单的数学问题,尝试运用所学的知识和方法解决问题

C. 对身边与数学有关的事物有好奇心,能参与数学学习活动

D. 认识常见的平面图形,经历平面图形的周长和面积的测量过程,探索长方形周长和面积的计算方法

4. 概念“实数”与“有理数”之间的关系是(　　)

A. 交叉关系　　B. 属种关系

C. 对立关系　　D. 同一关系

5. 已知 $x=\frac{1}{\mathrm{e}}$ 是函数 $f(x)=x\ln(ax)+1$ 的极值点,则 $a=$(　　)

A. $\frac{1}{2}$　　B. 1　　C. $\frac{1}{\mathrm{e}}$　　D. 2

6. 设 A 与 B 为相互独立事件，则下列等式正确的是(　　)

A. $P(AB)=1$　　B. $P(AB)=0$

C. $P(AB)=P(A)P(B)$　　D. $P(AB)=P(A)+P(B)$

7. 设三位数 $\overline{3a2}$ 加上 336，得另一个三位数 $\overline{6b8}$，若 $\overline{6b8}$ 能被 9 整除，则 $a+b$ 等于(　　)

A. 3　　B. 4　　C. 5　　D. 6

8. 函数 $f(x)$ 的反函数为 $f^{-1}(x)$，若 $f(x)=\log_3 x$，则 $f^{-1}(-1)=$(　　)

A. -3　　B. $-\frac{1}{3}$　　C. $\frac{1}{3}$　　D. 3

9. 正四棱锥的顶点都在同一球面上，若该棱锥的高为 4，底面边长为 2，则该球的表面积为(　　)

A. $\frac{81\pi}{4}$　　B. 16π　　C. 9π　　D. $\frac{27\pi}{4}$

10. 如图，有一个水平放置的透明无盖的正方体容器，容器高 8 cm，将一个球放在容器口，再向容器内注水，当球面恰好接触水面时测得水深为 6 cm，如果不计容器的厚度，则球的体积为(　　)

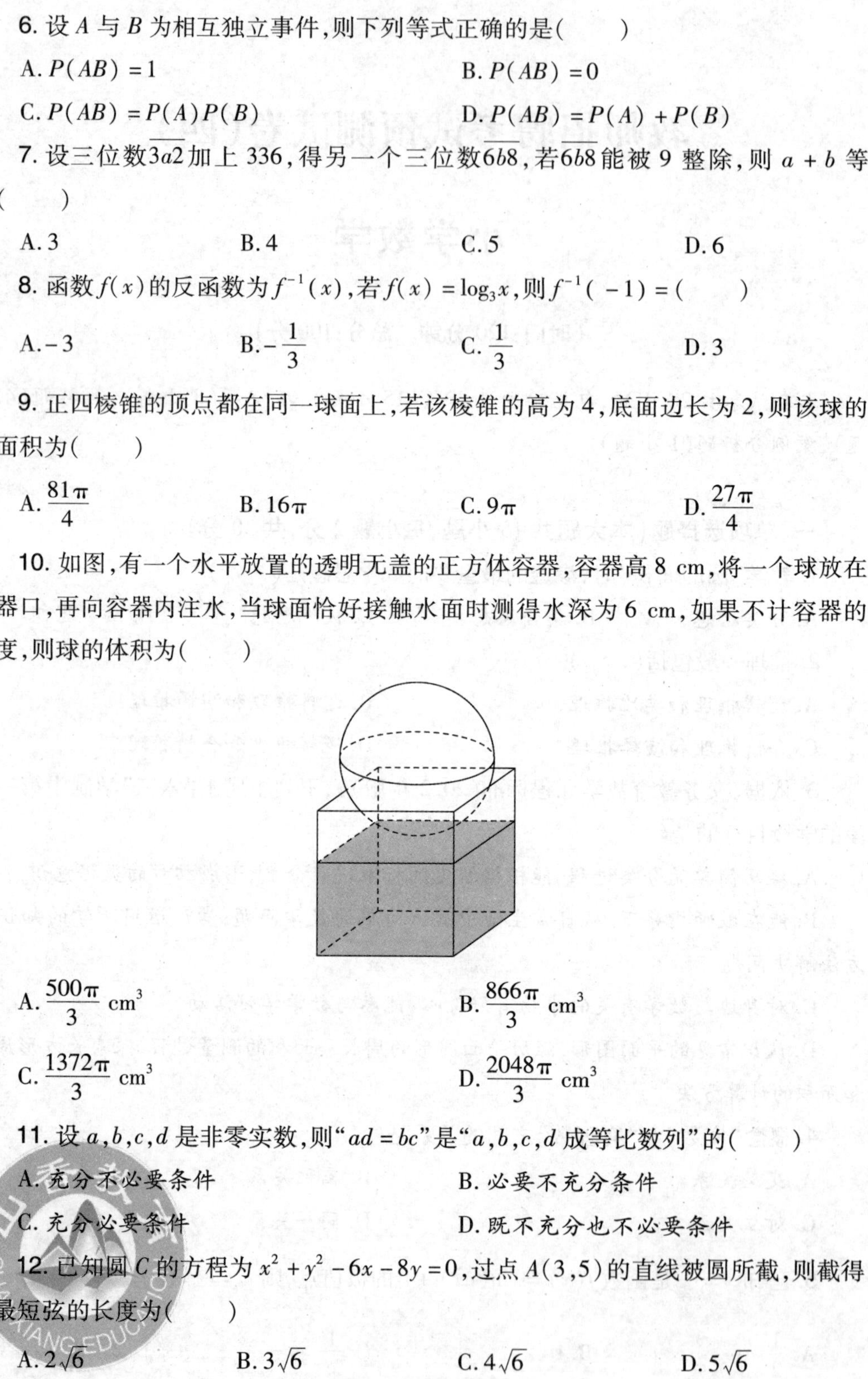

A. $\frac{500\pi}{3}\ \text{cm}^3$　　B. $\frac{866\pi}{3}\ \text{cm}^3$

C. $\frac{1372\pi}{3}\ \text{cm}^3$　　D. $\frac{2048\pi}{3}\ \text{cm}^3$

11. 设 a,b,c,d 是非零实数，则“$ad=bc$”是“a,b,c,d 成等比数列”的(　　)

A. 充分不必要条件　　B. 必要不充分条件

C. 充分必要条件　　D. 既不充分也不必要条件

12. 已知圆 C 的方程为 $x^2+y^2-6x-8y=0$，过点 $A(3,5)$ 的直线被圆所截，则截得的最短弦的长度为(　　)

A. $2\sqrt{6}$　　B. $3\sqrt{6}$　　C. $4\sqrt{6}$　　D. $5\sqrt{6}$

13. 在检测 100 个手机芯片时发现有 1 个不合格(质量稍轻),用天平找次品的方法,我们至少称(　　)次才能保证找到这块芯片。

A. 5　　B. 4　　C. 3　　D. 2

14. 已知 $x>0, y>0, x+y=1$,则$\frac{1}{x}+\frac{4}{y+1}$的最小值为(　　)

A. $\frac{14}{3}$　　B. 6　　C. $\frac{9}{2}$　　D. $\frac{2}{9}$

15. 已知抛物线 $y^2=4x$ 的焦点为 F,准线为 l,P 是 l 上一点,直线 PF 与抛物线交于 M,N 两点,若$\overrightarrow{PF}=3\overrightarrow{MF}$,则$|MN|=$(　　)

A. $\frac{16}{3}$　　B. 8　　C. 16　　D. $\frac{8\sqrt{3}}{3}$

二、填空题(本大题共 8 小题,每小题 2 分,共 16 分)

16. 若 $4x-3y-6z=0$, $x+2y-7z=0$ $(xyz\neq 0)$,则 $\frac{5x^2+2y^2-z^2}{2x^2-3y^2-10z^2}$ 的值等于________。

17. 已知函数 $f(x)=\begin{cases}\log_3(x+1), x>0,\\ 3^{-x}, \quad x\leqslant 0,\end{cases}$ 若 $f(m)>1$,则 m 的取值范围是________。

18. 有 5 本不同的书,其中语文书 2 本,数学书 2 本,物理书 1 本。若将其随机地并排摆放到图书架的同一层上,则同一科目的书都不相邻的概率是________。

19. 函数 $y=\sin 2x+2\sqrt{3}\sin^2 x$ 的最小正周期为________。

20. 设 $0<\theta<\frac{\pi}{2}$,向量 $\boldsymbol{a}=(\sin 2\theta, \cos\theta)$, $\boldsymbol{b}=(\cos\theta, 1)$,若 $\boldsymbol{a}\parallel\boldsymbol{b}$,则 $\tan\theta=$________。

21. 如图,矩形内有两个相邻的正方形面积分别为 4 和 2,那么阴影部分的面积为________。

2　4

22. 已知 $a\in\left[0,\frac{\pi}{2}\right]$,则当 $\int_0^a(\cos x-\sin x)\mathrm{d}x$ 取最大值时,$a=$________。

23. 评价结果的呈现采用 ________ 相结合的方式。第一学段的评价应以________为主，第二、三学段采用________和________相结合的方式。

三、解答题（本大题共4小题，第24、25小题每小题10分，第26、27小题每小题12分，共44分）

24. 等差数列$\{a_n\}$的前n项和为S_n，已知$a_1=10$，a_2为整数，且$S_n\leqslant S_4$，$n\in\mathbf{N}_+$。

（1）求$\{a_n\}$的通项公式；（4分）

（2）设$b_n=\dfrac{1}{a_na_{n+1}}$，求数列$\{b_n\}$的前$n$项和$T_n$。（6分）

25. 如图，已知四棱锥$P-ABCD$的底面为直角梯形，$AB\parallel CD$，$\angle DAB=90°$，$PA\perp$底面$ABCD$，且$PA=AD=DC=\dfrac{1}{2}AB=1$，点$M$是$PB$的中点。

（1）求证：$AM=CM$；（5分）

（2）若点N是PC的中点，求证：$DN\parallel$平面AMC。（5分）

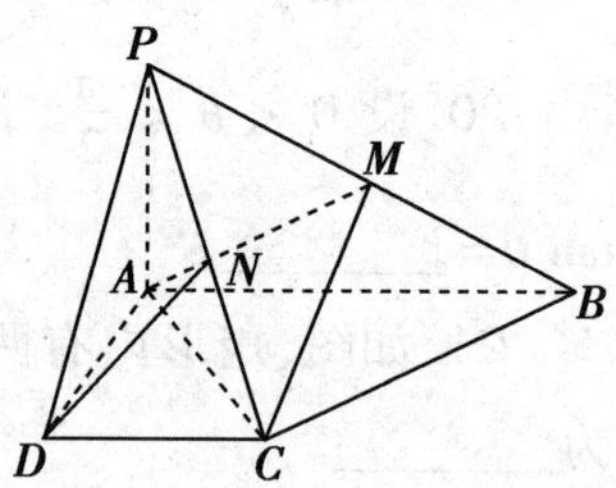

26. 已知圆 $M: x^2+(y-2)^2=1$，直线 $l: y=-1$，动圆 P 与圆 M 相外切，且与直线 l 相切，设动圆圆心 P 的轨迹为 E。

(1)求 E 的方程；(5 分)

(2)若点 A, B 是 E 上的两个动点，点 O 为坐标原点，且 $\overrightarrow{OA} \cdot \overrightarrow{OB}=-16$，求证：直线 AB 恒过定点。(7 分)

27. 设函数 $f(x)=[ax^2-(3a+1)x+3a+2]e^x$。

(1)若曲线 $y=f(x)$ 在点 $(2, f(2))$ 处的切线斜率为 0，求 a 的值；(5 分)

(2)若 $f(x)$ 在 $x=1$ 处取得极小值，求 a 的取值范围。(7 分)

四、案例分析题(本大题共10分)

28. 以下是“几分之一”的教学片段,你认可教师设计的教学活动吗?请说出理由。

(教师在黑板上贴出两张同样大小的正方形纸,其中一个正方形纸被平均分成2份,另一个被平均分成4份)

师:你们能用分数表示它们吗?会比较大小吗?

生1:$\frac{1}{2}>\frac{1}{4}$。

师:现在我们举行一个涂画比赛,要求在第一个正方形中涂出$\frac{1}{2}$,在第二个正方形中涂出$\frac{1}{4}$,你们准备选涂哪个分数?

(学生自选$\frac{1}{2}$,老师涂$\frac{1}{4}$)

师:你们还想涂一涂、比一比吗?

生:想!

师:那么现在请同学们拿出同样大小的正方形纸,想一想你准备涂几分之一,比一比,同桌间的分数谁大谁小。

(学生分小组开始活动,全班同学在一片喧闹中进行比赛)

教师招聘考试预测试卷(五)

小学数学

(时间:120 分钟　总分:100 分)

本套试卷共 28 小题,包括单项选择题(15 小题),填空题(8 小题),解答题(3 小题),简答题(1 小题),教学设计题(1 小题)。

一、单项选择题(本大题共 15 小题,每小题 2 分,共 30 分)

1. 已知集合 $M=\{x\mid x^2-1\leqslant 0\}$,$N=\{x\in\mathbf{Z}\mid \frac{1}{2}<2^{x+1}\leqslant 4\}$,则 $M\cap N=$(　　)

A. $\{1\}$　　B. $\{-1\}$　　C. $\{-1,0,1\}$　　D. $\varnothing$

2. 已知命题 q: $\forall x\in\mathbf{R}$, $x^2>0$,则(　　)

A. 命题$\neg q$: $\forall x\in\mathbf{R}$, $x^2\leqslant 0$ 为假命题

B. 命题$\neg q$: $\forall x\in\mathbf{R}$, $x^2\leqslant 0$ 为真命题

C. 命题$\neg q$: $\exists x_0\in\mathbf{R}$, $x_0^2\leqslant 0$ 为假命题

D. 命题$\neg q$: $\exists x_0\in\mathbf{R}$, $x_0^2\leqslant 0$ 为真命题

3. 甲、乙、丙、丁四位同学一起去向老师询问成语竞赛的成绩。老师说:“你们四人中有 2 位优秀,2 位良好,我现在给甲看乙、丙的成绩,给乙看丙的成绩,给丁看甲的成绩。”看后甲对大家说:“我还是不知道我的成绩。”根据以上信息,则(　　)

A. 乙可以知道四人的成绩　　B. 丁可以知道四人的成绩

C. 乙、丁可以知道对方的成绩　　D. 乙、丁可以知道自己的成绩

4. 甲、乙、丙三数,乙数是甲数的 $\frac{3}{5}$,丙数是甲数的 $\frac{5}{9}$,乙数比丙数多 10。乙数是(　　)

A. 150　　B. 200　　C. 160　　D. 135

5. 小明做了 6 次掷质地均匀的硬币试验,在前 5 次试验中,有 2 次正面朝上,3 次正面朝下,那么第 6 次试验硬币正面朝上的概率是(　　)

A. 1　　B. 0　　C. 0.5　　D. 不稳定

6. 已知在矩形 $ABCD$ 中，$AB=\sqrt{2}$，$BC=1$，则$\overrightarrow{AC}\cdot\overrightarrow{DB}$等于(　　)

A. 1　　B. -1　　C. $\sqrt{6}$　　D. $2\sqrt{2}$

7. 设函数$f(x)=e^x+2x-4$，$g(x)=\ln x+2x^2-5$，若实数 a，b 分别是$f(x)$，$g(x)$的零点，则(　　)

A. $g(a)<0<f(b)$　　B. $f(b)<0<g(a)$

C. $0<g(a)<f(b)$　　D. $f(b)<g(a)<0$

8. 已知$A(0,-1)$，$B(0,1)$两点，$\triangle ABC$ 的周长为 6，则$\triangle ABC$ 的顶点 C 的轨迹方程是(　　)

A. $\dfrac{x^2}{4}+\dfrac{y^2}{3}=1(x\neq\pm2)$　　B. $\dfrac{y^2}{4}+\dfrac{x^2}{3}=1(y\neq\pm2)$

C. $\dfrac{x^2}{4}+\dfrac{y^2}{3}=1(x\neq0)$　　D. $\dfrac{y^2}{4}+\dfrac{x^2}{3}=1(y\neq0)$

9. 函数$f(x)=\cos\left(2x-\dfrac{\pi}{3}\right)+2\sin\left(x-\dfrac{\pi}{4}\right)\sin\left(x+\dfrac{\pi}{4}\right)$的最小正周期为(　　)

A. $\dfrac{\pi}{3}$　　B. $\dfrac{\pi}{2}$　　C. $\dfrac{3\pi}{4}$　　D. π

10. 如图，边长为 1 的正方形 $ABCD$ 绕点 A 逆时针旋转 30°到正方形 $AB'C'D'$，则图中阴影部分的面积为(　　)

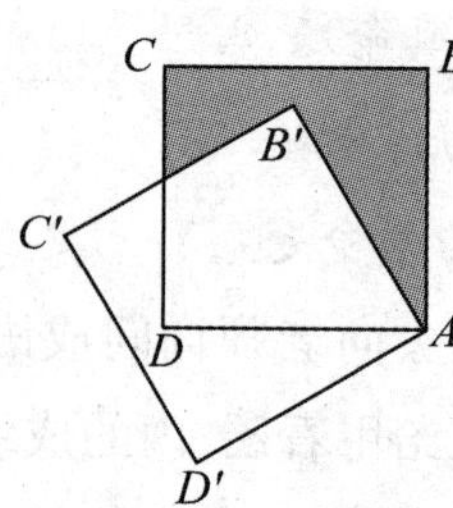

A. $\dfrac{1}{2}$　　B. $\dfrac{\sqrt{3}}{3}$

C. $1-\dfrac{\sqrt{3}}{4}$　　D. $1-\dfrac{\sqrt{3}}{3}$

11. 记 S_n 为等差数列$\{a_n\}$的前 n 项和。若 $3S_3=S_2+S_4$，$a_1=2$，则 $a_5=$(　　)

A. -12　　B. -10　　C. 10　　D. 12

12. 已知函数$f(x)=\begin{cases}x+1, x\leqslant0,\\ \log_2 x, x>0,\end{cases}$则函数 $y=f(f(x))+1$ 的零点个数是(　　)

A. 4　　B. 3　　C. 2　　D. 1

13. 在讲解三角形的面积公式时,用平行四边形的面积公式进行推导,在这一过程中用到的数学思想方法是(　　)

A. 化繁为简　　B. 转化　　C. 抽象到具体　　D. 特殊到一般

14.《义务教育数学课程标准(2022年版)》中指出:核心素养具有整体性、一致性和阶段性,在不同阶段具有不同表现。以下核心素养的主要表现不属于小学阶段的是(　　)

A. 抽象能力　　B. 几何直观　　C. 空间观念　　D. 创新意识

15. 数学思维的特性主要有(　　)

A. 概括性、问题性、相对性　　B. 概括性、特殊性、相似性

C. 概括性、问题性、相似性　　D. 概括性、间接性、问题性

二、填空题(本大题共8小题,每小题2分,共16分)

16. 在一个比例中,两个外项互为倒数,其中一个内项是$\frac{15}{2}$,另一个内项是________。

17. 在自然数0~9中任意选三个不同的数,使得它们的积是偶数,共有________种不同的选法。

18. 已知$x>0$,$y>0$,且$x+y=1$,则$\frac{8}{x}+\frac{2}{y}$的最小值为________。

19. 计算$\int_0^{\frac{\pi}{4}}\tan x\mathrm{d}x=$________。

20. 已知椭圆C的中心在坐标原点,长轴在x轴上,离心率为$\frac{\sqrt{3}}{2}$,且椭圆C上一点到两个焦点的距离之和为12,则椭圆C的标准方程为________。

21. 已知函数$f(x)=\sin x$,则$\lim\limits_{\Delta x\to 0}\frac{f\left(\frac{\pi}{2}+\Delta x\right)-f\left(\frac{\pi}{2}\right)}{\Delta x}=$________。

22.《义务教育数学课程标准(2022年版)》的评价建议中,评价方式不包括________。(写出所有正确结论的编号)

①书面测验;②口头测验;③活动报告;④课堂观察;⑤课下观察;⑥课后访谈;⑦访问父母;⑧课内外作业;⑨成长记录。

23.《义务教育数学课程标准(2022年版)》指出,在义务教育阶段,数学眼光主要表现为:________。(写出所有正确结论的编号)

①抽象能力;②模型意识;③空间观念;④数据意识;⑤创新意识;⑥推理能力;⑦几何直观。

三、解答题(本大题共 3 小题,第 24 小题 7 分,第 25 小题 8 分,第 26 小题 10 分,共 25 分)

24. 解齐次线性方程组 $\begin{cases}2x_1-4x_2+2x_3+7x_4=0,\\3x_1-6x_2+4x_3+3x_4=0,\\5x_1-10x_2+4x_3+25x_4=0。\end{cases}$

25. 已知函数 $f(x)=ax^3+bx^2$ 经过点 $M(1,4)$,在点 M 处的切线恰与直线 $x+9y+5=0$ 垂直。

(1)求 a,b 的值;(3 分)

(2)求函数 $f(x)$ 的单调区间。(5 分)

26. 如图,在△ABC 中,$AB=15$,$AC=20$,$\tan A=\frac{1}{2}$,点 P 在 AB 边上,⊙P 的半径为定长,当点 P 与点 B 重合时,⊙P 恰好与 AC 边相切;当点 P 与点 B 不重合时,⊙P 与 AC 边相交于点 M 和点 N。

(1)求⊙P 的半径;(4 分)

(2)当 $AP=6\sqrt{5}$ 时,试探究△APM 与△PCN 是否相似,并说明理由。(6 分)

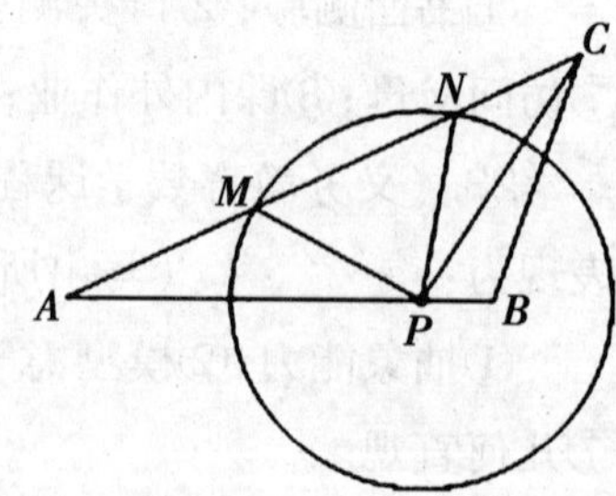

四、简答题(本大题共9分)

27. 小学生常常会出现如下解题错误:

$44\times25=(11\times4)\times25$

$=(11\times25)\times(4\times25)$

$=275\times100$

$=27\ 500$。

问题:

(1)指出解题过程中的错误之处,并分析导致错误的原因;(4分)

(2)针对错误原因,给出教学建议以避免此类错误再发生。(5分)

五、教学设计题(本大题共20分)

28. 素材:"质数与合数"是人教版五年级下册第二单元的内容,本部分知识是对整数认识的一次拓展,是在学生初步认识了自然数以及因数、倍数、奇数、偶数和2,3,5倍数的特征的基础上进行学习的,为后面学习求最大公因数、最小公倍数以及约分、通分打下基础。在本节课中,要求学生能用自己的方法找出100以内的质数,并熟练判断20以内的数哪个是质数,哪个是合数。

请根据素材设计"质数与合数"的教学过程。

教师招聘考试预测试卷(六)

小学数学

(时间:120 分钟　总分:100 分)

本套试卷共 28 小题,包括单项选择题(15 小题),填空题(8 小题),解答题(3 小题),案例分析题(1 小题),教学设计题(1 小题)。

一、单项选择题(本大题共 15 小题,每小题 2 分,共 30 分)

1. 2020 年 6 月 23 日,我国的北斗卫星导航系统(BDS)星座部署完成,其中一颗中高轨道卫星高度大约是 21 500 000 米,将数字 21 500 000 用科学记数法表示为(　　)

A. 0.215×10^8　　B. 2.15×10^7

C. 2.15×10^6　　D. 21.5×10^6

2. 已知向量 $\boldsymbol{a}=(3,4)$,$\boldsymbol{b}=(4,m)$,且 $|\boldsymbol{a}+\boldsymbol{b}|=|\boldsymbol{a}-\boldsymbol{b}|$,则 $|\boldsymbol{b}|=$(　　)

A. 3　　B. 4　　C. 5　　D. 6

3. 已知奇函数 $f(x)$ 是 $\mathbf{R}$ 上的单调函数,若函数 $y=f(2x^2+1)+f(\lambda-x)$ 只有一个零点,则实数 λ 的值是(　　)

A. $\frac{1}{4}$　　B. $\frac{1}{8}$　　C. $-\frac{7}{8}$　　D. $-\frac{3}{8}$

4. 已知 $\omega>0$,函数 $f(x)=\sin\left(\omega x+\frac{\pi}{4}\right)$ 在 $\left(\frac{\pi}{2},\pi\right)$ 上单调递减,则 ω 的取值范围是(　　)

A. $\left[\frac{1}{2},\frac{5}{4}\right]$　　B. $\left[\frac{1}{2},\frac{3}{4}\right]$　　C. $\left(0,\frac{1}{2}\right]$　　D. $(0,2]$

5. 一串数 1,2,4,7,11,16,22,29,…,这串数的组成规律:第 2 个数比第 1 个数多 1,第 3 个数比第 2 个数多 2,第 4 个数比第 3 个数多 3,…,依次类推,那么这串数左起第 2013 个数除以 5 的余数是(　　)

A. 1　　B. 2　　C. 3　　D. 4

6. 设 $a=\log_3 2$，$b=\ln 2$，$c=5^{-\frac{1}{2}}$，则 a,b,c 的大小关系是(　　)

A. $a<b<c$　　　　B. $b<c<a$

C. $b>a>c$　　　　D. $c<b<a$

7. 如右图所示，某个部件由 3 个棱长为 1 的正方体焊接而成。用 3 个这样的部件拼成立体图形，使得表面积尽可能小，表面积最小为(　　)

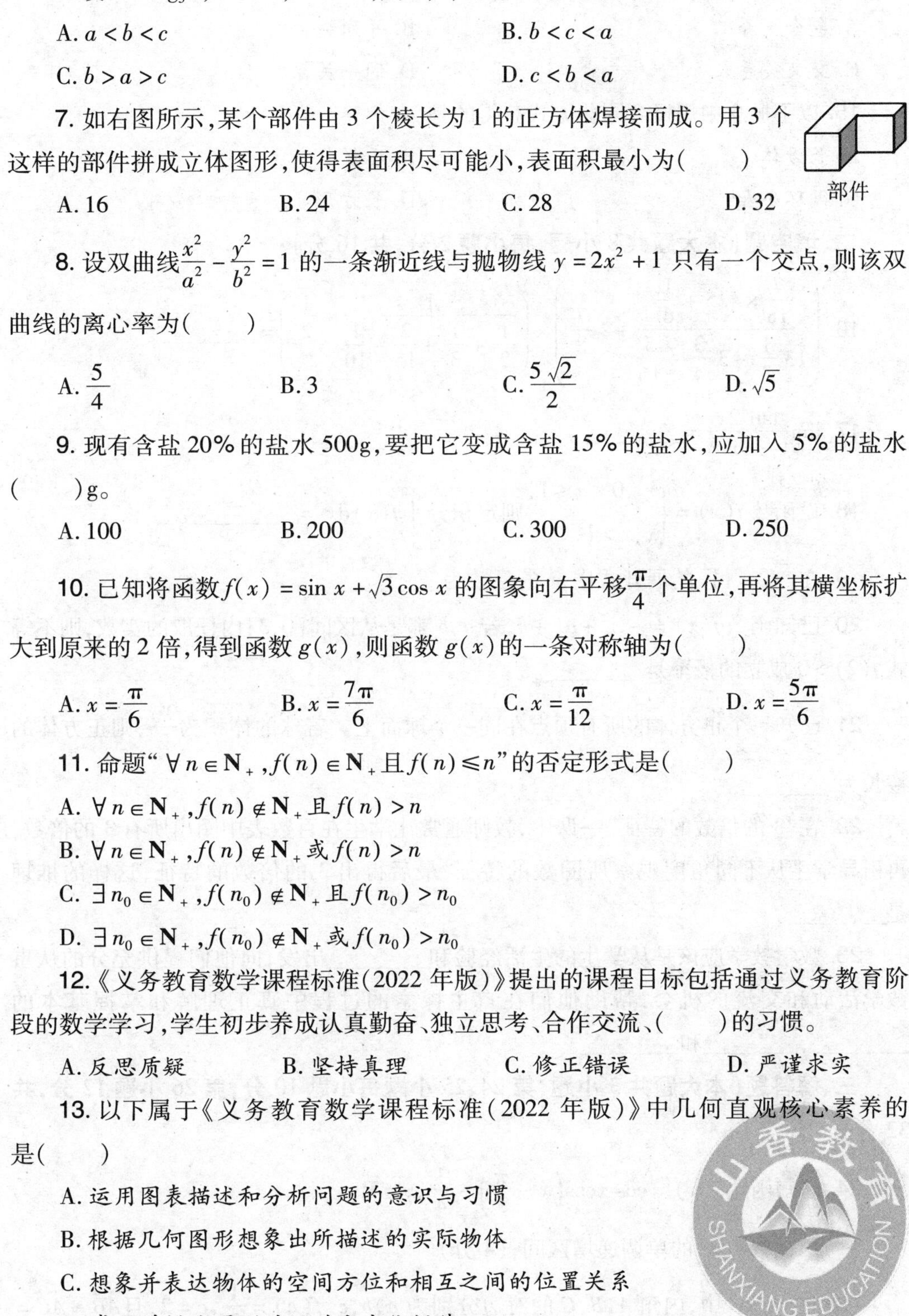
部件

A. 16　　B. 24　　C. 28　　D. 32

8. 设双曲线 $\frac{x^2}{a^2}-\frac{y^2}{b^2}=1$ 的一条渐近线与抛物线 $y=2x^2+1$ 只有一个交点，则该双曲线的离心率为(　　)

A. $\frac{5}{4}$　　B. 3　　C. $\frac{5\sqrt{2}}{2}$　　D. $\sqrt{5}$

9. 现有含盐 20% 的盐水 500g，要把它变成含盐 15% 的盐水，应加入 5% 的盐水(　　)g。

A. 100　　B. 200　　C. 300　　D. 250

10. 已知将函数 $f(x)=\sin x+\sqrt{3}\cos x$ 的图象向右平移 $\frac{\pi}{4}$ 个单位，再将其横坐标扩大到原来的 2 倍，得到函数 $g(x)$，则函数 $g(x)$ 的一条对称轴为(　　)

A. $x=\frac{\pi}{6}$　　B. $x=\frac{7\pi}{6}$　　C. $x=\frac{\pi}{12}$　　D. $x=\frac{5\pi}{6}$

11. 命题“$\forall n\in\mathbf{N}_+$，$f(n)\in\mathbf{N}_+$ 且 $f(n)\leqslant n$”的否定形式是(　　)

A. $\forall n\in\mathbf{N}_+$，$f(n)\notin\mathbf{N}_+$ 且 $f(n)>n$

B. $\forall n\in\mathbf{N}_+$，$f(n)\notin\mathbf{N}_+$ 或 $f(n)>n$

C. $\exists n_0\in\mathbf{N}_+$，$f(n_0)\notin\mathbf{N}_+$ 且 $f(n_0)>n_0$

D. $\exists n_0\in\mathbf{N}_+$，$f(n_0)\notin\mathbf{N}_+$ 或 $f(n_0)>n_0$

12.《义务教育数学课程标准(2022 年版)》提出的课程目标包括通过义务教育阶段的数学学习，学生初步养成认真勤奋、独立思考、合作交流、(　　)的习惯。

A. 反思质疑　　B. 坚持真理　　C. 修正错误　　D. 严谨求实

13. 以下属于《义务教育数学课程标准(2022 年版)》中几何直观核心素养的是(　　)

A. 运用图表描述和分析问题的意识与习惯

B. 根据几何图形想象出所描述的实际物体

C. 想象并表达物体的空间方位和相互之间的位置关系

D. 感知并描述图形的运动和变化规律

14. 自然数和正整数这两个概念从外延上看是(　　)

A. 包含关系　　　　B. 并列关系

C. 交叉关系　　　　D. 同一关系

15. 以下概念中用概念同化方式获得的是(　　)

A. 长方体　　　　B. 质数

C. 循环小数　　　　D. 长方形

二、填空题(本大题共 8 小题,每小题 2 分,共 16 分)

16. $\left(\dfrac{\dfrac{7}{18}\times4.5+\dfrac{1}{6}}{13\dfrac{1}{3}-3\dfrac{3}{4}\div\dfrac{5}{16}}\div2\dfrac{7}{8}\right)\times\left(\dfrac{1}{\dfrac{1}{2}+\dfrac{1}{3}+\dfrac{2}{15}-\dfrac{1}{10}}+\dfrac{1}{2}\right)=$________。

17. $\lim\limits_{x\to0}\dfrac{\tan^2 2x}{1-\cos x}=$________。

18. 设函数 $f(x)=\begin{cases}x^3,0\leqslant x\leqslant1,\\x,x>1,\end{cases}$ 则定积分 $\int_0^2 f(x)\,\mathrm{d}x=$________。

19. 在 $(\sqrt{x}-1)^4$ 的展开式中,x 的系数为________。

20. 已知函数 $f(x)=-x^2+ax+b$,若 a,b 都是从区间 $[0,3]$ 内任取的实数,则不等式 $f(2)>0$ 成立的概率是________。

21. 已知一个正方体的所有顶点在同一个球面上。若球的体积为 $\dfrac{9\pi}{2}$,则正方体的棱长为________。

22. 在“3 的倍数的特征”一课中,教师通常让学生在百数表中圈出所有 3 的倍数,再引导学生从不同角度观察所圈数的特征,最后得出 3 的倍数的特征,这样的推理是________。

23. 数学教学应该是从学生的生活经验和________出发,向他们提供充分的从事数学活动和交流的机会,帮助他们在自主探索的过程中真正理解和掌握基本的________、________和________。

三、解答题(本大题共 3 小题,第 24、25 小题每小题 10 分,第 26 小题 12 分,共 32 分)

24. 已知函数 $f(x)=\cos x\cos\left(x-\dfrac{\pi}{3}\right)-\dfrac{1}{4},x\in\mathbf{R}$。

(1)求函数 $f(x)$ 的单调递增区间;(4 分)

(2)在△ABC 中,内角 A,B,C 的对边分别为 $a,b,c,f(A)=\dfrac{1}{2},c=2$,且 $\overrightarrow{AB}\cdot\overrightarrow{AC}=$

$\frac{3}{2}$,求 a 的值。(6 分)

25. 某粮店某月初存有粮食若干千克,该月的第一个星期卖出存粮的一半,第二个星期没有卖出粮食,但买进 450 千克的粮食,第三个星期又卖出现有粮食的一半多 50 千克,第四个星期没有卖出粮食,但又买进现有(当时)粮食的 $\frac{2}{3}$ 作为库存,月末盘库存时发现粮店还有 1000 千克的粮食,问粮店本月初原有粮食多少千克?

26. 设函数 $f(x)=e^{x}-ax-2$。

(1)求函数 $y=f(x)$ 的单调区间;(4 分)

(2)若 $a=1$,且 $x\in[2,+\infty)$,求 $f(x)$ 的最小值;(3 分)

(3)在(2)条件下,$(x-k)f'(x)+x+1>0$ 恒成立,求 k 的取值范围。(5 分)

四、案例分析题(本大题共 10 分)

27. 请先看下面的教学片段,再回答相应问题。

“加法——三位数加两、三位数的进位加法”的教学片段:

师:小明做了 3 道加法的竖式计算,同学们帮他查一查有没有错误。

在黑板上出示:

$$\begin{array}{r}65\\+243\\\hline 208\end{array}\qquad\begin{array}{r}76\\+646\\\hline 712\end{array}\qquad\begin{array}{r}334\\+569\\\hline 893\end{array}$$

师:先仔细观察一下有没有错误,然后把你发现的问题和同桌讨论一下,看看你们找得对不对?

学生观察并讨论。

……

师:小朋友们找得很对,下面我请三个小朋友上来帮小明订正一下。

师:我们来看订正的第一个竖式,你们说他订正得对不对?

生齐喊:对!

师:看第二个竖式,你们说这个同学做得对不对?

生齐喊:对!

师:第三个呢,订正得对不对?

生齐喊:对!

师:同学们很棒,那么我们来看下一个问题。

问题:

(1)请你对该老师的提问方式做出评价;(5 分)

(2)结合新课标理念谈谈你对提高数学课堂提问的有效性的教学建议。(5 分)

五、教学设计题(本大题共 12 分)

28.“鸡兔同笼”问题是我国民间广为流传的数学趣题,最早出现在《孙子算经》中,“数学好玩”中安排这一数学趣题,重在向学生渗透一些数学思想方法,培养学生的数学兴趣和发散思维。

以下是北师版数学五年级上册“鸡兔同笼”的部分教材内容,请根据教材内容,设计本节课的教学过程。

《孙子算经》中的原题是:“今有鸡兔同笼,上有三十五头,下有九十四足,问鸡兔各几何?”读一读,你知道这道题的意思吗?你能解决这个问题吗?

鸡有几只	兔有几只	腿有多少条
1	34	138 ×
2	33	136 ×
3	32	134 ×
4	31	132 ×
…	…	…
23	12	94 ✓

鸡有几只	兔有几只	腿有多少条
1	34	138 ×
10	25	120 ×
20	15	100 ×
25	10	90 ×
24	11	92 ×
23	12	94 ✓

……这么多腿,一定是兔子太多了。

……腿还多,兔子数应减少。

……差不多了,再调一点儿。

……腿数比 94 少了,兔子数应该在 10 和 15 之间。

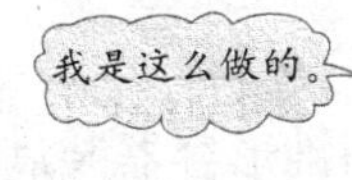

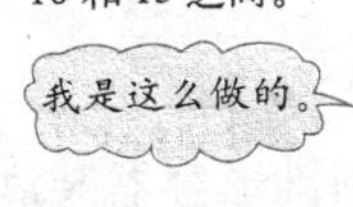

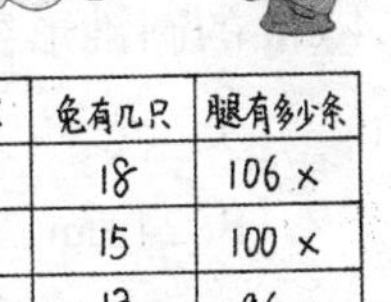

鸡有几只	兔有几只	腿有多少条
17	18	106 ×
20	15	100 ×
22	13	96 ×
23	12	94 ✓

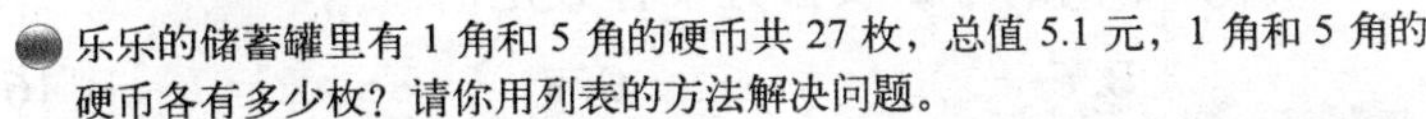

乐乐的储蓄罐里有 1 角和 5 角的硬币共 27 枚,总值 5.1 元,1 角和 5 角的硬币各有多少枚?请你用列表的方法解决问题。

1 角/枚	5 角/枚	总值/元
…	…	…

教师招聘考试预测试卷(七)

小学数学

(时间:120 分钟　总分:100 分)

本套试卷共35小题,包括单项选择题(30小题),解答题(5小题)。

一、单项选择题(本大题共30小题,每小题2分,共60分)

1. 有以下各数:$\sqrt{5}$, -2, 0, $3\sqrt{4}$, $\frac{22}{7}$, -1.732, $\sqrt{25}$, $\frac{\pi}{2}$, $3+\sqrt{29}$, 0.101 001 000 1…,其中无理数的个数有(　　)

A. 1 个　　B. 2 个　　C. 3 个　　D. 4 个

2. 已知 $a=\log_2 e$, $b=\ln 2$, $c=\log_{\frac{1}{2}}\frac{1}{3}$,则 a,b,c 的大小关系为(　　)

A. $a>b>c$　　B. $b>a>c$　　C. $c>b>a$　　D. $c>a>b$

3. 把一个高为24 cm的圆锥形容器装满水,将这些水全部倒入与它等底的圆柱形容器里,水的高度是(　　)

A. 72 cm　　B. 24 cm　　C. 16 cm　　D. 8 cm

4. 现有2门不同的考试要安排在5天之内进行,每天最多进行一门考试,且不能连续两天都有考试,那么不同的考试安排方案种数是(　　)

A. 12　　B. 6　　C. 8　　D. 16

5. 设集合 $A=\left\{x \mid \frac{x}{x-1}<0\right\}$, $B=\{x \mid 0<x<3\}$,那么"$x\in A$"是"$x\in B$"的(　　)

A. 充要条件　　B. 必要不充分条件

C. 充分不必要条件　　D. 既不充分也不必要条件

6. 已知函数 $f(x)$ 是定义域为 $\mathbf{R}$ 的偶函数,当 $x\leqslant 0$ 时,$f(x)=x^2+4x$,则 $f(x+2)>5$ 的解集为(　　)

A. $(-\infty,-5)\cup(5,+\infty)$　　B. $(-\infty,-5)\cup(3,+\infty)$

C. $(-\infty,-7)\cup(3,+\infty)$　　D. $(-\infty,-7)\cup(7,+\infty)$

7. 如图，在平面直角坐标系 xOy 中，$\odot A$ 切 y 轴于点 B，且点 A 在反比例函数 $y=\frac{4\sqrt{3}}{x}(x>0)$ 的图象上，连接 OA 交 $\odot A$ 于点 C，且点 C 为 OA 的中点，则图中阴影部分的面积为(　　)

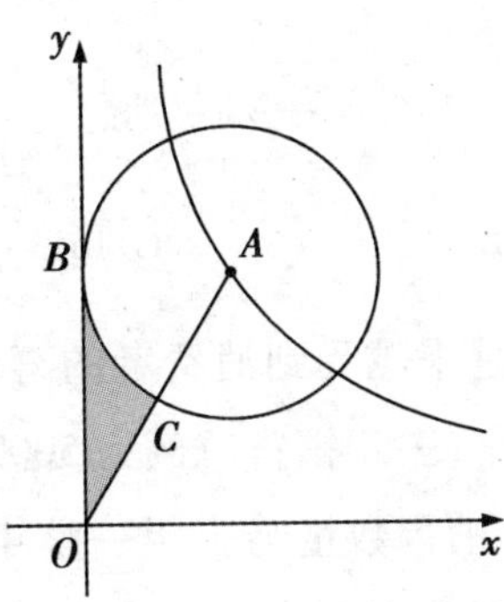

A. $4\sqrt{3}-\frac{\pi}{3}$　　B. $4\sqrt{3}-\frac{2\pi}{3}$　　C. $2\sqrt{3}-\frac{\pi}{3}$　　D. $2\sqrt{3}-\frac{2\pi}{3}$

8. 近年来智能手机兴起，手机应用的图标也是纷繁多样，下面的几个图标中，能不重复地一笔画完的图标有(　　)

A. 1 个　　B. 2 个　　C. 3 个　　D. 4 个

9. 一个棱锥的三视图如下图所示，则该棱锥的表面积为(　　)

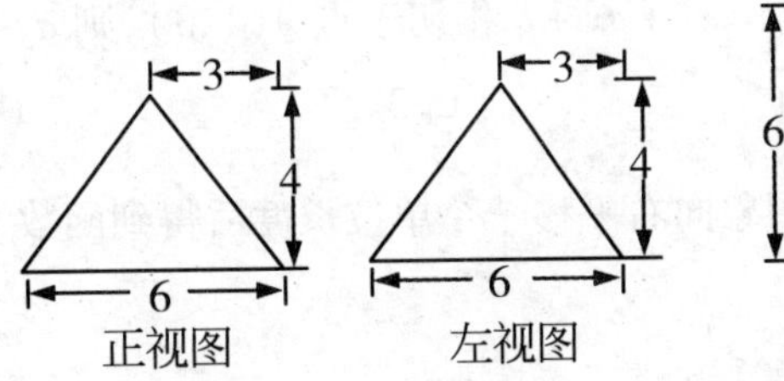

A. $48+12\sqrt{2}$　　B. $48+24\sqrt{2}$　　C. $36+12\sqrt{2}$　　D. $36+24\sqrt{2}$

10. 将十进制数 389 化为四进制数后的末位数字为(　　)

A. 1　　B. 2　　C. 3　　D. 0

11. 从 1,2,3,4,5,6 这六个数字中任取 3 个不同的数字组成一个三位数，则这个三位数是偶数的概率是(　　)

A. $\frac{1}{5}$　　B. $\frac{1}{3}$　　C. $\frac{1}{2}$　　D. $\frac{1}{4}$

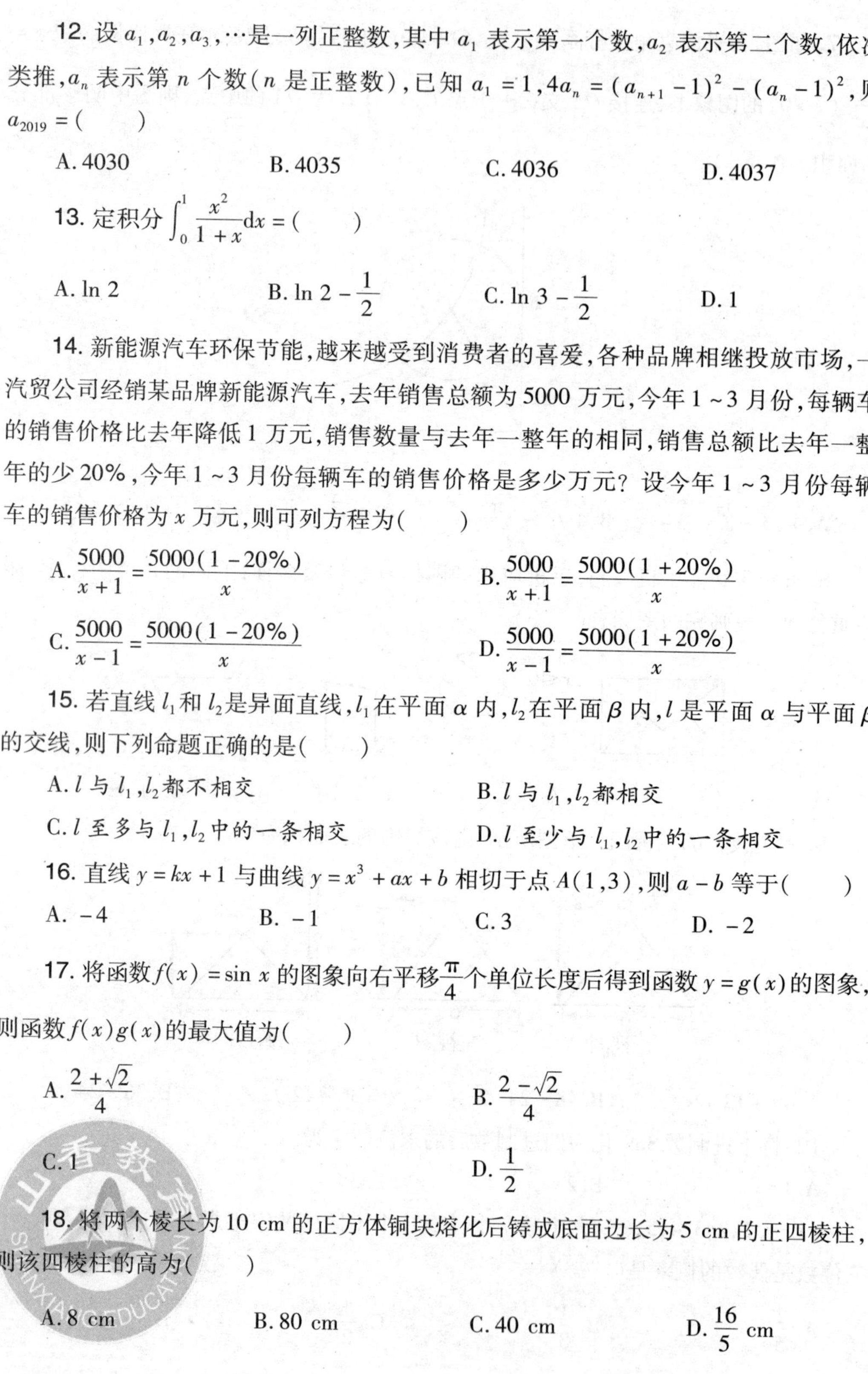

12. 设 $a_1, a_2, a_3, \cdots$ 是一列正整数，其中 a_1 表示第一个数，a_2 表示第二个数，依次类推，a_n 表示第 n 个数（n 是正整数），已知 $a_1 = 1, 4a_n = (a_{n+1} - 1)^2 - (a_n - 1)^2$，则 $a_{2019} =$ (　　)

A. 4030　　B. 4035　　C. 4036　　D. 4037

13. 定积分 $\int_0^1 \frac{x^2}{1+x}dx =$ (　　)

A. $\ln 2$　　B. $\ln 2 - \frac{1}{2}$　　C. $\ln 3 - \frac{1}{2}$　　D. 1

14. 新能源汽车环保节能，越来越受到消费者的喜爱，各种品牌相继投放市场，一汽贸公司经销某品牌新能源汽车，去年销售总额为 5000 万元，今年 1 ~ 3 月份，每辆车的销售价格比去年降低 1 万元，销售数量与去年一整年的相同，销售总额比去年一整年的少 20%，今年 1 ~ 3 月份每辆车的销售价格是多少万元？设今年 1 ~ 3 月份每辆车的销售价格为 x 万元，则可列方程为(　　)

A. $\frac{5000}{x+1} = \frac{5000(1-20\%)}{x}$　　B. $\frac{5000}{x+1} = \frac{5000(1+20\%)}{x}$

C. $\frac{5000}{x-1} = \frac{5000(1-20\%)}{x}$　　D. $\frac{5000}{x-1} = \frac{5000(1+20\%)}{x}$

15. 若直线 l_1 和 l_2 是异面直线，l_1 在平面 α 内，l_2 在平面 β 内，l 是平面 α 与平面 β 的交线，则下列命题正确的是(　　)

A. l 与 l_1, l_2 都不相交　　B. l 与 l_1, l_2 都相交

C. l 至多与 l_1, l_2 中的一条相交　　D. l 至少与 l_1, l_2 中的一条相交

16. 直线 $y = kx + 1$ 与曲线 $y = x^3 + ax + b$ 相切于点 $A(1,3)$，则 $a - b$ 等于(　　)

A. -4　　B. -1　　C. 3　　D. -2

17. 将函数 $f(x) = \sin x$ 的图象向右平移 $\frac{\pi}{4}$ 个单位长度后得到函数 $y = g(x)$ 的图象，则函数 $f(x)g(x)$ 的最大值为(　　)

A. $\frac{2+\sqrt{2}}{4}$　　B. $\frac{2-\sqrt{2}}{4}$

C. 1　　D. $\frac{1}{2}$

18. 将两个棱长为 10 cm 的正方体铜块熔化后铸成底面边长为 5 cm 的正四棱柱，则该四棱柱的高为(　　)

A. 8 cm　　B. 80 cm　　C. 40 cm　　D. $\frac{16}{5}$ cm

19. 能被 2002 整除的且个位数字不为 0 的七位数的各个数字之和最小是(　　)

A. 4　　B. 6　　C. 8　　D. 10

20. 已知集合 $A=\{x|x^2-3x+2=0,x\in\mathbf{R}\}$, $B=\{x|0<x<5,x\in\mathbf{N}\}$,则满足条件 $A\subseteq C\subseteq B$ 的集合 C 的个数为(　　)

A. 1　　B. 2　　C. 3　　D. 4

21. 将函数 $f(x)=\sqrt{3}\sin 2x-\cos 2x$ 的图象向左平移 m 个单位$\left(m>-\frac{\pi}{2}\right)$,若所得的图象关于直线 $x=\frac{\pi}{6}$ 对称,则 m 的最小值为(　　)

A. $-\frac{\pi}{3}$　　B. $\frac{\pi}{6}$　　C. 0　　D. $\frac{\pi}{12}$

22. 已知 $\frac{x+3}{x+2}=\frac{1}{\sqrt{3}+\sqrt{2}+1}$,则 $\frac{x-3}{2x-4}\div\left(\frac{5}{x-2}-x-2\right)$ 的值为(　　)

A. $\sqrt{2}-\sqrt{3}$　　B. $\sqrt{2}+\sqrt{3}$

C. $\frac{\sqrt{2}+\sqrt{3}}{2}$　　D. $\frac{\sqrt{2}-\sqrt{3}}{2}$

23. 设函数 $f(x)=\begin{cases}ae^{2x}, x\leqslant 0,\\ \dfrac{1-e^{\tan x}}{\arcsin\frac{x}{2}}, x>0\end{cases}$ 在 $x=0$ 处连续,则常数 $a=$(　　)

A. -2　　B. 0　　C. 1　　D. 2

24. 已知随机变量 ξ 服从正态分布 $N(2,\sigma^2)$,且 $P(\xi<4)=0.8$,则 $P(0<\xi<2)=$(　　)

A. 0.2　　B. 0.4　　C. 0.3　　D. 0.6

25. 已知函数 $f(x)=|2^x-1|$, $a<b<c$,且 $f(a)>f(c)>f(b)$,则下列结论中,一定成立的是(　　)

A. $a<0,b<0,c<0$　　B. $a<0,b\geqslant 0,c>0$

C. $2^{-a}<2^c$　　D. $2^a+2^c<2$

26. 极限 $\lim\limits_{n\to\infty}(\sqrt{n+1}-\sqrt{n})=$(　　)

A. -1　　B. 0　　C. 1　　D. 2

27. 一个自然数在 1000 到 1200 之间,且被 3 除余 1,被 5 除余 2,被 7 除余 3,则这个自然数是(　　)

A. 1100　　B. 1120　　C. 1102　　D. 1020

28. 已知函数$f(x)=ax^3-3x^2+1$，若$f(x)$存在唯一的零点x_0，且$x_0>0$，则a的取值范围是(　　)

A. $(2,+\infty)$　　B. $(1,+\infty)$　　C. $(-\infty,-2)$　　D. $(-\infty,-1)$

29. 抛物线$y^2=4x$的焦点到双曲线$x^2-\frac{y^2}{3}=1$的渐近线的距离是(　　)

A. $\frac{1}{2}$　　B. $\frac{\sqrt{3}}{2}$　　C. 1　　D. $\sqrt{3}$

30. 双曲线$\frac{x^2}{a^2}-\frac{y^2}{b^2}=1(a>0,b>0)$的左、右焦点分别为$F_1,F_2$，离心率为$e$。过$F_2$的直线与双曲线的右支交于$A,B$两点，若$\triangle F_1AB$是以$A$为直角顶点的等腰直角三角形，则$e^2$的值是(　　)

A. $1+2\sqrt{2}$　　B. $3+2\sqrt{2}$

C. $4-2\sqrt{2}$　　D. $5-2\sqrt{2}$

二、解答题(本大题共5小题，每小题8分，共40分)

31. 已知向量$\boldsymbol{m}=(b\sin x,a\cos x)$，$\boldsymbol{n}=(\cos x,-\cos x)$，$f(x)=\boldsymbol{m}\cdot\boldsymbol{n}+a$，其中$a$，$b$，$x\in\mathbf{R}$，且满足$f\left(\frac{\pi}{6}\right)=2$，$f'(0)=2\sqrt{3}$。

(1)求a,b的值；(3分)

(2)若关于x的方程$f(x)-\log_{\frac{1}{3}}k=0$在区间$\left[0,\frac{2\pi}{3}\right]$上总有实数解，求实数$k$的取值范围。(5分)

32. 如图,D 为圆锥的顶点,O 是圆锥底面的圆心,$\triangle ABC$ 是圆锥底面的内接正三角形,P 为 DO 上一点,$\angle APC=90°$。

(1)证明:平面 $PAB\perp$ 平面 PAC;(4 分)

(2)设 $DO=\sqrt{2}$,圆锥的侧面积为$\sqrt{3}\pi$,求三棱锥 $P-ABC$ 的体积。(4 分)

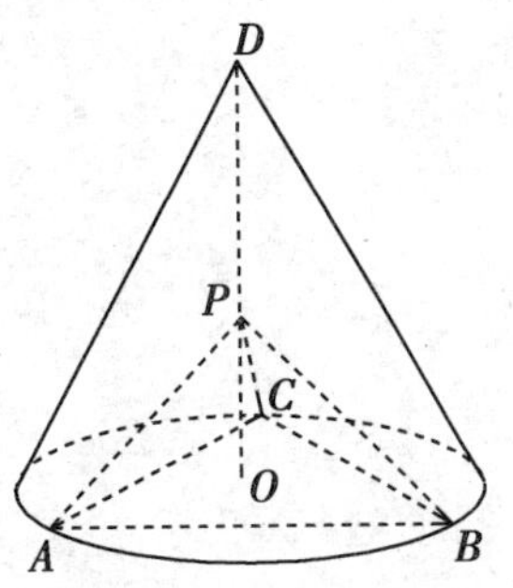

33. 一家面包房根据以往某种面包的销售记录,绘制了日销售量的频率分布直方图,如图所示。

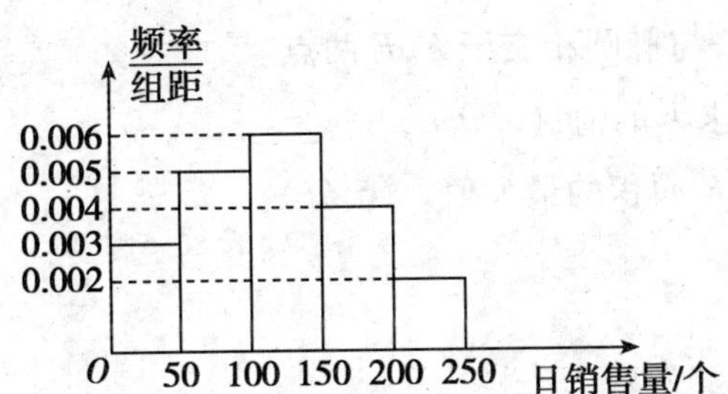

将日销售量落入各组的频率视为概率,并假设每天的销售量相互独立。

(1)求在未来连续 3 天里,有连续 2 天的日销售量都不低于 100 个,且另 1 天的日销售量低于 50 个的概率;(3 分)

(2)用 X 表示在未来 3 天里日销售量不低于 100 个的天数,求随机变量 X 的分布列、期望$E(X)$及方差 $D(X)$。(5 分)

34. 设等比数列$\{a_n\}$满足$a_1+a_2=4, a_3-a_1=8$。

(1)求$\{a_n\}$的通项公式;(4 分)

(2)记S_n为数列$\{\log_3 a_n\}$的前 n 项和。若$S_m+S_{m+1}=S_{m+3}$,求 m。(4 分)

35. 设椭圆中心在坐标原点,$A(2,0)$,$B(0,1)$是它的两个顶点,直线$y=kx(k>0)$与线段 AB 相交于点 D,与椭圆相交于 E,F 两点。

(1)若$\overrightarrow{ED}=6\overrightarrow{DF}$,求 k 的值;(3 分)

(2)求四边形 $AEBF$ 面积的最大值。(5 分)

教师招聘考试预测试卷(八)

小学数学

(时间:120 分钟　总分:100 分)

本套试卷共 35 小题,包括判断题(10 小题),单项选择题(15 小题),填空题(5 小题),解答题(5 小题)。

一、判断题(本大题共 10 小题,每小题 1 分,共 10 分)

1. 一根绳子长$\frac{97}{100}$米,也可以写成 97%米。　(　　)

2. 在一个正方形内画一个最大的圆,这个圆的面积一定大于正方形面积的$\frac{3}{4}$。　(　　)

3. 如果对于任意实数 $x \in \mathbf{R}$,恒有 $f'(x)=0$,那么 $y=f(x)$为常函数。　(　　)

4. 关于 x 的分式方程$\frac{3-2x}{x-3}+\frac{9-mx}{3-x}=-1$ 无解,则 $m=1$。　(　　)

5. $y=\ln\frac{1-x}{1+x}$是奇函数。　(　　)

6. 若函数 $f(x)$在点 x_0处极限存在,则 $f(x)$在点 x_0处连续。　(　　)

7. 若矩阵 $\boldsymbol{A}$ 中有一个 r 级子式不为零,同时所有 $r+1$ 级子式全为零,则 $\boldsymbol{A}$ 的秩为 r。　(　　)

8. 已知集合 $A=\{x|\ln x>0\}$,$B=\{x|x^2-4\leqslant 0\}$,则 $A\cap B=(1,+\infty)$。　(　　)

9. 若 $x\geqslant y$,则$\frac{x+y}{2}\geqslant\sqrt{xy}$。　(　　)

10. 已知函数$f(x)=\sin\left(\frac{\pi}{2}-x\right)\sin x-\sqrt{3}\cos^2 x+\frac{\sqrt{3}}{2}$,$x\in\left(0,\frac{3\pi}{4}\right]$,则$f(x)$的值域为$\left[-\frac{\sqrt{3}}{2},1\right]$。　(　　)

二、单项选择题(本大题共15小题,每小题2分,共30分)

11. 下列说法正确的是(　　)

A. 2016年是闰年,它有366天

B. 互质的两个数没有公约数

C. 圆锥的体积等于圆柱体积的$\frac{1}{3}$

D. 一个自然数与$\frac{7}{8}$相乘所得的积,一定小于这个自然数

12. 设复数z满足$|z+i|=1$,z在复平面内对应的点为(x,y),则(　　)

A. $x^2+y^2=1$　　B. $(x-1)^2+y^2=1$

C. $x^2+(y-1)^2=1$　　D. $x^2+(y+1)^2=1$

13. 如图,数轴上有O,A,B三点,O为原点,OA,OB分别表示仙女座星系、M87黑洞与地球的距离(单位:光年),下列选项中,与点B表示的数最为接近的是(　　)

A. 5×10^6　　B. 10^7　　C. 5×10^7　　D. 10^8

14. 下列图形中,既是轴对称图形又是中心对称图形的是(　　)

A　　B　　C　　D

15. 已知$3^m=4$,$3^{2m-4n}=2$,若$9^n=x$,则x的值为(　　)

A. 8　　B. 4　　C. $2\sqrt{2}$　　D. $\sqrt{2}$

16. 已知函数$f(x)=\frac{5}{3}x-\ln(2x+1)$,则$\lim\limits_{\Delta x\to0}\frac{f(1+\Delta x)-f(1)}{\Delta x}=$(　　)

A. 1　　B. 0　　C. $\frac{4}{3}$　　D. $\frac{5}{3}$

17. 已知双曲线$C:\frac{x^2}{a^2}-\frac{y^2}{b^2}=1(a>b>0)$的一条渐近线与函数$y=1+\ln x+\ln 2$的图象相切,则双曲线$C$的离心率是(　　)

A. 2　　B. $\sqrt{5}$　　C. $\sqrt{3}$　　D. $\frac{\sqrt{5}}{2}$

18. 若过点$A(0,-1)$的直线l与圆$x^2+(y-3)^2=4$圆心的距离记为d,则d的取值范围为(　　)

A. $[0,4]$　　B. $[0,3]$　　C. $[0,2]$　　D. $[0,1]$

19. $\angle A$ 为$\triangle ABC$的一个内角,若 $\sin A+\cos A=\frac{2}{5}$,则这个三角形为(　　)

A. 锐角三角形　　B. 钝角三角形

C. 等腰直角三角形　　D. 等腰三角形

20. 已知$f'(x)$是$f(x)$的导函数,在区间$[0,+\infty)$上$f'(x)>0$,且偶函数$f(x)$满足$f(2x-1)<f\left(\frac{1}{3}\right)$,则 x 的取值范围是(　　)

A. $\left(\frac{1}{3},\frac{2}{3}\right)$　　B. $\left[\frac{1}{3},\frac{2}{3}\right)$　　C. $\left(\frac{1}{2},\frac{2}{3}\right)$　　D. $\left[\frac{1}{2},\frac{2}{3}\right)$

21. 5 位同学站成一排准备照相的时候,有两位老师碰巧路过,同学们强烈要求与老师合影留念,如果 5 位同学顺序一定,那么两位老师与同学们站成一排照相的站法总数为(　　)种。

A. 6　　B. 20　　C. 30　　D. 42

22. 某三棱锥的三视图如图所示,网格纸上小正方形的边长为 1,则该三棱锥外接球的表面积为(　　)

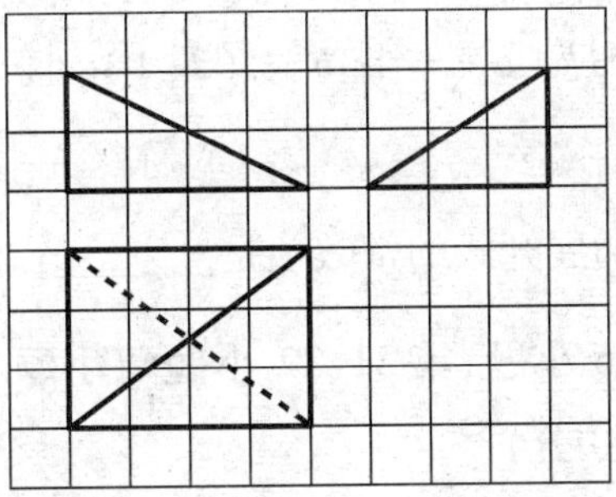

A. 27π　　B. 28π　　C. 29π　　D. 30π

23. $f(x)=2\sin \pi x-x+1$ 的零点个数为(　　)

A. 4　　B. 5　　C. 6　　D. 7

24. 已知点 A,B 是球 O 的球面上两点,$\angle AOB=90°$,点 C 为该球面上的动点。若三棱锥 $O-ABC$ 体积的最大值为 36,则球 O 的体积为(　　)

A. 36π　　B. 144π　　C. 288π　　D. 256π

25. 函数 $y=f(x)$ 的导函数 $y'=f'(x)$ 的图象如图所示,则函数 $y=f(x)$ 的图象可能是(　　)

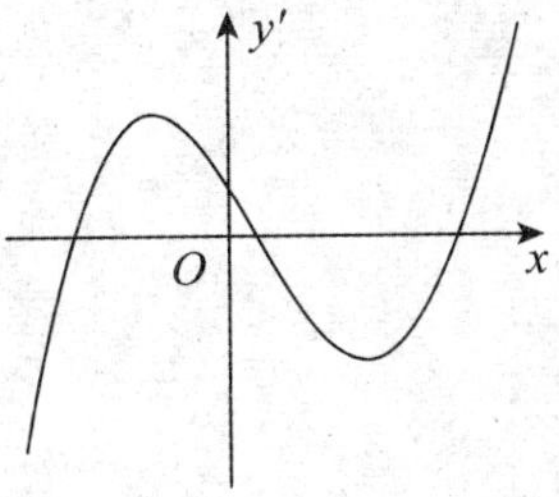

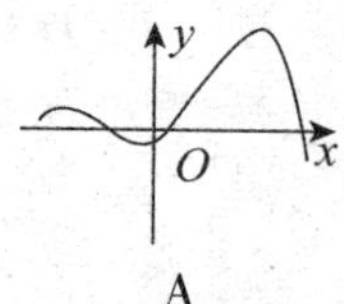

A

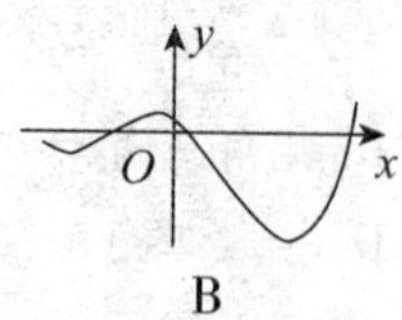

B

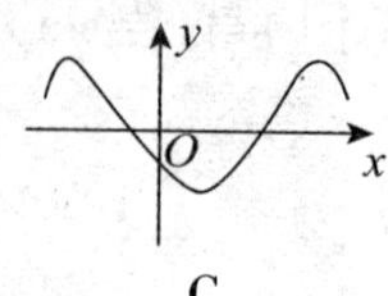

C

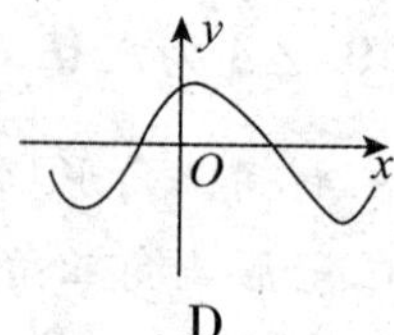

D

三、填空题(本大题共 5 小题,每小题 2 分,共 10 分)

26. 设 x,y 满足约束条件 $\begin{cases} 3x-y-6\leqslant 0, \\ x-y+2\geqslant 0, \\ x\geqslant 0, y\geqslant 0, \end{cases}$ 若目标函数 $z=ax+by(a>0,b>0)$ 的最大值为 12,则 $\frac{2}{a}+\frac{3}{b}$ 的最小值为________。

27. 计算 $\int_0^{\frac{\pi}{4}} \tan x\mathrm{d}x=$ ________。

28. 极限 $\lim\limits_{n\to\infty}\frac{n^2-n-2}{3n^2+1}=$ ________。

29. 已知向量 $\boldsymbol{a},\boldsymbol{b}$ 满足 $|\boldsymbol{a}|=1,\boldsymbol{b}=(2,1)$,且 $\lambda\boldsymbol{a}+\boldsymbol{b}=\boldsymbol{0}(\lambda\in\mathbf{R})$,则 $|\lambda|=$ ________。

30. 二项式 $\left(\sqrt[3]{x}+\frac{1}{2x}\right)^8$ 的展开式的常数项是________。

四、解答题(本大题共 5 小题,第 31、32 小题每小题 8 分,第 33 小题 10 分,第 34、35 题每小题 12 分,共 50 分)

31. 在 $\triangle ABC$ 中,内角 A,B,C 所对的边分别为 a,b,c,已知 $b\sin A=a\cos\left(B-\frac{\pi}{6}\right)$。

(1)求角 B 的大小;(4 分)

(2)设 $a=2,c=3$,求 b 和 $\sin(2A-B)$ 的值。(4 分)

32. 已知等比数列$\{a_n\}$的首项为1,公比为q,前n项和为S_n。

(1)若$S_3=3,S_6=-21$,求公比q;(4分)

(2)若$q>0$,且$T_n=a_1+a_3+\cdots+a_{2n-1}$,求$\lim\limits_{n\to\infty}\dfrac{S_n}{T_n}$。(4分)

33. 某市政府为了鼓励居民节约用水,计划调整居民生活用水收费方案,拟确定一个合理的月用水量标准x(吨),一位居民的月用水量不超过x的部分按平价收费,超出x的部分按议价收费,为了了解居民用水情况,通过抽样,获得了某年100位居民每人的月平均用水量(单位:吨),将数据按照$[0,0.5),[0.5,1),\cdots,[4,4.5)$分成9组,制成了如图所示的频率分布直方图。

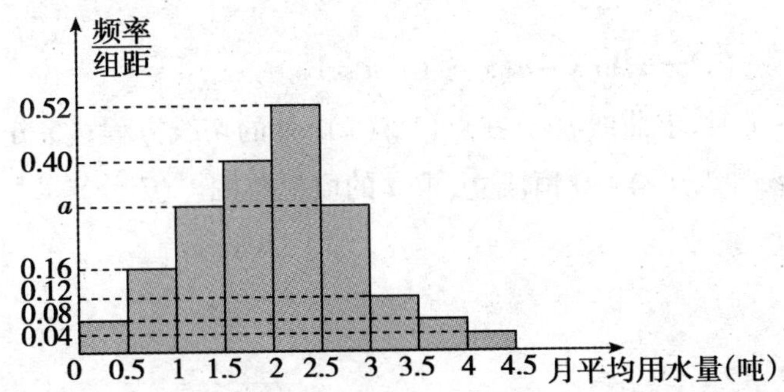

(1)求直方图中a的值;(2分)

(2)设该市有30万居民,估计全市居民中月平均用水量不低于3吨的人数,并说明理由;(3分)

(3)若该市政府希望使85%的居民每月的用水量不超过标准x(吨),估计x的值,并说明理由。(5分)

34. 在平面直角坐标系 xOy 中，椭圆 $C:\frac{x^2}{a^2}+\frac{y^2}{b^2}=1(a>b>0)$ 的短轴长为 $2\sqrt{2}$，离心率为 $\frac{\sqrt{6}}{3}$。

(1)求椭圆 C 的方程；(5 分)

(2)已知点 A 为椭圆 C 的上顶点，点 M 为 x 轴正半轴上的一点，过点 A 作 AM 的垂线与椭圆 C 交于另一点 N。若 $\angle AMN=60°$，求点 M 的坐标。(7 分)

35. 已知函数 $f(x)=x^2\ln x-a(x^2-1)$，$a\in\mathbf{R}$。

(1)当 $a=-1$ 时，求曲线 $f(x)$ 在点 $(1,f(1))$ 处的切线方程；(5 分)

(2)若当 $x\geqslant 1$ 时，$f(x)\geqslant 0$ 恒成立，求 a 的取值范围。(7 分)

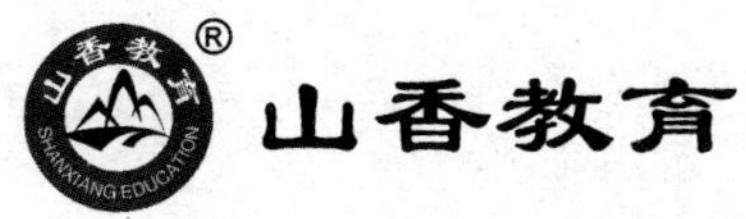

教师招聘考试历年真题详解及预测试卷

小学数学

参考答案及解析－真题试卷

（参考答案及解析－真题试卷由山香教育考试命题研究中心编写）

目　录

2023 年湖北省教师招聘考试小学数学真题试卷(一)

一、单项选择题

1. B 【解析】本题考查小数的大小比较。A 项,$10.01-10=0.01$;B 项,$10.002-10=0.002$;C 项,$10-9.99=0.01$;D 项,$10-9.099=0.901$,因为 $0.002<0.01<0.901$,所以 10.002 最接近 10。故选 B。

2. C 【解析】本题考查数的整数倍。因为 5 元钱和 2 元钱的张数相同,所以钱的总数应是 $5+2=7$ 的整数倍,而 A 选项,$25\div7=3\cdots\cdots4$,B 选项,$32\div7=4\cdots\cdots4$,C 选项,$35\div7=5$,D 选项,$60\div7=8\cdots\cdots4$,故 A、B、D 项都不是 7 的整数倍,所以小明可能有 35 元。故选 C。

3. B 【解析】本题考查除法运算和数的判定。设该三位数为 x,①当 x 除以 39 时,商是两位数,因为最小的两位数是 10,所以 $x\geqslant39\times10=390$;②当 x 除以 51 时,商是一位数,最大的一位数是 9,所以 $x\leqslant51\times9=459$,综合①②可知 $390\leqslant x\leqslant459$,即 $390\leqslant\overline{\square15}\leqslant459$,所以"□"中的数只能为 4。故选 B。

4. B 【解析】本题考查数的性质。因为除了 2 以外的质数都是奇数,由题知 a 是一个大于 2 的质数,所以 a 是奇数。又因为奇数 - 奇数 = 偶数,所以 $a-1$ 一定是偶数。故选 B。

5. D 【解析】本题考查方向的辨别。根据方向的相对性,西偏南 30° 和东偏北 30°相对,所以这架飞机执行指令后的飞行方向是东偏北 30°。故选 D。

6. C 【解析】本题考查大小月的规定。根据大小月的规定,一、三、五、七、八、十、十二月为大月,大月有 31 天,四、六、九、十一月为小月,小月有 30 天,二月平年有 28 天,闰年有 29 天,可知任意连续 2 个月的天数相加可能性最大的是 61 天。故选 C。

7. B 【解析】本题考查单位"1"。已知汪师傅用$\frac{5}{6}$小时做了$\frac{2}{9}$个工艺品,即"$\frac{5}{6}$小时"是"做出 1 个完整工艺品时间"的$\frac{2}{9}$,那么设"做出 1 个完整工艺品的时间"为单位"1",那么汪师傅做一个工艺品需要的时间为$\frac{5}{6}\div\frac{2}{9}$小时。故选 B。

易错提示:本题在计算时,容易将工艺品的$\frac{2}{9}$与工作$\frac{5}{6}$小时搞混,不知道各代表什么。把制作这件工艺品所用时间看作单位“1”，它的$\frac{2}{9}$为$\frac{5}{6}$小时，所以这个单位“1”为$\frac{5}{6}\div\frac{2}{9}$小时。

8. A 【解析】本题考查调查方式的选择。了解全班学生的身高情况，调查范围小且普查收集的数据比较准确，适合采用全面调查，A 选项符合题意；了解全市中学生的心理健康状况，以及调查长江流域的水质情况，调查对象涉及面大、范围广，适合抽样调查，B、C 选项不符合题意；了解一批灯泡的使用寿命，调查具有破坏性，适合抽样调查，D 选项不符合题意。故选 A。

9. C 【解析】本题考查三角函数。如图所示，把 AB 向上平移一个单位得到 DE，连接 CE，因为 $DE\parallel AB$，所以 $\angle APC=\angle EDC$。在 $\triangle DCE$ 中，因为 $EC=\sqrt{2^2+1^2}=\sqrt{5}$，$DC=\sqrt{4^2+2^2}=2\sqrt{5}$，$DE=\sqrt{3^2+4^2}=5$，所以 $EC^2+DC^2=DE^2$，即 $\triangle DCE$ 为直角三角形，$\angle DCE=90°$，所以 $\sin\angle APC=\sin\angle EDC=\frac{EC}{DE}=\frac{\sqrt{5}}{5}$。故选 C。

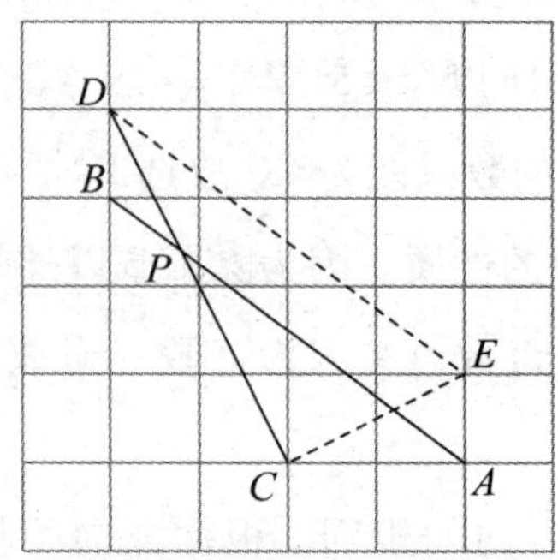

10. A 【解析】本题考查规律探究及解直角三角形。

$\because A(1,0)$，$\therefore OA=1$。于是，

第一次旋转后，A_1 在第一象限，$OA_1=2$；

第二次旋转后，A_2 在第二象限，$OA_2=2^2$；

第三次旋转后，A_3 在 x 轴负半轴上，$OA_3=2^3$；

第四次旋转后，A_4 在第三象限，$OA_4=2^4$；

第五次旋转后，A_5 在第四象限，$OA_5=2^5$；

第六次旋转后，A_6 在 x 轴正半轴上，$OA_6=2^6$；

……

易知 $OA_n=2^n$，$\because$ 每次旋转角度为 $60°$，每 6 次旋转 $360°$，而 $2023=6\times337+1$，$\therefore A_{2023}$ 在射线 OA_1 上，即点 A_{2023} 在第一象限，且 $OA_{2023}=2^{2023}$，如图，过点 A_{2023} 作 $A_{2023}H\perp x$

轴于点 H，易知 $\angle A_{2023}OH=60°$，则 $OH=\frac{1}{2}OA_{2023}=2^{2022}$，$A_{2023}H=\sqrt{3}OH=\sqrt{3}\times2^{2022}$，

$\therefore$ 点A_{2023}的坐标为$(2^{2022},\sqrt{3}\times2^{2022})$。故选 A。

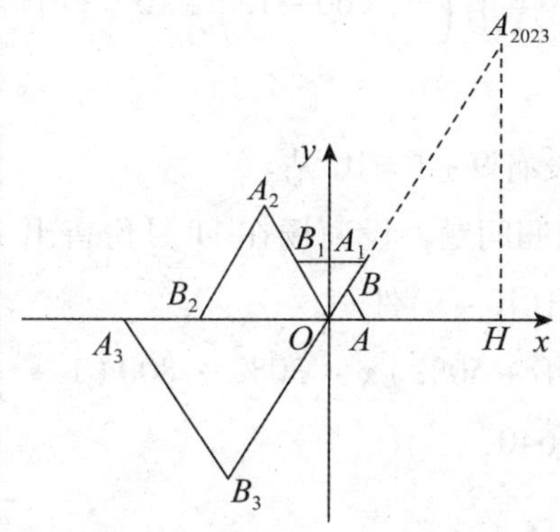

11. D 【解析】本题考查《义务教育数学课程标准(2022 年版)》中的核心素养。《义务教育数学课程标准(2022 年版)》中提出，创新意识主要是指主动尝试从日常生活、自然现象或科学情境中发现和提出有意义的数学问题。勇于探索一些开放性的、非常规的实际问题与数学问题。故选 D。

12. A 【解析】本题考查《义务教育数学课程标准(2022 年版)》中核心素养在不同阶段的表现。《义务教育数学课程标准(2022 年版)》中提出，核心素养具有整体性、一致性和阶段性，在不同阶段具有不同表现，小学阶段侧重对经验的感悟。故选 A。

二、填空题

13. 0. 6 【解析】本题考查数的估计。57 752 557 = 0. 577 525 57 亿≈0. 6 亿。

14. 991 【解析】本题考查带余除法。因为 $x\div32=y\cdots\cdots z$，当 y,z 取得最大值时，x 取得最大值。因为除数为 32，余数小于除数，且 x,y,z 均为正整数，所以余数 z 最大为 31，因为 y 比 z 小，所以 y 最大为 30。因为 $32\times30+31=991$，故 x 最大为 991。

易错提示：本题容易忽视余数必须小于除数这个知识点，从而导致错解。

15. 抽象 【解析】本题考查教学原则。借助拉紧的线、绷紧的弦帮助学生认识线段，这体现了数学教学基本原则中的具体与抽象相结合原则。

16. 12 【解析】本题考查正方体展开图的特征。折叠成正方体后，1 与 2 相对，3 与 4 相对，5 与 6 相对，相交于同一个点的三面上的数的情况有(1,3,5)，(1,3,6)，(1,4,6)，(1,4,5)，(2,3,5)，(2,3,6)，(2,4,5)，(2,4,6)，其中相加和最大的为 $2+4+6=12$，故相交于同一顶点的 3 个面上的数之和最大为 12。

易错提示：本题容易将交于同一个顶点的三个面弄混。相间的两个小正方形(中间隔着一个小正方形)是正方体的两个对面。

三、解答题

17.【解析】本题考查间隔问题。根据题意,可知这辆公交车从起点站到终点站一共有$\left(\frac{7}{4}\times60-15\right)\div10=9$个间隔,

即这条公交线路一共设有$9+1=10$站。

18.【解析】本题考查利润问题。设商场在11月份售出x件,则在第二年3月份售出$(10-x)$件。

根据题意,可列$800(1+50\%)x+30\%\cdot800(1+50\%)(10-x)-800\cdot10=640$,

解得$x=6$,

则$10-x=4$,故打折促销卖出4件。

四、综合题

19.【参考答案】本题考查运算能力在小学阶段的具体表现。

(1)数与代数。

(2)①能够根据运算律、运算法则和运算程序熟练地进行数的四则运算。具备简单数字的心算能力。能够熟练地进行自然数的四则运算;在横式运算中,能够熟练地运用运算律对运算过程进行重组和化简,得到不同的算法;在竖式计算中,能够熟练地依据运算法则进行程序化的操作,并对运算结果进行检验;能够熟练地运用分数的运算法则进行简单的分数运算;能够熟练地运用小数点的运算规律把小数运算转化为自然数的运算;能够运用估算策略对运算结果进行估计,并在实际情形中进行近似计算。

②理解运算对象、运算律与算法之间的关系,感悟运算的一致性。理解运算律是数运算的自然规律,通过具体的计算活动和日常经验感悟运算律的形成过程;理解运算律是形成各种运算法则的依据,能灵活运用运算律进行运算;理解运算单位的意义,感悟运算的一致性;理解不同运算之间的关系。

③能够通过运算解决数学问题和简单的实际问题。例

评分标准:

→列式求出从起点站到终点站的间隔数可得7分。

→求出总站数可得3分。

→设出3月份件数可得2分。

→正确列出方程式可得5分。

→正确求解可得2分。

→求出打折促销件数可得1分。

→答出“数与代数”可得2分。

→答出“能够熟练地进行数的四则运算”并详细拓展在不同运算中需要熟练掌握的能力可得2分。

→答出“理解运算对象、运算律与算法之间的关系,感悟运算的一致性”并详细拓展可得2分。

如:能在实际情境中发现数量信息,明确运算的问题与目标,理解运算的意义,解释运算结果的合理性;能根据实际需求合理选择适当的计算工具、方法与策略,正确、自信和恰当地利用运算获得结果;懂得心算、笔算、计算器和计算机的优势与缺点,并能利用各种策略缩减计算过程、优化计算方法、检验计算步骤、估计运算结果等。

→答出"能够通过运算解决数学问题和简单的实际问题"并详细拓展可得2分。

④能够通过运算探究、发现简单的数量关系与规律。主要包括:通过具体自然数的运算归纳出数的一些特殊性质,如偶数加偶数还是偶数;通过运算发现一些简单的数量变化规律,如可以把24拆成两个自然数的和,这两个数越接近,它们的乘积就越大;知道通过加减法与乘除法都可以把一个数变大或变小,但变化的幅度有所不同,如60-2与60÷2都把60变小了,但后者变小的幅度要大得多。

→答出"能够通过运算探究、发现简单的数量关系与规律"并详细拓展可得2分。

20.【参考答案】本题考查教学片段的设计意图及改进建议。

(1)教师借助学生喜欢的摆小棒游戏,引导学生用算式表示出用10根小棒摆三角形的过程,并且通过比较不同的表示方法,从中选出最合适的算式表示,最后再列出有余数的除法的规范表示方法。既突出了学生的主体地位,激发了学生的学习兴趣,也让学生对有余数的除法有了更加深刻的认识。

→答出"突出了学生的主体地位,让学生对有余数的除法有了更加深刻的认识"等内容,可得4分。

(2)不足之处:①教师引导学生思考更喜欢哪种表示方法时,没有对学生的回答做出针对性评价。②教师在最后总结关于有余数的除法的算式如何书写时,解释不够清晰。

→答出"没有对学生的回答做出针对性评价""教师在总结阶段解释不够清晰"等不足之处,可得3分。

改进建议:①教师应该对每种方法进行分析评价,让学生明白方法一、方法二、方法三之间的区别与联系,使学生对这三种表示方法有更加深刻的认识,从而得出方法三是最合适的算式表示。

②教师在最后总结有余数的除法的书写方式时,应该解释余数怎么表示以及它的书写读写方式,并通过练习加强学生对有余数的除法以及其规范的书写方式的认识。

→答出"教师应该对每种方法进行分析评价""教师应详细解释有余数的除法的书写方式并对学生加强练习",可得3分。

21.【参考答案】本题考查“四基”“数学思想”内容及教学设计。

(1)基础知识:长方形与正方形的面积公式。

基本技能:运算、测量。

数学思想:基本思想为推理思想,具体包括数形结合思想、特殊到一般的思想。

经历动手操作过程,积累直接经验;经历数学观察的过程,积累间接经验。学生通过用1平方厘米的正方形摆一摆的方式,观察、思考发现长方形的面积与长、宽之间的关系,得出长方形(正方形)的面积公式,在此活动过程中,学生可以在理解公式的推导过程中积累活动经验,学会分析问题、解决问题。

(2)【探究新知】

1. 探索长方形的面积公式

师:一个长方形长5厘米,宽3厘米,你能求出它的面积吗?大家可以借助1平方厘米的正方形来摆一摆。

生1:我发现正好摆了15个1平方厘米的正方形,所以这个长方形的面积为15平方厘米。

生2:我是先摆了一行,发现一行可以摆5个,一共可以摆3行,$5\times3=15$,所以这个长方形的面积为15平方厘米。

师:你们的想法真不错,很会动手与思考。如果是其他的长方形,它的面积是不是也可以这样来计算呢?现在请大家任意找出几个长、宽都是整厘米数的长方形,用1平方厘米的正方形来摆一摆,看看你有什么发现并做好记录。

(学生动手操作)

师:观察你们得到的数据,以小组为单位来交流讨论一下长方形的面积与它的长和宽有什么关系呢?

生:长方形的面积=长×宽。

师:你们真厉害,由此我们得到了长方形的面积公式,量一量课本上这一个长方形的长是多少?宽是多少?利用我们得到的长方形的面积公式计算出它的面积。

→答出基础知识得1分。

→答出基本技能得1分。

→答出体现了“推理”的基本数学思想并具体指出可得1分。

→结合材料答出“经历动手操作、数学观察的过程,积累相应活动经验”并拓展可得1分。

→答出“通过拼放单位面积的正方形来摆出长方形或采用其他合理方法,探索长方形的面积公式”,体现转化思想和数形结合思想的运用,过程详细,语言流畅,可得4分。

2. 探索正方形的面积公式

师:我们已经得出了长方形的面积公式,正方形的面积公式又是什么呢? 你能够根据正方形边的特点来推出它的面积公式吗?

生:由于长方形的面积等于长乘宽,而正方形是长和宽相等的长方形,所以正方形的面积等于边长乘边长。

师:说得有理有据,由此我们得出,正方形的面积 = 边长 × 边长。

→答出"通过正方形是特殊的长方形,进而推出正方形的面积公式",体现类比思想和数形结合思想的运用,过程详细,语言流畅,可得4分。

2023 年江苏省南京市教师招聘考试小学数学真题试卷(二)

一、单项选择题

1. A 【解析】本题考查课程性质。《义务教育数学课程标准(2022 年版)》指出,数学是研究数量关系和空间形式的科学。数学源于对现实世界的抽象,通过对数量和数量关系、图形和图形关系的抽象,得到数学的研究对象及其关系;基于抽象结构,通过对研究对象的符号运算、形式推理、模型构建等,形成数学的结论和方法,帮助人们认识、理解和表达现实世界的本质、关系和规律。

2. D 【解析】本题考查课程理念。《义务教育数学课程标准(2022 年版)》指出,评价不仅要关注学生数学学习结果,还要关注学生数学学习过程,激励学生学习,改进教师教学。

3. D 【解析】本题考查向量的运算。因为 $|2\boldsymbol{a}-\boldsymbol{b}|^2=(2\boldsymbol{a}-\boldsymbol{b})^2=4\boldsymbol{a}^2-4\boldsymbol{a}\cdot\boldsymbol{b}+\boldsymbol{b}^2=4|\boldsymbol{a}|^2-4|\boldsymbol{a}||\boldsymbol{b}|\cos\frac{\pi}{3}+|\boldsymbol{b}|^2=4-4\times1\times2\times\frac{1}{2}+2^2=4$,所以 $|2\boldsymbol{a}-\boldsymbol{b}|=2$。

4. B 【解析】本题考查复数的运算。因为 $\frac{z}{1+\mathrm{i}}=3+4\mathrm{i}$,则 $z=(1+\mathrm{i})(3+4\mathrm{i})=3+7\mathrm{i}+4\mathrm{i}^2=-1+7\mathrm{i}$,所以 $|z|=\sqrt{(-1)^2+7^2}=5\sqrt{2}$。

易错提示:本题在计算时,容易认为 $\mathrm{i}^2=1$,而实际上 $\mathrm{i}^2=-1$。

5. C 【解析】本题考查二项式定理。$\left(x-\frac{\sqrt{a}}{x^2}\right)^6$ 展开式的通项为 $T_{r+1}=\mathrm{C}_6^r\cdot x^{6-r}\cdot\left(-\frac{\sqrt{a}}{x^2}\right)^r=\mathrm{C}_6^r\cdot(-1)^r\cdot a^{\frac{r}{2}}\cdot x^{6-3r}$,令 $6-3r=0$,得 $r=2$,所以它的常数项为 $T_3=\mathrm{C}_6^2\cdot a=60$,即 $15a=60$,解得 $a=4$。

6. A 【解析】本题考查概率的计算。依题意,这 2 个球颜色不同包含的基本事件个数为 $C_9^1 \cdot C_6^1 = 54$,而基本事件的总数为 $C_9^1 \cdot C_8^1 = 72$,故这 2 个球颜色不同的概率为 $P = \frac{54}{72} = \frac{3}{4}$。

7. C 【解析】本题考查分数的大小比较。由 $A = \frac{111\ 110}{222\ 221}$,$B = \frac{444\ 443}{888\ 887}$,得 $\frac{1}{A} = \frac{222\ 221}{111\ 110} = 2\frac{1}{111\ 110}$,$\frac{1}{B} = \frac{888\ 887}{444\ 443} = 2\frac{1}{444\ 443}$,因为 $111\ 110 < 444\ 443$,所以 $2\frac{1}{111\ 110} > 2\frac{1}{444\ 443}$,即 $\frac{1}{A} > \frac{1}{B}$,故 $A < B$。

8. C 【解析】本题考查等差数列的性质。设等差数列 $\{a_n\}$ 的首项为 a_1,公差为 d,因为第 1 项到第 5 项的和为 25,第 6 项到第 10 项的和为 75,所以 $S_5 = 25$,$S_{10} - S_5 = 75$,根据等差数列的前 n 项和公式,可得 $\begin{cases} S_5 = 5a_1 + \frac{5 \times 4}{2}d = 25, \\ S_{10} = 10a_1 + \frac{10 \times 9}{2}d = 100, \end{cases}$ 整理得 $\begin{cases} 5a_1 + 10d = 25, \\ 10a_1 + 45d = 100, \end{cases}$ 解得 $a_1 = 1$,$d = 2$,所以 $a_6 = a_1 + (6-1)d = 1 + 5 \times 2 = 11$。

9. B 【解析】本题考查正弦曲线的性质。由题意得 $f(x) = 2\sin(\omega x - \frac{\pi}{3})$,$\because f(x)$ 最小正周期 $T = \frac{2\pi}{\omega} = \pi$,$\therefore \omega = 2$,$\therefore f(x) = 2\sin(2x - \frac{\pi}{3})$,$\therefore f(x+\varphi) = 2\sin(2x + 2\varphi - \frac{\pi}{3})$。又 $\because f(x+\varphi)$ 的图象关于点 $\left(-\frac{\pi}{6}, 0\right)$ 中心对称,$\therefore 2 \times \left(-\frac{\pi}{6}\right) + 2\varphi - \frac{\pi}{3} = k\pi$,$k \in \mathbf{Z}$,$\therefore \varphi = \frac{\pi}{3} + \frac{k\pi}{2}$,$k \in \mathbf{Z}$,$\therefore |\varphi|$ 的最小值为 $\frac{\pi}{6}$,此时 $k = -1$。

易错提示: 本题在计算时,容易记错函数 $f(x) = \sin x$ 的对称轴为 $x = k\pi + \frac{\pi}{2}$ $(k \in \mathbf{Z})$,对称中心为 $(k\pi, 0)$ $(k \in \mathbf{Z})$。

10. D 【解析】本题考查圆锥的性质以及直线与平面所成角的正弦值。$\because \triangle SAB$ 为等边三角形,O 为底面圆心,且 S 为圆锥顶点,点 C 在底面圆周上,不妨设 $SA = SB = AB = SC = a\ (a > 0)$,则 $SO = \frac{\sqrt{3}}{2}a$,在 $\triangle ASC$ 中,$\cos\angle ASC = \frac{SA^2 + SC^2 - AC^2}{2SA \cdot SC} = \frac{a^2 + a^2 - AC^2}{2a^2} = \frac{7}{8}$,$\therefore AC^2 = \frac{a^2}{4}$,$\therefore AC = \frac{a}{2}$,在 $\triangle ABC$ 中,$\because AC \perp BC$,$\therefore BC = \sqrt{AB^2 - AC^2} = \frac{\sqrt{3}}{2}a$。设点 B 到平面 SAC 的距离为 h,$\because V_{S-ABC} = V_{B-SAC}$,$\therefore \frac{1}{3}S_{\triangle ABC} \cdot SO = \frac{1}{3}S_{\triangle SAC} \cdot h$,

即$\frac{1}{3}\times\frac{1}{2}\times\frac{a}{2}\times\frac{\sqrt{3}}{2}a\times\frac{\sqrt{3}}{2}a=\frac{1}{3}\times\frac{1}{2}\times a\times a\times\sin\angle ASC\times h$，又$\because\ \sin\angle ASC=\sqrt{1-\cos^2\angle ASC}=\frac{\sqrt{15}}{8}$，$\therefore\ \frac{3}{8}a=\frac{\sqrt{15}}{8}h$，$\therefore\ h=\frac{\sqrt{15}}{5}a$，设直线 BC 与平面 SAC 所成的角为 θ，$\therefore$ 直线 BC 与平面 SAC 所成角的正弦值为 $\sin\theta=\frac{h}{BC}=\frac{2\sqrt{5}}{5}$。

二、填空题

11. 主体

【解析】本题考查课程理念。《义务教育数学课程标准(2022 年版)》指出，有效的教学活动是学生学和教师教的统一，学生是学习的主体，教师是学习的组织者、引导者与合作者。

12. 29

【解析】本题考查周长的计算。设小长方形的长为 a cm，宽为 b cm，则 $\begin{cases}a+2b=17,\\a-2b=7,\end{cases}$ 解得 $\begin{cases}a=12,\\b=2.5,\end{cases}$ 所以小长方形的周长为 $2(a+b)=2\times(12+2.5)=29$ cm。

13. 9

【解析】本题考查利用基本不等式求最值。因为 $x>1$，所以 $x-1>0$，所以 $4x+\frac{x}{x-1}=4(x-1)+\frac{x-1+1}{x-1}+4=4(x-1)+\frac{1}{x-1}+5\geqslant 2\sqrt{4(x-1)\cdot\frac{1}{x-1}}+5=9$，当且仅当 $4(x-1)=\frac{1}{x-1}$，即 $x=\frac{3}{2}$ 时取等号，故 $4x+\frac{x}{x-1}$ 的最小值为 9。

易错提示：本题在利用基本不等式时，为了使前面部分与后面的项进行配凑，减去 4 后，后面容易忘记再加上 4，此时算出来的答案比正确值少 4。

14. $(2,+\infty)$

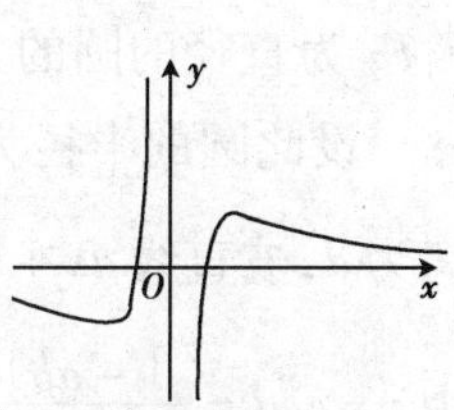

【解析】本题考查函数零点问题。由题意可得当 $f(x)=0$ 时，即 $ax^3-3x^2+1=0$，分离参数可得 $a=\frac{3x^2-1}{x^3}\Rightarrow a=\frac{3}{x}-\frac{1}{x^3}(x\neq 0)$，令 $h(x)=\frac{3}{x}-\frac{1}{x^3}(x\neq 0)$，则 $h'(x)=-\frac{3}{x^2}+\frac{3}{x^4}=\frac{3-3x^2}{x^4}=\frac{3(1-x)(1+x)}{x^4}$，所以当 $x<-1$ 或 $x>1$ 时，$h'(x)<0$，$h(x)$ 单调递减；当 $-1<x<0$ 或 $0<x<1$ 时，$h'(x)>0$，$h(x)$ 单调递增，则 $h(x)$ 的极大值为 $h(1)=2$，极小值为 $h(-1)=-2$，大致图象如图所示。因为 $f(x)$ 存在唯一的零点，所以直线 $y=a$ 和 $y=\frac{3}{x}-\frac{1}{x^3}(x\neq 0)$ 的图象只有一个交点。又 $x_0<0$，由图象易知，当 $a>2$ 时满足题意。故实数 a 的取值范围为 $(2,+\infty)$。

三、解答题

15.【解析】本题考查抛物线性质的综合运用。

(1)$\because$ 点$A(-2,3)$在抛物线$E: y=ax^2+bx+3(a>0)$上，

$\therefore 4a-2b+3=3$，$\therefore b=2a$，

$\therefore E$的对称轴方程为$x=-\frac{b}{2a}=-\frac{2a}{2a}=-1$。

(2)由(1)可知$y=ax^2+2ax+3$，$\because$ 点$B(m-1,y_1)$，$C(2m,y_2)$都在E上，$\therefore y_1=a(m-1)^2+2a(m-1)+3=am^2-a+3$，

$y_2=4am^2+4am+3$，

$\therefore y_2-y_1=4am^2+4am+3-(am^2-a+3)=3am^2+4am+a=3a\left(m^2+\frac{4}{3}m+\frac{1}{3}\right)=3a\left[\left(m+\frac{2}{3}\right)^2-\frac{1}{9}\right]$，

$\because a>0$，$\therefore$ 当$\left(m+\frac{2}{3}\right)^2-\frac{1}{9}>0$，即$m>-\frac{1}{3}$或$m<-1$时，$y_2-y_1>0$，即$y_2>y_1$；

当$\left(m+\frac{2}{3}\right)^2-\frac{1}{9}<0$，即$-1<m<-\frac{1}{3}$时，$y_2-y_1<0$，即$y_2<y_1$；

当$\left(m+\frac{2}{3}\right)^2-\frac{1}{9}=0$，即$m=-1$或$m=-\frac{1}{3}$时，$y_2=y_1$。

16.【解析】本题考查双曲线性质的综合运用。(1)设双曲线C的焦距为$2c$，即$F_1F_2=2c$。由题意得，以线段F_1F_2为直径的圆的方程为$x^2+y^2=c^2$，

设此圆的半径为r，此圆心到直线$ax+by-ab=0$的距离为d，被直线$ax+by-ab=0$截得的弦长为$2\sqrt{r^2-d^2}$，其中$r=c$，$d=\frac{|-ab|}{\sqrt{a^2+b^2}}$，$\therefore 2\sqrt{r^2-d^2}=2\sqrt{c^2-\frac{a^2b^2}{a^2+b^2}}=2\sqrt{13}$，

又$e=\frac{c}{a}=2$，且$a^2+b^2=c^2$，联立解得$a=2$，$c=4$，$b=2\sqrt{3}$，

$\therefore$ 双曲线C的方程为$\frac{x^2}{4}-\frac{y^2}{12}=1$。

评分标准：

→正确表示出a与b的关系式，可得2分。

→正确表示出E的对称轴方程，可得1分。

→正确表示出y_1的代数式可得1分。

→正确表示出y_2的代数式可得1分。

→正确表示出y_2-y_1的代数式可得2分。

→证明此时$y_2>y_1$可得1分。

→证明此时$y_2<y_1$可得1分。

→证明此时$y_2=y_1$可得1分。

→正确表示出圆的方程可得1分。

→正确求出弦长可得2分。

→求出a,b,c的值可得1分。

→正确表示出双曲线的方程可得1分。

(2)证明:双曲线 C 的右准线方程为 $l: x=\frac{a^2}{c}$,$F_1(-c,0)$,$F_2(c,0)$,设 $P(\frac{a^2}{c},m)$,$Q(x_0,y_0)$,

$\overrightarrow{PF_2}=\left(c-\frac{a^2}{c},-m\right)$,$\overrightarrow{QF_2}=(c-x_0,-y_0)$,$\because PF_2\perp QF_2$,$\therefore \overrightarrow{PF_2}\cdot\overrightarrow{QF_2}=\left(c-\frac{a^2}{c}\right)(c-x_0)+(-m)(-y_0)=0$,即 $c^2-cx_0-a^2+\frac{a^2x_0}{c}+my_0=b^2-cx_0+\frac{a^2x_0}{c}+my_0=0$。

而 $k_{PQ}\cdot k_{OQ}=\frac{m-y_0}{\frac{a^2}{c}-x_0}\cdot\frac{y_0}{x_0}=\frac{(m-y_0)y_0}{\frac{a^2x_0}{c}-x_0^2}=\frac{my_0-y_0^2}{\frac{a^2x_0}{c}-x_0^2}$,而 $my_0=-b^2+cx_0-\frac{a^2x_0}{c}$,$y_0^2=\left(\frac{x_0^2}{a^2}-1\right)\cdot b^2=\frac{b^2x_0^2}{a^2}-b^2$,

$\therefore k_{PQ}\cdot k_{OQ}=\frac{-b^2+cx_0-\frac{a^2x_0}{c}-\frac{b^2x_0^2}{a^2}+b^2}{\frac{a^2x_0}{c}-x_0^2}=\frac{cx_0-\frac{a^2x_0}{c}-\frac{b^2x_0^2}{a^2}}{\frac{a^2x_0}{c}-x_0^2}=\frac{c-\frac{a^2}{c}-\frac{b^2x_0}{a^2}}{\frac{a^2}{c}-x_0}=\frac{\frac{c^2}{c}-\frac{a^2}{c}-\frac{b^2x_0}{a^2}}{\frac{a^2}{c}-x_0}=\frac{\frac{b^2}{c}-\frac{b^2x_0}{a^2}}{\frac{a^2}{c}-x_0}=\frac{\frac{a^2}{c}\cdot\frac{b^2}{a^2}-\frac{b^2x_0}{a^2}}{\frac{a^2}{c}-x_0}=\frac{b^2}{a^2}$,$\therefore$ 直线 PQ 与 OQ 的斜率之积是定值。

→正确表示出各点坐标可得1分。

→正确表示出 $\overrightarrow{PF_2}\cdot\overrightarrow{QF_2}=0$ 的等式可得2分。

→正确表示出 my_0,y_0^2 的代数式可得2分。

→求出斜率之积是定值可得2分。

17.【解析】本题考查导数的综合应用。(1)当 $a=1$ 时,$g(x)=x^2$,令 $F(x)=f(x)-g(x)-1=\mathrm{e}^x-x^2-1$,则 $F'(x)=\mathrm{e}^x-2x$,$F''(x)=\mathrm{e}^x-2$,

令 $F''(x)=0$,得 $x=\ln 2$。当 $x\in[0,\ln 2)$ 时,$F''(x)<0$,$F'(x)$ 单调递减;当 $x\in(\ln 2,+\infty)$ 时,$F''(x)>0$,$F'(x)$ 单调递增,

$\therefore$ 当 $x\geqslant 0$ 时,$F'(x)\geqslant F'(\ln 2)=\mathrm{e}^{\ln 2}-2\ln 2=2-2\ln 2>0$,$\therefore F(x)$ 在 $[0,+\infty)$ 上单调递增,

$\therefore$ 当 $x\geqslant 0$ 时,$F(x)\geqslant F(0)=\mathrm{e}^0-0-1=0$,即 $f(x)\geqslant g(x)+1$。

→正确表示出 $g(x)$ 的函数式可得1分。

→证明 $F(x)$ 在 $[0,+\infty)$ 单调递增可得3分。

→证明在条件下 $f(x)\geqslant g(x)+1$ 可得1分。

(2)当 $a=-\frac{1}{4}$ 时，$g(x)=-\frac{1}{4}x^2$，

→正确表示出 $g(x)$ 的函数式可得 1 分。

设直线 $y=kx+b$ 与 $f(x)$ 相切于点 $P(x_1,y_1)$，与 $g(x)$ 相切于点 Q，联立 $\begin{cases} y=kx+b, \\ y=-\frac{1}{4}x^2, \end{cases}$ 可得 $x^2+4kx+4b=0$，

$\therefore \Delta=16k^2-16b=0$，$\therefore k^2=b$，

→正确表示出直线斜率与截距之间的关系可得 3 分。

则 $y_1=\mathrm{e}^{x_1}=kx_1+b=kx_1+k^2$①，又 $f'(x)=\mathrm{e}^x$，$\therefore k=\mathrm{e}^{x_1}$，代入①式可得 $\mathrm{e}^{x_1}=\mathrm{e}^{x_1}x_1+(\mathrm{e}^{x_1})^2=\mathrm{e}^{x_1}(x_1+\mathrm{e}^{x_1})$，$\therefore x_1+\mathrm{e}^{x_1}=1$，易得 $x_1=0$，$\therefore k=\mathrm{e}^{x_1}=1$，$b=1$，

→求出直线斜率与截距的值可得 2 分。

$\therefore$ 与曲线 $f(x)$ 和 $g(x)$ 都相切的直线方程为 $y=x+1$。

→答出直线方程可得 1 分。

四、材料阅读与分析

18.【参考答案】本题考查统计与概率的应用以及教学目标的设计。(1)派乙去。

→答出“派乙去”可得 1 分。

由表格数据可知甲进球率为 80%，乙进球率为 95%，丙进球率为 84%，丁进球率为 90%，乙进球率最高，故派乙去。

→求出甲、乙、丙、丁的进球率可得 3 分。

(2)统计与概率。

→答出“统计与概率”可得 2 分。

(3)①通过数学的眼光，可以从足球比赛中发现罚球数和进球数的数量关系，提出有意义的数学问题，学生能够直观地理解接下来所学的百分数的现实背景，逐步养成从数学角度观察现实世界的意识与习惯，发展好奇心、想象力和创新意识。

②通过数学的思维，学生能够理解数学与现实世界之间的联系，分析甲、乙、丙、丁的罚球数和进球数，探究罚点球情况统计所蕴含的数学规律，经历数学“再发现”的过程。

③通过数学的语言，理解罚点球情况的统计意义，感悟数据的价值，会用数据的分析结果解释不确定现象，形成合理的判断或决策，逐步养成用数学语言表达与交流的习惯，形成跨学科的应用意识与实践能力。

→结合“数学眼光”“数学思维”“数学语言”三个维度写出教学目标，可得 6 分，少写一点扣 2 分。

19.【参考答案】本题考查教学设计。(1)师：同学们，我们今天要学习如何证明三角形的三条中线相交于一点。

在此之前，我们需要回顾一下相似形的知识。请看下面这幅图。

（老师拿出一张相似三角形的图示）

师：在这幅图中，我们可以看到有两个三角形，一个是大三角形 ABC，另一个是小三角形 DEF。已知这两个三角形的三个内角都相等，而且它们的对应边的比值相等。那么，这两个三角形就是相似的。这是因为相似形是指有着相同形状但大小不同的两个图形。因此，相似三角形的对应边长的比值是相等的。

→从相似三角形的知识导入可得3分。

生：老师，我们已经学过了相似三角形的知识。但是，这和证明三角形的三条中线相交于一点有什么关系呢？

师：很好的问题。其实，证明三角形的三条中线相交于一点，就需要用到相似三角形的知识。我们再来看一下下面这幅图。

（老师拿出一张三角形的图示）

师：在这个 $\triangle ABC$ 中，BE 是 AC 边的中线，CF 是 AB 边的中线，BE，CF 相交于点 G。然后，我们需要证明点 G 也在 BC 边的中线上。

生：老师，我们该如何证明点 G 在 BC 边的中线上呢？

师：这里我们就可以使用相似三角形的知识来证明。

师：在这幅图中，我们可以知道，E 是 AC 的中点，F 是 AB 的中点，那么如果连接 EF 能得到什么？

生：$EF \parallel BC$，且 $EF = \frac{1}{2}BC$。

师：对！那么根据相似三角形的性质，我们可以得出：$\triangle GBC \backsim \triangle GEF$，于是得到 $GE = \frac{1}{2}GB$。

（老师再拿出一张图示）

师：在这个 $\triangle ABC$ 中，BE 是 AC 边的中线，AD 是 BC 边的中线，BE，AD 相交于点 G'。同理我们得到什么？

生：$G'E = \frac{1}{2}G'B$。

师：由此我们可以得到什么？

生：点 G' 与点 G 重合。

师生共同得出结论：三角形的三条中线相交于一点。

→教学过程引导学生根据相似三角形的性质证明边的比例关系，进而得出三角形的三条中线相交于一点，可得5分。

(2)已知：如图1，$\triangle ABC$ 的中线 BE，CF 相交于点 G，

求证：点 G 在 $\triangle ABC$ 的 BC 边的中线上。

证明：如图 2，连接 AG 并延长至点 P，使 $PG=AG$，连接 PC，PB，设 AP 与 BC 交于点 D，因为点 E，F，G 分别为 AC，AB，AP 的中点，所以 $GE\parallel PC$，$GF\parallel PB$，所以四边形 $BPCG$ 是平行四边形，所以 D 为 BC 的中点，所以 AD 为 $\triangle ABC$ 的中线，即三角形的三条中线相交于一点。

→答案不唯一。比如还可以通过面积法或者利用向量的知识来证明，证明方法准确合理可得4分。

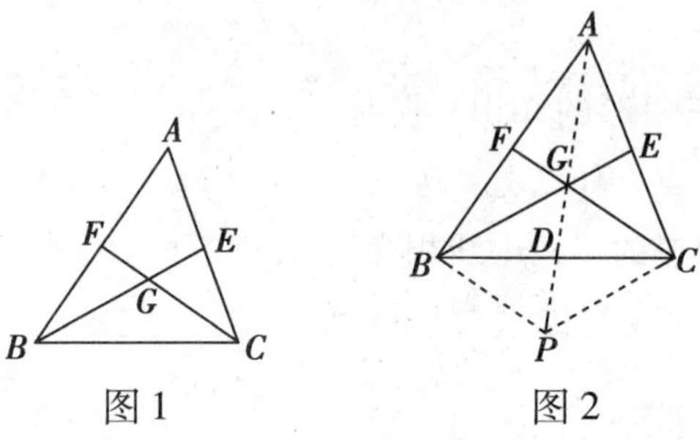

图 1　　　图 2

2023 年安徽省教师招聘考试小学数学真题试卷(三)

一、单项选择题

1. C 【解析】本题考查容斥原理。做对第一道题的人数加上做对第二道题的人数，由于两道题都做对的同学被算了两次，所以再减去两道题都做对的人数，此时的人数即为全班的人数，即 $30+25-13=55-13=42$(人)。

2. B 【解析】本题考查平面几何图形周长与面积的计算。如图所示，设正方形的边长为 x，阴影部分的两个长方形的长和宽分别为 b 和 a，d 和 c。由题意可得 $2(a+b)+2(c+d)=80$，即 $a+b+c+d=40$，又 $a+d=c+b=x$，所以 $x=40\div2=20$ m，故正方形空地的面积为 $x^2=400$ m^2。

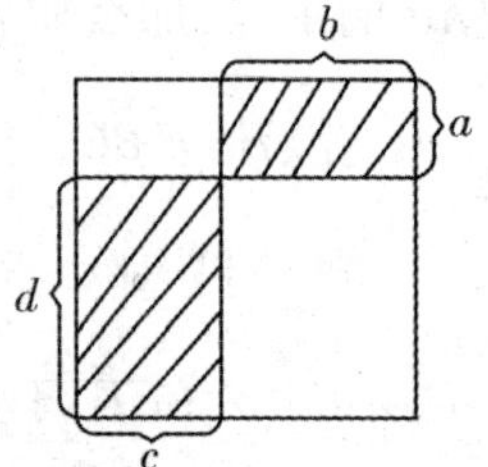

3. D 【解析】本题考查集合的运算。集合 $A=\{x\mid 1-2x\leqslant0\}=\{x\mid x\geqslant\frac{1}{2}\}$，$B=\{m\}$，因为 $A\cap B=B$，所以 $B\subseteq A$，则实数 $m\geqslant\frac{1}{2}$。

易错提示： 当 $A\cap B=B$ 时，搞混了集合 B 是集合 A 的子集还是真子集，或者容易搞混谁是谁的子集，从而导致错解。

4. B 【解析】本题考查分母有理化与数的估算。$\frac{\sqrt{7}-1}{2+\sqrt{7}}=\frac{(\sqrt{7}-1)\times(2-\sqrt{7})}{(2+\sqrt{7})\times(2-\sqrt{7})}=$

$\frac{2\sqrt{7}-7-2+\sqrt{7}}{4-7}=\frac{3\sqrt{7}-9}{-3}=-\sqrt{7}+3$,又$2<\sqrt{7}<3$,所以$-3<-\sqrt{7}<-2$,故$0<-\sqrt{7}+3<1$,则$m=0$。

易错提示:在计算时,对$\sqrt{7}$在整数之间的位置可以确定,但对$-\sqrt{7}$在整数之间的位置容易搞混,导致错解。

5. D 【解析】本题考查规律探索。由图可知,正方形顶点所标的数字从0开始按逆时针方向依次排序,每4个自然数为一个循环,且每次循环的第一个数字位于正方形的右下角,最后一个数字位于正方形的左下角。因为$(2023+1)\div4=506$,所以数2023应标在第506个正方形的左下角。

6. A 【解析】本题考查指数式与对数式的大小比较。易知$0<\sin 15°<1$,因为$a^3=2^b=\log_2c=\sin 15°$,所以$0<a^3<1$,$0<2^b<1$,$0<\log_2c<1$,则$0<a<1$,$b<0$,$1<c<2$,故$b<a<c$。

7. B 【解析】本题考查代数式求值与完全平方公式的应用。因为$\frac{a}{b}+\frac{b}{a}=\frac{a^2+b^2}{ab}=4$,所以$a^2+b^2-4ab=0$,由完全平方公式可得$(a+b)^2-6ab=0$,$(a-b)^2-2ab=0$,即$(a+b)^2=6ab$,$(a-b)^2=2ab$,又$a<b<0$,所以$a+b<0$,$a-b<0$,$ab>0$,所以$a+b=-\sqrt{6ab}$,$a-b=-\sqrt{2ab}$,则$\frac{a+b}{b-a}=\frac{-\sqrt{6ab}}{\sqrt{2ab}}=-\sqrt{3}$。

易错提示:在计算$a+b$和$a-b$的值时,忽略了$a<b<0$这个条件,使计算出的$a+b$的值与$a-b$的值符号不对,导致错解。

8. C 【解析】本题考查核心素养“空间观念”的内涵。《义务教育数学课程标准(2022年版)》中这样表述空间观念的内涵:空间观念主要是指对空间物体或图形的形状、大小及位置关系的认识。能够根据物体特征抽象出几何图形,根据几何图形想象出所描述的实际物体;想象并表达物体的空间方位和相互之间的位置关系;感知并描述图形的运动和变化规律。空间观念有助于理解现实生活中空间物体的形态与结构,是形成空间想象力的经验基础。故A、B、D项均不符合题意。

9. A 【解析】本题考查核心素养“量感”的具体课程内容。《义务教育数学课程标准(2022年版)》中这样表述量感的内涵:量感主要是指对事物的可测量属性及大小关系的直观感知。知道度量的意义,能够理解统一度量单位的必要性;会针对真实情境选择合适的度量单位进行度量,会在同一度量方法下进行不同单位的换算;初步感知度量工具和方法引起的误差,能合理得到或估计度量的结果。建立量感有助于养成用定量的方法认识和解决问题的习惯,是形成抽象能力和应用意识的经验基础。A项,“我的教室”主要涉及:在日常生活情境中,会用上、下、左、右、前、后描述物体的相对位置;认识东、南、西、北四个方向,形成初步的空间观念,未涉及量感。B、C、D项中的主题活动,其“内容要求”均涉及量感。

10. D 【解析】本题考查核心素养的构成。《义务教育数学课程标准(2022 年版)》中指出,在义务教育阶段,数学眼光主要表现为:抽象能力(包括数感、量感、符号意识)、几何直观、空间观念与创新意识。在义务教育阶段,数学思维主要表现为:运算能力、推理意识或推理能力。数学语言主要表现为:数据意识或数据观念、模型意识或模型观念、应用意识。故 D 项表述错误。

二、填空题

11. $\frac{1}{9}$

【解析】本题考查概率的计算。设第一张图片剪成的上、中、下三段分别为 a_1,a_2,a_3;第二张图片剪成的上、中、下三段分别为 b_1,b_2,b_3;第三张图片剪成的上、中、下三段分别为 c_1,c_2,c_3。作出树状图如图:

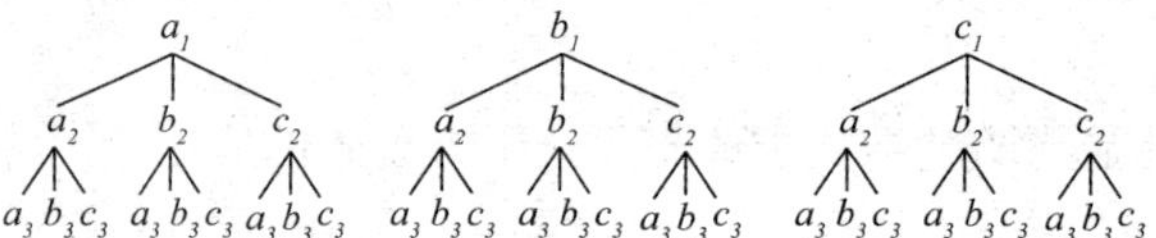

由图可知共有 27 种等可能出现的结果,且这三段图片恰好组成一张完整风景图片的情况有 3 种,则所求概率为$\frac{3}{27}=\frac{1}{9}$。

12. $[0,2]$

【解析】本题考查函数的连续性。因为 $\lim\limits_{x\to1^-}3x^2=3$, $\lim\limits_{x\to1^+}(4-x)=3$,所以 $\lim\limits_{x\to1^-}f(x)=\lim\limits_{x\to1^+}f(x)$,根据函数连续性的定义可知 $f(x)$ 在 $x=1$ 处连续,又因为 $f(x)=3x^2$ 在 $0\leqslant x\leqslant1$ 上连续,$f(x)=4-x$ 在 $1\leqslant x\leqslant2$ 上连续,所以函数 $f(x)$ 为定义域上的连续函数,故其连续区间为$[0,2]$。

13. $\frac{6\sin^2 2x}{\cos^4 2x}$

【解析】本题考查复合函数的求导。$y'=3\tan^2 2x\cdot(\tan 2x)'=\frac{6\tan^2 2x}{\cos^2 2x}=\frac{6\sin^2 2x}{\cos^4 2x}$。

易错提示:对复合函数求导时,容易求导不完全,$y=\tan^3 2x$ 复合了 2 次,求导时要特别注意。

14. 2

【解析】本题考查双曲线性质的综合应用。由题意得,双曲线的右焦点为 $F(c,0)$,渐近线方程为 $y=\pm\frac{b}{a}x$,设点 F 关于 $y=\frac{b}{a}x$ 的对称点为$M(m,-\frac{b}{a}m)$,则 $k_{FM}=-\frac{a}{b}$,线段 MF 的中点在直线 $y=\frac{b}{a}x$ 上,即$\frac{\frac{b}{a}m}{c-m}=-\frac{a}{b}$①,且$\frac{1}{2}\left(0-\frac{b}{a}m\right)=\frac{b}{a}\cdot$

$\frac{1}{2}(m+c)$,整理得$m=-\frac{1}{2}c$②,联立①②可得 $b^2=3a^2$,则 $c^2=a^2+b^2=4a^2$,故离心率为 $e=\frac{c}{a}=2$。

15. 阶段性

【解析】本题考查核心素养的性质。《义务教育数学课程标准(2022 年版)》在课程目标中指出:核心素养具有整体性、一致性和阶段性。

三、解答题

16.**【解析】**本题考查分数应用题。可以假设只有 1 个观众,此时收入为 150 元,那么降价后有 2 个观众,

收入为 $150\times(1+\frac{1}{5})=180$(元),

则降价后每张门票为 $180\div2=90$(元),

每张门票降价 $150-90=60$(元)。

答:每张门票降价 60 元。

17.**【解析】**本题考查扇形弧长的计算与规律探索。由图可知,第一个扇形的半径为 1 厘米,第一步图形中的"黄金比例螺旋"总长为$\frac{1}{4}\times2\pi\times1=\frac{\pi}{2}$(厘米);

第二个扇形的半径为 1 厘米,第二步图形中的"黄金比例螺旋"总长为$\frac{\pi}{2}+\frac{1}{4}\times2\pi\times1=\pi$(厘米);

第三个扇形的半径为 $1+1=2$ 厘米,第三步图形中的"黄金比例螺旋"总长为 $\pi+\frac{1}{4}\times2\pi\times2=2\pi$(厘米);

第四个扇形的半径为$2+1=3$ 厘米,第四步图形中的"黄金比例螺旋"总长为 $2\pi+\frac{1}{4}\times2\pi\times3=\frac{7\pi}{2}$(厘米);

第五个扇形的半径为 $3+2=5$ 厘米,第五步图形中的"黄金比例螺旋"总长为$\frac{7}{2}\pi+\frac{1}{4}\times2\pi\times5=6\pi$(厘米);

第六个扇形的半径为 $5+3=8$ 厘米,第六步图形中的"黄金比例螺旋"总长为 $6\pi+\frac{1}{4}\times2\pi\times8=10\pi$(厘米);

第七个扇形的半径为 $8+5=13$ 厘米,第七步图形中的

评分标准:

→求出降价后的观众数可得 2 分。

→求出降价后的收入可得 2 分。

→求出每张门票降价金额可得 3 分。

→应用题写出"答"及相应内容可得 1 分。

→求出第一步图形中螺旋的总长可得 1 分。

→求出第二步图形中螺旋的总长可得 1 分。

→求出第三步图形中螺旋的总长可得 1 分。

→求出第四步图形中螺旋的总长可得 1 分。

→求出第五步图形中螺旋的总长可得 1 分。

→求出第六步图形中螺旋的总长可得 1 分。

→求出第七步图形中螺旋的总长可得 1 分。

"黄金比例螺旋"总长为$10\pi+\frac{1}{4}\times2\pi\times13=\frac{33\pi}{2}$(厘米);

第八个扇形的半径为$13+8=21$厘米,则第八步图形中的"黄金比例螺旋"总长为$\frac{33}{2}\pi+\frac{1}{4}\times2\pi\times21=27\pi$(厘米)。

→求出第八步图形中螺旋的总长可得1分。

18.【解析】本题考查平面几何图形的证明与计算。(1)证明:由折叠的性质可知,$DF=DC=DA$,$\angle DFE=\angle C=90°$,$\therefore\angle DFG=\angle A=90°$。

→写出翻折前后相等的对应线段与对应角可得1分。

在$Rt\triangle ADG$与$Rt\triangle FDG$中,$DA=DF$,$DG=DG$,

$\therefore Rt\triangle ADG\cong Rt\triangle FDG$(HL),

→证明两三角形全等可得2分。

$\therefore\angle ADG=\angle FDG$,

$\therefore DG$平分$\angle ADF$。

→证明DG平分$\angle ADF$可得1分。

(2)$\because AB=6$,E是BC的中点,$\therefore BE=CE=3$,$\therefore EF=3$。

→求出EF的值可得1分。

设$AG=x$,则$GF=x$,$BG=6-x$,$\therefore GE=x+3$。

在$Rt\triangle BEG$中,

$BE^2+BG^2=GE^2$,即$3^2+(6-x)^2=(x+3)^2$,解得$x=2$,

$\therefore GE=2+3=5$,

→求出GE的值可得2分。

$\therefore S_{\triangle EDG}=\frac{1}{2}GE\cdot DF=\frac{1}{2}\times5\times6=15$。

→求出面积可得1分。

19.【解析】本题考查圆内接四边形的性质、等差数列的性质以及余弦定理。(1)因为$\angle ACB$,$\angle CBA$,$\angle BAC$依次成等差数列,所以$\angle ACB+\angle BAC=2\angle CBA$,又$\angle ACB+\angle CBA+\angle BAC=180°$,即$3\angle CBA=180°$,所以$\angle CBA=60°$。

→求出$\angle CBA$的度数可得2分。

又$AB=2$,$BC=4$,则由余弦定理可得

$AC^2=AB^2+BC^2-2AB\cdot BC\cdot\cos\angle CBA=2^2+4^2-2\times2\times4\times\frac{1}{2}=12$,

所以$AC=2\sqrt{3}$。

→求出AC的值可得2分。

(2)由圆内接四边形的性质及$\angle CBA=\frac{\pi}{3}$,可知$\angle ADC=\frac{2\pi}{3}$。

→求出$\angle ADC$的度数可得1分。

在$\triangle ADC$中，由余弦定理得

$AC^2=AD^2+DC^2-2AD\cdot DC\cdot\cos\angle ADC=AD^2+DC^2+AD\cdot DC=(AD+DC)^2-AD\cdot DC=12$，

又$AD\cdot DC\leqslant\frac{(AD+DC)^2}{4}$（当且仅当$AD=DC$时，"="成立），

所以$\frac{3}{4}(AD+DC)^2\leqslant AC^2=12$，即$AD+DC\leqslant4$，

→求出$AD+DC$的最大值可得2分。

则四边形$ABCD$周长的最大值为$2+4+4=10$。

→求出四边形周长的最大值可得1分。

20.【解析】本题考查一次函数与抛物线的综合应用。

(1)因为$y=-\frac{1}{2}x+2$分别交y轴、x轴于A，B两点，

所以$A(0,2)$，$B(4,0)$，

→正确表示出A，B两点坐标可得1分。

将A点坐标代入$y=-x^2+bx+c$，解得$c=2$，

将B点坐标代入$y=-x^2+bx+2$，解得$b=\frac{7}{2}$，

所以抛物线的解析式为$y=-x^2+\frac{7}{2}x+2$。

→答出抛物线解析式可得1分。

(2)如图，点$M(t,2-\frac{1}{2}t)$。

又N点在抛物线上，且$x_N=t$，

所以$y_N=-t^2+\frac{7}{2}t+2$，

→正确表示出M，N两点坐标可得1分。

所以$MN=y_N-y_M=-t^2+\frac{7}{2}t+2-\left(2-\frac{1}{2}t\right)=-t^2+4t=-(t-2)^2+4$，

易知当$t=2$时，线段MN有最大值，为4。

→答出t的值与MN的最大值可得2分。

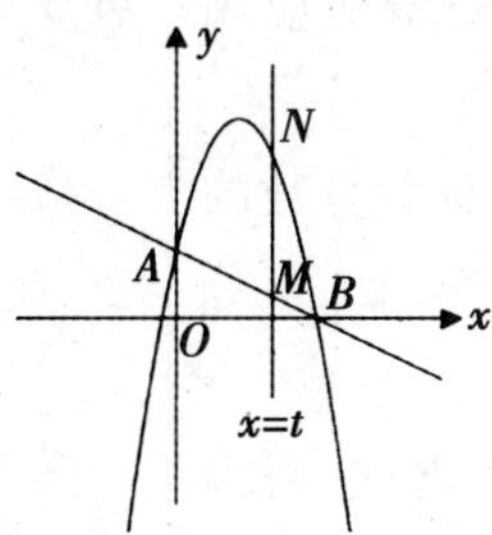

(3)由(2)可知，$A(0,2)$，$M(2,1)$，$N(2,5)$，如图，以A，M，N，D为顶点作平行四边形，D点的位置有3种情况：

①当 D 点在 y 轴上时,设 D 点坐标为 $(0,a)$,

由 $AD=MN$,得 $|a-2|=4$,解得 $a_1=6,a_2=-2$,

从而 $D_1(0,6)$ 或 $D_2(0,-2)$。

→求出 D 点在 y 轴上时的坐标可得 1 分。

②当 D 点不在 y 轴上时,由图可知点 D 为 D_1N 与 D_2M 的交点,易得 D_1N 的方程为 $y=-\frac{1}{2}x+6$,

D_2M 的方程为 $y=\frac{3}{2}x-2$,

由两方程联立可得 $D_3(4,4)$。

综上,所求的 D 点坐标为 $(0,6)$,$(0,-2)$ 或 $(4,4)$。

→求出 D 点不在 y 轴上时的坐标并总结 D 点坐标,可得 2 分。

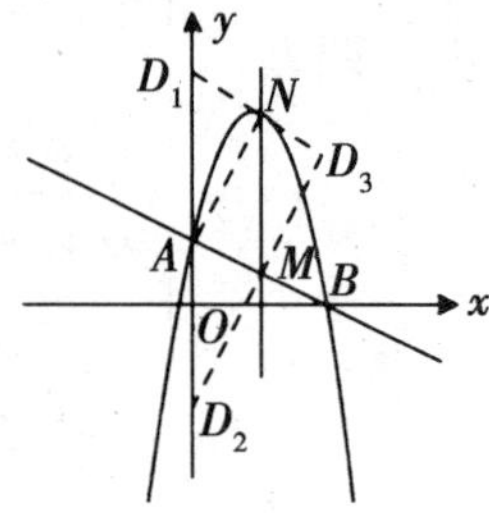

四、案例分析题

21.【参考答案】本题考查课程内容与编排意图。(1)义务教育阶段数学课程内容由数与代数、图形与几何、统计与概率、综合与实践四个学习领域组成。该素材"百分数"属于"统计与概率"的学习领域。

→答出该素材知识属于"统计与概率"的学习领域可得 2 分。

(2)①利用现实问题中点球数的情况统计引入百分数的学习,帮助学生感受百分数的统计意义。

→结合素材分析并答出"利用现实问题引入百分数的学习"可得 2 分。

②该素材的编排选取了学生出勤率、人口普查的男女比率等与学生生活所贴近的内容,有利于学生在简单的实际情境中熟练应用百分数,形成数据意识和初步的应用意识。

→答出"有利于学生形成数据意识和初步的应用意识"可得 2 分。

(3)①数学现实。学生学习百分数时已经具备分数的相关知识,该素材通过学生已经积累的数学知识引入百分数的学习。

→结合素材简要分析并答出"数学现实"可得 2 分。

②生活现实。点球数的统计、出勤率、人口普查、身高变化等学生熟悉的事物均涉及"生活现实"。

→结合素材简要分析并答出"生活现实"可得 2 分,未结合素材作简要分析酌情减 1~2 分。

五、教学设计题

22.【参考答案】本题考查教学设计。(1)转化思想,即把圆的面积转化为长方形的面积。

把一个圆沿半径剪成若干等份，再让一系列圆心角互相咬合，便拼成了一个近似的长方形，且等分的份数越多，拼成的图形就越接近于长方形。可以想象，若能无限分割，就拼成了一个长方形，长方形的长 a 相当于圆周长的一半，宽 b 相当于圆的半径 r，最终得出 $S_{长方形}=ab=\pi r\cdot r=\pi r^2$，即$S_{圆}=\pi r^2$。

(2)教学过程：

一、创设情境，揭示课题

课件演示：在草地的一个木桩上用一根5米长的绳子拴着一只羊，想一想这只羊能吃到草的最大范围在哪里？这个最大范围有什么特点？

让学生观察并讨论，然后指名回答。

预设1：我发现羊能吃到草的范围是羊绕木桩一周所走过的地方，刚好是一个圆形。

预设2：这个圆形的半径就是绳子的长度，也就是5米。

预设3：这个圆形的中心就是木桩所在的地方。

预设4：羊能吃到草的最大范围就是这个圆形的面积。

师：说得很好，今天这节课我们就来学习如何计算羊能吃到草的最大范围，也就是怎样求圆的面积。（板书：圆的面积）

（出示一个圆片）师：圆的面积在哪里？请同学们拿出圆片，用手摸一摸，感受一下圆的面积，大家都有什么感想？

出示结语：圆所占平面的大小叫做圆的面积。

二、猜想验证，初步感知

1. 投影出示方格图，让同学们看懂图意后估算圆的面积，并讨论交流。

2. 指明反馈估算结果，并说明估算方法及依据。

预设5：我是根据圆里面的正方形面积来估计的，外面方格图面积为 $10\times10=100$ 平方米，圆里面的正方形面积大约为50平方米，那么这个圆形的面积在50～100平方米之间。

预设6：我是用数方格的方法来估计的。我把这个圆

→答出“转化思想”可得1分。

→结合素材具体分析出“把圆的面积转化为长方形的面积”，语言表述准确合理，可得1分。

→教学过程设计可以从复习导入，也可以从创设情境导入，逻辑通顺，语言表述正确合理，可得2分。

形平均分成4份,其中一份大约为20平方米,那么这个圆形的面积约有80平方米。

师:同学们的估计都很有道理,但是在实际生活中往往要有一个精确的结果,我们接下来就来讨论一个能精确计算圆面积的方法。

→新知探索部分引导学生用自己的方法估算圆的面积并提出猜想,可得2分。

三、实验操作,推导公式

师:大家还记得平行四边形、三角形、梯形的面积计算公式分别是如何推导出来的吗?(学生回忆后汇报,教师演示,激活转化思路)

1. 第一轮探究——明确思路,体会转化。

师:想想看,圆能不能转化成学过的图形来求面积?是否可以化曲为直呢?可以怎么做?

生:能。可以。剪圆。

师:怎么剪呢?沿着什么剪?

生:沿着直径或半径剪开。(分别演示4等份、8等份、16等份,引导学生发现等分的份数越多,剪拼的图形越来越接近平行四边形)

2. 第二轮探究——明确方法,体验极限。

师:刚才我们将圆分别剪成4等份、8等份、16等份,再拼成新的图形是想干什么呀?

生:想把圆形转化成平行四边形。

师:那还能更像吗?

生:可以将圆片平均分成32份。(引导学生把32等份的纸片拼成近似的长方形,上台展示)

师:从哪儿可以看出这张图更接近平行四边形了?

生:边更直了。

师:是什么方法使得边越来越直了?

生:平均分的份数越来越多。(引导学生想象把圆平均分成64份、128份,……,剪拼后的图形越来越接近长方形)

师:如果我们平均分的份数足够多,就化曲为直,最后拼成的图形就成长方形了。

师:我们把圆转化成了长方形,什么变了,什么没变?

生:形状变了,面积大小没有变。

师:这样就把圆的面积转化成了什么?

生:长方形的面积。

师:要求圆的面积,只要求出什么?

生:长方形的面积。

3. 第三轮探究——深化思维,推导公式。

师:仔细观察剪拼成的长方形,看看它与原来的圆之间有什么联系?将发现写下来,然后小组内交流一下。(小组讨论,发现:长方形的宽等于圆的半径,长方形的长等于圆周长的一半)

师:长方形的宽和圆的半径相等,这里的宽也可以用 r 表示。那么,长方形的长又可以怎么表示呢?(重点引导学生理解长:$C \div 2 = 2\pi r \div 2 = \pi r$。通过长方形的面积计算方法,引出圆的面积计算方法)

师:圆的面积是它半径平方的 3 倍多一些,准确地说是它半径平方的多少倍?

生:π 倍。

师:有了这样的一个公式,知道圆的什么,就可以计算圆的面积了?

生:半径。

4. 做练习。完成练习第 1 题,交流反馈。

5. 回顾提升。(课件再次出示羊吃草图)师:这只羊最多能吃多大范围的草,现在会求了吗?

四、拓展延伸,丰富知识

师:刘徽是我国魏晋时期的数学家,他在《九章算术》方田章"圆田术"注中提出把割圆术作为计算圆的周长、面积以及圆周率的基础。刘徽从圆内接六边形开始,将边数逐次加倍,得到的圆内接多边形就逐步逼近圆。

师:今天我们也利用了其中的一种思想,也就是"极限思想",并结合转化、类比的思想当了一次数学家,发现了圆的面积的推导方法,同学们都很厉害!

五、解决问题,巩固应用

师:在日常生活中,经常会遇到与圆面积计算有关的实际问题。(课件出示例3)分析题意后学生独立完成例3。

→关注学生自主探索圆的面积与平行四边形面积之间的关系,推导出圆的面积公式,达到应用新知的目的,注重转化思想、极限思想和数形结合思想的渗透,可得2分。

→有对知识的运用和拓展可得1分。

（组织交流，评价反馈）

六、全课小结，回顾反思

师：你们对于圆面积的疑问现在解开了吗？又有了哪些新的收获？

师：同学们，大胆猜想、操作验证是我们在数学学习中探索未知领域时经常要用到的方法，用好它相信同学们会有更多的发现！

七、作业

对不同层次的学生分层次布置作业。

→有全课小结、布置作业可得1分。

2023年江西省教师招聘考试小学数学真题试卷（精编）（四）

第一部分　选择题

单项选择题

1. C　【解析】本题考查《义务教育数学课程标准（2022年版）》的前言内容。《义务教育数学课程标准（2022年版）》的前言中指出，习近平总书记多次强调，课程教材要发挥培根铸魂、启智增慧的作用，必须坚持马克思主义的指导地位，体现马克思主义中国化最新成果，体现中国和中华民族风格，体现党和国家对教育的基本要求，体现国家和民族基本价值观，体现人类文化知识积累和创新成果。

2. B　【解析】本题考查《义务教育数学课程标准（2022年版）》的前言内容。《义务教育数学课程标准（2022年版）》的前言中的指导思想指出，以习近平新时代中国特色社会主义思想为指导，全面贯彻党的教育方针，遵循教育教学规律，落实立德树人根本任务，发展素质教育。

3. C　【解析】本题考查《义务教育数学课程标准（2022年版）》的前言内容。《义务教育数学课程标准（2022年版）》的前言中的修订原则指出，认真学习领会习近平总书记关于教育的重要论述，全面落实有理想、有本领、有担当的时代新人培养要求，确立课程修订的根本遵循。

4. D　【解析】本题考查《义务教育数学课程标准（2022年版）》的课程理念。《义务教育数学课程标准（2022年版）》的课程理念中指出，课程目标以学生发展为本，以核心素养为导向。

5. C　【解析】本题考查《义务教育数学课程标准（2022年版）》中小学阶段的核心

素养。《义务教育数学课程标准(2022 年版)》指出,小学阶段,核心素养主要表现为:数感、量感、符号意识、运算能力、几何直观、空间观念、推理意识、数据意识、模型意识、应用意识、创新意识。C 项“推理能力”不属于小学阶段核心素养的主要表现。

6. A 【解析】本题考查《义务教育数学课程标准(2022 年版)》的核心素养的性质。《义务教育数学课程标准(2022 年版)》指出,核心素养具有整体性、一致性和阶段性,在不同阶段具有不同表现。

7. D 【解析】本题考查《义务教育数学课程标准(2022 年版)》中的数学眼光。《义务教育数学课程标准(2022 年版)》指出,在义务教育阶段,数学眼光主要表现为:抽象能力(数感、量感、符号意识)、几何直观、空间观念与创新意识。

8. D 【解析】本题考查《义务教育数学课程标准(2022 年版)》的课程内容。《义务教育数学课程标准(2022 年版)》在统计与概率第三学段(5 ~ 6 年级)的内容要求中指出,结合具体情境,探索百分数的意义,能解决与百分数有关的简单实际问题,感受百分数的统计意义。在简单的实际情境中,应用统计图表或百分数,形成数据意识和初步的应用意识。

9. B 【解析】本题考查《义务教育数学课程标准(2022 年版)》中的课程内容。《义务教育数学课程标准(2022 年版)》指出,综合与实践领域的主题,重在解决实际问题,以跨学科主题学习为主,主要包括主题活动和项目学习等。

10. C 【解析】本题考查《义务教育数学课程标准(2022 年版)》中的学业质量。《义务教育数学课程标准(2022 年版)》指出,数学课程学业质量标准是学业水平考试命题及评价的依据,同时对学生的学习活动、教师的教学活动、教材的编写等具有重要的指导作用。

11. D 【解析】本题考查数学史。两千多年前,墨子提出了“圆,一中同长也”。

12. B 【解析】本题考查长方形面积的计算。原长方形的面积为 xy 平方米,它的长增加 3 米,宽增加 1 米后,面积为 $(3+x)(y+1)$ 平方米,则面积增加 $(3+x)(y+1)-xy=3y+3+x$ 平方米。

13. B 【解析】本题考查探索规律。由 3,5,7,9 组成的不重复数字的四位数共有 24 个,其中千位分别为 3,5,7,9 的四位数各 6 个,那么按从小到大的顺序排列,第 20 个数的千位数一定是 9,且是千位数为 9 的数中第二大的,将千位数为 9 的四位数从小到大排列,即 9357,9375,9537,9573,9735,9753,所以第 20 个数是 9375。

14. B 【解析】本题考查分数与互质的性质。分子与分母的和是 24 的最简真分数有 $\frac{1}{23}$,$\frac{5}{19}$,$\frac{7}{17}$,$\frac{11}{13}$,共 4 个。

15. C 【解析】本题考查最小公倍数的应用。由题意可得,饼干的总小包数是 4,5,6 的公倍数多 1,因为 $[4,5,6]=60$,所以这箱饼干至少有 $60+1=61$ 包。

16. A 【解析】本题考查行程类应用题。由题意知,5 分钟内军军行走的路程是 $120\times5-30-(20+30)=520$ 米,则其每分钟行 $520\div5=104$ 米。

17. B 【解析】本题考查找次品。第一次:把 13 枚硬币分成 6 枚,6 枚,1 枚三堆,将 6 枚的两堆放在天平上称重,如果质量相等,假币为剩下的那一枚,如果质量不相等,则轻的那堆里面必定有假币,再从轻的这堆里继续划分称重;

第二次:将这 6 枚硬币分为两堆,每堆 3 枚,放在天平上称重,轻的那堆里面必定有假币,再从轻的这堆里继续划分称重;

第三次:从这 3 枚硬币中任选两枚放在天平上称重,如果质量相等,假币为剩下的那一枚,如果质量不相等,则轻的那枚为假币。

综上,至少需要称 3 次才能确保找到那 1 枚质量较轻的假币。

18. B 【解析】本题考查比赛组合问题。该比赛为单循环赛制,即每两位参赛选手之间只需赛一场,此类赛制的计算公式为$\frac{n(n-1)}{2}=$比赛场数,其中 n 为参赛人数。由题意知,比赛场数为 36,代入公式得$\frac{n(n-1)}{2}=36$,解得 $n=9$(负值舍去),所以一共有 9 人参加比赛。

19. B 【解析】本题考查分步乘法计数原理。由题意可得任选一本故事书有 6 种选法,任选一本连环画有 5 种选法,共有 $6\times5=30$ 种不同的选法。

20. C 【解析】本题考查逻辑推理。由题意知,他们当中有一个人说了谎话,因为明明与军军的说法刚好相反,所以两说法必然是一真一假,且红红说:"是军军打的"为真,故他们当中军军说了谎话,即军军摔坏了花瓶。

21. B 【解析】本题考查"植树"问题。作出如图所示的梯形稻田,沿梯形一周共站 $40\times5\div10=20$ 个稻草人,中间每一条线段(除端点外)上站 $40\div10+1-2=3$ 个稻草人,两条线段共有 $3+3=6$ 个稻草人,则一共站 $20+6=26$ 个稻草人。

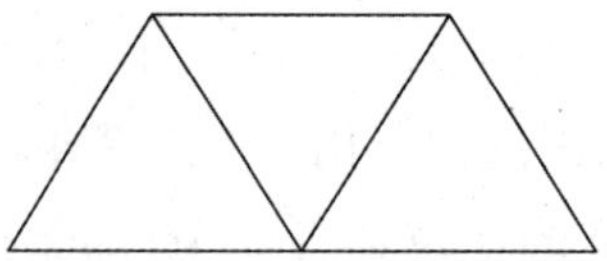

易错提示:在计算植树类问题时,容易多加或少算端点处的数量。在本题中,要注意梯形内部的两条线段,因为线段端点处已经放置了稻草人,所以在计算时要把端点处的稻草人减去。

22. D 【解析】本题考查追及问题。两人同时同地同向出发,红红第一次追上兰兰时比兰兰多跑了一圈,即多跑了 300 米,$300\div(150-120)=10$ 分钟,所以二人同时同地同向出发 10 分钟后,红红第一次追上兰兰。

23. C 【解析】本题考查数的认识。如果几个数的和一定,则它们的集中度越高,乘积越大，将 13 分成 3，3，3，4 时，它们的乘积达到最大，最大乘积为 $3\times3\times3\times4=108$。

24. C 【解析】本题考查比例的性质。比的前项扩大 3 倍，比的后项除以$\frac{1}{3}$，即也扩大 3 倍，比值不变。

25. B 【解析】本题考查“牛吃草”问题。上楼的速度可以分为两部分，一部分是小程、小红自己的速度，另一部分是电动扶梯的速度。小程 5 分钟走了 $20\times5=100$（级），小红 6 分钟走了 $15\times6=90$（级），小红比小程少走了 $100-90=10$（级），多用了 $6-5=1$（分钟），说明电动扶梯 1 分钟走 10 级。因为小程 5 分钟到达楼上，且小程上楼的速度是自己的速度与扶梯的速度之和，所以电动扶梯共有 $(20+10)\times5=150$（级）。

26. D 【解析】本题考查时钟问题。因为 9 时整的时候，分针落后时针 45 小格，所以分针需要追 45 小格，时针每分钟走$\frac{1}{12}$小格，分针每分钟走 1 小格，所以明明完成作业共花了 $45\div\left(1-\frac{1}{12}\right)=49\frac{1}{11}$（分钟）。

易错提示：本题容易将时针的速度和分针的速度计算错误，同时容易忽视当分针在走时，时针也在走。

27. D 【解析】本题考查利润问题。设家电甲的成本为 x 元，家电乙的成本为 y 元，由题意可得 $\begin{cases}x+y=250,\\0.9(1.3x+1.2y)-250=33.5,\end{cases}$ 解得 $\begin{cases}x=150,\\y=100,\end{cases}$ 即家电甲的成本是 150 元。

28. C 【解析】本题考查圆柱体表面积公式。一根圆柱形木料，沿平行底面的地方将其截成两段时，表面积增加 6.28 平方厘米，增加的面积即圆柱下底面面积的两倍，所以圆柱底面面积为 $6.28\div2=3.14$（平方厘米），可得底面半径为 $\sqrt{3.14\div\pi}=\sqrt{3.14\div3.14}=1$（厘米），底面直径为 $1\times2=2$（厘米）。沿着底面直径将其劈成两个半圆柱，表面积增加 180 平方厘米，增加的面积即两个以圆柱的高和直径为边长的长方形的面积，所以圆柱的高为 $180\div2\div2=45$（厘米），故这个圆柱的表面积为 $\pi\cdot1^2\cdot2+2\pi\cdot1\cdot45=3.14\times2+2\times3.14\times45=288.88$（平方厘米）。

29. C 【解析】本题考查数的认识。设这三个连续自然数分别是 $x-1$，x，$x+1$，由题意可得 $x(x+1)-(x-1)x=136$，解得 $x=68$，故这三个连续自然数分别为 67，68，69，最小的数是 67。

30. D 【解析】本题考查长方体的性质与面积的计算。由题意可得做成长方体框架的长、宽、高分别为 $\frac{96}{4}\times\frac{3}{3+2+1}=12$（厘米），$\frac{96}{4}\times\frac{2}{3+2+1}=8$（厘米），$\frac{96}{4}\times\frac{1}{3+2+1}=4$（厘米），则长方体中最大的面的面积是 $12\times8=96$（平方厘米）。

31. C 【解析】本题考查浓度问题。含糖量为5%的800克糖水中糖的质量为$800\times5\%=40$克，要使其含糖量增加到24%，设需要加入x克糖，可列方程$\frac{40+x}{800+x}=24\%$，解得$x=200$。

易错提示：在计算溶质溶剂问题时，容易忽略添加溶质后，不仅溶质质量发生了变化，溶液质量也发生了变化，从而导致错解。

32. B 【解析】本题考查立体图形的认识与体积计算。设圆钢的高为h厘米，则圆钢的体积为$V=3.14\times5^2\times h=78.5h$（立方厘米），水桶底面积为$S_{底面积}=78.5h\div9$，因为下降的水的体积与水面上圆钢的体积相同，即$(78.5h\div9)\times4=3.14\times5^2\times8$，解得$h=18$，所以圆钢的体积$V=3.14\times5^2\times18=1413$（立方厘米）。

33. C 【解析】本题考查数学思想的应用。②中运用了乘法交换律，没有利用转化思想。

34. A 【解析】本题考查流水行船问题。由题意可得，轮船的逆流速度为$192\div12=16$（千米/时），且轮船的速度为32（千米/时），则水流速度为$32-16=16$（千米/时），所以返回时轮船的顺流速度为$32+16=48$（千米/时），需要$192\div48=4$（小时）。

35. A 【解析】本题考查抽屉原理。考虑最不利的情况，4个颜色的球各取2个，共8个，则取第9个时必然满足题意。

36. A 【解析】本题考查比例的实际应用。设甲、乙两个校区原有图书本数分别为$7x$，$5x$，甲给乙6500本后，甲、乙比变为3∶4，可列方程$\frac{7x-6500}{5x+6500}=\frac{3}{4}$，解得$x=3500$。则原来甲有$3500\times7=24\ 500$本书。

37. C 【解析】本题考查百分数应用题。由题意可得原有TCL品牌电视的台数为$630\times20\%=126$台，设又运进x台TCL品牌电视，可列方程$\frac{126+x}{630+x}=\frac{30}{100}$，解得$x=90$。

38. B 【解析】本题考查工程问题。由题意可得甲的工作效率为$\frac{1}{10}$，乙的工作效率为$\frac{1}{12}$，甲、乙的工作效率之和为$\frac{1}{10}+\frac{1}{12}=\frac{11}{60}$，当甲、乙交替进行5轮后，用时$5\times2=10$小时，完成了工作的$\frac{11}{60}\times5=\frac{55}{60}$，剩下$1-\frac{55}{60}=\frac{5}{60}=\frac{1}{12}$轮到甲来做，需要$\frac{1}{12}\div\frac{1}{10}=\frac{5}{6}$小时，故完成工作共需$10\frac{5}{6}$小时。

39. B 【解析】本题考查代数式的运算。A项错误；B项正确；$a^3+a^4=a^3(1+a)$，C项错误；$(a+b)^2=a^2+b^2+2ab$，D项错误。

40. A 【解析】本题考查被开方数与绝对值的性质。因为 $\sqrt{a+2}+|b-1|=0$，所以$\begin{cases}a+2=0,\\b-1=0,\end{cases}$解得$\begin{cases}a=-2,\\b=1,\end{cases}$则$(a+b)^{2023}=(-2+1)^{2023}=-1$。

41. C 【解析】本题考查平均数的计算。$(13\times3+14\times5+15\times2)\div10=13.9$。

42. B 【解析】本题考查等腰三角形的性质与周长。当两腰长为 3 时，$3+3<7$，不能构成三角形，故腰长为 7，则此等腰三角形的周长为 $7+7+3=17$。

43. C 【解析】本题考查正多边形的性质。∵ 五边形 $ABCDE$ 是正五边形，∴ 其每个内角为 $108°$，且 $AB=BC$，∴ $\triangle ABC$ 是等腰三角形，∴ $\angle BAC=(180°-108°)\div2=36°$。

44. D 【解析】本题考查圆的性质。连接 AO，BO，因为 PA，PB 分别与圆 O 相切于 A，B 两点，所以 $\angle PAO=90°$，$\angle PBO=90°$，则 $\angle AOB=180°-52°=128°$，因为 $\angle AOB$ 为劣弧 $\overset{\frown}{AB}$ 所对的圆心角，$\angle ACB$ 为劣弧 $\overset{\frown}{AB}$ 所对的圆周角，所以 $\angle AOB=2\angle ACB$，所以 $\angle ACB=128°\div2=64°$。

45. C 【解析】本题考查立体图形的三视图。从物体的前面看得到的视图是主视图，看得见的轮廓线的投影画实线，看不见的轮廓线的投影画虚线。

46. C 【解析】本题考查不等式的计算。当 $2x+1\geqslant2-x$，即 $x\geqslant\frac{1}{3}$ 时，$(2x+1)*(2-x)=2x+1>3$，解得 $x>1$；当 $2x+1<2-x$，即 $x<\frac{1}{3}$ 时，$(2x+1)*(2-x)=2-x>3$，解得 $x<-1$。综上，不等式 $(2x+1)*(2-x)>3$ 的解为 $x>1$ 或 $x<-1$。

47. B 【解析】本题考查平面图形的性质与计算。在▱$ABCD$ 中，因为 $AD\parallel CB$，所以 $\angle DFC=\angle FCB$，又因为 CF 平分 $\angle BCD$，所以 $\angle DCF=\angle FCB$，所以 $\angle DFC=\angle DCF$，所以 $DF=DC=AB=3$，同理可得 $AE=AB=3$，因为 $AD=4$，所以 $AF=4-3=1$，$DE=4-3=1$，所以 $EF=4-1-1=2$。

48. C 【解析】本题考查事件的概率。一年有 12 个月，13 人中至少有两个人是同一个月过生日，这属于必然事件，则 $P=1$。

第二部分　非选择题

一、解答题

1.【解析】本题考查小学数学路程类应用题。(1) 30 分钟 = 0.5 小时，$36\times0.5=18$ km。$18\times2\times250=9000$ km。160 g = 0.16 kg，$9000\times0.16=1440$ kg。

答：小蕊的爸爸从家到公司的距离为 18 km。一年上班的通勤总行程为 9000 km，这一年所排出的二氧化碳总

评分标准：

→分别列式求出爸爸到公司的距离、爸爸一年的通勤距离、汽车一年排出的二氧化碳量共可得 4 分。

→应用题写出对应的

量是 1440 kg。

(2) $18\times2\times22=792$ km。$20\times\frac{18}{60}\times2\times22=264$ km。$792\times0.16=126.72$ kg，$264\times0.16=42.24$ kg。

答：三月份小蕊和爸爸的行程分别为 264 km，792 km，所乘坐的交通工具分别排放了 42.24 kg，126.72 kg 的二氧化碳。

→分别列式求出三月两人的行程以及所乘交通工具排出的二氧化碳量共可得 4 分。

→应用题写出对应的“答”可得 1 分。

2.【解析】本题考查二次函数的性质。(1)因为 $y=x^2-2mx+2m^2-2m-1=(x-m)^2+m^2-2m-1$，所以二次函数 C_1 的顶点坐标为 (m,m^2-2m-1)。

→正确表示出顶点坐标可得 3 分。

(2)因为 C_1 的顶点 P 的坐标为 (m,m^2-2m-1)，且顶点 P 随 m 的值的变化在 C_2 上运动，所以曲线 C_2 的解析式为 $y=x^2-2x-1$。

→正确表示出曲线解析式可得 4 分。

(3)因为设 C_1 与 x 轴的交点为 $A(x_1,0)$，$B(x_2,0)$，令 $y=0$，则 $x^2-2mx+2m^2-2m-1=0$，所以 $x_1+x_2=2m$，$x_1x_2=2m^2-2m-1$。

→正确表示出两交点横坐标的关系式可得 3 分。

设点 B 在点 A 右侧，则 $AB=x_2-x_1=\sqrt{(x_1+x_2)^2-4x_1x_2}=2\sqrt{-m^2+2m+1}$，

→求出 AB 的代数式可得 2 分。

过点 P 作 $PE\perp x$ 轴于点 E，则点 E 坐标为 $(m,0)$，因为点 P 为二次函数 C_1 的顶点，且 $\triangle APB$ 为等腰直角三角形，所以 E 为 AB 的中点，根据等腰直角三角形的性质可得 $2EP=AB$，即 $2(-m^2+2m+1)=2\sqrt{-m^2+2m+1}$，因为 $-m^2+2m+1\neq0$，故 $-m^2+2m+1=1$，解得 $m=0$ 或 $m=2$。

→求出 m 的值可得 3 分。

二、材料分析题

3.【参考答案】本题考查教学片段评价与“量感”的含义及其教学实施。

(1)材料中值得我们借鉴的地方有：

①问题提出应引发学生认知冲突，激发学生学习动机，促进学生积极探究。材料中教师通过问题引发学生积极思考二小新校址面积，进而引出课题体现了该理论；

→结合材料答出“问题提出应引发学生认知冲突”并延伸可得 2 分。

②教学素材要围绕教学任务，选择贴近学生生活经验、符合学生年龄特点和认知加工特点。材料中通过展示不同风景图片，让学生感知公顷的大小体现了该理念；

→结合材料答出“教学素材要选择贴近学生生活经验”并延伸可得 2 分。

③《义务教育数学课程标准(2022 年版)》指出,有效的教学活动是学生学和教师教的统一,学生是学习的主体,教师是学习的组织者、引导者和合作者,材料中教师通过问题引导,先组织学生认识公顷后,再结合身边熟悉的地方体会 1 公顷的大小。体现了学生的主体地位的同时,教师也充当好了一个组织者、引导者的角色。

→结合材料答出"有效的教学活动是学生学和教师教的统一"可得 1 分。

(2)《义务教育数学课程标准(2022 版)》指出,量感主要是指对事物的可测量属性及大小关系的直观感知。

→答出"量感"的含义可得 1 分。

根据材料,主要达成了如下教学目标:

①学生知道常用的土地面积单位"公顷",通过想象和推算,体会 1 公顷的大小,发展了学生的推理意识。材料中通过展示不同风景图片以及体育场等情境引导学生认识"公顷"和体会 1 公顷的大小。

→结合材料答出"知道常用的土地面积单位'公顷'"的教学目标可得 2 分。

②通过认识"公顷"的活动,培养学生观察、发现、分析问题的能力,提高了学生的应用意识。例如,环节一中引导学生选择正确面积单位时,思考后发现第 4 题连不了,环节二中思考景区都用了什么面积单位以及环节三中分析体会 1 公顷的面积多大体现了这一目标。

→结合材料答出"培养学生观察、发现、分析问题的能力""提高学生的应用意识"可得 2 分。

③学生在学习活动中进一步体会数字与生活的联系。材料中橡皮、课桌、景区、体育场等都来自于生活,学生通过共同探究生活中这些物体的大小从而体会数学与生活的密切联系。

→结合材料答出"学生在学习活动中进一步体会数字与生活的联系"可得 2 分。

(3)《义务教育数学课程标准(2022 版)》指出,建立量感有助于养成用定量的方法认识和解决问题的习惯,是形成抽象能力和应用意识的经验基础。

→答出建立量感的优点可得 2 分。

在数学教学实践中发展学生的量感需要注意以下几点:

①重视在动手度量的过程中逐步形成量感。在教学实践中引导学生经历度量的过程,感受统一度量单位的意义,推导一些常见图形的周长、面积、体积的计算方法的过程,感悟数学度量方法,逐步形成量感。

→答出"重视在动手度量的过程中逐步形成量感"并结合教学实践详细拓展可得 2 分。

②重视在想象推理等活动中发展量感。并不是所有的"量"都可以直接感受,如吨、千米、公顷、平方千米等,所以要进行想象推理等活动,例如,教学中可以组织想象一吨有

→答出"重视在想象推理等活动中发展量感"并结合教学实践详细拓

多重的活动，从而发展学生的量感。

③重视在估测对比中增强量感。教师可以创设各种形式的估测活动，例如，估测一根铅笔多长，增强学生的量感。

三、教学片段设计题

4.【参考答案】本题考查教学设计。

一、创设情境，导入新课

1. 教师谈话导入：大家观察过自己的学校吗？

学校教室有多大？

黑板有多大？

讲台有多大？

每个窗户有多大？

……

2. 这些问题你们会解决吗？

引导学生列出乘法算式。（教室：9.21×7.3；黑板：5.5×2.6；讲台：4.6×1.7；窗户：2.4×1.9；……）（单位：米）

3. 通过观察比较所列的乘法算式，哪些是你们解决过的，你们是怎么解决的，哪些是你们还没有解决的？（揭示课题：小数乘小数）

【设计意图】激活学生的先备知识，让学生意识到生活中的小数，增强学生的语言表达能力。

二、自主探索，掌握算法，讲授新知

1. 教学新知，初步探索小数乘小数的计算方法。

（1）引导谈话：根据以往我们计算小数乘整数的经验，你们觉得用竖式计算小数乘小数时，是否也可以把小数看成整数来计算呢？

“4.6×1.7”请学生尝试把这两个小数看成整数，并按整数乘法进行笔算。

思考：按整数乘法计算，请你们想一想，算出的结果跟实际相比会有多大的差别呢？

（2）组织学生共同探究竖式计算的算法和算理。

学生独立思考后，在四人小组内交流其中的算理。教师巡视指导并让不同算法的学生代表上台板演。

请学生根据板演结果说一说其中的算理，并画出相应的算理指示图。

展可得2分。

→答出“重视在估测对比中增强量感”并结合教学实践详细拓展可得2分。

→教学过程设计可以从复习导入，也可以从创设情境导入，逻辑通顺，语言表述正确，可得3分。

→答出“让学生意识到生活中的小数”的设计意图可得2分。

讨论交流并小结：把两个小数都看成整数，实际上发生了什么变化，这样算出的结果和实际的结果之间到底有什么关系？怎样把算出的结果转换成实际的正确的结果呢？

2. 独立练习，进一步理解小数乘小数的计算方法。

(1)请你想一想可以怎么样计算“9.21×7.3；5.5×2.6；4.6×1.7；2.4×1.9”，把自己思考的过程和结果和同桌说一说。

(2)学生独立完成后交流计算方法。

引导学生明确：把两个因数都看成整数，等于把一个因数乘10(或100)，另一个因数乘10，所得的积等于实际的积乘100(或1000)。要求出原来的积，就要用整数乘积除以100(或1000)。

3. 进行比较，概括方法。

引导探究因数与积的小数位数的关系。

出示：“10.5×3.6；5.5×2.6；4.6×1.7；2.4×1.9”的竖式计算过程。

组织讨论：

(1)小数乘小数算式题中的两个因数分别是几位小数，积是几位小数？

(2)通过比较，你发现积的小数位数与因数的小数位数有什么关系？

→新知探索部分引导学生理解小数乘法的算理，可得7分。

【设计意图】让学生理解并探索小数乘法的算理，学生通过小组交流，增强口语表达能力，并能够更加清晰准确地表达自己的思维过程。

→答出“让学生理解并探索小数乘法的算理”的设计意图可得2分。

三、巩固练习，运用新知

(1)计算下面各题：

3.6×1.3；4.5×2.2；7.8×1.09；0.56×0.7。

(2)每千克蓖麻子可以榨油0.43千克。现收蓖麻子10.2千克，若全部榨油，可以榨多少千克？

(3)由于引力的差异，在地球上重1千克的物体，在月球上重0.18千克，小明体重28.5千克，在月球上重多少千克？

→通过练习让学生在实践中检验小数乘法的算法与思路，达到应用新知的目的，注重类比推理的数学思想的渗透，可得4分。

【设计意图】让学生通过实践体会小数乘法的算法和思路，并在实践中检验，达到真正掌握，培养学生的计算

→答出“让学生在实践中检验小数乘法的算法

能力。

四、课堂小结

通过本节课的学习，我们学习了小数乘小数的计算方法：

小数乘小数，先把小数扩大成整数，按照整数的乘法运算出积，再看因数中一共有几位小数，就从积的右边起数出几位，点上小数点。

【设计意图】对学生的学习成果进行提炼和升华，形成正确的数学概念和思维方式。培养学生的概括和理解能力。

五、课后作业

完成练习第5,6题。

与思路”的设计意图可得2分。

→有“总结小数乘小数的计算方法”的课堂小结可得2分。

→答出“培养学生的概括和理解能力”的设计意图可得2分。

→有课后作业可得1分。

2022年湖南省长沙市长沙县教师招聘考试小学数学真题试卷(五)

一、单项选择题

1. C **【解析】**本题考查集合间的运算。$A=\{x|x(x-5)>0\}=\{x|x<0$ 或 $x>5\}$，因为 $B=\{x|-1\leqslant x\leqslant 4\}$，所以 $A\cap B=[-1,0)$。

易错提示：在对集合 A 的不等式 $x(x-5)>0$ 进行求解时，因为对“$>$”或“$<$”不敏感，将正确的解 $\{x|x>5$ 或 $x<0\}$ 错解为 $\{x|0<x<5\}$。

2. B **【解析】**本题考查复数的运算。因为 $\frac{1+\mathrm{i}}{1-\mathrm{i}}=\frac{(1+\mathrm{i})^2}{(1-\mathrm{i})(1+\mathrm{i})}=\mathrm{i}$，所以 $\left(\frac{1+\mathrm{i}}{1-\mathrm{i}}\right)^{2022}=\mathrm{i}^{2022}=(\mathrm{i}^4)^{505}\cdot\mathrm{i}^2=-1$。

3. B **【解析】**本题考查向量的垂直。因为 $\boldsymbol{a}\perp\boldsymbol{b}$，所以 $\boldsymbol{a}\cdot\boldsymbol{b}=-2x+x-2=0$，解得 $x=-2$。

4. C **【解析】**本题考查用三视图还原几何体及圆台体积的计算。由几何体的三视图，可知该几何体为圆台，圆台的上底面直径为2，下底面直径为4，高为2，所以圆台的上底面面积为 $\left(\frac{2}{2}\right)^2\pi=\pi$，下底面面积为 $\left(\frac{4}{2}\right)^2\pi=4\pi$。圆台的侧面展开图为扇环，是大扇形减去同一圆心角的小扇形，其中小扇形的弧长为 2π（上底面周长），大扇形的弧长为 4π（下底面周长），设扇形的圆心角为 α，大扇形的半径为 R，小扇形的半径为 r，即 $R=r+\sqrt{1^2+2^2}=r+\sqrt{5}$。根据弧长公式，$\alpha(r+\sqrt{5})=4\pi$，$\alpha r=2\pi$，解得 $r=\sqrt{5}$，所以 $R=\sqrt{5}+\sqrt{5}=2\sqrt{5}$，则 $S_{扇环}=S_{大扇形}-S_{小扇形}=\frac{1}{2}\times 4\pi\times 2\sqrt{5}-\frac{1}{2}\times 2\pi\times\sqrt{5}=$

$3\sqrt{5}\pi$,故该几何体的表面积为 $\pi+4\pi+3\sqrt{5}\pi=5\pi+3\sqrt{5}\pi$。

5. A 【解析】本题考查三角函数值的计算。由 $\cos x+3\sin x=0$,可知 $\tan x=\frac{\sin x}{\cos x}=-\frac{1}{3}$,于是 $\tan 2x=\frac{2\tan x}{1-\tan^2 x}=-\frac{3}{4}$。

易错提示:在计算三角函数倍角公式时,很容易将 $\tan 2x=\frac{2\tan x}{1-\tan^2 x}$ 记为 $\tan 2x=\frac{2\tan x}{1+\tan^2 x}$,从而导致错解。

6. B 【解析】本题考查基本不等式的应用。根据基本不等式,$2^x+4^y\geqslant 2\sqrt{2^x\cdot 4^y}=2\sqrt{2^{x+2y}}=2\sqrt{2^2}=4$,当且仅当 $x=2y=1$,即 $x=1$,$y=\frac{1}{2}$ 时,不等式取等号,所以 2^x+4^y 的最小值为 4。

7. A 【解析】本题考查函数的综合性质。当 $x\to 1$ 时,$\ln|x-1|\to-\infty$,故 $f(x)\to-\infty$,A 项错误;因为函数 $y=x^2-2x+a$ 和 $y=\ln|x-1|$ 的图象都关于直线 $x=1$ 对称,所以对于任意实数 a,$f(x)$ 的图象关于直线 $x=1$ 对称,B 项正确;因为函数 $y=x^2-2x+a$ 和函数 $y=\ln|x-1|$ 在 $(1,+\infty)$ 上都单调递增,所以对任意实数 a,$f(x)$ 在 $(1,+\infty)$ 上单调递增,C 项正确;因为 $f(x)$ 的图象关于直线 $x=1$ 对称,$f(x)$ 在 $(1,+\infty)$ 上单调递增,在 $(-\infty,1)$ 上单调递减,且 $f(0)=f(2)=a$,所以当 $a=0$ 时,关于 x 的不等式 $f(x)\geqslant 0$ 的解集为 $(-\infty,0]\cup[2,+\infty)$,D 项正确。

8. D 【解析】本题考查抛物线的性质。将直线 $x+(m-1)y-2m-2=0$ 化为 $x+m(y-2)-y-2=0$,当 $y=2$ 时,$x=4$,可得直线 $x+(m-1)y-2m-2=0$ 过定点 $M(4,2)$,抛物线 $y^2=8x$ 的焦点 F 的坐标为 $(2,0)$,准线方程为 $x=-2$。由题意可知直线 FQ 与直线 $x+(m-1)y-2m-2=0$ 垂直,则 $FQ\perp MQ$,即 $\angle FQM=90^\circ$,故点 Q 的轨迹是以 FM 为直径的圆,半径 $r=\frac{1}{2}\times\sqrt{(4-2)^2+(2-0)^2}=\sqrt{2}$,其圆心为 FM 的中点,记为点 H,H 的坐标为 $(3,1)$。过点 P 作抛物线 $y^2=8x$ 准线的垂线,垂足为点 R,根据抛物线的定义,要使 $|PQ|+|PF|$ 的值最小,即 $|PQ|+|PR|$ 最小,当 P,Q,R 三点共线,且三点连线的延长线过圆心 H 时,$|PQ|+|PR|$ 的值最小。因此,$|PQ|+|PR|$ 的最小值为 $|HR|-r=3+2-\sqrt{2}=5-\sqrt{2}$,即 $|PQ|+|PF|$ 的最小值为 $5-\sqrt{2}$。

易错提示:本题容易根据两直线垂直这一条件陷入求 FQ 直线方程的误区,实际上只要求出固定点 M,即可得知点 Q 是在以 MQ 为直径的圆上,再根据抛物线上的点到焦点的距离等于其到准线的距离就能求出 $|PQ|+|PF|$ 的最小值。

9. D 【解析】本题考查函数极限的计算。因为 $\lim\limits_{x\to\infty}\left(\frac{x^2+1}{x+1}-ax-b\right)=$

$\lim\limits_{x\to\infty}\frac{(1-a)x^2-(a+b)x-(b-1)}{x+1}=\frac{1}{2}$,所以$\begin{cases}1-a=0,\\-(a+b)=\frac{1}{2},\end{cases}$解得 $a=1,b=-\frac{3}{2}$,即有 $a+b=-\frac{1}{2}$。

二、填空题

10. 6

【解析】本题考查二项式定理。由题意,得 $C_n^0+C_n^1+\cdots+C_n^n=2^n=64$,解得 $n=6$。

11. e^2

【解析】本题考查导数的综合应用。设 t 为 $f(x)$ 在 $[1,2]$ 上的零点,则 $e^t+a(t-1)+b=0$,即点 (a,b) 在直线 $(t-1)x+y+e^t=0$ 上,a^2+b^2 表示点 (a,b) 到原点的距离的平方,则 $\sqrt{a^2+b^2}\geqslant\frac{|e^t|}{\sqrt{(t-1)^2+1^2}}$,即 $a^2+b^2\geqslant\frac{e^{2t}}{(t-1)^2+1^2}$。令 $g(t)=\frac{e^{2t}}{(t-1)^2+1^2}$,其导函数 $g'(t)=\frac{2e^{2t}(t^2-3t+3)}{(t^2-2t+2)^2}$,因为 $t^2-3t+3>0$,$e^{2t}>0$,所以 $g'(t)>0$,可得函数 $g(t)$ 在 $[1,2]$ 上单调递增,当 $t=1$ 时,函数 $g(t)$ 取得最小值,最小值为 $g(1)=e^2$,所以 a^2+b^2 的最小值为 e^2。

12. $\frac{8}{3}$

【解析】本题考查定积分的计算。$\int_0^2 x^2\mathrm{d}x=\frac{1}{3}x^3\Big|_0^2=\frac{8}{3}$。

三、解答题

13.【解析】本题考查解三角形。(1)根据正弦定理,由 $\sqrt{3}a=2b\sin A$,得 $\sqrt{3}\sin A=2\sin B\sin A$,

因为 $\sin A\neq0$,所以 $\sin B=\frac{\sqrt{3}}{2}$,又因为 $\angle B$ 为锐角,所以 $\angle B=\frac{\pi}{3}$。

(2)根据余弦定理,得 $\cos B=\frac{a^2+c^2-b^2}{2ac}$,将 $\angle B=\frac{\pi}{3}$,$b=3$ 代入,得 $\frac{1}{2}=\frac{a^2+c^2-9}{2ac}$,整理得 $ac+9=a^2+c^2$,

因为 $a^2+c^2\geqslant2ac$,所以 $ac+9\geqslant2ac$,即 $ac\leqslant9$,

评分标准:

→正确表示出 $\sin A$,$\sin B$ 的关系式可得 2 分。

→求出角 B 的度数可得 2 分。

→正确表示出 a,c 的关系式可得 2 分。

→求出 ac 的最小值可得 1 分。

则 $S_{\triangle ABC}=\frac{1}{2}ac\sin B\leqslant\frac{9\sqrt{3}}{4}$，又 $\overrightarrow{BC}=3\overrightarrow{BD}$，所以 $\triangle ACD$ 面积的最大值为 $\frac{2}{3}\times\frac{9\sqrt{3}}{4}=\frac{3\sqrt{3}}{2}$。

→求出面积最大值可得3分。

14.【解析】本题考查随机变量的概率及其分布列。

(1)设箱子中白球的个数为 x，则 $\frac{C_x^1C_{8-x}^1}{C_8^2}=\frac{4}{7}$，解得 $x=4$，所以箱子中白球的个数为4。

→求出白球的个数可得4分。

(2)由(1)可知随机变量 X 的可能取值为0,1,2,3，则有 $P(X=0)=\frac{C_4^3}{C_8^3}=\frac{1}{14}$，$P(X=1)=\frac{C_4^2C_4^1}{C_8^3}=\frac{3}{7}$，$P(X=2)=\frac{C_4^1C_4^2}{C_8^3}=\frac{3}{7}$，$P(X=3)=\frac{C_4^3}{C_8^3}=\frac{1}{14}$。

→正确求出 X 的概率可得2分，每错一个扣0.5分。

因此，X 的分布列为

X	0	1	2	3
$P(X)$	$\frac{1}{14}$	$\frac{3}{7}$	$\frac{3}{7}$	$\frac{1}{14}$

→正确答出 X 的分布列可得2分。

数学期望 $E(X)=0\times\frac{1}{14}+1\times\frac{3}{7}+2\times\frac{3}{7}+3\times\frac{1}{14}=\frac{3}{2}$。

→求出 X 的数学期望可得2分。

15.【解析】本题考查数列的通项公式及其前 n 项和的性质。(1)由 $b_n=\left(1-\frac{1}{2^n}\right)a_n$，$b_1=\frac{1}{2}$，得 $a_1=1$，

→求出 a_1 的值可得1分。

$a_n\neq0$，则对 $a_n=\frac{na_{n-1}}{a_{n-1}+2n-2}$ 两边同时取倒数，即 $\frac{1}{a_n}=\frac{a_{n-1}+2n-2}{na_{n-1}}\Rightarrow\frac{n}{a_n}=\frac{2(n-1)}{a_{n-1}}+1$，整理得 $\frac{n}{a_n}+1=2\left(\frac{n-1}{a_{n-1}}+1\right)$，所以当 $n>2$ 时，数列 $\left\{\frac{n}{a_n}+1\right\}$ 是公比为2的等比数列，因为当 $n=2$ 时，$a_2=\frac{2}{3}$，$\frac{2}{a_2}+1=4$，所以数列 $\left\{\frac{n}{a_n}+1\right\}$ 的通项公式为 $\frac{n}{a_n}+1=2^n$，当 $n=1$ 时，也满足，

→正确表示出 $\left\{\frac{n}{a_n}+1\right\}$ 的通项公式可得4分。

进而可得数列 $\{a_n\}$ 的通项公式为 $a_n=\frac{n}{2^n-1}$。

→正确表示出 $\{a_n\}$ 的通项公式可得1分。

(2)由(1)可得 $b_n=\left(1-\frac{1}{2^n}\right)a_n=\frac{n}{2^n}$，

→正确表示出 $\{b_n\}$ 的公式可得1分。

数列$\{b_n\}$的前 n 项和 $T_n=\frac{1}{2^1}+\frac{2}{2^2}+\cdots+\frac{n-1}{2^{n-1}}+\frac{n}{2^n}$，

$\frac{1}{2}T_n=\frac{1}{2^2}+\frac{2}{2^3}+\cdots+\frac{n-1}{2^n}+\frac{n}{2^{n+1}}$，两式相减，得$\frac{1}{2}T_n=\frac{1}{2^1}+\frac{1}{2^2}+\cdots+\frac{1}{2^n}-\frac{n}{2^{n+1}}=\frac{\frac{1}{2}\left(1-\frac{1}{2^n}\right)}{1-\frac{1}{2}}-\frac{n}{2^{n+1}}=1-\frac{2+n}{2^{n+1}}$，所以

$T_n=2-\frac{2+n}{2^n}$，

→正确表示出 T_n 的公式可得 3 分。

因为$\frac{2+n}{2^n}>0$，所以 $T_n<2$，又数列$\left\{\frac{2+n}{2^n}\right\}$单调递减，所以 T_n 单调递增，有 $T_n\geqslant T_1=2-\frac{2+1}{2}=\frac{1}{2}$，故$\frac{1}{2}\leqslant T_n<2$。

→证明$\frac{1}{2}\leqslant T_n<2$ 可得 2 分。

16.**【解析】**本题考查椭圆的方程及其性质的综合应用。(1)根据题意，联立方程组$\begin{cases}\frac{c}{a}=\frac{\sqrt{2}}{2},\\ \frac{1}{2}\times 2a\times 2b=4\sqrt{2},\\ a^2-b^2=c^2,\end{cases}$

解得$\begin{cases}a=2,\\ b=\sqrt{2},\\ c=\sqrt{2},\end{cases}$

→正确求出 a,b,c 的值可得 3 分。

所以椭圆 C 的方程为$\frac{x^2}{4}+\frac{y^2}{2}=1$。

→正确表示出椭圆 C 的方程可得 2 分。

(2)由(1)可知 $F_1(-\sqrt{2},0)$，$F_2(\sqrt{2},0)$，由题意可知直线 l 的斜率一定存在，设直线 l 的方程为 $y=k(x-3)(k\neq 0)$，$M(x_1,y_1)$，$N(x_2,y_2)$，且 $x_1<x_2$，易知 y_1,y_2同号。联立方程组$\begin{cases}y=k(x-3),\\ \frac{x^2}{4}+\frac{y^2}{2}=1,\end{cases}$消去 y，整理得$(1+2k^2)x^2-12k^2x+18k^2-4=0$，则 $x_1+x_2=\frac{12k^2}{1+2k^2}$，$x_1x_2=\frac{18k^2-4}{1+2k^2}$，

→正确表示出 x_1+x_2，x_1x_2 的代数式可得 2 分。

$\Delta=144k^4-4(1+2k^2)(18k^2-4)=16-40k^2>0$，解得 $0<k^2<\frac{2}{5}$。

→求出 k^2 的范围可得 1 分。

$S_{\triangle F_1MN}=S_{\triangle F_1MP}-S_{\triangle F_1NP}=\frac{1}{2}|F_1P||y_1-y_2|=\frac{3+\sqrt{2}}{2}\cdot|k(x_1-x_2)|=\frac{3+\sqrt{2}}{2}\cdot|k|\sqrt{(x_1+x_2)^2-4x_1x_2}=\frac{3+\sqrt{2}}{2}\cdot|k|\sqrt{\frac{144k^4}{(1+2k^2)^2}-\frac{4(18k^2-4)}{1+2k^2}}=(3\sqrt{2}+2)\sqrt{\frac{k^2(2-5k^2)}{(1+2k^2)^2}}$,

令 $k^2=t$,则 $S_{\triangle F_1MN}=(3\sqrt{2}+2)\sqrt{\frac{t(2-5t)}{(1+2t)^2}}$,$t\in\left(0,\frac{2}{5}\right)$,令 $f(t)=\frac{t(2-5t)}{(1+2t)^2}$,求导得 $f'(t)=\frac{2-14t}{(1+2t)^3}$,令 $f'(t)=0$,得 $t=\frac{1}{7}$,当 $t\in(0,\frac{1}{7})$ 时,$f'(t)>0$,当 $t\in(\frac{1}{7},\frac{2}{5})$ 时,$f'(t)<0$,所以函数 $f(t)$ 在 $t=\frac{1}{7}$ 时取得极大值,也是最大值,$f(t)_{\max}=f\left(\frac{1}{7}\right)=\frac{1}{9}$,即 $k^2=t=\frac{1}{7}$ 时,$S_{\triangle F_1MN}$ 取最大值,此时 $|y_1-y_2|=|2\sqrt{2}|\sqrt{f(t)_{\max}}=\frac{2\sqrt{2}}{3}$。因此,$S_{\triangle F_2MN}=S_{\triangle F_2MP}-S_{\triangle F_2NP}=\frac{1}{2}|F_2P||y_1-y_2|=\frac{1}{2}\times(3-\sqrt{2})\times\frac{2\sqrt{2}}{3}=\frac{3\sqrt{2}-2}{3}$。

→求出 $\triangle F_2MN$ 面积的最大值可得5分。

17.【解析】本题考查函数与导数的综合应用。(1)当 $a=1$ 时,$f(x)=x^3+2x^2$,其导函数 $f'(x)=3x^2+4x=x(3x+4)$,令 $f'(x)=0$,解得 $x=-\frac{4}{3}$ 或0。

→求出极值点可得1分。

当 x 变化时,$f'(x)$ 和 $f(x)$ 的变化情况如下表所示:

x	$\left(-\infty,-\frac{4}{3}\right)$	$-\frac{4}{3}$	$(-\frac{4}{3},0)$
$f'(x)$	+	0	−
$f(x)$	单调递增	$\frac{32}{27}$	单调递减

x	0	$(0,+\infty)$
$f'(x)$	0	+
$f(x)$	0	单调递增

因此,当 $a=1$ 时,函数 $f(x)$ 的单调递增区间为 $\left(-\infty,-\frac{4}{3}\right)$ 和 $(0,+\infty)$,单调递减区间为 $(-\frac{4}{3},0)$,

→求出单调区间可得2分。

极大值为$f\left(-\frac{4}{3}\right)=\frac{32}{27}$，极小值为$f(0)=0$。

→求出极大值与极小值可得2分。

（2）当$x>-1$时，$f(x)\geqslant 0$恒成立，即$a\geqslant\frac{-x^3-x^2+2x+2}{x^2+2x+2}$，记$g(x)=\frac{-x^3-x^2+2x+2}{x^2+2x+2}(x>-1)$，其导函数$g'(x)=\frac{-x^4-4x^3-10x^2-8x}{(x^2+2x+2)^2}=\frac{-x(x^3+4x^2+10x+8)}{(x^2+2x+2)^2}$。

→正确表示出$g'(x)$的公式可得3分。

考虑函数$h(x)=x^3+4x^2+10x+8$，其导函数$h'(x)=3x^2+8x+10$，则$\Delta=8^2-4\times3\times10=-56<0$，且$h'(x)$的图象开口向上，故$h'(x)>0$，则当$x>-1$时，$h(x)$单调递增，则$h(x)\geqslant h(-1)=1>0$，所以$g'(x)=0$只有一个解，即$x=0$，当$x\in(-1,0)$时，$g'(x)>0$，函数$g(x)$单调递增，当$x\in(0,+\infty)$时，$g'(x)<0$，函数$g(x)$单调递减，

→求出函数$g(x)$的单调区间可得3分。

所以函数$g(x)$在$x=0$处取得极大值，也就是最大值，最大值为$g(0)=1$，

→求出函数$g(x)$的最大值可得1分。

故实数a的取值范围为$[1,+\infty)$。

→求出a的取值范围可得1分。

2022年山西省临汾市尧都区教师招聘考试小学数学真题试卷（精编）（六）

一、单项选择题

1. A 【解析】本题考查一元二次方程的根的性质与充分、必要条件的判定。若一元二次方程$x^2+(2a-1)x+3+\frac{3a}{4}=0$有两个实根，则$\Delta=(2a-1)^2-4\times1\times\left(3+\frac{3a}{4}\right)=4a^2-7a-11\geqslant0$，解得$a\geqslant\frac{11}{4}$或$a\leqslant-1$，不能推出$a>\frac{11}{4}$；若$a>\frac{11}{4}$，则一元二次方程$x^2+(2a-1)x+3+\frac{3a}{4}=0$的判别式$\Delta=4a^2-7a-11>0$，方程有两个实根，故“$a>\frac{11}{4}$”是“一元二次方程$x^2+(2a-1)x+3+\frac{3a}{4}=0$有两个实根”的充分不必要条件。

2. B 【解析】本题考查集合的运算。$Q=\{x|y=\ln(x-5)\}=\{x|x-5>0\}=\{x|x>5\}$，$W=\left\{x\middle|y=\frac{1}{\sqrt{-5+4x+x^2}}\right\}=\{x|-5+4x+x^2>0\}=\{x|x>1\text{或}x<-5\}$，

故 $W\cap Q=\{x\mid x>5\}$。

3. D 【解析】本题考查二次函数的图象与性质。函数 $f(x)=-x^2+4x+m=-(x-2)^2+4+m$,该函数图象为抛物线,开口向下,对称轴为直线 $x=2$,故当 $x\in[0,1]$时,$f(x)$单调递增,则$f(x)$在点 $x=0$ 处取得最小值 -3,即$f(0)=-(0-2)^2+4+m=-3$,解得 $m=-3$。

易错提示:本题在将二次函数解析式由一般式化为顶点式时,容易漏掉括号前的"$-$"号,导致错解。

4. C 【解析】本题考查平面向量的数量积与三角函数的单调性。已知 $\boldsymbol{m}=(1,\sqrt{3})$,$\boldsymbol{n}=(\sin x,\cos x)$,则$f(x)=\boldsymbol{m}\cdot\boldsymbol{n}=\sin x+\sqrt{3}\cos x=2\left(\frac{1}{2}\sin x+\frac{\sqrt{3}}{2}\cos x\right)=2\sin\left(x+\frac{\pi}{3}\right)$,令 $2k\pi+\frac{\pi}{2}<x+\frac{\pi}{3}<2k\pi+\frac{3\pi}{2}(k\in\mathbf{Z})\Rightarrow 2k\pi+\frac{\pi}{6}<x<2k\pi+\frac{7\pi}{6}(k\in\mathbf{Z})$,所以$f(x)$的单调递减区间为$\left(2k\pi+\frac{\pi}{6},2k\pi+\frac{7\pi}{6}\right)(k\in\mathbf{Z})$。

5. B 【解析】本题考查三角函数的最小正周期。$f(x)=\sqrt{3}\sin 2x+2+2\cos^2x=\sqrt{3}\sin 2x+2+\cos 2x+1=2\sin\left(2x+\frac{\pi}{6}\right)+3$,故$f(x)$的最小正周期为 $T=\frac{2\pi}{2}=\pi$。

6. C 【解析】本题考查二项式的展开式的系数。二项式$(x+\sqrt{3})^8$ 的展开式的通项 $T_{r+1}=C_8^r x^{8-r}(\sqrt{3})^r$,当 r 为偶数,即 $r=0,2,4,6,8$ 时,对应项的系数是有理数,故系数是有理数的项的个数为 5。

7. B 【解析】本题考查二项式的展开式系数的性质。由题意知 $C_n^7=C_n^3$,解得 $n=10$,故$(x+1)^n$ 的展开式中奇数项的二项式系数之和为 $C_{10}^0+C_{10}^2+\cdots+C_{10}^{10}=2^{10-1}=2^9$。

易错提示:在二项式展开式中,二项式的第 T_{r+1} 项对应的是 r,容易把第几项就当做 r 为几,从而导致错解。

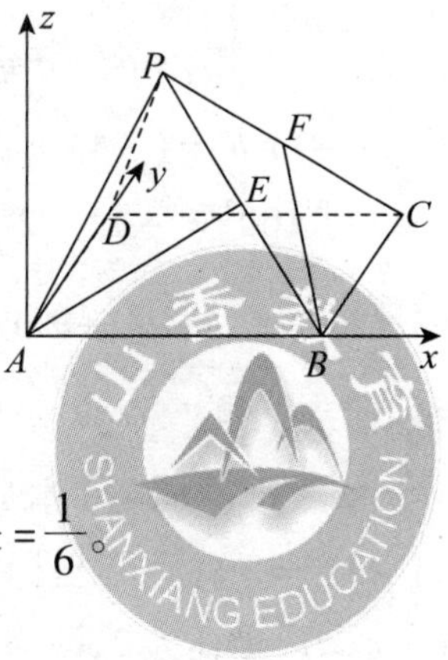

8. C 【解析】本题考查立体几何中的异面直线所成角的三角函数值。因为四棱锥 $P-ABCD$ 是正四棱锥,所以 $DA\perp AB$,以点 A 为坐标原点,建立如图所示的空间直角坐标系。设 $PA=4$,异面直线 AE 和 BF 所成角为 θ,则 $A(0,0,0)$,$B(4,0,0)$,$C(4,4,0)$,$P(2,2,2\sqrt{2})$,$E(3,1,\sqrt{2})$,$F(3,3,\sqrt{2})$,于是 $\overrightarrow{AE}=(3,1,\sqrt{2})$,$\overrightarrow{BF}=(-1,3,\sqrt{2})$,所以异面直线 AE 和 BF 所成角的余弦值为 $\cos\theta=\left|\frac{\overrightarrow{AE}\cdot\overrightarrow{BF}}{|\overrightarrow{AE}||\overrightarrow{BF}|}\right|=\frac{|-3+3+2|}{\sqrt{9+1+2}\times\sqrt{1+9+2}}=\frac{1}{6}$。

9. A 【解析】本题考查正三棱柱的外接球。如图，设正三棱柱的棱长为 x，D 为 A_1C_1 的中点，上、下底面中心连线 EF 的中点为 O，则点 O 为外接球的球心，半径为 OA_1。在 $\mathrm{Rt}\triangle EDA_1$ 中，$EA_1=\frac{x}{2\sin 60^\circ}=\frac{x}{\sqrt{3}}$，在 $\mathrm{Rt}\triangle OEA_1$ 中，$OE=\frac{x}{2}$，由勾股定理得 $OA_1^2=EA_1^2+EO^2=\frac{7x^2}{12}$，故其外接球的表面积为 $S=4\pi\cdot\frac{7}{12}x^2=\frac{7\pi}{3}x^2=\frac{28\pi}{3}$，解得 $x=2$。

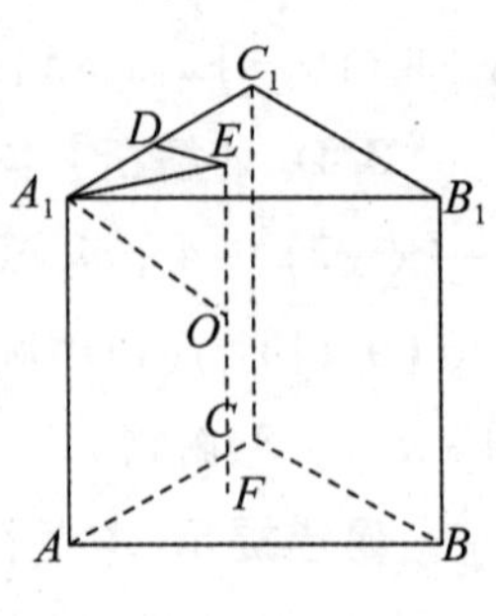

10. C 【解析】本题考查解三角形。$S_{\triangle ABC}=\frac{1}{2}bc\sin A=\frac{1}{2}\times1\times c\times\frac{\sqrt{3}}{2}=2\sqrt{3}$，解得 $c=8$，由余弦定理得 $a^2=b^2+c^2-2bc\cos A=1+64-2\times1\times8\times\frac{1}{2}=57$，解得 $a=\sqrt{57}$。

11. B 【解析】本题考查数的大小比较。$b=\lg 100=\lg 10^2=2$，$a=2\sqrt{2}\approx2.8$，$c=\mathrm{e}\approx2.7$，故 $a>c>b$。

12. B 【解析】本题考查不等式的计算。由 $x-y+3\leqslant0$ 得 $x-y\leqslant-3$，故 $(x-y)^2=x^2+y^2-2xy\geqslant9$，因为 $xy\geqslant0$，所以 $x^2+y^2\geqslant9$，故 $\sqrt{x^2+y^2}\geqslant\sqrt{9}=3$，则 $\sqrt{x^2+y^2}$ 的最小值为 3。

13. B 【解析】本题考查概率的计算。至少取到 1 个已损坏灯泡的概率为 $\frac{C_3^1C_{27}^1}{C_{30}^2}+\frac{C_3^2}{C_{30}^2}=\frac{27}{145}+\frac{1}{145}=\frac{28}{145}$。

14. A 【解析】本题考查数列的前 n 项和。设等比数列 $\{a_n\}$ 的公比为 q，由题意可知 $q>0$，$\begin{cases}a_1+a_3=a_1+a_1q^2=10,\\a_3+a_5=a_1q^2+a_1q^4=40,\end{cases}$ 解得 $\begin{cases}a_1=2,\\q=2,\end{cases}$ 则 $a_n=2^n$，$\therefore b_n=\log_2a_n=\log_22^n=n$，$\therefore(-1)^nb_n^2=(-1)^nn^2$，于是数列 $(-1)^nb_n^2$ 的前 100 项和为 $(-1)^11^2+(-1)^22^2+\cdots+(-1)^{100}100^2=-1^2+2^2-3^2+4^2-\cdots-99^2+100^2=(2+1)\times(2-1)+(4+3)\times(4-3)+\cdots+(100+99)\times(100-99)=1+2+3+4+\cdots+99+100=\frac{(1+100)\times100}{2}=5050$。

15. C 【解析】本题考查圆的性质与基本不等式。由题意知，圆 $(x-m)^2+(y-3)^2=9$ 的圆心坐标为 $(m,3)$，半径为 3，圆 $(x+n)^2+(y-2)^2=4$ 的圆心坐标为 $(-n,2)$，半径为 2，因为两圆外切，所以 $(m+n)^2+(3-2)^2=(3+2)^2$，解得 $m+n=$

$2\sqrt{6}$，则$\frac{m+n}{2}=\sqrt{6}$，而$\frac{m+n}{2}\geqslant\sqrt{mn}$，当且仅当 $m=n=\sqrt{6}$时，$\sqrt{mn}$取得最大值，最大值为$\sqrt{6}$，故 mn 的最大值为 6。

16. A 【解析】本题考查复数的运算及其几何意义。$z=-\frac{1}{3}\mathrm{i}(2\mathrm{i}-1)=\frac{2}{3}+\frac{1}{3}\mathrm{i}$，故该复数在复平面内所对应的点为$\left(\frac{2}{3},\frac{1}{3}\right)$，位于第一象限。

17. A 【解析】本题考查导数的几何意义。$y=\sqrt[3]{x-2}=(x-2)^{\frac{1}{3}}$，则 $y'=\frac{1}{3}(x-2)^{-\frac{2}{3}}$，当 $x=1$ 时，$y'=\frac{1}{3}\times(1-2)^{-\frac{2}{3}}=\frac{1}{3}\times[(-1)^2]^{-\frac{1}{3}}=\frac{1}{3}$，所以曲线在 $x=1$ 处的斜率为$\frac{1}{3}$。

二、多项选择题

18. AC 【解析】本题考查平面中的点与线。两点确定一条直线，A 项正确；两点确定一条直线，若两条直线有两个公共点，那么这两条直线一定重合，B 项错误；两点之间，线段最短，C 项正确；过任意三点不在同一条直线上的 4 个点中的任意两点，可画 6 条直线，D 项错误。

19. AD 【解析】本题考查函数的奇偶性和增减性。$y=x^{-1}$的定义域$(-\infty,0)\cup(0,+\infty)$关于原点对称，且$(-x)^{-1}=-x^{-1}$，故 $y=x^{-1}$是奇函数，且其在$(0,+\infty)$上单调递减，A 项符合题意；$2^{-(-x)}=2^x\neq-2^{-x}$，故函数 $y=2^{-x}$不是奇函数，排除 B 项；函数 $y=\lg x$ 的定义域为$(0,+\infty)$，不关于原点对称，故其为非奇非偶函数，排除 C 项；$y=-x^3$ 的定义域 $\mathbf{R}$ 关于原点对称，且$-(-x)^3=x^3$，故 $y=-x^3$ 是奇函数，且其在$(0,+\infty)$上单调递减，D 项符合题意。

易错提示：本题在计算过程中，很容易忽略函数的定义域、单调性、奇偶性中的一项，从而导致错解。

20. ABC 【解析】本题考查数列的性质。若数列$\{a_n\}$是 $P(1)$ 数列，则 $a_{mn}=a_ma_n$，所以 $a_6=a_2a_3=1$，$a_{12}=a_2a_6=3$，解得 $a_2=3$，$a_3=\frac{1}{3}$，A 项正确；若等差数列$\{b_n\}$是 $P(2)$ 数列，则 $b_{mn}=2b_mb_n$，令 $m=1$，则 $b_n=2b_1b_n$，若 $b_1=0$，则 $b_n=0$，B 项正确；若 $b_1\neq0$，当 $m=n=1$ 时，则 $b_1=2b_1^2$，解得 $b_1=\frac{1}{2}$。当 $m=n=2$ 时，$b_4=2b_2^2$，设等差数列$\{b_n\}$的公差为 d，则 $b_4=\frac{1}{2}+3d=2\times\left(\frac{1}{2}+d\right)^2$，解得 $d=\frac{1}{2}$或 $d=0$，故 $b_n=\frac{n}{2}$或 $b_n=$

$\frac{1}{2}$,C 项正确;假设存在满足条件的 $P(k)$ 数列 $\{c_n\}$,使得 $c_{2020}, c_{2021}, c_{2022}, \cdots$,为等比数列,不妨设其公比为 q,则有 $c_{2020 \cdot 2020} = kc_{2020} \cdot c_{2020} \Rightarrow c_{2020} \cdot q^{2020 \cdot 2020 - 2020} = kc_{2020} \cdot c_{2020}$,可得 $q^{2020 \cdot 2020 - 2020} = kc_{2020}$①,而 $c_{2020 \cdot 2021} = kc_{2020} \cdot c_{2021} \Rightarrow c_{2020} \cdot q^{2020 \cdot 2021 - 2020} = kc_{2020} \cdot c_{2020} \cdot q$,可得 $q^{2020 \cdot 2021 - 2021} = kc_{2020}$②,综合①②可得 $q=1$,故 $c_{2020 \cdot 2020} = c_{2020}$,代入 $c_{2020 \cdot 2020} = kc_{2020} \cdot c_{2020}$,得 $c_{2020} = \frac{1}{k}$,则当 $n \geqslant 2020$ 时,$c_n = \frac{1}{k}$,又 $c_{2020} = kc_1 \cdot c_{2020} \Rightarrow c_1 = \frac{1}{k}$,当 $1 < n < 2020$ 时,不妨设 $n^i \geqslant 2020, i \in \mathbf{N}_+$,且 i 为奇数,由 $c_{n^i} = c_{n \times n^{i-1}} = kc_n \times c_{n^{i-1}} = kc_n \times c_{n \times n^{i-2}} = k^2(c_n)^2 \times c_{n^{i-2}} = \cdots = k^{i-1}(c_n)^i$,而 $c_{n^i} = \frac{1}{k}$,所以 $\frac{1}{k} = k^{i-1}(c_n)^i$,$(c_n)^i = \left(\frac{1}{k}\right)^i$,$c_n = \frac{1}{k}$,综上,满足条件的 $P(k)$ 数列 $\{c_n\}$ 有无穷多个,其通项公式为 $c_n = \frac{1}{k}$,D 项错误。

21. AC 【解析】本题考查不等式的性质。因为 $\frac{a}{b} < \frac{c}{d}$,$a,b,c,d$ 都是正实数,所以 $\frac{d}{c} < \frac{b}{a}$,所以 $\frac{d}{c} + 1 < \frac{b}{a} + 1$,即 $\frac{d+c}{c} < \frac{b+a}{a}$,可得 $\frac{a}{a+b} < \frac{c}{c+d}$,A 项正确,B 项错误。同理可证 $\frac{d}{c+d} < \frac{b}{a+b}$,C 项正确,D 项错误。

三、判断题

22. √ 【解析】本题考查代数式的计算。$a^3 + a^{-3} = (a + a^{-1})(a^2 - 1 + a^{-2}) = (a + a^{-1})[(a + a^{-1})^2 - 3] = 4 \times (16 - 3) = 52$。

23. √ 【解析】本题考查向量的数量积。因为 $\boldsymbol{a} = (1,2)$,$\boldsymbol{b} = (-1,3)$,所以 $\cos\langle \boldsymbol{a}, \boldsymbol{b} \rangle = \frac{\boldsymbol{a} \cdot \boldsymbol{b}}{|\boldsymbol{a}||\boldsymbol{b}|} = \frac{-1+6}{\sqrt{5} \times \sqrt{10}} = \frac{\sqrt{2}}{2}$。

24. × 【解析】本题考查函数的奇偶性与周期性。由 $f(x+4) = f(x)$ 可知,函数 $f(x)$ 的周期为 4,因为 $f(3) = 0$,所以 $f(7) = f(3+4) = f(3) = 0$,$f(-1) = f(3-4) = 0$,因为 $f(x)$ 为偶函数,所以 $f(1) = f(-1) = 0$,$f(5) = f(1+4) = f(1) = 0$,则函数 $f(x)$ 在区间 $(0,8)$ 内零点的个数至少为 4。

易错提示:本题容易只关注到函数的周期性,只判定出 $f(3) = f(7) = 0$,忽视了函数的奇偶性,忘记了 $f(1) = f(5) = 0$。

25. × 【解析】本题考查三角函数恒等变换和图象的对称性。$f(x) = 2\cos^2\left(x + \frac{\pi}{12}\right) + \sin 2x = \cos\left(2x + \frac{\pi}{6}\right) + 1 + \sin 2x = \frac{\sqrt{3}}{2}\cos 2x + \frac{1}{2}\sin 2x + 1 = \sin\left(2x + \frac{\pi}{3}\right) + 1$,令 $2x + \frac{\pi}{3} = k\pi + \frac{\pi}{2}$,解得函数 $f(x)$ 的对称轴为 $x = \frac{k\pi}{2} + \frac{\pi}{12}(k \in \mathbf{Z})$。

26. √ 【解析】本题考查点到直线的距离。由题易知，抛物线焦点为 $F(4,0)$，准线方程为 $x=-4$。过点 P 作直线 $x+y+30=0$ 的垂线，垂足为点 M，过点 P 作直线 $x=-4$ 的垂线，垂足为点 Q，则 $PQ=d_1$，$PM=d_2$，连接 PF，根据抛物线的定义可知 $PF=PQ$，则 $d_1+d_2=PF+PM$，易知，当点 P,M,F 三点共线且与直线 $x+y+30=0$ 垂直时，d_1+d_2 最小，最小值为点 F 到直线 $x+y+30=0$ 的距离 $d=\frac{|4+0+30|}{\sqrt{1+1}}=\frac{34}{\sqrt{2}}=17\sqrt{2}$。

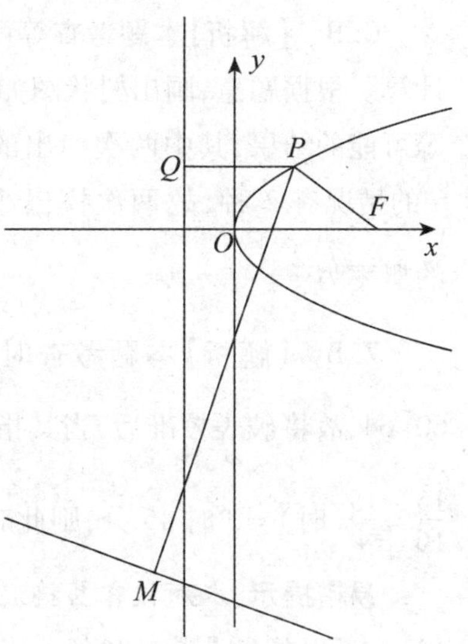

2022 年 6 月浙江省杭州市教育系统公开教师招聘考试中小学数学真题试卷(七)

一、单项选择题

1. A 【解析】本题考查异分母分数的加法。通过计算可知，$\frac{1}{7}+\frac{1}{13}$最大。

2. B 【解析】本题考查正弦函数最小正周期的计算。最小正周期 $T=\frac{2\pi}{2}=\pi$。

3. B 【解析】本题考查染色问题。根据正方体表面涂色的特点，分别得出切割后的小正方体的涂色面的排列特点：(1)三面涂色的在大正方体每个顶点处；(2)两面涂色的在大正方体每条棱长上(除去顶点处的小正方体)；(3)一面涂色的在大正方体每一个面上(除去棱长上的小正方体)；(4)没有涂色的在大正方体内部。如图所示，观察由 27 个小正方体组成的大正方体，三面涂色的小正方体在大正方体每个顶点处，共有 8 个。

4. C 【解析】本题考查数据的统计特征。将一组数据中每个数据的值都减去同一个正数，这组数据的波动大小不变，故方差和标准差都不变，但平均数也要减去同一个正数，故选 C。

5. D 【解析】本题考查逻辑推理。由于开会时只需去一位校长或书记，但不能缺席。且三次会议每校只有一人参会。如果钱是校长，由第一次会议知，当钱出席时，赵、王、陈均未出席，那么书记应该是赵、王、陈其中之一；由第二次会议知，当钱未出席时，李、王也未出席，那么书记不可能是王；由第三次会议知，当钱未出席时，赵、孙也未出席，那么书记不可能是赵，所以这所学校的书记是陈。

6. B 【解析】本题考查等可能性事件概率的计算。根据题意,画出树状图如图所示,共有 9 种等可能的结果,其中两次摸出的小球标号的和为 5 的情况有 2 种,故两次摸出小球标号的和为 5 的概率为$\frac{2}{9}$。

开始
第一次 1 2 3
第二次 1 2 3 1 2 3 1 2 3
和 2 3 4 3 4 5 4 5 6

7. B 【解析】本题考查时钟问题。由题意可知,标准时间与破表时间的比为 60:64,故将破表校准后,当其指向 16 时的时候,实际时间经过了$(16-12)\times\frac{60}{64}=4\times\frac{15}{16}=\frac{15}{4}$(时)=3 时 45 分,则此时标准时间是 12 时 +3 时 45 分 =15 时 45 分。

易错提示:本题极容易搞混标准时间与错误时间。重点是把握标准表与破表的时间比,否则很容易导致错解。

8. A 【解析】本题考查二次函数的性质。$\because y=x^2+ax$(a 为常数),$\therefore$ 二次函数图象的开口向上,对称轴为直线 $x=-\frac{a}{2}$,且经过原点,$\because$ 点$(1,m)$,$(3,n)$在二次函数 $y=x^2+ax$(a 为常数)的图象上,且$mn<0$,$\therefore m<0,n>0,\frac{1}{2}<-\frac{a}{2}<\frac{3}{2}$,$\because$ 点$(2,y_2)$到对称轴的距离最近,点$(4,y_3)$到对称轴的距离最远,$\therefore y_2<y_1<y_3$。

9. C 【解析】本题考查平面几何图形的综合问题。如图,过点 G 作 $GM\perp CD$ 于点 M,过点 G 作 $GN\perp AB$ 于点 N。因为 AE 为 $\angle DAB$ 的角平分线,BF 为 $\angle ABC$ 的角平分线,

所以 $\angle DAE=\angle BAE$,$\angle ABF=\angle CBF$,

因为四边形 $ABCD$ 为平行四边形,所以 $AB/\!/CD$,

所以 $\angle AED=\angle BAE=\angle DAE$,$\angle CFB=\angle ABF=\angle CBF$,所以 $AD=DE$,$BC=CF$。

设 $EF=2x$,则 $DF=3x$,

则 $AD=DE=DF+EF=3x+2x=5x=BC=CF$,

$CE=CF-EF=5x-2x=3x$,

故 $DF=CE=3x$,$CD=DE+CE=5x+3x=8x=AB$,

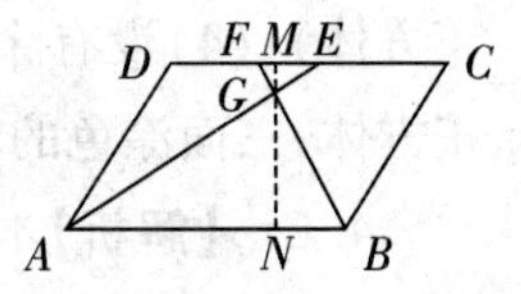

因为 $AB/\!/DC$,

所以 $\triangle ABG\backsim\triangle EFG$,所以$\frac{AB}{EF}=\frac{GN}{GM}=\frac{8x}{2x}=4$。可设 $GM=h$,则 $GN=4h$,因为点 G,M,N 三点共线,所以 $MN=5h$,$S_{四边形BCEG}:S_{\triangle ABG}=\frac{S_{\triangle BFC}-S_{\triangle EFG}}{S_{\triangle ABG}}=\frac{\frac{1}{2}\cdot CF\cdot MN-\frac{1}{2}\cdot EF\cdot GM}{\frac{1}{2}\cdot AB\cdot GN}=\frac{\frac{1}{2}\cdot 5x\cdot 5h-\frac{1}{2}\cdot 2x\cdot h}{\frac{1}{2}\cdot 8x\cdot 4h}=\frac{23}{32}$。

10. A 【解析】本题考查球的表面积计算。如图，圆 O_1 的面积为 4π，则圆 O_1 的半径为 $r=2$，因为 $AB=BC=AC$，所以 $\triangle ABC$ 是等边三角形，所以 $\angle ACB=60°$，由正弦定理得 $\frac{AB}{\sin 60°}=2r\Rightarrow$ $AB=\sqrt{3}r=2\sqrt{3}\Rightarrow OO_1=AB=2\sqrt{3}\Rightarrow OA=\sqrt{OO_1{}^2+r^2}=$ $\sqrt{(2\sqrt{3})^2+2^2}=4$，则球的表面积 $S=4\pi R^2=4\pi(OA)^2=64\pi$。

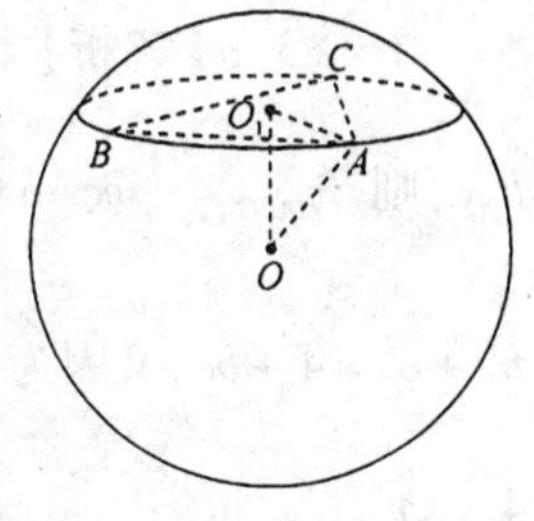

易错提示：本题在进行计算时，容易对三角形外接圆半径和圆球的半径分不清从而导致计算错误。可画出简单的立体图形帮助求解。

二、填空题

11. -1

【解析】本题考查分段函数的运算。当 $x=-2$ 时，代入 $f(x)=2x+3(x<1)$ 可得 $f(-2)=-1$。

12. 8π

【解析】本题考查图形的翻折与弧长的计算。如图，Ⅰ→Ⅱ时，弧 AB 到弧 DC，点 O 到点 O' 的距离即为点 O 所走的路程，即弧 AB 的长，因为 $R=\frac{16}{2}=8(\text{cm})$，所以从Ⅰ号位翻滚到Ⅱ号位，点 O 走过的路程为 $16\pi\times\frac{1}{4}=4\pi\ (\text{cm})$；Ⅱ→Ⅲ时，点 O 所走的路程为以 8 cm 为半径的 $\frac{1}{4}$ 圆的圆弧长：$\frac{1}{4}\times16\pi=4\pi\ (\text{cm})$。则点 O 走过的路程共 $4\pi+4\pi=8\pi(\text{cm})$。

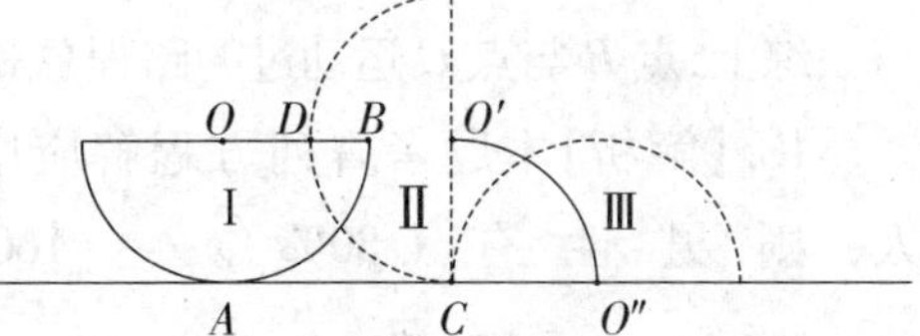

13. 47

【解析】本题考查韦达定理。由题意，根据韦达定理可得 $x_1+x_2=7$，$x_1x_2=1$，则 $x_1{}^2+x_2{}^2=(x_1+x_2)^2-2x_1x_2=49-2=47$。

14. 10

【解析】本题考查数的特征。$2^{10}=1024<2022$，$2^{11}=2048$，又因为 N 是 1，2，3，4，⋯，2019，2020，2021，2022 的最小公倍数，故最小公倍数分解质因数后，含有 10 个 2。故 $x=10$。

15. $\sqrt{13}$

【解析】本题考查图形的变换。由翻折的性质可知 $\angle DCB=\angle B=45°$，故 $\angle BDC=90°$，由勾股定理可得 $BC=\sqrt{4^2+4^2}=4\sqrt{2}$，$BE=\frac{1}{2}BC=2\sqrt{2}$，则在 $\triangle ABE$ 中，由余弦定理可得 $\cos\angle ABE=\cos 45°=\frac{AB^2+BE^2-AE^2}{2AB\cdot BE}=\frac{25+8-AE^2}{2\times5\times2\sqrt{2}}=\frac{\sqrt{2}}{2}$，解得 $AE=\sqrt{13}$。

16. $\sqrt{3}$　【解析】本题考查解三角形。设$\triangle ABC$的内角A,B,C所对的边分别为a，b,c，则$S_{\triangle ABC}=\frac{1}{2}bc\sin 60°=\frac{\sqrt{3}}{4}bc$，又由余弦定理可得$\cos\angle BAC=\cos 60°=\frac{b^2+c^2-a^2}{2bc}\Rightarrow$ $b^2+c^2=4+bc$，又因为$b^2+c^2\geqslant 2bc\Rightarrow bc\leqslant 4$，当且仅当$b=c$时等号成立，所以$S_{\triangle ABC}\leqslant\frac{\sqrt{3}}{4}\times 4=\sqrt{3}$。

三、解答题

17.【解析】本题考查动点模型问题。当门关闭了一半时，点B运动了50 cm，

此时$AB=BC=AC=50$ cm，$\triangle ABC$为等边三角形，$\angle CAB=60°$，故此时点C运动过的路程为$\frac{90-60}{360}\cdot 2\pi\cdot 50=25$ cm。

综上，点B与点C运动过的路程总和是$50+25=75$ cm。

18.【解析】本题考查列方程解应用题。设总人数为x人，则男性有（$80\%x-160$）人，女性有$\left[\frac{3}{5}(80\%x-160)+18\right]$人，

则可得$\frac{3}{5}(80\%x-160)+18+80\%x-160=x$，解得$x=850$。

则$80\%\times 850-160=520$（人），$850-520=330$（人）。

答：这次活动的总人数有850人，其中男性有520人，女性有330人。

19.【解析】本题考查平面几何图形的面积与周长。设圆的半径为r cm，则$S_{圆}=\pi r^2$ cm^2 $=S_{长方形}=r\cdot CD$ cm^2，则$CD=\pi r$ cm，$AB=(\pi r-r)$ cm，$C_{阴影部分}=(C_{圆}+6.28)$ cm $=(2\pi r+6.28)$ cm，则$r+\pi r+\pi r-r+\frac{1}{4}\times 2\pi r-2\pi r=6.28$，解得$r=4$ cm，

则$S_{阴影部分}=\pi r^2-\frac{1}{4}\pi r^2=\frac{3}{4}\pi r^2=37.68$ cm^2，

$C_{阴影部分}=r+\pi r+\pi r-r+\frac{1}{4}\times 2\pi r=31.4$ cm。

20.【解析】本题考查自然数的性质。原有$1\sim n$个连续

评分标准：

→求出点B运动的路程可得1分。

→求出点C运动的路程可得3分。

→求出点B,C运动路程总和可得2分。

→正确表示出男性与女性的解析式可得1分。

→正确列出方程并求解可得2分。

→求出男性和女性的人数可得2分。

→应用题写出对应的“答”可得1分。

→求出圆的半径可得3分。

→求出阴影部分的面积可得2分。

→求出阴影部分的周长可得2分。

自然数,设拿走的数是k,且n,k均为自然数,则有$\frac{n(n+1)}{2}=\frac{155}{7}\times(n-1)+k$,

→正确表示k与n的关系可得2分。

上式左右两边都为正整数,所以$n-1$必为7的倍数,因为$\frac{155}{7}\approx22.14$,所以$\frac{n}{2}$或$\frac{n+1}{2}$接近于22.14,即$n$或$n+1$接近于44.28,

→求出n或$n+1$的近似值可得3分。

令$n-1=7\times6=42$,则$n=43$,

→求出n的值可得1分。

此时$k=\frac{43\times44}{2}-\frac{155}{7}\times42=16$,满足题意。故拿走的数字是16。

→求出k的值可得1分。

21.【参考答案】本题考查教学目标、教学过程与教学方法的分析。根据材料内容,此环节的教学目标是:在具体生活情境中,学生动手操作,初步感知“1克”的质量,进而培养学生自主探究的意识。

→答出教学环节中的“教学目标”且设置合理可得2分。

“自主探究”环节设计意图:通过实践活动,学生体会到数学与生活的密切联系,学会独立探索并与他人合作交流,增强学习数学的兴趣。

“汇报交流”环节设计意图:小组活动后的交流讨论,培养学生表达能力的同时,引导学生总结个人经验,归纳数学方法。

→答出教学环节中的“设计意图”可得4分。其中“设计意图”包含“自主探究”和“汇报交流”两个环节,少写一点扣2分。

教法方面:材料中教师创设了学生比较熟悉的生活情境,用“称一称”“说一说”“贴一贴”的方法来估计物体的轻重,容易激发学生学习数学的兴趣,调动学生的学习自主性和能动性。在教授“1克”质量的过程中,层层递进的提问,小组合作与动手操作等环节的设置,充分调动学生的多种感官参与学习活动,让其深刻感受“1克”质量的大小,有利于“1克”概念的形成。整个教学环节中,为学生提供了充分的活动时间和体验空间,丰富学生的真实体验和触觉感知,深化了对“克”的认识,加快概念的建立,最终达到良好的教学效果。

→答出“为学生提供了充分的活动时间和体验空间,丰富学生的真实体验和触觉感知”的“教法特点”,言之有理即可得2分。

22.【参考答案】本题考查教学设计。教学目标:①掌握异分母分数加、减法的一般计算方法和验算方法,会正确进行计算和验算。

②经历异分母分数加、减法计算方法的探究过程，感悟运用知识间的转换是获取新知识的重要途径。

③学习“回收有用垃圾”的计算问题，唤起环保意识。

教学重点：异分母分数加、减法的计算法则。

教学难点：运用通分的方法解决异分母分数不能直接相加减的问题。

→从不同维度答出异分母分数加、减法的教学目标，陈述明确，且具有可操作性，可得2分。

→写出异分母分数加、减法的教学重点和教学难点，可得1分。

教学过程：

一、复习导入

1. 教师提问：前几节我们学习了什么？（通分、同分母分数加减法）

通分的方法是什么？（先求原来几个分母的最小公倍数，然后把各分数分别化成用这个最小公倍数作分母的分数）

同分母分数加减法的法则是什么？（同分母分数相加减，分母不变，只把分子相加减）

2. 出示一组数：$\frac{1}{2}$，$\frac{7}{24}$，$\frac{11}{24}$，$\frac{1}{3}$，$\frac{5}{6}$，$\frac{7}{9}$，$\frac{3}{4}$，$\frac{4}{25}$。

（1）自己任选两个数组成加法算式和减法算式；

（2）学生可能出现的算式：

$\frac{11}{24}-\frac{7}{24}$；$\frac{1}{2}+\frac{1}{3}$；$\frac{7}{24}+\frac{4}{25}$；$\frac{5}{6}-\frac{1}{2}$；$\frac{11}{24}-\frac{4}{25}$；$\frac{1}{3}+\frac{5}{6}$；$\frac{7}{9}+\frac{1}{3}$；$\frac{3}{4}-\frac{1}{3}$；$\frac{1}{3}+\frac{3}{4}$；…

（3）引导学生把上面算式分成两类，一类为同分母分数加减法，一类为分母不同的分数加减法。

教师引入：分母相同的分数加减法我们已会做，那分母不同的分数加减法又该怎样计算呢？这节课同学们自己解决这个问题，好不好？（板书：异分母分数加、减法）

→教学过程设计可以从复习导入，也可以从创设情境导入，均可得2分。

二、探究新知

（一）异分母分数加法（学生任选一个分母不同的加法算式）

1. 教师提示：你们学过了同分母分数加减法，又学过了通分，请你们用学过的知识把分母不同的分数相加，能行吗？

2. 学生先独立计算后分组讨论。

3. 汇报结果：你们是怎么做出来的？把思路说出来。

引导学生明确：以$\frac{1}{2}+\frac{1}{3}$为例，$\frac{1}{2}$与$\frac{1}{3}$分母不同，不能直接相加，用通分的方法使它们分母相同，找分母2和3的最小公倍数，用最小公倍数6作分母，$\frac{1}{2}$就是$\frac{3}{6}$，$\frac{1}{3}$就是$\frac{2}{6}$，$\frac{1}{2}$加$\frac{1}{3}$就等于$\frac{3}{6}$加$\frac{2}{6}$，然后按照同分母分数加法的法则计算。

板书：$\frac{1}{2}+\frac{1}{3}=\frac{3}{6}+\frac{2}{6}=\frac{5}{6}$。

4. 你们认为最关键的地方是什么？

运用通分把不同分母的分数转化为同分母分数。

5. 反馈练习：$\frac{3}{4}+\frac{1}{5}$。

（二）异分母分数减法（学生任选一个分母不同的减法算式）

1. 教师提示：请你依照异分母分数加法的计算方法解决异分母分数减法的计算问题。

2. 汇报结果。

3. 填空，并说明理由。

$\frac{5}{6}-\frac{3}{4}=\frac{(10)}{12}-\frac{(9)}{12}=\frac{(1)}{(12)}$。

4. 反馈练习：$\frac{5}{8}-\frac{1}{6}$。

（三）整理法则

1. 学生独立思考后小组讨论：根据上面的做题过程，怎样把异分母分数加法法则和异分母分数减法法则合并成一个法则？

2. 学生汇报讨论结果，教师板书。

异分母分数相加、减，先通分，然后按照同分母分数加、减法的法则进行计算。

3. 反馈练习：$\frac{2}{3}+\frac{5}{6}$，$\frac{9}{10}-\frac{11}{15}$。

→探究新知部分引导学生运用通分的方法将不同分母的分数转化为同分母分数进行运算，并尝试让学生整理相关运算法则，体现学生的主体地位和教师的主导作用可得5分，没有体现可酌情减1～1.5分。

要求:①学生独立完成。

②说说应用什么法则及计算过程。

③验算。

引导学生明确:分数加减的验算方法与整数加减的验算方法相同,都是用交换加数的位置再算一遍的方法验算加法,用差加减数的方法来验算减法。

→通过练习让学生在实践中检验异分母分数加、减法,达到应用新知的目的,可得1分。

三、全课小结

通过今天的学习你有什么收获?异分母分数加减法与同分母分数加减法有什么联系?

四、课后作业,巩固知识

对不同层次的学生分层次布置作业。

→有全课小结、作业布置,可得1分

2022年河南省洛阳市教师招聘考试数学真题试卷(八)

一、单项选择题

1. B 【解析】本题考查集合的运算。因为 $A=\{(x,y)\mid x,y\in\mathbf{N}_+,y\leqslant x\}$,$B=\{(x,y)\mid x+y=10\}$,所以 $A\cap B=\{(5,5),(6,4),(7,3),(8,2),(9,1)\}$,元素的个数为5。

2. D 【解析】本题考查点与圆的位置关系和充分必要条件的判定。将圆化为标准方程 $(x-a)^2+(y-1)^2=a^2-a$,当点(0,1)在圆外时,$\begin{cases}(0-a)^2+(1-1)^2>a^2-a,\\ a^2-a>0,\end{cases}$ 解得 $a>1$,则"$a<0$"是"点(0,1)在圆 $x^2+y^2-2ax-2y+a+1=0$ 外"的既不充分也不必要条件。

3. A 【解析】本题考查函数性质的综合应用。当 $x>0$ 时,$-x<0$,因为 $g(x)$ 为定义在 $\mathbf{R}$ 上的奇函数,所以 $g(x)=-g(-x)=-x^2-2x+5$。由题意,当 $x<0$ 时,$f(x)=x^2+x$,令 $f(x)\leqslant 2$,解得 $-2\leqslant x<0$;当 $x\geqslant 0$ 时,$f(x)=-x^2\leqslant 2$ 恒成立,即当 $f(x)\leqslant 2$ 时,$x\geqslant -2$,所以若 $f[g(a)]\leqslant 2$,则 $g(a)\geqslant -2$。当 $a<0$ 时,$g(a)\geqslant -2\Rightarrow a^2-2a-5\geqslant -2$,解得 $a\leqslant -1$;当 $a>0$ 时,$g(a)\geqslant -2\Rightarrow -a^2-2a+5\geqslant -2$,解得 $0<a\leqslant 2\sqrt{2}-1$;当 $a=0$ 时,$g(a)=0>-2$。综上所述,实数 a 的取值范围为 $a\leqslant -1$ 或 $0\leqslant a\leqslant 2\sqrt{2}-1$。

易错提示:本题需要由果索因,即从结果推条件,推导过程中需要进行多次分类讨论,在解不等式 $g(a)\geqslant -2$ 的过程中容易忽略 $a=0$ 的情况,从而导致错解。

4. C 【解析】本题考查导函数的应用。由题知 $f(x)=e^x(ae^x-1)+x(a>0)$,所以 $f'(x)=2ae^{2x}-e^x+1(a>0)$,若函数 $f(x)$ 有两个极值点,则 $f'(x)=2ae^{2x}-e^x+1$ 有两个变号零点,即 $2ae^{2x}-e^x+1=0$ 有两个不相等的实根。令 $t=e^x$,即 $2at^2-t+1=0$

有两个不相等的实根，有$\begin{cases}a>0,\\ \Delta=1-8a>0,\end{cases}$解得$0<a<\frac{1}{8}$。

5. C 【**解析**】本题考查奇函数的性质。因为$f(x)=\frac{b-2^x}{2^x+a}$是定义域为**R**的奇函数，所以$f(0)=0$，即$\frac{b-2^0}{2^0+a}=0$，解得$b=1$，所以$f(x)=\frac{1-2^x}{2^x+a}$。$f(-1)=\frac{1-2^{-1}}{2^{-1}+a}=\frac{1}{1+2a}$，$f(1)=\frac{1-2}{2+a}=\frac{-1}{2+a}$，由$f(-1)=-f(1)$，得$\frac{1}{1+2a}=\frac{1}{2+a}$，解得$a=1$，由此可知$a=1,b=1$。

6. C 【**解析**】本题考查对数函数性质的综合应用。因为$f(x)=|\log_3 x|$，正实数m,n满足$m<n$，且$f(m)=f(n)$，所以$0<m<1<n$，且$-\log_3 m=\log_3 n$，所以$mn=1$，因为$f(x)$在区间$[m^2,n]$上的最大值为2，且$f(x)$在$[m^2,1)$上是减函数，在$(1,n]$上是增函数，所以$-\log_3 m^2=2$或$\log_3 n=2$，若$-\log_3 m^2=2$，则$m=\frac{1}{3}$，此时$n=3$，$\log_3 n=1<2$，满足题意，此时$\frac{n}{m}=9$；若$\log_3 n=2$，则$n=9$，此时$m=\frac{1}{9}$，$-\log_3 m^2=4>2$，不满足题意。综上，$\frac{n}{m}=9$。

7. B 【**解析**】本题考查三角函数的零点问题。令$f(x)=0$，即$2\sin x-\sin 2x=2\sin x-2\sin x\cos x=2\sin x(1-\cos x)=0$，解得$\sin x=0$或$\cos x=1$。因为$x\in[\pi,2\pi]$，所以若$\sin x=0$，解得$x=\pi$或$2\pi$；若$\cos x=1$，解得$x=2\pi$。综上，$x=\pi$或$2\pi$，故有2个零点。

易错提示：解本题的零点个数时，容易习惯性把函数的定义域当作$[0,2\pi]$，从而导致错解。

8. A 【**解析**】本题考查数的运算。当$a=2$时，代入$x=a+\frac{2}{a-1}=2+\frac{2}{2-1}=4$，此时$\log_4 2+3\log_8 2-4\log_{16} 2=\frac{1}{2}$；当$a=3$时，代入$x=a+\frac{2}{a-1}=3+\frac{2}{3-1}=4$；当$a=4$时，代入$x=a+\frac{2}{a-1}=4+\frac{2}{4-1}=\frac{14}{3}\neq 4$。故只有A项符合题意。

9. D 【**解析**】本题考查极值与导函数。若函数$f(x)$在**R**上无极值，则$f'(x)=x^2-2ax+a$在**R**上无变号零点，故$\Delta=4a^2-4a\leqslant 0$，解得$0\leqslant a\leqslant 1$。

10. C 【**解析**】本题考查定积分的应用。由题意知，$y'=-2x+4$，则$y'|_{x=0}=4$，$y'|_{x=3}=-2$，所以过点$(0,-3)$和$(3,0)$的切线方程分别为$y=4x-3$，$y=-2(x-3)$，联立切线方程易得两条切线的交点坐标为$\left(\frac{3}{2},3\right)$，题中所述区域如图中阴影部分所示，

故所求面积$S=\int_0^{\frac{3}{2}}[(4x-3)-(-x^2+4x-3)]\mathrm{d}x+\int_{\frac{3}{2}}^3[(-2x+6)-(-x^2+4x-3)]\mathrm{d}x=\int_0^{\frac{3}{2}}x^2\mathrm{d}x+\int_{\frac{3}{2}}^3(x^2-6x+9)\mathrm{d}x=\frac{1}{3}x^3\Big|_0^{\frac{3}{2}}+\left(\frac{1}{3}x^3-3x^2+9x\right)\Big|_{\frac{3}{2}}^3=\frac{9}{4}$。

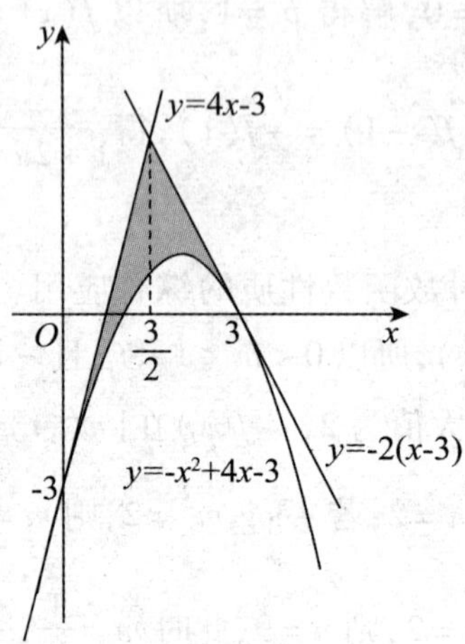

11. D 【解析】本题考查三角函数的图象与性质的应用。由题知 $a>0$，作出函数 $y=\sqrt{2}\sin ax$ 与 $y=\sqrt{2}\cos ax$ 的大致图象如图所示，设两个函数的三个相邻的交点分别为 A，B，C，令 $\sqrt{2}\sin ax=\sqrt{2}\cos ax$，即 $\tan ax=1$，由图易知，

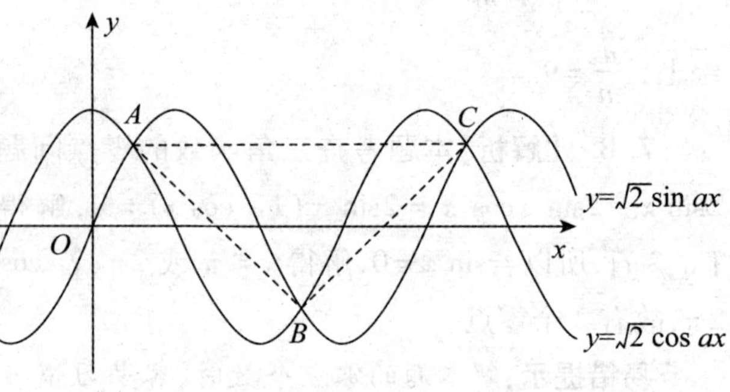

$|AC|=T=\frac{2\pi}{a}$，设点 A 的横坐标为 x_1，点 C 的横坐标为 $x_2=x_1+\frac{2\pi}{a}$，不妨取 $ax_1=\frac{\pi}{4}$，则 $ax_2=\frac{9\pi}{4}$，那么点 B 的横坐标为$\frac{1}{2a}\left(\frac{\pi}{4}+\frac{9\pi}{4}\right)$，此时点 A 的纵坐标为$\sqrt{2}\sin ax_1=1$，点 B 的纵坐标为$\sqrt{2}\sin\frac{1}{2}\left(\frac{\pi}{4}+\frac{9\pi}{4}\right)=-1$，所以点 B 到直线 AC 的距离 $d=1-(-1)=2$，因为三个相邻的交点构成一个等腰直角三角形，所以$\frac{1}{2}|AC|=d=2$，即$|AC|=\frac{2\pi}{a}=4\Rightarrow a=\frac{\pi}{2}$。

12. C 【解析】本题考查三角函数的概念与性质。由题知角 α 终边上有两点 $A(1,a)$，$B(2,b)$，则 $\tan\alpha=a=\frac{b}{2}$，即 $b=2a$，$\cos\alpha=\frac{1}{\sqrt{a^2+1}}$，则 $\cos 2\alpha=2\cos^2\alpha-1=$

$\frac{2}{1+a^2}-1=\frac{1-a^2}{1+a^2}=\frac{4}{5}$,解得 $a^2=\frac{1}{9}\Rightarrow|a|=\frac{1}{3}$,故 $|a-b|=|a-2a|=|a|=\frac{1}{3}$。

13. C 【解析】本题考查平面向量与解三角形。因为 $\boldsymbol{m}/\!/\boldsymbol{n}$,所以 $a\sin B-\sqrt{3}b\cos A=0$,由正弦定理可得 $\sin A\sin B-\sqrt{3}\sin B\cos A=0$,因为 $\sin B\neq 0$,可得 $\tan A=\sqrt{3}$,$\angle A\in(0,\pi)$,所以 $\angle A=\frac{\pi}{3}$,由余弦定理可得 $\cos A=\frac{b^2+c^2-a^2}{2bc}=\frac{4+c^2-7}{4c}=\frac{1}{2}$,解得 $c=3$ 或 $c=-1$(舍去),所以 $S_{\triangle ABC}=\frac{1}{2}bc\sin A=\frac{1}{2}\times 2\times 3\times\frac{\sqrt{3}}{2}=\frac{3\sqrt{3}}{2}$。

14. A 【解析】本题考查平面向量的性质。因为 $\overrightarrow{AB}=2\boldsymbol{e}_1+\boldsymbol{e}_2$,$\overrightarrow{BE}=-\boldsymbol{e}_1+\lambda\boldsymbol{e}_2$,所以 $\overrightarrow{AE}=\overrightarrow{AB}+\overrightarrow{BE}=\boldsymbol{e}_1+(1+\lambda)\boldsymbol{e}_2$,因为 A,E,C 三点共线,所以存在 $m\in\mathbf{R}$,使得 $\overrightarrow{AE}=m\overrightarrow{EC}$,因为 $\overrightarrow{EC}=-2\boldsymbol{e}_1+\boldsymbol{e}_2$,且 $\boldsymbol{e}_1,\boldsymbol{e}_2$ 是平面内两个不共线的非零向量,所以 $\begin{cases}1=-2m,\\1+\lambda=m,\end{cases}$ 解得 $\begin{cases}m=-\frac{1}{2},\\\lambda=-\frac{3}{2},\end{cases}$ 则 $\overrightarrow{BC}=\overrightarrow{BE}+\overrightarrow{EC}=-3\boldsymbol{e}_1-\frac{1}{2}\boldsymbol{e}_2$,因为 $\boldsymbol{e}_1=(2,1)$,$\boldsymbol{e}_2=(2,-2)$,所以 $\overrightarrow{BC}=(-6,-3)-(1,-1)=(-7,-2)$。

15. A 【解析】本题考查正、余弦定理和向量平行的性质。由题意知,因为 $\boldsymbol{m}/\!/\boldsymbol{n}$,所以 $c\cos B=(2a-b)\cos C$,由正弦定理得 $\sin C\cos B=2\sin A\cos C-\sin B\cos C$,整理得 $\sin(B+C)=2\sin A\cos C$,因为 $\angle A+\angle B+\angle C=\pi$,$\angle A,\angle B,\angle C\in(0,\pi)$,所以 $\sin A=2\sin A\cos C\Rightarrow\cos C=\frac{1}{2}$,故 $\angle C=\frac{\pi}{3}$。

16. D 【解析】本题考查多项式的整除。$x^4-5x^3+11x^2+ax+b$ 除以 x^2-2x+1 的商为 x^2-3x,余式为 $4x^2+(a+3)x+b$,因为 $x^4-5x^3+11x^2+ax+b$ 可以被 x^2-2x+1 整除,所以 $4x^2+(a+3)x+b=4(x^2-2x+1)$,即 $a+3=-8$,$b=4$。所以 $a=-11$,$b=4$。

17. A 【解析】本题考查平面几何中平面向量的计算。设 $AD=1$,则 $AB=2$,因为 $AE\perp DF$,所以 $\overrightarrow{AE}\cdot\overrightarrow{DF}=0$,即 $\overrightarrow{AE}\cdot\overrightarrow{DF}=(\overrightarrow{AD}+\overrightarrow{DE})\cdot(\overrightarrow{AF}-\overrightarrow{AD})=\left(\overrightarrow{AD}+\frac{1}{2}\overrightarrow{AB}\right)\cdot(\lambda\overrightarrow{AB}-\overrightarrow{AD})=\left(\lambda-\frac{1}{2}\right)\overrightarrow{AB}\cdot\overrightarrow{AD}-\overrightarrow{AD}^2+\frac{\lambda}{2}\overrightarrow{AB}^2=\left(\lambda-\frac{1}{2}\right)\times 2\times 1\times\cos 60^\circ-1+\frac{\lambda}{2}\times 4=0$,解得 $\lambda=\frac{1}{2}$。

18. C 【解析】本题考查数列前 n 项和的计算。$a_1+a_2+\cdots+a_{2022}=(a_1+a_2)+\cdots+(a_{2021}+a_{2022})=(3-8)+(13-18)+\cdots+[(5\times 2021-2)-(5\times 2022-2)]=(-5)\times 1011=-5055$。

19. D 【解析】本题考查用裂项相消法解数列不等式。由题意知，$a_n=\dfrac{a_{n+1}-1}{a_n-1}$ $(n\in\mathbf{N}^*)$，即 $a_{n+1}-1=a_n(a_n-1)$，$\because a_1=\dfrac{9}{8}>1$，$\therefore a_n-1>0$，$a_{n+1}-1>0$，对 $a_n(a_n-1)=a_{n+1}-1$ 取倒数，得 $\dfrac{1}{a_n(a_n-1)}=\dfrac{1}{a_n-1}-\dfrac{1}{a_n}=\dfrac{1}{a_{n+1}-1}$，即有 $\dfrac{1}{a_n}=\dfrac{1}{a_n-1}-\dfrac{1}{a_{n+1}-1}$，则 $\dfrac{1}{a_1}+\dfrac{1}{a_2}+\cdots+\dfrac{1}{a_n}=\dfrac{1}{a_1-1}-\dfrac{1}{a_2-1}+\dfrac{1}{a_2-1}-\dfrac{1}{a_3-1}+\cdots+\dfrac{1}{a_n-1}-\dfrac{1}{a_{n+1}-1}=\dfrac{1}{a_1-1}-\dfrac{1}{a_{n+1}-1}=8-\dfrac{1}{a_{n+1}-1}<8$，若对任意 $n\in\mathbf{N}^*$，都有 $m>\dfrac{1}{a_1}+\dfrac{1}{a_2}+\cdots+\dfrac{1}{a_n}$ 成立，可得 $m\geqslant 8$，则 m 的最小整数值为 8。

20. C 【解析】本题考查数列的性质和数列通项公式的求解。设等比数列 $\{a_n\}$ 的公比为 $q(q\neq 0)$，因为 S_4+a_4，S_6+a_6，S_5+a_5 成等差数列，所以 $2(S_6+a_6)=(S_4+a_4)+(S_5+a_5)$，即 $2(S_5+a_6+a_6)=(S_4+a_5+S_5+a_4)$，即 $2S_5+4a_6=2S_5+a_4$，整理得 $4a_6=a_4$，即 $\dfrac{a_6}{a_4}=q^2=\dfrac{1}{4}$，因为数列 $\{a_n\}$ 是单调递减的等比数列，所以 $q=\dfrac{1}{2}$，因为 $a_2=\dfrac{1}{2}$，所以 $a_n=a_2q^{n-2}=\dfrac{1}{2}\times\left(\dfrac{1}{2}\right)^{n-2}=\dfrac{1}{2^{n-1}}$。

21. C 【解析】本题考查基本不等式的应用。因为 $a>0$，$b>0$，$\dfrac{1}{a}+\dfrac{1}{b}=\dfrac{a+b}{ab}=1$，所以 $a>1$，$b>1$，$a+b=ab$，所以 $\dfrac{1}{a-1}>0$，$\dfrac{4}{b-1}>0$，所以 $\dfrac{1}{a-1}+\dfrac{4}{b-1}\geqslant 2\sqrt{\dfrac{4}{(a-1)(b-1)}}=2\sqrt{\dfrac{4}{ab-(a+b)+1}}=2\sqrt{\dfrac{4}{ab-ab+1}}=4$（当且仅当 $\dfrac{1}{a-1}=\dfrac{4}{b-1}$，即 $a=\dfrac{3}{2}$，$b=3$ 时，等号成立），故 $\dfrac{1}{a-1}+\dfrac{4}{b-1}$ 的最小值为 4。

22. C 【解析】本题考查立体几何中两点间的最短路径问题。如图 1，取 A_1D_1 的中点 O，连接 EO，FO，则 $EO\perp$ 平面 $A_1B_1C_1D_1$，由 $|EF|=\sqrt{5}$，$OE=2$，可得 $OF=1$，则点 F 在以 O 为圆心，以 1 为半径的半圆上。取 CD 的中点 K，连接 BK，在正方形 $ABCD$ 中，由 E 为 AD 的中点，K 为 CD 的中点，易得 $\triangle DEC\cong\triangle CKB$，所以 $\angle CKB+\angle DCE=\angle DEC+\angle DCE=90^\circ$，所以 $CE\perp BK$，取 C_1D_1 的中点 H，连接 KH，B_1H，易知 $BB_1/\!/KH$，$BB_1=KH$，故四边形 BB_1HK 为平行四边形，因为 $BB_1\perp$ 平面 $ABCD$，$EC\subset$ 平面 $ABCD$，所以 $EC\perp BB_1$，又因为 $EC\perp KB$，所以 $EC\perp$ 平面 KBB_1H，因为 $EC\perp BG$，点 $B\in$ 平面 KBB_1H，所以 $BG\subset$ 平面 KBB_1H，又因为点 $G\in$ 平面

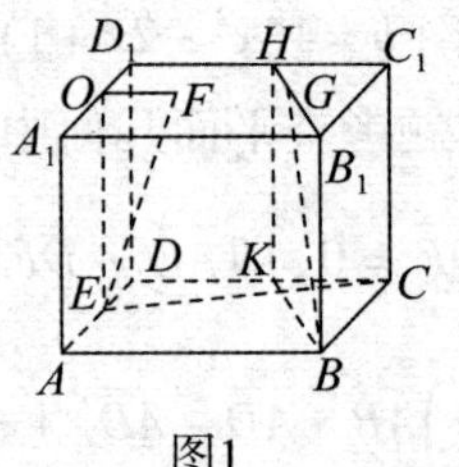

图1

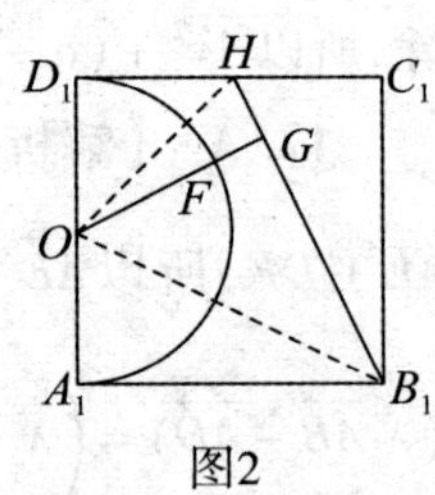

图2

$A_1B_1C_1D_1$,平面 $KBB_1H\cap$ 平面 $A_1B_1C_1D_1=B_1H$,故点 G 在线段 B_1H 上。过点 O 作 $OG\perp B_1H$,交半圆于点 F,如图 2,则 $|FG|$ 为所求的最小值。由已知可得 $B_1H=\sqrt{B_1C_1^2+C_1H^2}=\sqrt{5}$,设 $|OG|=h$,连接 OH,OB_1,则 $S_{\triangle OB_1H}=S_{正方形A_1B_1C_1D_1}-S_{\triangle HC_1B_1}-S_{\triangle D_1HO}-S_{\triangle OA_1B_1}$,即 $\frac{1}{2}\times\sqrt{5}\times h=2\times2-\frac{1}{2}\times2\times1-\frac{1}{2}\times1\times1-\frac{1}{2}\times2\times1=\frac{3}{2}$,可得 $h=\frac{3\sqrt{5}}{5}$,所以 $|FG|$ 的最小值为 $h-|OF|=\frac{3\sqrt{5}}{5}-1$。

23. A 【解析】本题考查直线与圆的位置关系的应用。设直线 l 与圆 C 交于 A,B 两点,因为圆 C 被直线 l 截得的弦长等于该圆的半径,所以 $\triangle CAB$ 为等边三角形,故该三角形 CAB 的高 h 等于边长即圆 C 半径 r 的 $\frac{\sqrt{3}}{2}$ 倍,因为直线 l 的方程为 $x-y+2=0$,圆心坐标为 $(3,2)$,所以圆心到直线 l 的距离 $d=\frac{|3-2+2|}{\sqrt{1^2+(-1)^2}}=\frac{3\sqrt{2}}{2}=h=\frac{\sqrt{3}}{2}r$,所以 $r=\sqrt{6}$,故圆 C 的方程为 $(x-3)^2+(y-2)^2=6$。

24. A 【解析】本题考查双曲线的离心率。由题意知,$A_1(-a,0)$,$A_2(a,0)$,若点 P 在双曲线的渐近线 $y=\frac{b}{a}x$ 上,则 $P\left(\frac{a^2}{b},a\right)$,因为 $|PA_2|=\frac{\sqrt{5}}{2}|A_1A_2|$,所以 $|PA_2|^2=\frac{5}{4}|A_1A_2|^2$,即 $\left(\frac{a^2}{b}-a\right)^2+a^2=\frac{5}{4}\cdot(2a)^2$,整理得 $\left(\frac{a}{b}-1\right)^2=4$,解得 $\frac{a}{b}=3$(负值舍去),从而离心率 $e=\sqrt{1+\frac{b^2}{a^2}}=\sqrt{1+\left(\frac{1}{3}\right)^2}=\frac{\sqrt{10}}{3}$;若点 P 在双曲线的渐近线上 $y=-\frac{b}{a}x$,则 $P\left(-\frac{a^2}{b},a\right)$,因为 $|PA_2|=\frac{\sqrt{5}}{2}|A_1A_2|$,所以 $\left(-\frac{a^2}{b}-a\right)^2+a^2=5a^2$,整理得 $\left(\frac{a}{b}+1\right)^2=4$,解得 $\frac{a}{b}=1$(负值舍去),从而离心率 $e=\sqrt{1+\frac{b^2}{a^2}}=\sqrt{1+1}=\sqrt{2}$,则双曲线 C 的离心率为 $\sqrt{2}$ 或 $\frac{\sqrt{10}}{3}$。

25. B 【解析】本题考查椭圆中焦点三角形的面积和向量的性质。因为 $\overrightarrow{PF_1}\cdot\overrightarrow{PF_2}=0$,则 $PF_1\perp PF_2$,$\angle F_1PF_2=90°$,根据椭圆的焦点三角形的面积公式,$S_{\triangle PF_1F_2}=b^2\tan\frac{\angle F_1PF_2}{2}=b^2=9$,所以 $b=3$。

26. B 【解析】本题考查正态分布。因为随机变量 x 服从正态分布 $N(\mu,\sigma^2)$,对称轴为 $x=\mu$,又 $P(x>-1)+P(x\geqslant5)=1$,而 $P(x>-1)+P(x\leqslant-1)=1$,所以 $P(x\geqslant5)=P(x\leqslant-1)$,所以 5 和 -1 关于对称轴对称,因此 $\mu=\frac{5-1}{2}=2$,故选 B。

27. D 【解析】本题考查条件概率的计算。记"张利在第一个路口遇到红灯"为事件A,"张利在第二个路口遇到红灯"为事件B,则$P(A)=0.4$,$P(B)=0.5$,$P(AB)=0.2$,所以$P(B|A)=\frac{P(AB)}{P(A)}=\frac{0.2}{0.4}=0.5$,故选D。

28. B 【解析】本题考查复数的几何意义和复数的运算。设Z_3对应的复数为z_3,可得$|z_3|=|z_1|=\sqrt{1+3}=2$,在复平面上,设Z_1与实轴正方向的夹角为θ,则$\tan\theta=\sqrt{3}$,所以$\theta=\frac{\pi}{3}$,于是Z_3与实轴正方向的夹角为$\frac{\pi}{3}+\frac{\pi}{2}=\frac{5\pi}{6}$,则$z_3=2\left(\cos\frac{5\pi}{6}+\mathrm{i}\sin\frac{5\pi}{6}\right)=-\sqrt{3}+\mathrm{i}$,所以$z_1z_3=(1+\sqrt{3}\mathrm{i})(-\sqrt{3}+\mathrm{i})=-2\sqrt{3}-2\mathrm{i}$。

29. A 【解析】本题考查逻辑推理。若甲预测正确,则乙、丙预测错误,即甲的成绩比乙高,丙的成绩比乙低,此时三人按成绩由高到低的次序为甲、乙、丙;若乙预测正确,此时丙也预测正确,不符合题意;若丙预测正确,则甲预测错误,即丙的成绩比乙高,乙的成绩比甲高,故丙的成绩比甲、乙的都高,此时乙的预测也正确,不符合题意。

30. C 【解析】本题考查抛物线的性质。根据题意,抛物线的准线方程为$x=-\frac{1}{4}$,过点G作抛物线准线的垂线GD,交准线于点D,过点E,F分别作EE',FF'垂直于抛物线的准线,垂足分别为E',F',则$|EE'|+|FF'|=|EF|=2$,因为G为EF的中点,则$|GD|=\frac{1}{2}(|EE'|+|FF'|)=\frac{1}{2}|EF|=1$,所以点$G$的横坐标为$1-\frac{1}{4}=\frac{3}{4}$。

31. C 【解析】本题考查极限的运算。因为$\left|\sin\frac{1}{x^3}\right|\leqslant 1$,$\sin\frac{1}{x^3}$为有界函数,又因为$x\to 0$时,$x^3$为无穷小,所以$x^3\sin\frac{1}{x^3}$也为$x\to 0$时的无穷小,所以$\lim\limits_{x\to 0}x^3\sin\frac{1}{x^3}=0$。

32. D 【解析】本题考查反常积分的计算。$\int_0^{+\infty}\mathrm{e}^{-ax}\mathrm{d}x=-\frac{1}{a}\mathrm{e}^{-ax}\Big|_0^{+\infty}=0-\left(-\frac{1}{a}\mathrm{e}^0\right)=\frac{1}{a}$。

33. C 【解析】本题考查两个重要极限。$\lim\limits_{x\to\infty}\left(\frac{1+x^2}{2+x^2}\right)^{2x^2+1}=\lim\limits_{x\to\infty}\left(1-\frac{1}{2+x^2}\right)^{2[-(x^2+2)\times(-1)]-3}=\lim\limits_{x\to\infty}\left(1-\frac{1}{2+x^2}\right)^{-2[-(2+x^2)]}\cdot\left(1-\frac{1}{2+x^2}\right)^{-3}=\mathrm{e}^{-2}=\frac{1}{\mathrm{e}^2}$。

34. B 【解析】本题考查函数的求导。因为$\lim\limits_{x\to 1}\frac{f(x)}{x-1}=2$,且$\lim\limits_{x\to 1}(x-1)=0$,所以

$\lim\limits_{x\to1}f(x)=0$，又$f(x)$在$x=1$处连续，所以$f(1)=\lim\limits_{x\to1}f(x)=0$，故$f'(1)=\lim\limits_{x\to1}\frac{f(x)-f(1)}{x-1}=$

$\lim\limits_{x\to1}\frac{f(x)}{x-1}=2$。

35. B 【解析】本题考查利用导数求函数的单调区间。对函数$y=2x^2-\ln x$求导可得$y'=4x-\frac{1}{x}=\frac{4x^2-1}{x}=\frac{(2x+1)(2x-1)}{x}$，因为$x>0$，令$y'=0$，解得$x=\frac{1}{2}$，当$0<x\leqslant\frac{1}{2}$时，$y'\leqslant0$，则函数的单调递减区间为$\left(0,\frac{1}{2}\right]$。故选 B。

36. B 【解析】本题考查曲线拐点的性质。$f'(x)=3ax^2+2bx$，$f''(x)=6ax+2b$，因为点$(1,3)$是曲线$f(x)$的拐点，所以当$x=1$时，$f''(1)=6a+2b=0$，而$f(1)=a+b=3$，联立解得$a=-\frac{3}{2}$，$b=\frac{9}{2}$。

37. B 【解析】本题考查不定积分的计算。

$$\int\frac{dx}{(x+1)^2\sqrt{x^2+2x+2}}=\int\frac{d(x+1)}{(x+1)^2\sqrt{(x+1)^2+1}}\xlongequal{令 x+1=\tan t}\int\frac{d(\tan t)}{\tan^2t\sqrt{\tan^2t+1}}=$$

$$\int\frac{\frac{1}{\cos^2t}}{\frac{\sin^2t}{\cos^2t}\sqrt{\frac{\sin^2t}{\cos^2t}+1}}dt=\int\frac{\cos t dt}{\sin^2t}=\int\frac{d\sin t}{\sin^2t}=-\frac{1}{\sin t}+C=-\frac{\sqrt{x^2+2x+2}}{x+1}+C。$$

38. C 【解析】本题考查变限积分的求导。因为$f(x)=\int_0^{x^3}\sin t^2dt$，所以$f'(x)=\left(\int_0^{x^3}\sin t^2dt\right)'=\sin(x^3)^2(x^3)'=3x^2\sin x^6$。

39. C 【解析】本题考查极限的计算。利用洛必达法则可得$\lim\limits_{x\to0}\frac{\int_0^x t^2e^{t^2}dt}{\int_0^x e^{t^2}dt}=\lim\limits_{x\to0}\frac{x^2e^{x^2}}{e^{x^2}}=\lim\limits_{x\to0}x^2=0$。

40. C 【解析】本题考查定积分的计算。令$t=\sqrt{1-e^{-2x}}$，则$1-t^2=e^{-2x}$，对$1-t^2=e^{-2x}$两边取对数，得$\ln(1-t^2)=-2x$，则$x=-\frac{\ln(1-t^2)}{2}$，当$x=\ln 2$时，$t=\frac{\sqrt{3}}{2}$(负值舍去)，此时$dx=d\left[-\frac{\ln(1-t^2)}{2}\right]=\frac{t}{1-t^2}dt$，所以$\int_0^{\ln 2}\sqrt{1-e^{-2x}}dx=\int_0^{\frac{\sqrt{3}}{2}}\frac{t^2}{1-t^2}dt=$

$$\int_0^{\frac{\sqrt{3}}{2}}\frac{-1+t^2+1}{1-t^2}dt=-\int_0^{\frac{\sqrt{3}}{2}}dt+\int_0^{\frac{\sqrt{3}}{2}}\frac{1}{1-t^2}dt=-t\Big|_0^{\frac{\sqrt{3}}{2}}+\frac{1}{2}[\ln|1+t|-\ln|1-t|]\Big|_0^{\frac{\sqrt{3}}{2}}=$$

$\ln(2+\sqrt{3})-\dfrac{\sqrt{3}}{2}$，故选 C。

41. A 【解析】本题考查极限的计算。

$$\lim_{(x,y)\to(2,0)}\frac{\tan(xy)}{y}=\lim_{(x,y)\to(2,0)}\left[\frac{\tan(xy)}{xy}\cdot x\right]=\lim_{xy\to 0}\frac{\tan(xy)}{xy}\cdot\lim_{x\to 2}x=1\times 2=2。$$

42. C 【解析】本题考查曲线积分的计算。

$\int_L 2xy\mathrm{d}x+x^2\mathrm{d}y=\int_L 2x\cdot x^2\mathrm{d}x+x^2\mathrm{d}x^2=\int_L(2x^3+2x^3)\mathrm{d}x=\int_L 4x^3\mathrm{d}x=\int_0^1 4x^3\mathrm{d}x=$ $x^4\Big|_0^1=1$。

43. D 【解析】本题考查三重积分。

$$I=\iiint_\Omega x\mathrm{d}v=\iiint_\Omega x\mathrm{d}x\mathrm{d}y\mathrm{d}z=\iint_{Dxy}x\mathrm{d}x\mathrm{d}y\int_0^{1-x-2y}\mathrm{d}z=$$

$$\iint_{Dxy}(x-x^2-2xy)\mathrm{d}x\mathrm{d}y=\int_0^{\frac{1}{2}}\mathrm{d}y\int_0^{1-2y}(x-x^2-2xy)\mathrm{d}x=$$

$$\int_0^{\frac{1}{2}}\left[\frac{(1-2y)^2}{2}-\frac{(1-2y)^3}{3}-(1-2y)^2y\right]\mathrm{d}y=$$

$$\int_0^{\frac{1}{2}}\frac{(1-2y)^3}{6}\mathrm{d}y=\frac{-(1-2y)^4}{48}\Bigg|_0^{\frac{1}{2}}=\frac{1}{48}。$$

44. A 【解析】本题考查微分方程的通解。原方程对应的齐次线性方程为 $y''+3y'+2y=0$，其特征方程 $r^2+3r+2=0$ 的特征根为 $r_1=-1,r_2=-2$，于是齐次线性方程的通解为 $y=C_1\mathrm{e}^{-2x}+C_2\mathrm{e}^{-x}$。

可利用代入验证法，由该微分方程的形式及选项形式可优先选择验证选项 A，由 A 可知，$y^*=x\mathrm{e}^{-x}-\dfrac{3}{10}\cos x+\dfrac{1}{10}\sin x$ 为一特解，将该特解代入原微分方程，得 $y^{*\prime}=\mathrm{e}^{-x}-x\mathrm{e}^{-x}+\dfrac{3}{10}\sin x+\dfrac{1}{10}\cos x$，$y^{*\prime\prime}=-\mathrm{e}^{-x}-\mathrm{e}^{-x}+x\mathrm{e}^{-x}+\dfrac{3}{10}\cos x-\dfrac{1}{10}\sin x$，$y^{*\prime\prime}+3y^{*\prime}+2y^*=\mathrm{e}^{-x}+\sin x=$右边，故可知 $y^*=x\mathrm{e}^{-x}-\dfrac{3}{10}\cos x+\dfrac{1}{10}\sin x$ 为$y''+3y'+2y=\mathrm{e}^{-x}+\sin x$ 的一个特解。

所以所求通解为 $y=C_1\mathrm{e}^{-2x}+C_2\mathrm{e}^{-x}+x\mathrm{e}^{-x}-\dfrac{3}{10}\cos x+\dfrac{1}{10}\sin x$，故选 A。

45. C 【解析】本题考查偏导数。由$\begin{cases}x=-u^2+v+z,\\y=u+vz\end{cases}$可知 u,v 均为 x,y,z 的函

数，分别对方程组的两个方程中的 x 求偏导可得$\begin{cases}1=-2u\cdot\dfrac{\partial u}{\partial x}+\dfrac{\partial v}{\partial x},\\0=\dfrac{\partial u}{\partial x}+\dfrac{\partial v}{\partial x}\cdot z,\end{cases}$联立可得$\dfrac{\partial u}{\partial x}=-\dfrac{z}{2uz+1}$。

46. A 【解析】本题考查球面在某点的切平面方程。令 $F(x,y,z)=x^2+y^2+z^2-14$，则 $F_x=2x,F_y=2y,F_z=2z$，则 $F_x|_{(1,2,3)}=2,F_y|_{(1,2,3)}=4,F_z|_{(1,2,3)}=6$，则在点(1,2,3)处该切平面的一个法向量为(2,4,6)，故切平面方程为 $2(x-1)+4(y-2)+6(z-3)=0$，整理得 $x+2y+3x-14=0$。

47. A 【解析】本题考查球带的面积。球面 $x^2+y^2+z^2=a^2(a>0)$ 被平面 $z=\dfrac{a}{4}$ 与 $z=\dfrac{a}{2}$ 所夹部分的面积即球带的面积，即用平面 $z=\dfrac{a}{4}$ 与球面所围成的球冠的面积减去用平面 $z=\dfrac{a}{2}$ 与球面所围成的球冠的面积，$S=2\pi a\left(a-\dfrac{a}{4}\right)-2\pi a\left(a-\dfrac{a}{2}\right)=\dfrac{a^2\pi}{2}$。

48. B 【解析】本题考查曲线积分的计算。L 的方程为 $y=1-x(0\leqslant x\leqslant1)$，$\int_L(x+y)\mathrm{d}s=\int_0^1(x+1-x)\sqrt{(x')^2+[(1-x)']^2}\,\mathrm{d}x=\int_0^1\sqrt{2}\,\mathrm{d}x=\sqrt{2}$。

49. C 【解析】本题考查函数的幂级数展开式。因为$\dfrac{1}{1-x}=\sum\limits_{n=0}^{\infty}x^n(-1<x<1)$，所以$\dfrac{1}{1+x}$关于 x 的幂级数展开式为$\dfrac{1}{1+x}=\sum\limits_{n=0}^{\infty}(-x)^n=\sum\limits_{n=0}^{\infty}(-1)^nx^n(-1<x<1)$。

50. B 【解析】本题考查二重积分。积分区域 $D=\{(x,y)|1\leqslant x\leqslant2,1\leqslant y\leqslant x\}$，所以$\iint\limits_D xy\mathrm{d}x\mathrm{d}y=\int_1^2\mathrm{d}x\int_1^x xy\mathrm{d}y=\int_1^2 x\mathrm{d}x\cdot\dfrac{1}{2}y^2\Big|_1^x=\int_1^2\dfrac{1}{2}x(x^2-1)\mathrm{d}x=\int_1^2\left(\dfrac{x^3}{2}-\dfrac{x}{2}\right)\mathrm{d}x=\left(\dfrac{1}{8}x^4-\dfrac{x^2}{4}\right)\Big|_1^2=\dfrac{9}{8}$。

51. B 【解析】本题考查求封闭区域的积分。利用格林公式，设 $P(x,y)=2x-y+4$，$Q(x,y)=5y+3x-6$，$\dfrac{\partial Q}{\partial x}-\dfrac{\partial P}{\partial y}=4$，由格林公式得$\oint\limits_L(2x-y+4)\mathrm{d}x+(5y+3x-6)\mathrm{d}y=\iint\limits_D 4\mathrm{d}x\mathrm{d}y=12$。

52. C 【解析】本题考查幂级数的收敛域。令 $t=x-1$，则原级数变为$\sum\limits_{n=1}^{\infty}\dfrac{t^n}{2^n\cdot n}$，因为$\rho=\lim\limits_{n\to\infty}\left|\dfrac{a_{n+1}}{a_n}\right|=\lim\limits_{n\to\infty}\dfrac{2^n\cdot n}{2^{n+1}\cdot(n+1)}=\dfrac{1}{2}$，故收敛半径 $R=2$，收敛区间为 $|t|<2$，即

$-1<x<3$，当 $x=3$ 时，级数为 $\sum_{n=1}^{\infty}\frac{1}{n}$，这时级数发散；当 $x=-1$ 时，级数为 $\sum_{n=1}^{\infty}\frac{(-1)^n}{n}$，这时级数收敛，因此原级数的收敛域为 $[-1,3)$。

易错提示：本题求收敛域时，容易忘记对收敛域端点处进行分析或对端点处的收敛性判断错误，一定要代入端点值分析，才能保证正确。

53. D 【解析】本题考查矩阵的行列式的计算。$|\boldsymbol{A}_3-2\boldsymbol{A}_1,3\boldsymbol{A}_2,\boldsymbol{A}_1|=|\boldsymbol{A}_3,3\boldsymbol{A}_2,\boldsymbol{A}_1|-|2\boldsymbol{A}_1,3\boldsymbol{A}_2,\boldsymbol{A}_1|=|\boldsymbol{A}_3,3\boldsymbol{A}_2,\boldsymbol{A}_1|-0=3|\boldsymbol{A}_3,\boldsymbol{A}_2,\boldsymbol{A}_1|=-3|\boldsymbol{A}_1,\boldsymbol{A}_2,\boldsymbol{A}_3|=(-3)\times(-2)=6$。

54. A 【解析】本题考查矩阵的行列式的运算。$|(2\boldsymbol{A})^{-1}-5\boldsymbol{A}^*|=\left|\frac{1}{2}\boldsymbol{A}^{-1}-5|\boldsymbol{A}|\boldsymbol{A}^{-1}\right|=|-2\boldsymbol{A}^{-1}|=(-2)^3|\boldsymbol{A}^{-1}|=(-8)\times 2=-16$。

55. D 【解析】本题考查矩阵的特征值的相关性质。因为相似矩阵具有相同的特征值，所以矩阵 $\boldsymbol{A}$ 的特征值为 1,2,3，由特征值之积等于对应矩阵行列式的值，可得 $|\boldsymbol{A}|=x+2=1\times 2\times 3=6$，解得 $x=4$。

56. A 【解析】本题考查行列式的值。将行列式进行初等变换，

$$D_n=\begin{vmatrix} a+(n-1)b & b & b & \cdots & b \\ a+(n-1)b & a & b & \cdots & b \\ a+(n-1)b & b & a & \cdots & b \\ \vdots & \vdots & \vdots & \ddots & \vdots \\ a+(n-1)b & b & b & \cdots & a \end{vmatrix}=[a+(n-1)b]\begin{vmatrix} 1 & b & b & \cdots & b \\ 1 & a & b & \cdots & b \\ 1 & b & a & \cdots & b \\ \vdots & \vdots & \vdots & \ddots & \vdots \\ 1 & b & b & \cdots & a \end{vmatrix}=$$

$$[a+(n-1)b]\begin{vmatrix} 1 & b & b & \cdots & b \\ 0 & a-b & 0 & \cdots & 0 \\ 0 & 0 & a-b & \cdots & 0 \\ \vdots & \vdots & \vdots & \ddots & \vdots \\ 0 & 0 & 0 & \cdots & a-b \end{vmatrix}$$，以第一列展开得 $D_n=[a+(n-1)b](a-b)^{n-1}$。

57. A 【解析】本题考查矩阵的特征值与行列式的计算。因为 $|\boldsymbol{A}|=1\times 2\times(-3)=-6\neq 0$，所以矩阵 $\boldsymbol{A}$ 可逆，故 $\boldsymbol{A}^*=|\boldsymbol{A}|\boldsymbol{A}^{-1}=-6\boldsymbol{A}^{-1}$，$\boldsymbol{A}^*+3\boldsymbol{A}+2\boldsymbol{E}=-6\boldsymbol{A}^{-1}+3\boldsymbol{A}+2\boldsymbol{E}$，令 $\varphi(\lambda)=-6\lambda^{-1}+3\lambda+2$，则 $\varphi(1)=-1$，$\varphi(2)=5$，$\varphi(-3)=-5$ 是 $\boldsymbol{A}^*+3\boldsymbol{A}+2\boldsymbol{E}$ 的特征值，故 $|\boldsymbol{A}^*+3\boldsymbol{A}+2\boldsymbol{E}|=|-6\boldsymbol{A}^{-1}+3\boldsymbol{A}+2\boldsymbol{E}|=\varphi(1)\cdot\varphi(2)\cdot\varphi(3)=25$。

58. A 【解析】本题考查数学期望的计算。因为 $D(X)=E(X^2)-[E(X)]^2$，所以 $E(X^2)=[E(X)]^2+D(X)$，根据二项分布期望和方差公式可以得到 $E(X)=np=100\times$

$0.2=20, D(X)=np(1-p)=100\times0.2\times(1-0.2)=16$，故 $E(X^2)=[E(X)]^2+D(X)=20^2+16=416$。

59. C 【解析】本题考查数学期望的计算。因为 $E(X)=1$，所以 $E[E(X)+2]=E[E(X)]+2=1+2=3$。

60. C 【解析】本题考查正态分布曲线的性质。由正态分布 $X\sim N(3,4)$ 可知其曲线图象对称轴为 $\mu=3$，即 $P(X<3)=0.5$，故 $a=3$。

二、判断题

61. B 【解析】本题考查方阵的可逆性。若方阵 $\boldsymbol{A}$ 与 $\boldsymbol{B}$ 可逆，则有 $(\boldsymbol{AB})^{-1}=\boldsymbol{B}^{-1}\boldsymbol{A}^{-1}$。故错误。

62. A 【解析】本题考查方阵的可逆性与矩阵的转置。若方阵 $\boldsymbol{A}$ 可逆，则有 $\boldsymbol{A}^{\mathrm{T}}$ 可逆，且 $(\boldsymbol{A}^{\mathrm{T}})^{-1}=(\boldsymbol{A}^{-1})^{\mathrm{T}}$。故正确。

63. B 【解析】本题考查行列式的性质。主对角线上的元素全为 0，确定不了行列式的值，即若行列式主对角线上的元素全为 0，该行列式的值不一定为 0，如 $\begin{vmatrix}0 & 1\\1 & 0\end{vmatrix}=-1\neq0$。故错误。

易错提示：本题容易忽视副对角线上元素全不为 0 的情况，从而导致错解。

64. A 【解析】本题考查方阵的可逆性。因为 $\boldsymbol{A}$ 与 $\boldsymbol{B}$，$\boldsymbol{A}+\boldsymbol{B}$ 都可逆，故 $\boldsymbol{AA}^{-1}=\boldsymbol{A}^{-1}\boldsymbol{A}=\boldsymbol{E}$，$\boldsymbol{BB}^{-1}=\boldsymbol{B}^{-1}\boldsymbol{B}=\boldsymbol{E}$，于是 $\boldsymbol{A}^{-1}+\boldsymbol{B}^{-1}=\boldsymbol{A}^{-1}\boldsymbol{E}+\boldsymbol{EB}^{-1}=\boldsymbol{A}^{-1}\boldsymbol{BB}^{-1}+\boldsymbol{A}^{-1}\boldsymbol{AB}^{-1}=\boldsymbol{A}^{-1}(\boldsymbol{A}+\boldsymbol{B})\boldsymbol{B}^{-1}$，$\boldsymbol{A}^{-1}+\boldsymbol{B}^{-1}$ 被表示成了三个可逆矩阵的乘积，则 $\boldsymbol{A}^{-1}+\boldsymbol{B}^{-1}$ 可逆。故正确。

65. A 【解析】本题考查行列式的性质。根据行列式的性质可得，若行列式中有两列元素对应成比例，则行列式的值必为 0。故正确。

66. B 【解析】本题考查向量组的线性相关性。包含零向量的向量组一定线性相关。故错误。

67. B 【解析】本题考查齐次线性方程组的基础解系。齐次线性方程组的基础解系中含有的解向量一定是线性无关的。故错误。

68. A 【解析】本题考查矩阵的可逆性和特征值的性质。由于 $\boldsymbol{A}$ 可逆，根据可逆矩阵的定义，有 $|\boldsymbol{A}|\neq0$，$R(\boldsymbol{A})=n$，$\boldsymbol{A}$ 的特征值都不为 0。故正确。

69. A 【解析】本题考查非奇异矩阵。非奇异矩阵是行列式不为 0 的矩阵，也就是可逆矩阵。故正确。

70. A 【解析】本题考查可逆矩阵的性质。可逆矩阵的行列式不为 0。故正确。

71. B 【解析】本题考查行列式按行展开。行列式等于它的任意一行的各元素与其对应的代数余子式乘积之和，而不是余子式乘积之和。故错误。

72. A 【解析】本题考查矩阵的秩的性质。若矩阵 $\boldsymbol{A}$ 中所有 r 阶子式全为 0，则高于 r 阶的子式也全为 0，所以 $\boldsymbol{A}$ 的非零子式的最大阶比 r 小，即 $R(\boldsymbol{A})<r$。故正确。

73. B 【解析】本题考查向量组线性无关的充要条件。向量组 $\boldsymbol{\alpha}_1,\boldsymbol{\alpha}_2,\cdots,\boldsymbol{\alpha}_m$ 线性无关的充要条件是 $R(\boldsymbol{\alpha}_1,\boldsymbol{\alpha}_2,\cdots,\boldsymbol{\alpha}_m)=m$。故错误。

74. B 【解析】本题考查可逆矩阵的性质。若 $\boldsymbol{A}$ 为可逆矩阵且 $k\neq 0$，则 $(k\boldsymbol{A})^{-1}=\dfrac{\boldsymbol{A}^{-1}}{k}$。故错误。

75. A 【解析】本题考查相似矩阵的性质。根据相似矩阵的相关性质可知，若 $\boldsymbol{A}$ 与 $\boldsymbol{B}$ 相似，则两矩阵的行列式相等，即 $|\boldsymbol{A}|=|\boldsymbol{B}|$。故正确。

76. B 【解析】本题考查数列收敛的性质。数列收敛则数列一定有界，但是数列有界并不一定收敛，如 $a_n=(-1)^n$，它有界但是并不收敛。故错误。

77. A 【解析】本题考查函数的连续性和可积性。连续必定可积，可积不一定连续。故正确。

78. A 【解析】本题考查函数中可导与可微的关系。一元函数中可导与可微等价，多元函数可微必定可导，而可导不一定可微，所以若函数 $y=f(x)$ 在点 x_0 处可导，则函数 $y=f(x)$ 在点 x_0 处一定可微。故正确。

79. A 【解析】本题考查函数的导函数的性质。若函数 $f(x)$ 在区间 I 上的导函数恒为 0，则 $f(x)$ 在区间 I 上是一个常数。故正确。

80. B 【解析】本题考查函数极值点的性质。若 x_0 为极值点且函数可导，则一阶导函数为零，即 $f'(x_0)=0$；若函数不可导，则 x_0 处的导数不存在，即 $f'(x_0)$ 不存在，如 $f(x)=|x|$，$x=0$ 是 $f(x)$ 的极小值点，但 $f(x)$ 在 $x=0$ 处不可导。故错误。

81. B 【解析】本题考查非零向量垂直的充要条件。两个非零向量 $\boldsymbol{a}$ 与 $\boldsymbol{b}$ 垂直的充要条件是 $\boldsymbol{a}\cdot\boldsymbol{b}=0$。故错误。

82. B 【解析】本题考查偏导数的连续性。偏导数存在但是在该点不一定可微，偏导数存在且连续时才能推出可微。故错误。

83. B 【解析】本题考查函数中驻点和极值点的性质。驻点不一定是极值点，但极值点一定是驻点，如 $f(x)=x^3$ 的驻点 $(0,0)$ 就不是其极值点。故错误。

84. A 【解析】本题考查级数的收敛性。若级数 $\sum\limits_{n=1}^{\infty}|u_n|$ 绝对收敛，即有 $\sum\limits_{n=1}^{\infty}|u_n|$ 收敛，因为 $u_n\leqslant|u_n|$，根据比较收敛法可知该级数一定收敛。故正确。

85. B 【解析】本题考查条件概率公式。$P(A|B)=\dfrac{P(AB)}{P(B)}=\dfrac{0.2}{0.4}=0.5$，故错误。

86. A 【解析】本题考查事件的独立性。事件 A 与 B 相互独立，则事件 A 与 $\overline{B}$ 也相互独立。故正确。

87. A 【解析】本题考查事件之间的关系与概率。随机事件的样本空间一定时，因为 $A\subset B$，即 A 发生 B 必定发生，所以 $P(A)\leqslant P(B)$。故正确。

88. A 【解析】本题考查连续型随机变量的概率密度函数的性质。若连续型随机变量 X 的概率密度函数的分布函数可导，则其概率密度函数就等于分布函数的导数。故正确。

89. A 【解析】本题考查两个离散型随机变量相互独立的充要条件。两离散型随机变量相互独立的充要条件是它们的联合概率密度函数等于两边缘概率密度函数的乘积。故正确。

90. A 【解析】本题考查事件的独立性。两个事件相互独立就是指一个事件发生，不会影响另一个事件的发生或不发生，即两个事件不会相互影响，也指两个事件没有相关性，相关系数为 0。故正确。

91. B 【解析】本题考查正态随机变量的性质。不相关的正态随机变量的和还是正态随机变量，相关的正态随机变量的和不一定是正态随机变量。故错误。

92. B 【解析】本题考查正态分布曲线的性质。$\mu=E(X)$ 表示均值，σ 表示标准差，$D(X)$ 表示方差，$\sigma\neq D(X)$。故错误。

93. A 【解析】本题考查 χ^2 分布的定义。自由度为 n 的 χ^2 分布的定义是 n 个相互独立的服从标准正态分布的随机变量的平方和，已知随机变量 X,Y 相互独立，且服从标准正态分布，所以依据定义，$X^2+Y^2\sim\chi^2(2)$，即 X^2+Y^2 服从自由度为 2 的 χ^2 分布。故正确。

94. A 【解析】本题考查样本均值、样本方差与总体均值、总体方差的关系。样本均值和样本方差分别是总体均值和总体方差的无偏估计量。故正确。

95. A 【解析】本题考查随机变量的线性相关性。两个随机变量的线性相关性越强，相关系数的绝对值越接近于 1。故正确。

96. B 【解析】本题考查正态分布的性质。$\xi\sim N(1,\sigma^2)$，故其对称轴 $\mu=1$，因为 $P(\xi<0)=0.2$，所以 $P(\xi>2)=0.2$，故 $P(1<\xi<2)=1-0.2-0.5=0.3$。故错误。

97. A 【解析】本题考查线性回归直线的性质。线性回归直线一定经过样本点的中心 $(\bar{x},\bar{y})$。故正确。

98. A 【解析】本题考查线性回归分析中残差图的意义。在做回归分析时，残差图中残差点分布的带状区域的宽度越狭窄，说明拟合精度越高。故正确。

99. A 【解析】本题考查互不相容事件和条件概率公式。A,B 为互不相容事件，则 $P(AB)=0$，由条件概率公式可得 $P(B|A)=\dfrac{P(AB)}{P(A)}=0$。故正确。

100. B 【解析】本题考查随机事件的概率公式。若 A,B 为两随机事件，且 $B\subset A$，则

$P(B-A)=0$。故错误。

101. B 【解析】本题考查矩阵的乘法。若 $\boldsymbol{A},\boldsymbol{B}$ 为 n 阶矩阵，则 $\boldsymbol{AB}$ 不一定等于 $\boldsymbol{BA}$。故错误。

102. B 【解析】本题考查矩阵乘法的性质。若矩阵 $\boldsymbol{AB}=\boldsymbol{O}$，但是 $\boldsymbol{A}$ 或 $\boldsymbol{B}$ 不一定为 $\boldsymbol{O}$。故错误。

103. B 【解析】本题考查对称矩阵的性质。若 $\boldsymbol{A},\boldsymbol{B}$ 为 n 阶对称矩阵，且 $\boldsymbol{AB}=\boldsymbol{BA}$，则 $\boldsymbol{AB}$ 为对称矩阵，若 $\boldsymbol{A},\boldsymbol{B}$ 为 n 阶对称矩阵，$\boldsymbol{AB}$ 不一定为对称矩阵。故错误。

104. B 【解析】本题考查矩阵乘法和转置矩阵。若 $\boldsymbol{A},\boldsymbol{B}$ 可乘积，则有 $(\boldsymbol{AB})^{\mathrm{T}}=\boldsymbol{B}^{\mathrm{T}}\boldsymbol{A}^{\mathrm{T}}$。故错误。

易错提示：本题在求解时，容易忽略矩阵的转置放进括号内时，括号内矩阵的位置要变换，从而导致错解。

105. A 【解析】本题考查交错级数的收敛性。交错级数 $\sum\limits_{n=1}^{\infty}(-1)^n\cdot\frac{1}{n^2}$ 是绝对收敛的。正确。

106. A 【解析】本题考查可微与偏导的关系。可微就是导函数存在，因为可微就存在极限值，所以若 $z=f(x,y)$ 函数在点 (x,y) 处可微，则偏导数存在。故正确。

107. B 【解析】本题考查级数的收敛性。若 $\lim\limits_{n\to\infty}u_n=0$，级数 $\sum\limits_{n=1}^{\infty}u_n$ 不一定收敛，如 $\lim\limits_{n\to\infty}\frac{1}{n}=0$，但级数 $\sum\limits_{n=0}^{\infty}\frac{1}{n}$ 是发散的。故错误。

108. A 【解析】本题考查对称区间上奇函数的积分性质。根据对称区间上奇函数的积分性质可知，奇函数的对称区间上的积分值为 0，即 $\int_{-2022}^{2022}f(x)\mathrm{d}x=0$。故正确。

109. A 【解析】本题考查积分的保号性。若在闭区间 $[a,b]$ 上恒有 $f(x)\geqslant 0$，则有 $\int_a^b f(x)\mathrm{d}x\geqslant\int_a^b 0\mathrm{d}x=0$。故正确。

110. A 【解析】本题考查闭区间上函数的连续性与有界性。闭区间上连续必定有界，有界不一定要求闭区间内连续。故正确。

三、多项选择题

111. AC 【解析】本题考查三角函数的性质。由周期公式可得，$f(x)$ 的最小正周期为 $T=2\pi$，故 A 项正确，D 项错误；$f\left(\frac{\pi}{2}\right)=\sin\left(\frac{\pi}{2}+\frac{\pi}{8}\right)=\sin\frac{5\pi}{8}<1$，不是 $f(x)$ 的最大值，故 B 项错误；根据函数图象平移的性质可得，函数 $y=\sin x$ 的图象上所有的点向左平移 $\frac{\pi}{8}$ 个单位长度，可得函数 $y=f(x)$ 的图象，故 C 项正确。

112. ABC 【解析】本题考查空间中直线与平面的位置关系。若 $m /\!/ \beta, \beta \perp \alpha$，则 $m \subset \alpha$ 或 $m /\!/ \alpha$ 或 m 与 α 相交，相交也不一定垂直，故 A 项错误；空间中不在同一条直线上的三点确定一个平面，故 B 项错误；若 $l, m \subset \beta, l /\!/ \alpha, m /\!/ \alpha$，且 l 与 m 相交，则 $\alpha /\!/ \beta$，当 l 与 m 平行时，则 α 与 β 可能相交，故 C 项错误；若 $\alpha \cap \beta = m, l /\!/ \alpha$ 且 $l /\!/ \beta$，如图，设过 l 的平面 γ 与 α 相交于直线 n，$\because l /\!/ \alpha, \therefore l /\!/ n$，又 $\because l /\!/ \beta, \therefore n /\!/ \beta$，而 $n \subset \alpha$ 且 $\alpha \cap \beta = m, \therefore n /\!/ m$，可得 $l /\!/ m$，故 D 项正确。

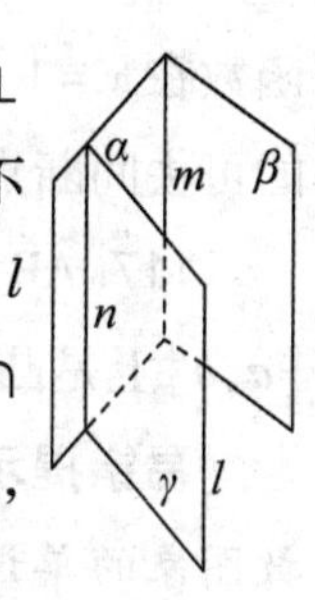

113. BD 【解析】本题考查不定积分。根据不定积分的定义可知，$\int f'(x)\mathrm{d}x = f(x) + C$，$\left[\int f(x)\mathrm{d}x\right]' = f(x)$，故 A 项错误，B 项正确；$\left[\int f(2x)\mathrm{d}x\right]' = f(2x)$，故 C 项错误；令 $t = 2x$，则 $\mathrm{d}t = 2\mathrm{d}x \Leftrightarrow \mathrm{d}x = \frac{1}{2}\mathrm{d}t$，所以 $\int f'(2x)\mathrm{d}x = \frac{1}{2}\int f'(t)\mathrm{d}t = \frac{1}{2}f(t) + C = \frac{1}{2}f(2x) + C$，故 D 项正确。

114. ABD 【解析】本题考查级数的收敛与发散。A 选项，$\sum\limits_{n=1}^{\infty}\frac{1}{n(n+1)}$ 为正项级数，且 $\frac{1}{n(n+1)} < \frac{1}{n^2}$，因为 $\sum\limits_{n=1}^{\infty}\frac{1}{n^2}$ 收敛，所以 $\sum\limits_{n=1}^{\infty}\frac{1}{n(n+1)}$ 收敛；B 选项，当 $n \to \infty$ 时，$\sin\frac{1}{n^3} \sim \frac{1}{n^3}$，因为 $\sum\limits_{n=1}^{\infty}\frac{1}{n^3}$ 收敛，所以原级数 $\sum\limits_{n=1}^{\infty}\sin\frac{1}{n^3}$ 收敛；C 选项，$\sum\limits_{n=1}^{\infty}\frac{n+1}{n} = \sum\limits_{n=1}^{\infty}\left(1 + \frac{1}{n}\right)$，发散；D 选项，当 $n \to \infty$ 时，$\ln\left(1 + \frac{1}{n^3}\right) \sim \frac{1}{n^3}$，因为 $\sum\limits_{n=1}^{\infty}\frac{1}{n^3}$ 收敛，所以原级数 $\sum\limits_{n=1}^{\infty}\ln\left(1 + \frac{1}{n^3}\right)$ 收敛。

115. ABD 【解析】本题考查概率的计算和数学期望。由题意知，随机变量 X 的所有可能取值为 0，1，2，3，4，则 $P(X=0) = \left(1 - \frac{2}{3}\right) \times \left(1 - \frac{1}{2}\right)^3 = \frac{1}{24}$；$P(X=1) = \frac{2}{3} \times \left(1 - \frac{1}{2}\right)^3 + \left(1 - \frac{2}{3}\right) \times C_3^1 \times \frac{1}{2} \times \left(1 - \frac{1}{2}\right)^2 = \frac{5}{24}$；$P(X \leqslant 1) = P(X=0) + P(X=1) = \frac{1}{4}$，故 A 项正确；$P(X=2) = \frac{2}{3} \times C_3^1 \times \frac{1}{2} \times \left(1 - \frac{1}{2}\right)^2 + \left(1 - \frac{2}{3}\right) \times C_3^2 \times \left(\frac{1}{2}\right)^2 \times \left(1 - \frac{1}{2}\right) = \frac{3}{8}$，故 B 项正确；$P(X=4) = \frac{2}{3} \times \left(\frac{1}{2}\right)^3 = \frac{1}{12}$，故 C 项错误；$P(X=3) = 1 - \frac{1}{4} - \frac{3}{8} - \frac{1}{12} = \frac{7}{24}$，数学期望 $E(X) = 0 \times \frac{1}{24} + 1 \times \frac{5}{24} + 2 \times \frac{3}{8} + 3 \times \frac{7}{24} + 4 \times \frac{1}{12} = \frac{13}{6}$，故 D 项正确。

116. BC 【解析】本题考查间断点的类型。因为 $\lim\limits_{x \to 1}\frac{x^3 - 1}{x - 1} = \lim\limits_{x \to 1}(x^2 + x + 1) = 3$，且

函数在 $x=1$ 处无定义，即极限存在但是在该点没有意义，所以 $x=1$ 是第一类间断点的可去间断点。

117. AB 【解析】本题考查导函数的凹凸性和单调性。因为函数 $f(x)$ 的图形在 $[a,b]$ 上是凸的，所以在区间 (a,b) 内 $f''(x)<0$，函数 $f'(x)$ 是单调递减的。

易错提示：函数在某区间上的图形是凸的，极易记混二阶导数的正负性和一阶导数图象的单调性，从而导致错解。

118. ABCD 【解析】本题考查矩阵相似的性质。若 $\boldsymbol{A}$ 与 $\boldsymbol{B}$ 相似，则 $\boldsymbol{A}$ 与 $\boldsymbol{B}$ 具有相同的特征值和特征多项式，矩阵的秩 $R(\boldsymbol{A})=R(\boldsymbol{B})$，行列式的值 $|\boldsymbol{A}|=|\boldsymbol{B}|$。

119. BD 【解析】本题考查非齐次线性方程组的解。设题中四元非齐次线性方程组为 $\boldsymbol{Ax}=\boldsymbol{b}$，因为 $\boldsymbol{A\eta}_1=\boldsymbol{b}$，$\boldsymbol{A\eta}_2=\boldsymbol{b}$，$\boldsymbol{A\eta}_3=\boldsymbol{b}$，所以 $\boldsymbol{A}[2\boldsymbol{\eta}_1-(\boldsymbol{\eta}_2+\boldsymbol{\eta}_3)]=\boldsymbol{0}$，即 $\boldsymbol{\eta}=2\boldsymbol{\eta}_1-(\boldsymbol{\eta}_2+\boldsymbol{\eta}_3)=(3\ 4\ 5\ 6)^{\mathrm{T}}$ 为 $\boldsymbol{Ax}=\boldsymbol{0}$ 的一个解，又因为对应的齐次线性方程组 $\boldsymbol{Ax}=\boldsymbol{0}$ 的基础解系中解的个数为 $4-R(\boldsymbol{A})=4-3=1$，即 $\boldsymbol{\eta}=(3\quad 4\quad 5\quad 6)^{\mathrm{T}}$ 为 $\boldsymbol{Ax}=\boldsymbol{0}$ 的一个基础解系，利用非齐次线性方程组解的结构定理可得，方程组的通解为 $\boldsymbol{\eta}_1+k\boldsymbol{\eta}=(2\quad 3\quad 4\quad 5)^{\mathrm{T}}+k(3\quad 4\quad 5\quad 6)^{\mathrm{T}}$，其中 k 为任意实数，满足题意的有 B，D 两项。

120. ABD 【解析】本题考查矩阵的特征值和矩阵的运算。因为 $|\boldsymbol{A}|=1\times 2\times(-1)=-2\neq 0$，所以 $\boldsymbol{A}$ 可逆，故 $\boldsymbol{A}^*=|\boldsymbol{A}|\boldsymbol{A}^{-1}=-2\boldsymbol{A}^{-1}$，$\boldsymbol{A}^*+3\boldsymbol{A}-2\boldsymbol{E}=-2\boldsymbol{A}^{-1}+3\boldsymbol{A}-2\boldsymbol{E}$，令 $\varphi(\lambda)=-2\lambda^{-1}+3\lambda-2$，则 $\varphi(1)=-1$，$\varphi(2)=3$，$\varphi(-1)=-3$ 是 $\boldsymbol{A}^*+3\boldsymbol{A}-2\boldsymbol{E}$ 的特征值。

2021 年广东省广州市增城区教师招聘考试小学数学真题试卷（精编）（九）

一、单项选择题

1. D 【解析】本题考查时政热点。教育部 2020 年 12 月 10 日表示，截至 2019 年底，我国九年义务教育巩固率达 94.8%，全国高中阶段教育毛入学率达 89.5%，即将实现基本普及。

2. D 【解析】本题考查品德评价法。品德评价法是指通过对学生的言行给予肯定或否定的评价来培养学生思想品质的一种德育方法。品德评价的方式有表扬与奖励、批评与处分以及操行评定等。表扬与奖励是对学生好的思想品德和行为给予肯定的评价；批评与处分是对学生不良思想品德和行为给予否定的评价；操行评定是用一定的文字形式对学生在某一时期内的思想品德表现作出全面评价，给予一定肯定或否定。

3. C 【解析】本题考查教师教学的相关知识。田老师在课前测试时，发现大部分学生没有掌握上节课的知识，于是改讲授新知识课为复习课，这说明田老师并未做好备课工作，尤其是忽视了“备学生”这一环节，没有提前了解学生的学习现状，以至于不得不调整教学计划。

4. C 【解析】本题考查情境模式。情境模式被视为既能包含目标模式，又能包含过程模式的综合化课程开发模式，是一种灵活的、适应性较强的课程开发模式。该模式的理论基础是英国著名课程理论家劳顿提出的“文化分析”理论。

5. D 【解析】本题考查学生综合素质评价实施的基本原则。学生综合素质评价实施的基本原则包括导向性原则、发展性原则、公平性原则、多样性原则以及可行性原则。其中，发展性原则认为，学生综合素质评价应是基于以促进学生发展为根本目的的一种评价制度，其评价的目标、内容、方法和评价结果的处理等都应是为了促进学生的有效发展服务的，应坚持形成性评价与终结性评价相结合，注重学生的日常行为表现，注意收录反映学生成长过程和发展水平的描述与实证材料，关注和体现学生的个体差异或特长，用发展的眼光全面评价学生的综合素质。

6. B 【解析】本题考查学生特点的相关知识。从学生自身特点看，学生具有可塑性、依赖性和向师性。其中，学生具有向师性是指学生入学后，会自然地亲近、信赖、尊敬甚至崇拜教师，把教师作为获取知识的智囊、解决问题的顾问、行为举止的楷模。“小红和她的同学们模仿老师写字、读书”体现了学生具有向师性的特点。

7. A 【解析】本题考查班集体的特征。班集体必须具备以下四个基本特征：(1)明确的共同目标。这是班集体形成的基础。(2)一定的组织结构，有力的领导集体。(3)共同生活的准则，健全的规章制度。(4)具有正确的集体舆论以及团结、和谐、向上的人际关系。题干中班主任的话说明班主任与学生有明确的共同目标，故答案选 A。

8. B 【解析】本题考查行为主义学习理论。行为主义学习理论的核心观点认为，学习过程是有机体在一定条件下形成刺激与反应的联系从而获得新经验的过程。孙老师对于没有违反班规的学生给予奖励，运用了行为主义学习理论中的强化原理。

9. B 【解析】本题考查教学原则。启发性原则是指在教学活动中，教师要调动学生的主动性和积极性，引导他们通过独立思考、积极探索，生动活泼地学习，自觉地掌握科学知识，提高分析问题和解决问题的能力。题干中的数学老师在教学时注重调动学生的学习兴趣，注重启发学生思考，遵循的是启发性原则。

10. C 【解析】本题考查影响创造性的因素。影响创造性的因素包括环境、智力、个性等。其中，环境方面主要包括家庭、学校教育和社会文化。在学校教育方面，如果学校气氛较为民主，教师不以权威管理学生；教师鼓励学生的自主性，允许学生表达不同意见；学习活动有较多自由，教师允许学生在自行探索中去发现知识，这样的教育就有利于创造性的培养。因此,题干中老师的做法不利于吴浩创造性的培养。

11. C 【解析】本题考查教育行动研究中研究课题特点的相关知识。教育行动研究中的研究课题应该具有实践性,即所选课题一定是针对自己教学实践改进的需要。A 项不选。教育行动研究中的研究课题还应该具有科学性,即所选问题不能是“伪问题”。如惩罚或体罚,尽管在实际中被相当一部分教师认为有效,但不能去研究如何惩罚或体罚会更有效。再如一位教师认为,学习后进生常因不会做而不交作业,于是便想采用“让差生抄优生作业”的办法解决不交作业的问题,认为抄作业总比不交作业好,但不能提出“如何让差生抄作业”这样的课题,因为这些问题的研究,既不符合教育规律,也不符合学生身心发展的要求。B、D 项也不选。

12. A 【解析】本题考查影响遗忘的因素。前摄抑制是先学习的材料对识记和回忆后学习的材料的干扰作用。后学习的材料对保持和回忆先学习的材料的干扰作用,称为倒摄抑制。因此,前面对于长方形面积公式的学习干扰了后面对三角形面积公式的学习属于前摄抑制。

13. D 【解析】本题考查强化的分类。强化分为直接强化、替代强化和自我强化。直接强化是指观察者因表现出观察行为而受到强化。替代强化是指观察者因看到榜样的行为被强化而受到强化。因此,老师没有批评小陶,转而表扬遵守课堂纪律、认真学习的同学,这种做法是运用了替代性强化,答案选 D 项。自我强化是指对自己表现出的符合或超出标准的行为进行自我奖励。

14. D 【解析】本题考查教师对于学生与家长问题的处理。题干中所述的问题牵涉小丽、家长与教师三方,因此,老师应促进三方沟通,实现家校合作共育。

15. C 【解析】本题考查奥苏贝尔对学习动机的分类。根据学校情境中的学业成就动机的不同,奥苏贝尔等人把动机分为认知内驱力、自我提高内驱力和附属内驱力三个方面。认知内驱力是指要求了解、理解和掌握知识以及解决问题的需要。一般来说,这种内驱力大多是从好奇倾向中派生出来的。这种动机指向学习任务本身(为了获得知识),满足这种动机的奖励(知识的实际获得)是由学习本身提供的,属于内部动机。因此,题干中洋洋出于对立体图形的兴趣而学习属于认知内驱力,答案选 C 项。自我提高内驱力是指个体因自己的胜任或工作能力而赢得相应地位的需要。自我提高内驱力并非直接指向学习任务本身,而是把成就看作赢得地位与自尊心的根源,属于外部动机。附属内驱力是指个体为了获得长者们(如家长、教师)的赞许或认可而表现出把工作、学习做好的一种需要,属于外部动机。

16. C 【解析】本题考查迁移的分类。根据迁移发生的方向,可分为顺向迁移和逆向迁移。顺向迁移是指先前学习对后继学习产生的影响。逆向迁移是指后继学习对先前学习产生的影响。明明读六年级之后对之前中、低年级知识的影响属于逆向迁移。根据迁移的性质和结果,可分为正迁移、负迁移和零迁移。正迁移也叫“助长性迁移”,是指一种学习对另一种学习的促进作用。负迁移也叫“抑制性迁移”,是指一种学习对另一种学习产生阻碍作用。两种学习也可能不发生影响,这种状态称为零迁移。明明读六年级之后所学的内容促进了之前的知识的学习,这属于正迁移。因此题干所述属于逆向正迁移。

17. B 【解析】本题考查教师的权利。根据《中华人民共和国教师法》规定,教师的权利包括:(1)教育教学权;(2)科学研究权(学术自由权);(3)管理学生权(指导评价权);(4)获得报酬权;(5)民主管理权;(6)进修培训权。其中,管理学生权是指,指导学生的学习和发展,评定学生的品行和学业成绩。因此,题干所述的王老师行使的是管理学生权。

18. D 【解析】本题考查《中华人民共和国义务教育法》中的相关规定。根据我国《义务教育法》第十一条规定,适龄儿童、少年因身体状况需要延缓入学或者休学的,其父母或者其他法定监护人应当提出申请,由当地乡镇人民政府或者县级人民政府教育行政部门批准。

19. D 【解析】本题考查一元一次方程的实际应用。设第二个加入团队的人为 x 岁,由题意可列方程 $35-\frac{(35+1)\times6+x}{7}=1$,解得 $x=22$。

20. D 【解析】本题考查等差数列的应用。由题意得,每排学生的个数构成以 1 为首项,以 2 为公差的等差数列。由等差数列的前 n 项和公式 $S_n=na_1+\frac{n(n-1)}{2}d$,得 $S_7=7+\frac{7\times(7-1)}{2}\times2=49$,故该班共有 49 名学生。

21. B 【解析】本题考查乘法算式的运算。根据题意可知,○发○ ×1 = ○○8,而 1 ×8 =8,则被乘数的个位数是 8;由竖式 9 +9 +8 = 26,可得“强”代表的数字是 6 或 7。若“强”代表的数字是 7,因为○发 8 ×奋 = ○○97,找不到一个一位数与 8 相乘末尾是 7,不符合题意,故“强”代表的数字只能是 6,“图 + 强”的结果小于 10,即图 +6 < 10,即图 <4,则有○发 8 ×奋 = ○○96,而 48 ×2 = 96,28 ×7 = 196,可以得出“奋”代表的数字是 2 或 7。当“奋”代表的数字是 2 时,“发”代表的数字是 4,被乘数的百位数字大于 4,因为○发 8 × ○ =9 图○,被乘数的百位与乘数的个位相乘的结果是 9 或加上进位是 9,只有 9 ×1 =9,所以被乘数的百位数字是 9,乘数的个位数字是 1,因为 1 × 948 =9 图○,则“图”代表的数字是 4,与题意不符;当“奋”代表的数字是 7 时,“发”代表的数字是 2,被乘数的百位数字大于 1,228 ×4 = 912,符合题意,则被乘数是 228,乘数是 174,故这个乘法算式的乘积为 228 ×174 = 39 672。

22. A 【解析】本题考查行程问题。由题意得,火车和行人队伍的相对速度相同,当行人队伍中的人看向火车时，假设行人队伍静止，则相对速度为$\frac{90}{6}=15\ \text{m/s}$。当火车上的人看向行人队伍时，$t=\frac{60}{15}=4\ \text{s}$，故火车上的人见行人队伍完全走过的时间为4秒。

易错提示：本题在计算时，容易被火车速度是行人速度的10倍这个信息干扰，其实只要把行人看作相对静止，求出两者的相对速度即可快速求解。

23. A 【解析】本题考查分配问题。由题意得，A原来的价格为$8.8\div(1-20\%)=11$元，B原来的价格为$8.8\div(1+10\%)=8$元。设小明妈妈买了A种食材x千克，则B种食材买了$(1-x)$千克，由题意可列方程$11x+8(1-x)=8.8\times1+1$，解得$x=0.6$，所以A种食材为0.6千克，B种食材为0.4千克。

24. C 【解析】本题考查行程问题。设A、B两地之间的公路长为x千米，由题意得驾车3小时后甲乙两人已经相遇，则$\frac{3}{5}x-\frac{3}{6}x=58$，解得$x=580$。

25. D 【解析】本题考查列方程解应用题。设作业本、铅笔、圆珠笔、橡皮擦的价格分别为x元、y元、z元、w元。由题意可列方程组$\begin{cases}\frac{x+y}{2}=8.8,\\ \frac{y+z}{2}=9.1,\\ \frac{z+w}{2}=8.9,\\ w-x=1,\end{cases}$解得$\begin{cases}x=8.1,\\ y=9.5,\\ z=8.7,\\ w=9.1。\end{cases}$故铅笔的价格为9.5元。

26. C 【解析】本题考查平面直角坐标系中点的对称性。点$A(1,2)$关于直线$x=2$对称的点为$B(3,2)$，点$B(3,2)$关于直线$y=3$对称的点为$C(3,4)$，故选C。

27. B 【解析】本题考查一次函数的图象问题。将直线$y=kx+b$向右平移2个单位得$y=k(x-2)+b$，再向上平移3个单位得$y=k(x-2)+b+3=kx-2k+b+3=2x+1$，则有$\begin{cases}k=2,\\ -2k+b+3=1,\end{cases}$解得$\begin{cases}k=2,\\ b=2,\end{cases}$所以直线的解析式为$y=2x+2$。当$x=0$时，$y=2$，故A选项正确；联立$y=2x+2$与$y=x^2+4$得$x^2-2x+2=0$，方程无实数解，故B选项错误；直线$y=2x+2$到坐标原点的距离$d=\frac{2}{\sqrt{2^2+(-1)^2}}=\frac{2}{\sqrt{5}}>0.8$，所以直线与圆相离，故C选项正确；因为$k=2>0$，$b=2>0$，所以直线经过第一、二、三象限，故D选项正确。故选B。

易错提示：本题在计算时，容易记错一次函数图象的平移规律，即左加右减，上加下减。

28. B 【解析】本题考查三角函数的基本关系式。$(\sin\alpha-\cos\alpha)^2=1-2\sin\alpha\cos\alpha=\left(\frac{\sqrt{73}}{7}\right)^2=\frac{73}{49}$,则 $\sin\alpha\cos\alpha=-\frac{12}{49}$,则有 $\alpha\in\left(\frac{\pi}{2},\frac{3}{4}\pi\right)$,$(\sin\alpha+\cos\alpha)^2=\sin^2\alpha+\cos^2\alpha+2\sin\alpha\cos\alpha=1-2\times\frac{12}{49}=\frac{25}{49}$,即 $\sin\alpha+\cos\alpha=\frac{5}{7}$(负值舍去),联立

$\begin{cases}\sin\alpha+\cos\alpha=\frac{5}{7},\\ \sin\alpha-\cos\alpha=\frac{\sqrt{73}}{7},\end{cases}$ 解得 $\sin\alpha=\frac{5+\sqrt{73}}{14}$,$\cos\alpha=\frac{5-\sqrt{73}}{14}$,故 $\tan\alpha=\frac{\sin\alpha}{\cos\alpha}=\frac{5+\sqrt{73}}{5-\sqrt{73}}$。

29. D 【解析】本题考查概率的计算。由题意得,没有取到红色球的概率为 $\frac{C_5^3}{C_{10}^3}=\frac{10}{120}=\frac{1}{12}$,故选 D。

二、判断题

30. B 【解析】本题考查新时代的教育精神。新时期,在教育过程中应坚持“五育并举,德育为先”。

31. A 【解析】本题考查师生关系。教师在与学生的相处中,多听取学生意见,设身处地为学生着想,理解学生的意见和要求,有助于解决师生之间的矛盾。满足学生的正当要求,让学生感受到老师对他们的理解和支持,有利于建立和谐的师生关系。

32. B 【解析】本题考查启发法。常用的启发法策略包括手段—目的分析法、爬山法、逆推法。其中,爬山法的基本思想是设立一个目标,然后选取与起始点邻近的未被访问的任一节点,向目标方向运动,逐步逼近目标。因此,题干所述为爬山法的定义。逆推法就是从问题的目标状态开始搜索直至找到通往初始状态的方法。

33. A 【解析】本题考查埃里克森的心理社会发展阶段论。处于学龄期(6~12岁)这一阶段的儿童,都应在学校接受教育。学校是训练儿童适应社会、掌握今后生活所必需的知识和技能的地方。如果他们能顺利地完成学习课程,他们就会获得勤奋感,这使他们在今后的独立生活和承担工作任务时充满信心。反之,就会产生自卑感。因此,对于这一阶段的儿童,教师应积极训练儿童适应社会,掌握今后生活所必需的知识和技能。

34. A 【解析】本题考查《中华人民共和国教育法》中关于教育对外交流与合作的内容。我国《教育法》第六十七条规定,国家鼓励开展教育对外交流与合作,支持学校及其他教育机构引进优质教育资源,依法开展中外合作办学,发展国际教育服务,培养国际化人才。因此,题干说法正确。

三、填空题

35. 1820

【解析】本题考查等差数列的应用。将每四个数看为一个整体,则构成以 20 为首项,以 80 为公差的等差数列。观察规律可得该算式为数列的前$\frac{280}{40}=7$项和,由等差数列的前 n 项和公式 $S_n=na_1+\frac{n(n-1)}{2}d$,得 $S_7=7\times20+\frac{7\times(7-1)}{2}\times80=1820$。

36. 306 656

【解析】本题考查数的认识。设一位数为 x,二位数的十位数字为 y,因为三个数的平均数是 200,所以三个数相加是 $200\times3=600$,则有 $4+8+x=20$,即 $x=8$,则有 $1+y+2=10$,即 $y=7$,二位数为 74,则三位数为 $600-8-74=518$,那么三个数的乘积为 $8\times74\times518=306\ 656$。

37. 1∶6

【解析】本题考查列方程解应用题。设甲、乙两种酒精溶液的质量分别为 x,y,由题意可列方程$\frac{64\%x+36\%y}{x+y}=40\%$,解得$\frac{x}{y}=\frac{1}{6}=1:6$。

38. 四

【解析】本题考查规律探索问题。由题意得,那年的 10 月份有 5 个星期六、4 个星期日,则最后一天为星期六。10 月有 31 天,减去 6 天还有 25 天,除去三个完整的周还剩下 4 天,则 1 号是星期四。

易错提示:在推算时,容易把日期计算错误,忽视了 10 月有 31 天。

39. 90

【解析】本题考查三角形相似的性质。因为$\frac{DE}{BE}=\frac{1}{2}$,所以$\frac{S_{\triangle ADE}}{S_{\triangle CBE}}=\frac{1}{4}$,$\frac{S_{\triangle DEC}}{S_{\triangle CEB}}=\frac{1}{2}$,$\frac{S_{\triangle ADE}}{S_{\triangle AEB}}=\frac{1}{2}$。因为 $S_{\triangle DEC}=20$,所以 $S_{\triangle CEB}=40$,$S_{\triangle ADE}=10$,$S_{\triangle AEB}=20$,则梯形 $ABCD$ 的面积为 $40+10+20+20=90$。

四、解答题

40.【解析】本题考查阴影部分面积的求解。设圆的半径为 r 厘米,则正方形 $ABCD$ 的边长为 $2r$ 厘米。如图,连接 CE,由题意得 $S_{阴影①}-S_{阴影②}=(S_{\triangle BCD}-S_{③}-S_{④})-(S_{半圆}-S_{③}-S_{④})=S_{\triangle BCD}-S_{半圆}=\frac{1}{2}\times2r\times2r-\frac{1}{2}\pi r^2=10.75$,解得 $r=5$,所以正方形 $ABCD$ 的边长为 10 厘米。

在正方形 $ABCD$ 中,$\angle BDC=45°$,又因为 CD 是圆的直

评分标准:

→求出正方形的边长可得3分。

径，所以$\angle DEC=90°$，所以$\triangle CDE$是等腰直角三角形，即$CE=DE$，则有$S_{②}=S_{④}$，故$S_{②}=\frac{S_{半圆}-S_{\triangle CDE}}{2}=\frac{\frac{1}{2}\pi r^2-\frac{1}{2}\times 2r\times r}{2}=\frac{39.25-25}{2}=7.125$（平方厘米），$S_{①}=S_{②}+10.75=7.125+10.75=17.875$（平方厘米），所以阴影部分①的面积为17.875平方厘米。

→求出阴影部分①的面积可得3分。

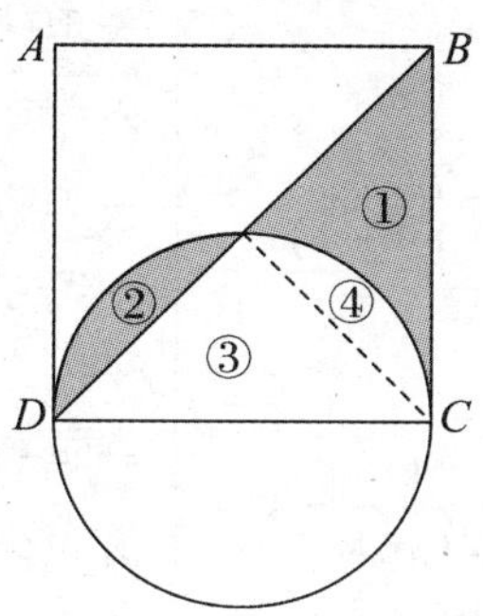

41.【解析】本题考查二次函数的综合应用。(1)由题意得二次函数图象的对称轴为$-\frac{b}{2a}=-1$，

→正确表示出a与b的关系式可得1分。

将点$C(-1,-4)$代入$y=ax^2+bx-3$，得$-4=a-b-3$，联立两式解得$a=1$，$b=2$，故二次函数的解析式为$y=x^2+2x-3$。

→正确表示出二次函数的解析式可得2分。

(2)令$y=x^2+2x-3=(x+3)(x-1)=0$，解得$x_1=-3$，$x_2=1$，所以$A(-3,0)$，$B(1,0)$。

→求出A，B两点的坐标可得1分。

设$D(m,n)$，由$AD=BD$得$(m+3)^2+n^2=(m-1)^2+n^2$，解得$m=-1$，

→列方程求出点D的横坐标可得2分。

将$m=-1$代入直线方程得$n=-\sqrt{3}+3\sqrt{3}=2\sqrt{3}$，所以$D(-1,2\sqrt{3})$。

→求出点D的纵坐标可得1分。

(3)$\triangle ADB$是等边三角形。

→答出"$\triangle ADB$是等边三角形"可得1分。

理由如下：点D到x轴的距离$d=2\sqrt{3}$，$AD=\sqrt{(-3+1)^2+(2\sqrt{3})^2}=4$，$BD=\sqrt{(1+1)^2+(2\sqrt{3})^2}=4$，$AB=4$，所以$\triangle ADB$是等边三角形，

→证明$\triangle ADB$是等边三角形可得2分。

故$S_{\triangle ADB}=\frac{1}{2}\times 4\times 2\sqrt{3}=4\sqrt{3}$。

→求出$\triangle ADB$的面积可得2分。

42.【解析】本题考查等差数列与等比数列的性质。

(1)由 $a_{n+1}=2a_n-n+1$ 得 $a_{n+1}-(n+1)=2(a_n-n)$，化简得 $\frac{a_{n+1}-(n+1)}{a_n-n}=2$，可得 $a_n-n=2^n$，即 $a_n=2^n+n$，因为 $a_1=2^1+1=3$ 也符合该公式，所以数列$\{a_n\}$的通项公式为 $a_n=2^n+n$。

→正确表示出 a_n 的通项公式可得 3 分。

因为 $b_2=b_1+d=8$，$S_9=9b_1+\frac{9(9-1)}{2}d=153$，解得 $b_1=5$，$d=3$，所以 $b_n=5+(n-1)\times3=3n+2$。

→正确表示出 b_n 的通项公式可得 3 分。

(2)由(1)得 $c_n=\frac{6}{(2\log_2 2^n-1)(6n+4-1)}=\frac{2}{(2n-1)(2n+1)}=\frac{1}{2n-1}-\frac{1}{2n+1}$，

→正确表示出 c_n 的通项公式可得 3 分。

所以 $T_n=1-\frac{1}{3}+\frac{1}{3}-\frac{1}{5}+\cdots+\frac{1}{2n-1}-\frac{1}{2n+1}=1-\frac{1}{2n+1}=\frac{2n}{2n+1}$。

→正确表示出 c_n 的前 n 项和公式 T_n 可得 3 分。

方法技巧：常见数列的裂项相消方法如下表：

数列($n\in\mathbf{N}_+$)	裂项方法
$\left\{\frac{1}{n(n+k)}\right\}$($k$ 为非零常数)	$\frac{1}{n(n+k)}=\frac{1}{k}\left(\frac{1}{n}-\frac{1}{n+k}\right)$
$\left\{\frac{1}{n(n+1)(n+2)}\right\}$	$\frac{1}{n(n+1)(n+2)}=\frac{1}{2}\left[\frac{1}{n(n+1)}-\frac{1}{(n+1)(n+2)}\right]$
$\left\{\frac{1}{\sqrt{n}+\sqrt{n+k}}\right\}$($k$ 为非零常数)	$\frac{1}{\sqrt{n}+\sqrt{n+k}}=\frac{1}{k}(\sqrt{n+k}-\sqrt{n})$
$\left\{\log_a\left(1+\frac{1}{n}\right)\right\}$($a>0$，且 $a\neq1$)	$\log_a\left(1+\frac{1}{n}\right)=\log_a(n+1)-\log_a n$
$\left\{\frac{2^n}{(2^n-1)(2^{n+1}-1)}\right\}$	$\frac{2^n}{(2^n-1)(2^{n+1}-1)}=\frac{1}{2^n-1}-\frac{1}{2^{n+1}-1}$

2021 年四川省凉山市喜德县教师招聘考试小学数学真题试卷(十)

一、填空题

1. 950 307 000；1 000 000 000

【解析】本题考查数的认识。

2. 16;15;75;0. 75

【解析】本题考查数的不同形式的转换。$12 \div 16 = \frac{3}{4}$，$15:20 = 3:4 = \frac{3}{4}$，$\frac{3}{4} = 0.75 = 75\%$。

3. 1076. 5

【解析】本题考查本金利息类应用题。$1000 + 1000 \times 2.55\% \times 3 = 1000 + 76.5 = 1076.5$(元)。

4. 25;0. 04

【解析】本题考查行程问题。3 小时骑了 75 千米，那么一小时骑了 $75 \div 3 = 25$ 千米。骑 1 千米需要 $3 \div 75 = 0.04$ 小时。

5. 反;正

【解析】本题考查相关量的比例关系。两种相关联的量，一种量变化，另一种量也随着变化，如果这两种量中相对应的两个数的比值一定，这两种量就叫做成正比例的量，它们的关系叫做正比例关系。如果这两种量中相对应的两个数的乘积一定，这两种量就叫做成反比例的量，它们的关系叫做反比例关系。

6. 314

【解析】本题考查圆锥体积的计算。由题意知，该圆锥的底面积是 $62.8\ \mathrm{dm}^2$，高是 $15\ \mathrm{dm}$，则该圆锥的体积 $V = \frac{1}{3}Sh = \frac{1}{3} \times 62.8 \times 15 = 314\ \mathrm{dm}^3$。

7. 27;648

【解析】本题考查长方体的性质。相交于同一个顶点的三条棱的和即为该长方体的长宽高之和，等于总棱长的$\frac{1}{4}$，即$\frac{108}{4} = 27$ 分米，因为长∶宽∶高 $= 2:3:4$，设长为 $2x$，则宽为 $3x$，高为 $4x$，则 $2x + 3x + 4x = 27$，解得 $x = 3$，所以长为 6 分米，宽为 9 分米，高为 12 分米，故这个长方体的体积是 $6 \times 9 \times 12 = 648$ 立方分米。

二、判断题

8. × **【解析】**本题考查单位的换算。25 克 = 0. 025 千克，则 3 千克 25 克是 3. 025 千克。

9. × **【解析】**本题考查三角形与平行四边形的关系。两个完全一样的三角形可以拼成一个平行四边形，而面积相等的两个三角形并不一定全等，则不一定能拼成一个平行四边形。

易错提示：在解题时，容易把面积相等的两个三角形误认为是两个完全相等的三角形，从而导致错解。

10. √ **【解析】**本题考查四舍五入法。由于一个三位小数用四舍五入法保留两位小数是 4.60,“四舍”说明该三位小数的最大值为 4.604,“五入”说明该三位小数最小值为 4.595。

11. × 【解析】本题考查中位数与平均数。例如数据 1,2,3,该数据的中位数为 2,平均数也为 2,中位数等于平均数,故错误。

12. × 【解析】本题考查 0 的特征。0 既不是正数也不是负数。

三、单项选择题

13. B 【解析】本题考查百分数应用题。一杯牛奶,喝去 20% 后加满水,则杯中含有 80% 的牛奶和 20% 的水,再喝去 50%,即喝去了 40% 的牛奶和 10% 的水,则此时牛奶占容积的 40%。

易错提示: 在解题时,误认为喝的 50% 全是牛奶,从而 $1-20\%-50\%=30\%$,实际上喝的 50% 是牛奶和水的混合物,分为 40% 的牛奶和 10% 的水。

14. A 【解析】本题考查方位。从小强家看小红家与从小红家看小强家方向恰好相反,因此,如果小红家在小强家北偏东 42°,那么小强家即在小红家南偏西 42°的方向上。

15. B 【解析】本题考查比例尺类应用题。在比例尺 1:1 000 000 的地图上,图上距离为 10 cm 的两地,实际距离是 10 000 000 厘米 = 100 000 米 = 100 千米。

易错提示: 在计算时,忽视了单位的换算,开始时的单位是厘米,最后求得是千米,很容易单位换算错误。

16. C 【解析】本题考查加法结合律。因为 $a+b=23$,所以 $(a+5)+(b-4)=a+b+1=23+1=24$。

17. A 【解析】本题考查圆环的面积的计算。设该圆环的外圆直径为 $4r$,外圆半径为 $2r$,内圆直径为 $2r$,内圆半径为 r,则外圆面积为 $4\pi r^2$,内圆面积为 πr^2,则圆环的面积为 $4\pi r^2-\pi r^2=3\pi r^2>\pi r^2$。

四、计算题

18.【解析】本题考查实数的运算。(1) $100-9.8-9.7-9.5=100-(9.8+9.7+9.5)=100-(10+10+10-0.2-0.3-0.5)=100-(30-1)=100-29=71$。

(2) $\frac{1}{2}+\frac{1}{6}+\frac{1}{12}+\frac{1}{20}+\frac{1}{30}+\frac{1}{42}=\frac{1}{1\times2}+\frac{1}{2\times3}+\frac{1}{3\times4}+\frac{1}{4\times5}+\frac{1}{5\times6}+\frac{1}{6\times7}=1-\frac{1}{2}+\frac{1}{2}-\frac{1}{3}+\frac{1}{3}-\frac{1}{4}+\frac{1}{4}-\frac{1}{5}+\frac{1}{5}-\frac{1}{6}+\frac{1}{6}-\frac{1}{7}=1-\frac{1}{7}=\frac{6}{7}$。

19.【解析】本题考查列式计算。(1) $21\div\left(48-4\times\frac{3}{2}\right)=21\div(48-6)=21\div42=\frac{1}{2}$。

(2) $(18-12)\div\frac{2}{5}=6\times\frac{5}{2}=15$。

20.【解析】本题考查解方程。(1)解:$\frac{1}{8}(x+0.5)=0.75 \Rightarrow x+0.5=0.75\times 8$,解得 $x=5.5$。

(2)解:$\frac{x}{6.5}=\frac{5.2}{4} \Rightarrow 4x=5.2\times 6.5 \Rightarrow x=\frac{5.2\times 6.5}{4}=8.45$。

21.【解析】本题考查平面几何图形的周长计算。圆的周长为 6.28 厘米,则圆的半径为 1 厘米。由图易知,长方形的宽为圆的半径即 1 厘米,圆的面积与长方形的面积相等,即 $S_{圆}=S_{长方形}=\pi r^2=\pi=3.14$(平方厘米),则该长方形的长为 3.14 厘米,周长为 $(3.14+1)\times 2=8.28$(厘米)。

五、应用题

22.【解析】本题考查工程类应用题。$22\div\left(1-\frac{1}{3}-\frac{1}{6}\times\frac{1}{3}\right)=22\div\frac{11}{18}=36$(个)。

答:这批零件一共有 36 个。

23.【解析】本题考查比例类应用题。混合成 100 克的什锦糖中,甲、乙两种糖的质量比是 4∶1,则甲糖有 $100\times\frac{4}{5}=80$ g,乙糖有 $100\times\frac{1}{5}=20$ g,

甲、乙两种糖的单价比是 4∶5,设甲糖的单价为每 100 克 $4x$ 元,乙糖的单价为每 100 克 $5x$ 元,则 $(4x\times 80+5x\times 20)\div 100=8.4$,解得 $x=2$。则甲糖的单价为每 100 克 $4x=8$(元),则乙糖的单价为每 100 克 $5x=10$(元)。

答:甲糖的单价为每 100 克 8 元,乙糖的单价为每 100 克 10 元。

24.【解析】本题考查鸡兔同笼应用题。笼中有 35 个头,94 只脚,则兔子有 $(94-35\times 2)\div 2=12$(只),

鸡有 $35-12=23$(只)。

答:笼中有兔子 12 只,鸡 23 只。

25.【解析】本题考查切割类应用题。该长方体的棱长总和为 180 cm,则它的长、宽、高之和为 $180\div 4=45$ cm,它的长、宽、高之比是 4∶4∶1,则它的长为 $45\times\frac{4}{9}=20$ cm,它的宽为 $45\times\frac{4}{9}=20$ cm,它的高为 $45\times\frac{1}{9}=5$ cm。

评分标准:

→正确列出该批零件总数的式子并计算可得 7 分。

→应用题写出对应的“答”可得 1 分。

→求出混合后甲、乙两种糖的质量可得 3 分。

→求出混合后甲、乙两种糖的单价可得 4 分。

→应用题写出对应的“答”可得 1 分。

→求出兔子数可得 4 分。

→求出鸡的个数可得 3 分。

→应用题写出对应的“答”可得 1 分。

→求出长方体的长、宽、高可得 4 分。

若切割成一个体积最大的圆柱体，即让该长方体的底面为圆柱体底面，该长方体的高为圆柱体高，则该圆柱体的体积为$(20\div2)^2\pi\times5=500\pi(\text{cm}^3)$。

→求出圆柱体的体积可得 3 分。

答：这个圆柱体的体积是 500π 立方厘米。

→应用题写出对应的"答"可得 1 分。

26.【解析】本题考查列车相遇类应用题。该列车的车速为$(250-210)\div(25-23)=20$(米/秒)，

→求出该列车车速可得 2 分。

则该列车的车长为$20\times25-250=250$(米)，

→求出该列车车长可得 2 分。

该车与另一辆列车错车而过的路程为这两辆列车的车长，速度为两列车的速度之和，64.8 千米/时 = 18 米/秒，则两列车错车而过需要$(320+250)\div(18+20)=570\div38=15$(秒)。

→求出两列车错车而过的所需时间可得 3 分。

答：两列车错车而过需要 15 秒。

→应用题写出对应的"答"可得 1 分。

2021 年山东省临沂市教师招聘考试数学真题试卷(精编)(十一)

第一部分 教育基础知识

一、单项选择题

1. A 【解析】本题考查古代中国的教育。A 项，宋代以后，学校的教育内容主要为"四书五经"("四书"是《大学》《中庸》《论语》《孟子》的合称，"五经"是《诗》《书》《礼》《易》《春秋》的合称)。宋朝文豪苏东坡，自幼熟读"四书五经"，长期浸润在诗书的氛围中，处处散发出儒雅气质，并赋予他宽广胸怀，从而写出了许多流传千古的诗词名句。B 项，"六艺"是西周各级各类学校教育的基本学科，具体指礼、乐、射、御、书、数。C 项，程朱理学是由程颢、程颐兄弟创建，而在朱熹手中集大成的宋代理学的主要派系。苏轼逝于 1101 年，而朱熹生于 1130 年。因此，苏轼在少年时代不可能学习到程朱理学。D 项，"七艺"是中世纪西欧的教会教育的内容，包括"三科(三艺)"(文法、修辞、辩证法)和"四学"(算术、几何、天文、音乐)。综上所述，苏轼的少年时代，最有可能的学习材料是"四书五经"。

2. B 【解析】本题考查操作性条件作用的基本规律。A 选项，正强化也称积极强化，是通过呈现想要的愉快刺激来增强反应频率。B 选项，负强化也称消极强化，是通过消除或中止厌恶、不愉快刺激来增强反应频率。C 选项，消退是指条件刺激形成以后，如果得不到强化，条件反应会逐渐减弱，直至消失的现象。D 选项，惩罚是指当有

机体做出某种反应以后，呈现一个厌恶刺激，以消除或抑制此反应的过程。题干中的老师是通过撤销批评(厌恶刺激)来增加学生遵守纪律的行为，所以运用的是负强化。

3. C 【解析】本题考查心理过程的内容。意志过程是个体自觉地确定目的，并根据目的调节支配自身的行动，克服困难去实现预定目标的心理过程。题干中小明为了完成作业，克服了自己想要跟同学一起出去玩的欲望，所以体现的心理过程是意志过程。

4. A 【解析】本题考查教育的社会属性。教育的历史性是指在不同的社会或同一社会的不同历史阶段，教育的性质、目的、内容等各不相同，不同时期的教育有其不同的历史形态、特征。题干中，现代教育和古代教育在师生关系上的不同特点反映了教育的历史性。

5. B 【解析】本题考查赫尔巴特的教育思想。赫尔巴特不仅论述了教育学的独特性，而且还非常明确地提出了教育学的学科基础，即哲学和心理学。他说，“教育学作为一种科学，是以实践哲学和心理学为基础的。前者说明教育的目的；后者说明教育的途径、手段与障碍”。

6. C 【解析】本题考查学习迁移的种类。根据迁移内容的不同，可分为一般迁移和具体迁移。其中，一般迁移也称非特殊迁移、普遍迁移，是指一种学习中所习得的一般原理、原则和态度对另一种具体内容学习的影响，即原理、原则和态度的具体应用。题干中，数学学习中形成的认真审题的态度及其审题的方法将会对学习化学、物理等学科有积极影响，这是对原理和态度的具体应用，故属于一般迁移。

7. D 【解析】本题考查教育的功能。负向功能是指教育阻碍社会进步和个体发展的消极影响和作用；隐性功能是指伴随显性教育功能所出现的非预期性的功能。题干中，“小组间隐匿学习资料的现象”体现的是教育的负向隐性功能。

8. D 【解析】本题考查自我价值理论的内容。具有高驱高避型动机形式的人同时受到成功的诱惑和失败的恐惧，他们对一项任务怀有既追求又排斥的冲突情绪，兼具了成功定向者和避免失败者的特点。这类人被称作“过度努力者”。为了成功的同时又要掩饰自己的努力，他们中就出现了一种“隐讳努力”的现象。他们在同学中尽量表现得贪玩、不在乎考试，但私下里却偷偷努力，拼命学习。这样，成功时，他们的成绩更有价值，更能说明他们的能力过人；即使失败，也可以为自己的失利找到很好的理由，不会被认为无能。题干中的李强在同学中表现出贪玩、不在乎考试的样子，但在私下里却偷偷努力，拼命学习，说明其自我价值动机倾向极可能是高驱高避型。

9. C 【解析】本题考查问题解决的策略。启发法是基于一定的经验，根据现有问题状态与目标状态之间的内在联系，采用较少搜索而找到解决问题途径的一种策略。启发法不需要像算法策略那样费时费力，往往是一种比较快捷的方法，但却并不能保证一定可以成功地解决问题。

10. B 【解析】本题考查教育与社会发展的关系。社会政治经济制度决定着教育内容的取舍。不同政治经济制度的社会具有不同的政治方向、思想意识和主流文化，并且不同的政治经济制度要求培养具有不同政治立场和思想意识的人，这自然要求传递不同的教育内容，特别是思想道德方面的内容。秦始皇焚书坑儒，汉武帝独尊儒术体现了政治经济制度决定教育内容的取舍。

11. B 【解析】本题考查个体心理发展的一般规律。在正常条件下，心理的发展总是具有一定的方向性和先后顺序。尽管发展的速度有个别差异，会加速或延缓，但发展是不可逆的，也不可逾越。例如，心理的发展总是由机械记忆到意义记忆，由具体形象思维到抽象逻辑思维。

12. A 【解析】本题考查学校文化的构成。学校文化由观念文化、规范文化和物质文化构成。观念文化又叫精神文化，包括办学指导思想、教育观、道德观、思维方式、校风、行为习惯等。观念文化是学校文化的内核和灵魂，是学校组织发展的精神动力。

13. B 【解析】本题考查癸卯学制。“癸卯学制”主要承袭了日本的学制，是中国近代教育史上第一部由国家颁布并在全国实行的学制系统，成为中国近代教育走向制度化、法制化阶段的标志。该学制明文规定教育的目的是“忠君、尊孔、尚公、尚武、尚实”，其指导思想是“中学为体，西学为用”。

14. A 【解析】本题考查认知风格的知识。在教学方面，场独立性强的教师喜欢数学和自然科学各科，喜欢演讲，在讲课时注意教材的结构和逻辑，偏向于使用正规的教学方式；场依存性强的教师使用结构不那么讲究方法，喜欢与儿童相互作用，喜欢采用讨论的方法。故题干中赵老师的认知风格可能是场依存型。（具体内容参见李祥文主编的《幼儿教育心理学》）

15. B 【解析】本题考查教师职业的发展历史。教师职业的发展经历了非职业化阶段、职业化阶段、专门化阶段、专业化阶段。职业化阶段，独立的教师行业伴随着私学的出现而出现。例如，我国春秋时期的诸子百家，其中影响和规模最大的是儒、墨两家。这种私学教师在一定程度上改变了官学教师身上过重的官吏色彩，使教师开始回归到专业教育工作者的角色上来。从这个意义上来看，春秋战国时期这些出卖脑力劳动的“士”堪称中国第一代教师群。古希腊的“智者”也以专门教授人们知识为生。这时，私学教师逐渐形成一种行业。不过，这时虽有专门的教师，但教师职业基本上还不具备专门化水平，私学教师没有形成从教的专业技能。“自行束脩以上，吾未尝无诲焉”意思是只要是主动给我十条干肉作为见面礼物的，我从没有不给予教诲的。这表明此时的教师以专门教授人们知识为生，故属于教师职业发展的职业化阶段。

16. C 【解析】本题考查马斯洛的需求层次理论。在马斯洛的需求层次理论中，从低到高的需求依次为生理需要、安全需要、归属与爱的需要、尊重的需要、求知需要、审美需要、自我实现的需要。自我实现的需要是最高层次的需要,是在前面需要得到满足后产生的。所谓"自我实现",即追求自我理想的实现,是充分发挥个人潜能、才能的心理需要,也是一种创造和自我价值得到体现的需要。李老师在教学过程中充分发挥自身潜能,教学中的每一项任务力求做到极致,表明她达到的最高层次的需要是自我实现的需要。

17. D 【解析】本题考查教师劳动的创造性特点。教师劳动的创造性主要是由劳动对象的特点决定的,主要表现在以下三个方面:(1)因材施教;(2)教学方法上的不断更新;(3)教师需要"教育机智"。故题干所述即体现了教师职业劳动的创造性。

18. A 【解析】本题考查教师知识素养的内容。教师的知识素养包括政治理论修养、精深的学科专业知识(本体性知识)、广博的科学文化知识、必备的教育科学知识(条件性知识)、丰富的实践知识。其中,教师的教育科学知识(条件性知识)主要包括三个方面:(1)学生身心发展知识;(2)教与学的知识;(3)学生成绩评价的知识。故题干所述的知识属于教师的条件性知识。

19. D 【解析】本题考查课堂提问的要求。"不愤不启,不悱不发"的意思是:学生如果不经过思考并有所体会,想说却说不出来时,就不去开导他;如果不是经过冥思苦想而又想不通时,就不去启发他。也就是说,只有在学生"愤、悱"的状态下,才是启发(提问)的最佳时机。即学生"心求通而未得之意""口欲言而未能之貌"的时候,这个时候,学生注意力集中、思维活跃,对教师的提问往往能够积极地投入思考,从而让课堂教学收到良好的效果。因此,"不愤不启,不悱不发"要求教师在提问时把握好提问时机。

20. D 【解析】本题考查人本主义学习理论的内容。马斯洛极端反对行为主义心理学者所提出的条件作用学习理论。他认为对学生来说,外铄学习是缺少个人意义的,只是对个别刺激所做的零碎反应,只是由外在影响加给学生的一些片段的习惯与行动而已。学生所学到的,顶多也不过像是在他口袋里装了几把钥匙或者几枚铜钱而已,对他个人的心智成长,毫无意义。按马斯洛的主张,学习不能由外铄,只能靠内发。教师不能强制学生学习;学习的活动应由学生自己选择和决定。

21. B 【解析】本题考查教师成长的阶段。福勒和布朗根据教师的需要和不同时期所关注的焦点问题,把教师的成长划分为关注生存、关注情境和关注学生三个阶段。其中,处于关注情境阶段的教师关心的是如何教好每一堂课,以及班级大小、时间压力和备课材料是否充分等与教学情境有关的问题,如"内容是否充分得当""如何呈现教学信息""如何掌握教学时间"等。因此,题干所述表明王老师处于关注情境阶段。

22. C 【解析】本题考查课堂提问的类型。教育家特内曾根据布卢姆《教育目标分类学》的基本思想,创设"布卢姆—特内教学提问模式"。在这种教学提问模式中,教学提问被分成由低到高六个水平，即知识(回忆)水平、理解水平、应用水平、分析水平、综合水平和评价水平。其中，应用水平的提问可用来鼓励和帮助学生应用已学知识去解决问题。它要求学生能把所学的某些规则或理论应用于某些问题，对问题进行分类、选择，以确定正确的答案。在应用水平的提问中，教师常用的关键词是：应用、运用、分类、选择、举例等。题干中，王老师要求学生运用所学的完全平方公式去解决问题，体现了应用水平的提问。

23. D 【解析】本题考查注意的品质。注意的分配是指人在进行两种或多种活动时能把注意指向不同对象的现象。事实证明，注意的分配是可行的，人们在生活中可以做到“一心二用”，甚至“一心多用”。“学生在上课时对学习内容用眼看、用耳听、用心记、用嘴说”体现的是注意的分配。因此，这样做可以提高学生注意的分配能力。

24. B 【解析】本题考查三维课程目标的知识。新课程背景下的课堂教学，要求根据各学科教学的任务和学生的需求，从知识与技能、过程与方法、情感态度与价值观三个维度出发设计课程目标。“知识与技能”目标强调基础知识和基本技能的获得，相当于传统的“双基教学”，这一维度的目标立足于让学生学会。“过程与方法”目标突出的是让学生“学会学习”，使学生获得知识的过程同时成为获得学习方法和能力发展的过程，这一维度的目标立足于让学生会学。“情感态度与价值观”目标强调教学过程中激发学生的情感共鸣，引起积极的态度体验，形成正确的价值观，这一维度的目标立足于让学生乐学。

25. A 【解析】本题考查课程内容的编排方式。直线式是指学科课程内容的组织呈直线前进，前面安排过的内容在后面不再呈现。螺旋式是指同一课程内容前后重复出现，前面的内容是后面内容的基础，后面内容是对前面内容的不断扩展和加深，且层层递进。直线式和螺旋式是教科书编写的两种基本的组织方式，它们各有利弊，分别适用于不同性质的学科、不同年级的学生。对理论性较强、学生不易理解和掌握的内容，尤其对低年级的儿童来说，采用螺旋式来组编较适合；对一些理论性、难度或操作性相对较低的学科知识，采用直线式组编则较适合。(具体内容参看王道俊、郭文安主编的《教育学(第7版)》)

26. C 【解析】本题考查课程实施的取向。课程实施的三种取向为：(1)忠实取向；(2)相互调适取向；(3)创生取向。课程实施的创生取向认为，设计好的课程并不是固定不变的，课程实施的过程也是课程的设计过程。课程实施的过程是在具体教育情境中由师生共同创生新的教育经验的过程，原来设计好的课程只是这个“经验”创生过程中可供选择的材料之一。题干中，王老师注重课堂教学中预设与生成的关系，这符合课程实施的创生取向。

27. D 【解析】本题考查量力性教学原则。量力性教学原则又称为可接受性原则，是指教学的内容、方法、分量和进度要适合学生的身心发展特点，使他们能够接受，但又要有一定的难度，需要他们经过努力才能掌握，以促进学生的身心发展。“最近发展区”是儿童在有指导的情况下，借助成人的帮助所能达到的解决问题的水平与独自解决问题所达到的水平之间的差异，实际上是两个邻近发展阶段间的过渡状态。“语之而不知，虽舍之可也”的意思是：如果老师开导了（学生）还是不懂，那么暂时放弃开导，也是可以的。这都在一定程度上表明教学的内容、方法、分量和进度要适合学生的身心发展，使他们能够接受。故题干所述体现了量力性的教学原则。

28. D 【解析】本题考查分组教学的类型。分组教学有外部分组和内部分组、能力分组和作业分组等。外部分组，即取消按年龄编班，按学生的能力或某些测验成绩编班。内部分组，即在按年龄编班的班级内，再根据学生的成绩将他们分成若干个不同的小组。能力分组，是根据学生的能力发展水平进行分组教学的，各组课程相同，学习年限则不同。作业分组，是根据学生的特点和意愿来进行分组教学的，各组学习年限相同，课程则不同。

29. C 【解析】本题考查情境—陶冶教学模式。情境—陶冶教学模式是使学生处在创设的教学情境中，运用学生的无意识心理活动和情感，加强有意识的理性学习活动的教学模式。该教学模式的教学目标是使学生在思想高度集中、精神完全放松的状态下，高效率、高质量地掌握所学内容，并且在情感和思想上受到触动和感化。因此，若教学的核心目标是让学生形成某种态度或价值观，就要采用情境—陶冶教学模式。

30. C 【解析】本题考查心智技能的形成阶段。加里培林提出了较有影响力的心智技能形成理论。他认为心智技能的形成分为五个阶段：(1)活动的定向阶段；(2)物质活动和物质化活动阶段；(3)出声的外部言语阶段；(4)无声的外部言语阶段；(5)内部言语阶段。其中，无声的外部言语阶段，是以词的声音表象、动觉表象为支柱而进行智力活动的阶段。

31. B 【解析】本题考查教学评价的基本类型。根据评价采用的标准，教学评价可以分为绝对性评价（标准参照性评价）、相对性评价（常模参照性评价）和个体内差异评价。常模参照性评价运用常模参照性测验对学生的学习成绩进行评价，它主要依据学生个人的学习成绩在该班学生成绩序列或常模中所处的位置来评价和决定他的成绩的优劣，而不考虑是否达到教学目标的要求。它具有甄选性强的特点，因而可以作为选拔人才、分类排队的依据。题干中，事业编教师招聘考试是从高分到低分进行选拔的。

32. A 【解析】本题考查常见的心理学效应。A 选项，霍桑效应又称被试效应，“被试效应”的形成是由被试者的“心理作用”造成的，是因为被试者觉察到了实验者的意图，或者因为实验场景的原因改变了他们本来的态度和行为，所有这些都对实验结果产生影响,而这种影响并非来自实验刺激的因素即自变量的影响。C 选项,所谓“主试效应”,是指由实验者对研究结果的期望而产生的实验偏差。主试效应常常被称为“皮格马利翁效应”或“罗森塔尔效应”。D 选项,巴纳姆效应指的是一般人都会轻易地对一个笼统的、一般性的人格描述深信不疑,即使这种描述空洞而模糊,他也会毫不怀疑地认为这种描述确实说出了自己的人格面貌。题干所述符合霍桑效应的内涵。

33. C 【解析】本题考查 2008 年修订的《中小学教师职业道德规范》。2008 年修订的《中小学教师职业道德规范》中关于“为人师表”方面所规定的具体职业行为要求有:坚守高尚情操,知荣明耻,严于律己,以身作则。衣着得体,语言规范,举止文明。关心集体,团结协作,尊重同事,尊重家长。作风正派,廉洁奉公。自觉抵制有偿家教,不利用职务之便谋取私利。

34. C 【解析】本题考查学习策略的种类。组织策略是指将经过精加工提炼出来的知识点加以构造,形成更高水平的知识结构的信息加工策略。常用的组织策略有:(1)列提纲。(2)利用图形(作示意图)。如系统结构图、流程图、模式图或模型图和网络关系图等。(3)利用表格。如一览表和双向表。根据题干中的“列提纲和画关系图”可知,这种学习策略属于组织策略。

35. B 【解析】本题考查德育模式的知识。当代影响较大的德育模式有认知模式、体谅模式、社会模仿模式和价值澄清模式等。其中,体谅模式把道德情感的培养置于中心地位。体谅模式的特色有:(1)有助于教师较全面地认识学生在解决特定的人际—社会问题时的各种可能反应;(2)有助于教师较全面地认识学生在解决特定的人际—社会问题时可能遭到的种种困难,以便更好地帮助学生学会关心;(3)它提供了一系列可能的反应,教师能够根据它们指导学生围绕大家提出的行动方针进行讲座或角色扮演的主题活动。

36. A 【解析】本题考查班级管理的模式。班级平行管理是指班主任既通过对集体的管理去间接影响个人,又通过对个人的直接管理去影响集体,从而把对集体和个人的管理结合起来的管理方式。题干中,王老师既强调集体的教育力量,又通过对个别学生的教育来影响集体,这体现了班级平行管理。

37. A 【解析】本题考查常见的社会知觉偏差。社会刻板效应指对一群人的特征或动机加以概括,把概括得出的群体的特征归属于团体中的每一个人,认为他们每个人都具有这种特征,而无视团体成员中的个体差异。因此,题干中认为学习成绩差的学生品行也不好就是一种社会刻板效应。

38. A 【解析】本题考查奥苏伯尔的学习分类。奥苏伯尔认为,学生在学校中的有意义学习应该是有意义的接受学习和有意义的发现学习,但他更强调有意义的接受学习,因为有意义的接受学习可以在短时期内使学生获得大量的系统知识。有意义学习的本质就是以符号为代表的新观念与学习者认知结构中原有的适当观念建立起非人为的和实质性的联系的过程,是原有观念对新观念加以同化的过程。题干中的庄老师提到的弄清概念之间的关系,这是将新观念与原有的适当观念建立起实质性联系的过程,故最合适的学习方式是有意义的接受学习。

39. D 【**解析**】本题考查教学方法的选用依据。选择与运用教学方法的基本依据包括教学目的和任务的要求,课程性质和特点,学生年龄特征,教师业务水平、实际经验及个性特点等。国老师认为,教学方法的选用要考虑这堂课你要达成什么成果,这说明国老师的关注点在于课程目标。

40. D 【**解析**】本题考查学习动机的类型。根据学习动机的作用与学习活动的关系进行划分,学习动机可分为近景的直接性动机和远景的间接性动机。近景的直接性动机是与学习活动直接相连的,来源于对学习内容或学习结果的兴趣,此类动机作用效果比较明显,但稳定性比较差。远景的间接动机是与学习的社会意义和个人的前途相连的,此类动机的作用较为稳定和持久,能激励学生努力学习并取得好成绩。

二、多项选择题

41. ABD 【**解析**】本题考查个体身心发展的动因。外铄论认为人的发展主要依靠外在的力量,诸如环境的刺激和要求、他人的影响和学校的教育等。外铄论又称外塑论或经验论等。A、B、D 三项均体现了外在的力量决定或影响人的发展,都倾向于"外铄论"的观点。C 项,"万物皆备于我"是孟子提出的,属于"内发论"的观点。

42. CD 【**解析**】本题考查德育的方法。两难问题辨析法有助于促进儿童的道德判断的发展和道德行为的成熟,但是随着德育实践的深入,人们发现这种教学方法程序十分复杂,目的难以达到,尤其低年级儿童采用这种方法具有消极作用,具有不容易实施等不足,还有相当大的局限性,A 项错误。选择德育方法的依据包括:(1)德育目标。(2)德育内容。(3)德育对象的年龄特点和个性差异。例如,中学高年级学生,自我意识已充分发展,自我评价能力增强,适宜选用自我修养法、分组讨论法等。小学低年级学生,自我意识尚未形成,缺乏自我认识和评价的能力,适宜选用榜样示范法和实际锻炼法,B 项错误,D 项正确。情感陶冶法是指教育者自觉创设良好的教育情境,潜移默化地使受教育者在道德和思想情操等方面受到感染、熏陶的方法。情感陶冶法的形式包括人格感化、环境陶冶和艺术陶冶。对小学生来说,学校、班级是他们学习与活动的主要场所,因此,创设优美的校园环境,形成团结向上的班级集体,就会使学生的心灵受到春风化雨般的滋润,C 项正确。

43. BCD 【**解析**】本题考查经典性条件反射的内容。在操作性条件作用中,行为发生在刺激之前,行为后果影响随后的行为;在经典性条件作用中,行为发生在刺激之后,中性刺激与无条件刺激相匹配。题干中,小明出现帮助同学的行为后,受到了表扬，此后行为频率增加，这体现了操作性条件反射的原理，A 项不符合题意。B 项属于泛化，是经典性条件作用理论的规律之一。C 项和 D 项都是行为发生在刺激之后，属于经典性条件反射。

44. ABCD 【解析】本题考查著名教育家及其教育思想。A 项，荀子提出了“性恶论”，认为教育的作用是“化性起伪”，就是通过教育和学习来改变自己的本性，使人具有适应社会生活的道德智能。B 项，洛克反对天赋观念，提出了“白板说”。他认为人的心灵原来就像一块白板，没有一切特性，没有任何观念，天赋的智力人人平等。他还提出了“绅士教育论”，并在其著作《教育漫话》中，详细论述了绅士教育的内容（即体育、德育和智育）及方法。C 项，杜威认为，教育即生活，教育即生长，教育即经验的改组或改造。此外，杜威还提出“学校即社会”，这是对“教育即生活”的进一步引申。D 项，陶行知提出了生活教育理论，认为“生活即教育”，“生活即教育”是陶行知生活教育理论的核心。

45. BCD 【解析】本题考查建构主义的教学主张。基于建构主义的课堂教学模式有：(1) 支架式教学；(2) 抛锚式教学；(3) 随机通达教学；(4) 认知学徒制；(5) 自上而下的教学，B、D 两项正确。建构主义在学习观上强调学习的主动建构性、社会互动性和情境性三方面，认为“情境”“协作”“会话”“意义建构”是学习环境中的四大要素或四大属性。其中，学习的情境性主要指学习、知识和智慧的情境性，认为知识是不可能脱离活动情境而孤立存在的。只有通过实际应用活动，知识才能真正被理解。因此，人的学习应该与情境化的社会实践活动相联系，通过对某种社会实践的参与而逐渐掌握有关的社会规则并形成相应的知识。C 项说法正确。人本主义者倡导有意义的自由学习观，有意义学习关注学习内容与个人之间的关系，A 项属于人本主义的教学主张。

46. CD 【解析】本题考查教师的能力素养。教师的能力素养包括语言表达能力、组织管理能力、组织教育和教学的能力、自我调控和自我反思能力（较高的教育机智）。“要使学生获得一点知识的亮光，教师应吸进整个光的海洋”是指教师需要具备广博的文化知识，属于教师的知识素养，A 项错误。B 项，教师应“既知教之所由兴，又知教之所由废”是指教师既要懂得教育成功的因素，又要知道教育失败的原因，故 B 项体现了教师的知识素养。C 项，教师语言表达要做到“生动、形象、具有启发性”，属于教师能力素养中的语言表达能力。D 项，教师应注意课堂教学中的自我监控与课后的自我反思属于教师能力素养中的自我调控和自我反思能力。

47. AB 【解析】本题考查西方主要的心理学流派及代表人物。行为主义心理学派被称为西方心理学的“第一势力”，代表人物为华生。精神分析学派被称为西方心理学的“第二势力”，代表人物为弗洛伊德。人本主义心理学派被称为西方心理学的“第三势力”，代表人物为马斯洛和罗杰斯。格式塔心理学派代表人物为韦特海默、苛勒和考夫卡。

48. ABC 【解析】本题考查不同课程类型的特点。学科课程是指以文化知识(科学、道德、艺术)为基础,按照一定的价值标准,从不同的知识领域或学术领域选择一定的内容,根据知识的逻辑体系,将所选出的知识组织为学科的课程类型。布鲁纳的结构主义课程是其典型代表,A 项正确。活动课程亦称经验课程,是指围绕着学生的需要和兴趣、以活动为组织方式的课程形态,即以学生的主体性活动经验为中心组织的课程。其主导价值在于使学生获得关于现实世界的直接经验和真切体验。活动课程的主要代表人物是杜威,B 项正确。显性课程亦称公开课程,是指在学校情境中以直接的、明显的方式呈现的课程,C 项正确。隐性课程亦称潜在课程、自发课程,是学校情境中以间接的、内隐的方式呈现的课程。不论是显性课程还是隐性课程,都是学校课程建设中不可或缺的,D 项错误。

49. BC 【解析】本题考查对循序渐进教学原则的理解。“闻斯行诸”的故事是指子路和冉有同样问“闻斯行诸”,孔子却作了不同的回答。由于子路做事有时不免轻率,所以孔子要他在听到一件该做的事时最好向父兄请教后才去做。而冉有则由于个性谦退,遇事往往畏缩,因此孔子要他在听到一件该做的事后立刻去做。这体现了因材施教的教学原则,A 项不符合题意。“盈科而进”意思是要想进步、提高,必须打好坚实的基础。这体现了循序渐进的教学原则,B 项当选。“杂施而不孙,则坏乱而不修”指教学如果不按一定的顺序,杂乱无章地进行,学生就会陷入紊乱而没有收获。它符合循序渐进的教学原则,C 项当选。苏格拉底的“产婆术”是指在与学生谈话的过程中,并不直截了当地把学生所应知道的知识告诉他,而是通过讨论、问答甚至辩论方式来揭露对方认识中的矛盾,逐步引导学生自己最后得出正确答案的方法,这体现了启发性教学原则,D 项不符合题意。

50. ACD 【解析】本题考查需要的知识。需要总是和满足需要的对象联系在一起,因此,需要具有对象性,A 项正确。人和动物都有自然的需要,但需要的具体内容不同,满足需要的手段也就不一样。人生活在社会中,人的自然需要不仅可以通过自然界的物体得到满足,而且可以通过使用社会的产品得到满足,B 项错误。社会需要是人特有的,是通过学习得来的,又称为获得性需要,它随着人类的活动不断地产生和发展,C 项正确。人类的需要是随着历史的发展而发展的,是随着社会生产力的发展,随着满足某种需要对象范围的改变和满足方式改变而发展的,D 项正确。

51. BCD 【解析】本题考查教学方法的知识。依据指导思想的不同,各种教学方法可归并为两大类:注入式和启发式,这是两种根本对立的教学方法指导思想。注入式是一种“填鸭式”的教学方法,是指教师从主观出发,把学生看成单纯接受知识的容器,向学生灌注知识,无视学生在学习上的主观能动性。在我国传统教学中,教师多使用灌输的方式进行教学,在此过程中运用最多的又是讲授法,因此,有人将讲授法等同于注入式教学,这是错误的。衡量一种教学方法是否具有启发性,关键是看教师能否促进学生积极主动地去学习,而不是单从形式上去加以判断,A 项错误。以语言传递为主的教学方法主要包括讲授法、谈话法、讨论法、读书指导法四种,B 项正确。演示法是指教师通过展示实物、教具和示范性的实验来说明、印证某一事物和现象,使学生掌握新知识的一种教学方法。它是一种辅助性教学方法,要与讲授法、谈话法等教学方法结合使用,C 项正确。发现法是以引导探究为主的方法,就是让学生通过独立工作,自己主动发现问题、解决问题及掌握原理的一种教学方法。它是由美国心理学家布鲁纳所倡导的,D 项正确。

52. BD 【解析】本题考查中等生的特点。中等生,也叫“一般生”或“中间生”,是指那些在班级中各方面都表现平平的学生。中等生的特点包括:(1)信心不足;(2)表现欲不强。A 项属于先进生的心理特征;C 项属于后进生的心理特征。

53. ABD 【解析】本题考查自我效能感理论。自我效能感的作用主要体现在以下几个方面:(1)决定人们对活动的选择,以及对活动的坚持性。自我效能感水平高者倾向于选择富有挑战性的任务,在困难面前能坚持自己的行为;而自我效能感水平低者就相反。故 A 项说法正确。(2)影响人们在困难面前的态度。自我效能感水平高者敢于面对困难,富有自信心,相信通过坚持不懈的努力可以克服困难;而自我效能感水平低者在困难面前则缺乏自信,畏首畏尾,不敢尝试。(3)自我效能感不仅影响新行为的习得,而且,影响已习得行为的表现。故 B、D 两项说法正确。(4)自我效能感还会影响活动时的情绪。自我效能感高者活动时信心十足,情绪饱满,而自我效能感低者则充满恐惧和焦虑。故 C 项说法错误。

54. ABCD 【解析】本题考查时事政治。中共中央国务院印发的《关于全面深化新时代教师队伍建设改革的意见》提出,弘扬高尚师德。健全师德建设长效机制,推动师德建设常态化长效化,创新师德教育,完善师德规范,引导广大教师以德立身、以德立学、以德施教、以德育德,坚持教书与育人相统一、言传与身教相统一、潜心问道与关注社会相统一、学术自由与学术规范相统一,争做“四有”好教师,全心全意做学生锤炼品格、学习知识、创新思维、奉献祖国的引路人。其中,“四有”好教师,即有理想信念、有道德情操、有扎实学识、有仁爱之心。

55. ABCD 【解析】本题考查有关教育的法律法规。根据《中华人民共和国义务教育法》第二条规定,国家实行九年义务教育制度。义务教育是国家统一实施的所有适龄儿童、少年必须接受的教育,是国家必须予以保障的公益性事业。实施义务教育,不收学费、杂费,A 项正确。隐私权是指公民生活中不愿为他人公开或知悉的个人秘密的不可侵犯的人身权利。学校和教师侵犯学生隐私的表现形式有:故意隐匿、毁弃或者非法开拆学生信件，披露、宣扬学生自身及家庭成员的资料，提供学生成绩的方式不适当等。故按学生的考试成绩进行排队，侵犯了学生的隐私权，B 项正确。根据《中华人民共和国义务教育法》第十一条规定，凡年满六周岁的儿童，其父母或者其他法定监护人应当送其入学接受并完成义务教育；条件不具备的地区的儿童，可以推迟到七周岁，C 项正确。根据《中华人民共和国预防未成年人犯罪法》第三十四条规定，未成年学生旷课、逃学的，学校应当及时联系其父母或者其他监护人，了解有关情况；无正当理由的，学校和未成年学生的父母或者其他监护人应当督促其返校学习，D 项正确。

第二部分　数学学科专业知识

一、单项选择题

1. B　【解析】本题考查集合的运算。$A=\left\{x\left|\frac{1-x}{x}\geqslant 0\right.\right\}=\{x|0<x\leqslant 1\}$，$B=\{x|2x-1>0\}=\left\{x\left|x>\frac{1}{2}\right.\right\}$，则集合$A\cap B=\left(\frac{1}{2},1\right]$。

2. A　【解析】本题考查函数的奇偶性和单调性。令 $y=f(x)$，A 选项，$f(-x)=-(-x)^2+4=-x^2+4=f(x)$，则$f(x)$为偶函数，在区间$(0,+\infty)$上，$f'(x)=-2x<0$，$f(x)$单调递减，符合。B 选项，$f(-x)=|-x|+1=|x|+1=f(x)$，则$f(x)$为偶函数，在区间$(0,+\infty)$上，$f'(x)=1>0$，$f(x)$单调递增，不符合。C 选项，$f(-x)=2(-x)^3=-2x^3=-f(x)$，则$f(x)$为奇函数，不符合。D 选项，$f(-x)=2^{|-x|}=2^{|-x|}=f(x)$，则$f(x)$为偶函数，在区间$(0,+\infty)$上，$f'(x)=2^{|x|}>0$，$f(x)$单调递增，不符合。

3. C　【解析】本题考查共轭复数。$z=\frac{1}{1-3\mathrm{i}}=\frac{1+3\mathrm{i}}{(1-3\mathrm{i})(1+3\mathrm{i})}=\frac{1}{10}+\frac{3}{10}\mathrm{i}$，则$\bar{z}=\frac{1}{10}-\frac{3}{10}\mathrm{i}$，故该复数的共轭复数的虚部是$-\frac{3}{10}$。

4. A　【解析】本题考查三角函数的倍角公式。$2\sin 2\alpha=4\sin\alpha\cos\alpha$，$\cos 2\alpha+1=2\cos^2\alpha-1+1=2\cos^2\alpha$，即$4\sin\alpha\cos\alpha=2\cos^2\alpha$，$\because \alpha\in\left(0,\frac{\pi}{2}\right)$，$\therefore \cos\alpha\neq 0$，$\therefore \cos\alpha=2\sin\alpha=2\sqrt{1-\cos^2\alpha}$，解得$\cos\alpha=\frac{2\sqrt{5}}{5}$。

5. D　【解析】本题考查排列组合。要求平均分成两组，故每个小组有 $8\div 2=4$ 人，其中每个分队都必须有语文教师、数学教师和英语教师，则可以分为一组有 1 名语文老师，2 名数学老师和 1 名英语老师，另一组为有 1 名语文老师，1 名数学老师和 2 名英语老师，分到两个村子，则不同的分配方案有 $\mathrm{A}_2^2\mathrm{C}_3^1\mathrm{C}_3^2\mathrm{A}_2^2=36$(种)。

6. D　【解析】本题考查对数的大小比较。$a=\log_3 12>\log_3 9=2=\log_5 25>b=$

$\log_5 20, b=\log_5 20=\log_5(4\times5)=\log_5 4+\log_5 5=1+\log_5 4, c=\log_7 28=\log_7(4\times7)=\log_7 4+\log_7 7=1+\log_7 4$，$\therefore b>c$，$\therefore a>b>c$。

7. B 【解析】本题考查等比数列通项公式和其前 n 项和公式。$\because a_3^2=a_4$，由等比数列的通项公式得，$(a_1q^2)^2=a_1q^3$，即 $a_1q=1$，而数列$\{a_n\}$的前 3 项和 $S_3=\frac{a_1(1-q^3)}{1-q}=\frac{7}{2}$。联立解得 $a_1=2, q=\frac{1}{2}$，或 $a_1=\frac{1}{2}, q=2$，$\because$ 数列$\{a_n\}$为递减数列，则 $a_1=2, q=\frac{1}{2}$，则 $a_4=a_1q^3=\frac{1}{4}$。

易错提示：本题在计算时，容易忽略数列$\{a_n\}$为递减数列，或者对递减数列定义不明晰，进而对 a_1, q 的值求解错误。

8. A 【解析】本题考查直线与圆的综合性质。点 A 的坐标为$(-2,0)$，点 B 的坐标为$(0,-2)$，线段 AB 的长度为 $\sqrt{2^2+2^2}=2\sqrt{2}$，易知圆$(x-2)^2+y^2=2$ 的圆心为$(2,0)$，半径为$\sqrt{2}$，则圆心到直线 $x+y+2=0$ 的距离 $d=\frac{|2+0+2|}{\sqrt{1^2+1^2}}=2\sqrt{2}$，圆上的点到直线 $x+y+2=0$距离的最小值为 $d-\sqrt{2}=\sqrt{2}$，则$\triangle ABP$ 面积的最小值为$\frac{1}{2}\times2\sqrt{2}\times\sqrt{2}=2$。

9. C 【解析】本题考查向量夹角余弦值的计算。由题可知，$|\boldsymbol{e}_1|=1, |\boldsymbol{e}_2|=1$，所以 $|2\boldsymbol{e}_1-\boldsymbol{e}_2|=\sqrt{(2\boldsymbol{e}_1-\boldsymbol{e}_2)^2}=\sqrt{4+1-4|\boldsymbol{e}_1||\boldsymbol{e}_2|\cos\langle\boldsymbol{e}_1,\boldsymbol{e}_2\rangle}=\sqrt{3}$，解得$\cos\langle\boldsymbol{e}_1,\boldsymbol{e}_2\rangle=\frac{1}{2}$，

则 $\cos\langle\boldsymbol{a},\boldsymbol{b}\rangle=\frac{\boldsymbol{a}\cdot\boldsymbol{b}}{|\boldsymbol{a}||\boldsymbol{b}|}=\frac{2\boldsymbol{e}_1^2+3\boldsymbol{e}_1\boldsymbol{e}_2+\boldsymbol{e}_2^2}{\sqrt{(\boldsymbol{e}_1+\boldsymbol{e}_2)^2}\sqrt{(2\boldsymbol{e}_1+\boldsymbol{e}_2)^2}}=\frac{2+\frac{3}{2}+1}{\sqrt{1+1+1}\times\sqrt{4+1+2}}=\frac{3\sqrt{21}}{14}$。

10. C 【解析】本题考查函数的奇偶性、单调性与充分必要条件的判定。由题意知，$f(x)$ 的定义域为 $\mathbf{R}$，又 $\because f(-x)=\lg(-x+\sqrt{x^2+1})+\frac{3^{-x}-1}{3^{-x}+1}=\lg\frac{(\sqrt{x^2+1}-x)(\sqrt{x^2+1}+x)}{\sqrt{x^2+1}+x}+\frac{(3^{-x}-1)\cdot3^x}{(3^{-x}+1)\cdot3^x}=\lg\frac{1}{\sqrt{x^2+1}+x}+\frac{1-3^x}{3^x+1}=-\lg(\sqrt{x^2+1}+x)-\frac{3^x-1}{3^x+1}=-f(x)$，$\therefore f(x)$为奇函数，由复合函数的单调性的判定方法易知$f(x)$在 $\mathbf{R}$ 上单调递增。由 $a+b>0$，得 $a>-b$，$\therefore f(a)>f(-b)$，即$f(a)>-f(b)$，$\therefore f(a)+f(b)>0$。反之亦然，故"$a+b>0$"是"$f(a)+f(b)>0$"的充分且必要条件。

11. D 【解析】本题考查圆的性质以及三角形相似。如图，连接 BD，$\because AB$ 是圆 O 的直径，$\therefore AC\perp BC, AD\perp BD$，又$\because DE\perp AB$，$\therefore \angle AED=\angle ADB=90°$，$\therefore \angle ABD+\angle BDE=\angle ADE+$

$\angle BDE=90°$，$\therefore \angle ABD=\angle ADE$，$\because \angle ABD$ 与 $\angle ACD$ 是 $\overset{\frown}{AD}$ 所对的圆周角，$\therefore \angle ABD=\angle ACD$，又$\because AD=CD$，$\therefore \angle DAC=\angle DCA$，$\therefore \angle ADE=\angle DAC$，$\therefore FD=FA=10$。

在 Rt$\triangle ABC$ 中，$\sin\angle CBA=\dfrac{AC}{AB}=\dfrac{4}{5}$，$\cos\angle CAB=\dfrac{AC}{AB}$，$\therefore \cos\angle CAB=\dfrac{AC}{AB}=\dfrac{4}{5}$，

$\therefore \sin\angle CAB=\sqrt{1-\cos^2\angle CAB}=\dfrac{3}{5}$，在 Rt$\triangle AEF$ 中，$\sin\angle CAB=\dfrac{EF}{AF}=\dfrac{3}{5}$，$\therefore EF=6$，

$\therefore AE=\sqrt{AF^2-EF^2}=8$，$\therefore DE=DF+EF=16$，

$\because \angle ADE=\angle DBE$，$\angle AED=\angle BED$，$\therefore \triangle ADE\backsim\triangle DBE$，$\therefore \dfrac{DE}{BE}=\dfrac{AE}{DE}$，即 $BE=32$，

$\therefore AB=AE+BE=8+32=40$，

$\therefore BC=AB\sin\angle CAB=40\times\dfrac{3}{5}=24$。

二、多项选择题

12. BC 【解析】本题考查回归直线的性质。回归直线过样本中心点，也可能不过样本数据中的任意点，A 项错误；由相关系数的作用，当 $|r|$ 越接近 1，表示变量 y 与 x 之间的线性相关关系越强；变量 y 和 x 之间的相关系数为 $r=-0.97$，则变量 y 和 x 之间具有很强的线性相关关系，B 项正确；若以模型 $y=ae^{bx}$ 拟合该组数据，为了求出回归方程，设 $z=\ln y$，将其变换后得到线性方程为 $z=6x+\ln 3$，则 a,b 的估计值分别是 3 和 6，C 项正确；R^2 越大，拟合效果越好，故 D 项不正确。

13. ABC 【解析】本题考查三角函数的图象及其性质。$f(x)=\cos\dfrac{x}{2}-\sqrt{3}\sin\dfrac{x}{2}-\dfrac{1}{2}=2\cos\left(\dfrac{x}{2}+\dfrac{\pi}{3}\right)-\dfrac{1}{2}$，则 $f(x)$ 的最小正周期为 4π，而 -2π 不是 $f(x)$ 的一个周期，A 项错误；令 $x=\dfrac{\pi}{3}$，则 $f(x+\pi)=2\cos\left(\dfrac{\frac{\pi}{3}+\pi}{2}+\dfrac{\pi}{3}\right)-\dfrac{1}{2}=2\cos\pi-\dfrac{1}{2}=-\dfrac{5}{2}\neq 0$，B 项错误；$f(x)$ 的图象的对称轴为 $\dfrac{x}{2}+\dfrac{\pi}{3}=k\pi$，即 $x=2k\pi-\dfrac{2\pi}{3}$，$k\in\mathbf{Z}$，C 项错误；令 $2k\pi\leqslant\dfrac{x}{2}+\dfrac{\pi}{3}\leqslant 2k\pi+\pi$，则 $4k\pi-\dfrac{2\pi}{3}\leqslant x\leqslant 4k\pi+\dfrac{4\pi}{3}$，$k\in\mathbf{Z}$，则 $f(x)$ 在 $\left(\dfrac{\pi}{2},\pi\right)$ 上单调递减，D 项正确。

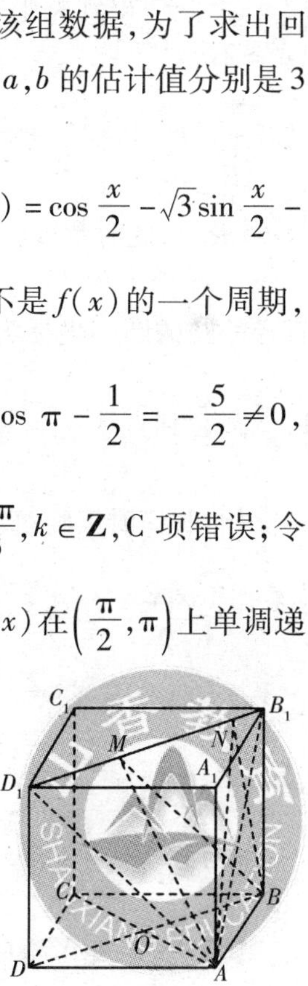

14. ABC 【解析】本题考查立体几何的相关性质。A 项，在正方体 $ABCD-A_1B_1C_1D_1$ 中，连接 BD，因为点 M,N 是线段 B_1D_1 上的两个动点，$\therefore MN\parallel BD$，又 $BD\subset$ 平面 $ABCD$，$MN\not\subset$ 平面 $ABCD$，$\therefore MN\parallel$ 平面 $ABCD$，正确；

B 项，如图，在正方体 $ABCD-A_1B_1C_1D_1$ 中，$AC\perp BD$，$AC\perp$

BB_1，$BD\cap BB_1=B$，$\therefore AC\perp$平面 BB_1D_1D。又 $BM\subset$平面 BB_1D_1D，$\therefore AC\perp BM$，正确；

C 项，因为 $MN=1$，$\therefore S_{\triangle BMN}=\frac{1}{2}\times MN\times BB_1=\frac{1}{2}\times 1\times 2=1$，设 $AC\cap BD=O$，易证 $AO\perp$平面 BMN，$AO=\frac{1}{2}\times\sqrt{4+4}=\sqrt{2}$，$V_{A-MNB}=\frac{1}{3}S_{\triangle BMN}\cdot OA=\frac{1}{3}\times 1\times\sqrt{2}=\frac{\sqrt{2}}{3}$为定值，故三棱锥$M-ABN$的体积为定值，正确；

D 项，因为点 A，B 到直线 B_1D_1 的距离分别是$\triangle B_1D_1A$ 与$\triangle B_1D_1B$ 的底边 B_1D_1 上的高，连接 AD_1，AB_1，易知$\triangle B_1D_1A_1$ 是边长为 $2\sqrt{2}$的等边三角形，所以点 A 到 B_1D_1 的距离为$\sqrt{6}$，且点 B 到直线 B_1D_1 的距离为 $B_1B_1=2$，所以 $S_{\triangle AMN}=\frac{1}{2}\times\sqrt{6}\times 1=\frac{\sqrt{6}}{2}$，$S_{\triangle BMN}=\frac{1}{2}\times 1\times 2=1$，则$\triangle AMN$ 的面积与$\triangle BMN$ 的面积不相等，不正确。

15. ACD 【解析】本题考查直线与抛物线的交点问题。抛物线 $x^2=2y$ 的焦点是 $(0,\frac{1}{2})$，显然过焦点的直线 l 的斜率存在，设直线 l 的方程为 $y=kx+\frac{1}{2}$，联立方程 $\begin{cases}y=kx+\frac{1}{2},\\x^2=2y,\end{cases}$得到关于 x 的等式 $x^2-2kx-1=0$，则 $x_1+x_2=2k$，$x_1x_2=-1$，$\therefore y_1+y_2=k(x_1+x_2)+1=2k^2+1$，$y_1y_2=\frac{x_1^2x_2^2}{4}=\frac{1}{4}$，A 项正确；当直线 AB 与 x 轴平行时，$|OA|+|OB|$最小，此时$|OA|=|OB|=\frac{\sqrt{5}}{2}$，则$|OA|+|OB|=\sqrt{5}<2\sqrt{2}$，B 项不正确；以 AB 为直径的圆的圆心坐标为$(\frac{x_1+x_2}{2},\frac{y_1+y_2}{2})$，即$(k,k^2+\frac{1}{2})$，半径$\frac{|AB|}{2}=\frac{y_1+y_2+1}{2}=k^2+1$，$\therefore$ 圆心到直线 $y=-\frac{1}{2}$的距离为 $k^2+\frac{1}{2}+\frac{1}{2}=k^2+1$，即为半径，$\therefore$ 圆与直线 $y=-\frac{1}{2}$相切，C 项正确；直线 OA 的方程为 $y=\frac{y_1}{x_1}x=\frac{x_1}{2}x$，与直线 $x=x_2$ 的交点坐标为$(x_2,\frac{x_1x_2}{2})$，$\because\frac{x_1x_2}{2}=-\frac{1}{2}$，$\therefore$ 经过点 B 与 x 轴垂直的直线与直线 OA 的交点在定直线 $y=-\frac{1}{2}$上，D 项正确。

三、填空题

16. $y=\frac{1}{3}x+1$

【解析】本题考查曲线的切线方程。$y'=\mathrm{e}^x+2x-\frac{2}{3}$，当 $x=0$ 时，$y=1$，$y'=\frac{1}{3}$，此

时$\frac{y-1}{x-0}=\frac{1}{3}$,则该切线方程为$y=\frac{1}{3}x+1$。

17. $(-3,1)$

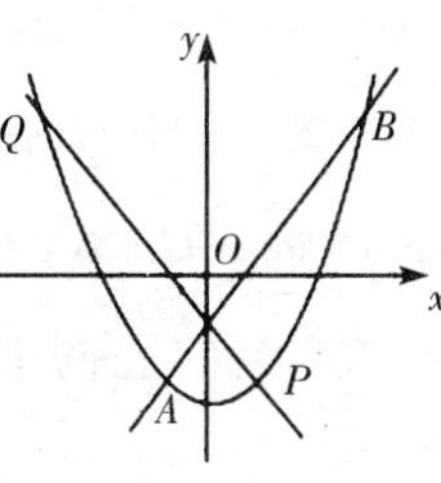

【解析】本题考查函数性质的应用。因为抛物线$y=ax^2+c$与直线$y=mx+n$交于$A(-1,y_1)$,$B(3,y_2)$两点,$\therefore -m+n=y_1$,$3m+n=y_2$,由对称性可知,抛物线$y=ax^2+c$与直线$y=-mx+n$交于$P(1,y_1)$,$Q(-3,y_2)$两点,观察如图所示的图象可知,当$-3<x<1$时,直线$y=-mx+n$在抛物线$y=ax^2+c$的上方,$\therefore$不等式$ax^2+mx+c-n<0$的解集是$(-3,1)$。

易错提示:本题在计算时,只看到题干,认为比较的是函数$y=ax^2+c$与函数$y=mx+n$的大小,其实将$ax^2+mx+c-n<0$移项后为$ax^2+c<-mx+n$,实际比较的是函数$y=ax^2+c$与函数$y=-mx+n$的大小。

18. $-30x^2y^4$

【解析】本题考查二项式定理。$(x+y)(2x-y)^5=x(2x-y)^5+y(2x-y)^5$,$(2x-y)^5$的通项公式为$C_5^r(2x)^{5-r}(-y)^r$,令$5-r=1$,即$r=4$,则有$xC_5^4(2x)^1(-y)^4=10x^2y^4$;令$5-r=2$,即$r=3$,则有$yC_5^3(2x)^2(-y)^3=-40x^2y^4$,故展开式中含$x^2y^4$的项为$10x^2y^4-40x^2y^4=-30x^2y^4$。

19. $\frac{5}{4}$

【解析】本题考查双曲线的性质。易知直线PF_2的方程为$y=3(x-c)$,因为$PF_1\perp PF_2$,所以直线PF_1的方程为$y=-\frac{1}{3}(x+c)$,联立$\begin{cases}y=3(x-c),\\ y=-\frac{1}{3}(x+c),\end{cases}$解得$\begin{cases}x=\frac{4}{5}c,\\ y=-\frac{3}{5}c,\end{cases}$即点$P(\frac{4}{5}c,-\frac{3}{5}c)$,易知点$P$在双曲线$C$的渐近线$y=-\frac{b}{a}x$上,可得$-\frac{3}{5}c=-\frac{b}{a}\cdot\frac{4}{5}c$,$\therefore\frac{b}{a}=\frac{3}{4}$,故该双曲线$C$的离心率为$e=\frac{c}{a}=\sqrt{1+\frac{b^2}{a^2}}=\frac{5}{4}$。

20. 5050

【解析】本题考查数列求和。由题可知$a_2-a_1=1$ ①,$a_3+a_2=3$ ②,$a_4-a_3=5$ ③,$a_5+a_4=7$ ④,$\cdots$,②-①可得$a_1+a_3=2$,②+③可得$a_4+a_2=8$,同理可得$a_5+a_7=2$,$a_6+a_8=24$,$a_9+a_{11}=2$,$\cdots$,$\therefore a_1+a_3,a_5+a_7,a_9+a_{11},\cdots$是各项均为2的常数列,$a_2+a_4,a_6+a_8,a_{10}+a_{12},\cdots$是首项为8,公差为16的等差数列,$\therefore\{a_n\}$的前100项和为$25\times2+25\times8+\frac{1}{2}\times25\times24\times16=5050$。

四、解答题

21.【解析】本题考查三角函数的正、余弦定理。(1)已知 $a(\cos C+\sqrt{3}\sin C)=b+c$，由正弦定理得 $\sin A(\cos C+\sqrt{3}\sin C)=\sin B+\sin C=\sin(\pi-A-C)+\sin C$，即 $\sqrt{3}\sin A\sin C=\sin C\cos A+\sin C$，因为 $0<\angle C<\pi$，所以 $\sin C\neq0$，两边同时除以 $\sin C$ 得 $\sqrt{3}\sin A=\cos A+1$，$\therefore \frac{\sqrt{3}}{2}\sin A=\frac{1}{2}\cos A+\frac{1}{2}$，即 $\sin(A-\frac{\pi}{6})=\frac{1}{2}$，$\therefore \angle A-\frac{\pi}{6}=\frac{\pi}{6}$，即 $\angle A=\frac{\pi}{3}$。

(2)因为 $S_{\triangle ABC}=\frac{1}{2}bc\sin A=\frac{1}{2}bc\cdot\frac{\sqrt{3}}{2}=\sqrt{3}$，$\therefore bc=4$，在 $\triangle ABC$ 中，由余弦定理可得 $a^2=b^2+c^2-2bc\cos A$，又 $\cos A=\frac{1}{2}$，$\therefore 4=b^2+c^2-bc=(b+c)^2-3bc=(b+c)^2-12$，$\therefore (b+c)^2=16$，因为 $b+c>0$，$\therefore b+c=4$，$\therefore a+b+c=2+4=6$，$\therefore \triangle ABC$ 的周长为6。

22.【解析】本题考查线面平行的证明和二面角的正弦值。

(1)如图1，连接 ME，B_1C。

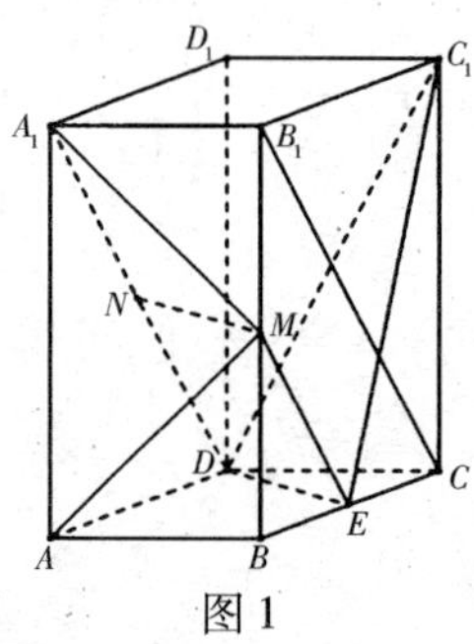

图1

$\because$ 点 M，E 分别是 BB_1，BC 的中点，$\therefore ME$ 为 $\triangle B_1BC$ 的中位线，$\therefore ME/\!/B_1C$ 且 $ME=\frac{1}{2}B_1C$，

在四棱柱 $ABCD-A_1B_1C_1D_1$ 中，$\because A_1B_1/\!/AB$，$AB/\!/CD$，$\therefore A_1B_1/\!/CD$，$\therefore$ 四边形 A_1B_1CD 为平行四边形，$\therefore A_1D/\!/B_1C$，

又 $\because$ 点 N 为 A_1D 的中点，$\therefore ND/\!/B_1C$ 且 $ND=\frac{1}{2}B_1C$，

评分标准：

→求出角 A 的度数可得2分。

→求出 $\triangle ABC$ 的周长可得2分。

$\therefore ME \underline{\parallel} ND$，$\therefore$ 四边形 $DEMN$ 为平行四边形，$\therefore MN /\!/ DE$，

又$\because MN \not\subset$ 平面 C_1DE，$DE \subset$ 平面 C_1DE，$\therefore MN /\!/$ 平面 C_1DE。

→证明 $MN /\!/$ 平面 C_1DE 可得 2 分。

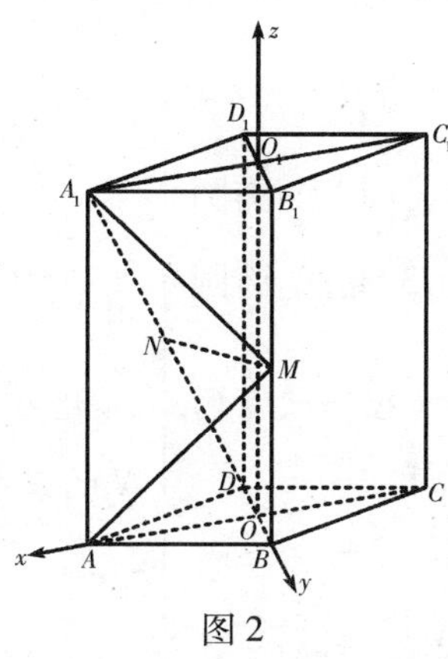

图2

(2)设 $AC \cap BD = O$，$A_1C_1 \cap B_1D_1 = O_1$，由直四棱柱的性质可知 $OO_1 \perp$ 平面 $ABCD$，$\because$ 四边形 $ABCD$ 为菱形，$\therefore AC \perp BD$，则以点 O 为原点，OA 为 x 轴，OB 为 y 轴，OO_1 为 z 轴建立空间直角坐标系，如图 2 所示：

易得 $A(2\sqrt{3},0,0)$，$A_1(2\sqrt{3},0,8)$，$M(0,2,4)$，$D(0,-2,0)$，因为点 N 为 A_1D 的中点，故 $N(\sqrt{3},-1,4)$，$\therefore \overrightarrow{A_1M} = (-2\sqrt{3},2,-4)$，$\overrightarrow{AM} = (-2\sqrt{3},2,4)$，$\overrightarrow{NM} = (-\sqrt{3},3,0)$，

设平面 AA_1M 的一个法向量 $\boldsymbol{m} = (a, b, c)$ 则 $\begin{cases} \boldsymbol{m} \cdot \overrightarrow{A_1M} = 0, \\ \boldsymbol{m} \cdot \overrightarrow{AM} = 0, \end{cases}$ 即 $\begin{cases} -2\sqrt{3}a + 2b - 4c = 0, \\ -2\sqrt{3}a + 2b + 4c = 0, \end{cases}$ 令 $a = 1$，得 $\begin{cases} a = 1, \\ b = \sqrt{3}, \\ c = 0, \end{cases}$ $\therefore$ 平面 AA_1M 的一个法向量 $\boldsymbol{m} = (1,\sqrt{3},0)$，

→求出平面 AA_1M 的一个法向量可得 1 分。

设平面 NA_1M 的一个法向量 $\boldsymbol{n} = (d, e, f)$，则 $\begin{cases} \boldsymbol{n} \cdot \overrightarrow{A_1M} = 0, \\ \boldsymbol{n} \cdot \overrightarrow{NM} = 0, \end{cases}$ 即 $\begin{cases} -2\sqrt{3}d + 2e - 4f = 0, \\ -\sqrt{3}d + 3e = 0, \end{cases}$ 令 $d = \sqrt{3}$，得 $\begin{cases} d = \sqrt{3}, \\ e = 1, \\ f = -1, \end{cases}$ $\therefore$ 平面 NA_1M 的一个法向量 $\boldsymbol{n} = (\sqrt{3},1,-1)$，

→求出平面 NA_1M 的一个法向量可得 1 分。

$\therefore \cos\langle \boldsymbol{m},\boldsymbol{n}\rangle = \dfrac{\boldsymbol{m}\cdot\boldsymbol{n}}{|\boldsymbol{m}|\cdot|\boldsymbol{n}|} = \dfrac{\sqrt{3}+\sqrt{3}}{2\times\sqrt{5}} = \dfrac{\sqrt{15}}{5}$,

又$\because \langle \boldsymbol{m},\boldsymbol{n}\rangle \in [0,\pi]$,$\therefore \sin\langle \boldsymbol{m},\boldsymbol{n}\rangle = \sqrt{1-\left(\dfrac{\sqrt{15}}{5}\right)^2} = \dfrac{\sqrt{10}}{5}$,

$\therefore$ 二面角 $A-MA_1-N$ 的正弦值为$\dfrac{\sqrt{10}}{5}$。

23.【解析】本题考查椭圆与直线的性质。(1)$\because$ 椭圆 E 上的点到其焦点的最大距离为 $a+c=2+\sqrt{3}$,联立椭圆的离心率方程 $e=\dfrac{c}{a}=\dfrac{\sqrt{3}}{2}$,可得$\begin{cases}a=2,\\c=\sqrt{3},\end{cases}$则$b=\sqrt{a^2-c^2}=1$,

→求出二面角 $A-MA_1-N$ 的正弦值可得 1 分。

$\therefore$ 椭圆 E 的方程是$\dfrac{x^2}{4}+y^2=1$。

(2)易知直线 l 的斜率存在且不为 0,设 $l:y=kx-2$ $(k\neq 0)$,$P(x_1,y_1)$,$Q(x_2,y_2)$,

将 $y=kx-2$ 代入$\dfrac{x^2}{4}+y^2=1$,化简得$(1+4k^2)x^2-16kx+12=0$,则 $\Delta=16(4k^2-3)>0$,即 $k^2>\dfrac{3}{4}$,$x_1+x_2=\dfrac{16k}{1+4k^2}$,$x_1x_2=\dfrac{12}{1+4k^2}$,$|PQ|=\sqrt{k^2+1}\,|x_1-x_2|=\sqrt{k^2+1}\cdot\sqrt{(x_1+x_2)^2-4x_1x_2}=\dfrac{4\sqrt{k^2+1}\cdot\sqrt{4k^2-3}}{4k^2+1}$,又点 O 到直线 PQ 的距离 $d=\dfrac{2}{\sqrt{k^2+1}}$,$\therefore$ $\triangle OPQ$ 的面积 $S_{\triangle OPQ}=\dfrac{1}{2}d\cdot|PQ|=\dfrac{4\sqrt{4k^2-3}}{4k^2+1}$,

→正确表示出椭圆的方程可得 2 分。

→正确表示出$\triangle OPQ$ 的面积的代数式可得 2 分。

设 $t=\sqrt{4k^2-3}\,(t>0)$,则 $S_{\triangle OPQ}=\dfrac{4t}{t^2+4}=\dfrac{4}{t+\dfrac{4}{t}}$,$\because t+\dfrac{4}{t}\geqslant 4$,当且仅当 $t=2$,即 $k=\pm\dfrac{\sqrt{7}}{2}$时等号成立,此时满足 $\Delta>0$,且$\triangle OPQ$ 面积最大,

$\therefore$ 当$\triangle OPQ$ 的面积最大时,l 的方程为 $y=\dfrac{\sqrt{7}}{2}x-2$ 或

→正确表示出当$\triangle OPQ$ 的面积最大时,l 的方程可得 1 分。

$y=-\frac{\sqrt{7}}{2}x-2$。

24.【解析】本题考查导数的应用。(1)函数 $h(x)$ 的定义域为 $(0,+\infty)$，$h'(x)=\frac{1}{x}-1-2x=\frac{1-x-2x^2}{x}=\frac{(1-2x)(1+x)}{x}$，∴ 当 $x\in\left(0,\frac{1}{2}\right)$，$h'(x)>0$，$h(x)$ 单调递增，当 $x\in\left(\frac{1}{2},+\infty\right)$，$h'(x)<0$，$h(x)$ 单调递减。

→答出函数 $h(x)$ 的单调区间可得 2 分。

(2)$f(x)=h(x)+x^2+2\sin x=\ln x-x-x^2+x^2+2\sin x=\ln x-x+2\sin x$，

设 $g(x)=\ln x-x$，$\varphi(x)=-2\sin x$，则 $g'(x)=\frac{1}{x}-1$。

→正确表示出函数 $f(x)$ 的解析式可得 1 分。

当 $x\in(0,1)$ 时，$g'(x)>0$，$g(x)$ 单调递增，当 $x\in(1,2\pi)$ 时，$g'(x)<0$，$g(x)$ 单调递减，当 $x=1$ 时，$g(x)$ 取得最大值也是极大值 -1，当 $x=2\pi$ 时，$g(2\pi)=\ln 2\pi-2\pi<0$。

函数 $\varphi(x)$ 在 $\left(0,\frac{\pi}{2}\right)$，$\left(\frac{3\pi}{2},2\pi\right)$ 上递减，在 $\left(\frac{\pi}{2},\frac{3\pi}{2}\right)$ 上递增，$\varphi(0)=0$，$\varphi(1)=-2\sin 1<-1$，$\varphi\left(\frac{\pi}{2}\right)=-2$，$\varphi\left(\frac{3}{2}\pi\right)=2$，$\varphi(2\pi)=0$，

结合图象可得函数 $g(x)$ 与函数 $\varphi(x)$ 在 $(0,2\pi)$ 有两个不同的交点，即函数 $f(x)$ 在 $(0,2\pi)$ 内有两个不同的零点。

→求出函数 $f(x)$ 在 $(0,2\pi)$ 内的零点数可得 2 分。

2021 年天津市南开区教师招聘考试数学真题试卷(十二)

第一部分　教育综合知识

一、单项选择题

1. C　**【解析】**本题考查教育形态。教育形态是指由教育者、受教育者和教育影响等基本要素所构成的教育系统在不同时空背景下的变化形式，也是“教育”理念的历史实现。根据不同的标准，人们可以划分出不同的教育形态。根据教育系统自身形式

化的程度，教育形态可划分为非制度化教育与制度化教育。根据教育活动赖以运行的空间特性，教育形态可划分为家庭教育、学校教育与社会教育。根据教育系统赖以运行的时间标准以及建立于其上的产业技术和社会形态，教育形态可划分为农业社会的教育、工业社会的教育和信息社会的教育。

2. A 【解析】本题考查现代认知心理学中知识的分类。现代认知心理学根据知识的表征方式和作用不同，将知识分为陈述性知识、程序性知识和策略性知识。其中，陈述性知识也叫描述性知识，是个人能用言语进行直接陈述的知识。这类知识主要用来回答事物“是什么”“为什么”“怎么样”等问题，是关于事物及其联系的知识，包括事实、规则、个人态度、信仰等。题干所述属于陈述性知识，A 项正确；

B 项，程序性知识也叫操作性知识，是个体难以陈述清楚、只能借助于某种方法间接推测其存在的知识。这类知识主要用来解决“做什么”和“怎么做”的问题；

C 项，策略性知识是个体运用陈述性知识和程序性知识去学习、记忆、解决问题的一般方法和技巧，是关于如何学习和如何思维的知识；

D 项，演绎性知识是指从某组公理出发，遵循该公理系统中逻辑推理的规则，对某种现象进行推理而获得的知识。

3. B 【解析】本题考查品德评价的常用方法。整体印象评价法是评价者依据一定的评价内容和标准，通过日常对评价对象的观察和了解，经过综合分析并以此对评价对象的品德状况给予终结性整体评定的方法。题干所述为整体印象评价法，B 项正确；

A 项，操行评定评价法是评价者根据一定的标准和要求，通过平时对评价对象的观察和了解，用书面语言描述的形式对评价对象品德发展的状况作出评价的方法；

C 项，操行计量评定法是指使用以百分为满分或实行百分制计分法，评价者根据一定的标准和计分规则，依据学生的品行表现予以加分或减分，以对学生的品德作出评价的方法；

D 项，代表性品德行为整体测评法是指测评者按照国家对学生的品德要求，选择能表现某种品德的典型行为作指标，采用多种方法进行综合测评的模式。

4. B 【解析】本题考查教学设计的指导性特征。教学设计有以下几点特征：指导性、统合性（系统性）、操作性、预演性、凸显性、易控性、创造性。其中，指导性表现为教学设计是教师为组织和指导教学活动精心设计的施教蓝图，是教师有关下一步教学活动的一切设想，如将要达到的目标、所要完成的任务、将要采取的各种教学措施等。B 项，体现了教学设计的指导性特征，符合题意。

A 项，预演性表现为教师进行教学设计的过程，实质上就是实际教学活动的每个环节、每个步骤在教师头脑中的预演过程。A 项体现了教学设计的预演性特征。

C 项，凸显性表现为教师在设计教学方案时，可以有目的、有重点地突出某一种或几种教学要素，以达到特定的教学目标。C 项体现了教学设计的凸显性特征。

D 项,创造性表现为教学设计的过程是教师根据不同的教学目标和不同学生的特点,创造性地思考、设计教学实施方案的过程。D 项体现了教学设计的创造性特征。

5. B 【解析】本题考查教师职业的基本特征。教师职业的基本特征包括以下几点:①教师职业是一种专业性的职业。②教师职业是以教书育人为职责的创造性职业。教师的根本任务是教书育人,这是教师最本质的特征,也是教师与其他专业人员的根本区别。从教书育人的实质来看,教师职业是一种比其他职业更具创造性的认识和实践活动。③教师职业是需要持续专业化的职业。B 项正确。

6. A 【解析】本题考查正式群体与非正式群体的特征。正式群体是由教育行政部门明文规定的群体,其成员有固定的编制,职责权利分明,目标明确。非正式群体是指在正式群体内部,学生在相互交往的基础上,形成以个人兴趣爱好为联系纽带,具有强烈情感色彩的小团体组织。

正式群体和非正式群体往往是同时发生作用,交互影响的。正式群体在学校人际关系系统中起主导作用,非正式群体具有满足个体需要、保护心理健康、沟通信息、调节平衡等正式关系所不能替代的功能。①②③说法正确。

在学校、班级的教育管理中,教师应该改变对青少年学生非正式群体的不当看法,不要简单地把班级中的非正式组织作为管理和防范的对象,而应更多地考虑如何为其提供良好的成长环境,不是强制性地压抑学生的需求,而是引导他们将个体的需求、情感和个性合理地在班级释放,并使其归属与交往的需要得到满足,拥有安全感和快乐的体验。

7. C 【解析】本题考查教师的形象特征。教师的道德形象被视为教师最基本的形象。“为人师表”“学高为师,身正为范”等强调的是教师的榜样与示范作用,反映了教师的道德形象。C 项正确。

A 项,教师的人格形象是教师在教育教学活动中的心理特征的整体体现,是学生亲近或疏远教师的首要因素,具体包括教师对学生的态度,教师的性格、气质、兴趣等。

B 项,教师的文化形象是教师形象的核心。“才高八斗”“学富五车”都是教师的典型文化特征。

D 项,教师的形象包括教师的职业形象和教师的专业形象。其中,教师的专业形象指人们对教师专业的主观认识。

8. C 【解析】本题考查认知策略的分类。认知策略主要包括复述策略、精加工策略和组织策略。其中,精加工策略是一种将新学材料与头脑中已有知识联系起来从而增加新信息意义的深层加工策略。常用的精加工策略有以下几种:①记忆术;②做笔记;③提问;④生成性学习;⑤利用背景知识,联系实际。题干中,做笔记属于精加工策略。C 项正确。

A 项,组织策略是整合所学新知识之间、新旧知识之间的内在联系,形成新的知识结构的策略。

B 项,复述策略是在工作记忆中为了保持信息,运用内部语言在大脑中重现学习材料或刺激,以便将注意力维持在学习材料上的方法。

D 项,指导策略是教师对学生的阅读、练习和活动等进行指导的一系列教学行为策略。

9. A 【解析】本题考查教育家的代表作与教育主张。A 项,美国教育家杜威是实用主义教育学的代表人物之一,他的代表作包括《民主主义与教育》《我的教育信条》等。杜威认为"教育即生活,教育即生长,教育即经验的改组或改造"。他提出"教育是生活的过程,而不是将来生活的准备"。

B 项,裴斯泰洛齐是瑞士著名的教育家,著有代表作《林哈德与葛笃德》。他是西方教育史上第一个明确提出"教育心理学化"口号的教育家,也是第一个将教育与生产劳动相结合的思想付诸实践的教育家。

C 项,赫伯特·斯宾塞提出了教育准备生活说(教育预备说),主张教育应当教导一个人怎样生活,使他获得生活所需要的各种科学知识,为完满的生活做好准备。

D 项,威廉·詹姆斯是机能主义心理学的创始人之一。机能主义心理学主张研究意识,强调意识的功能和作用,认为意识是一个持续不断、川流不息的过程,而不是个别心理元素的集合。机能主义者认为意识的作用就是使个人不断地适应环境。

10. A 【解析】本题考查教师劳动的本质。教师劳动是复杂的脑力劳动,这种复杂性主要表现在三个方面:①教育目的的全面性;②劳动对象的差异性;③教学任务的综合性。

11. C 【解析】本题考查党的十九大报告中的内容。2017 年 10 月 18 日,习近平在中国共产党第十九次全国代表大会上指出,"推动城乡义务教育一体化发展,高度重视农村义务教育,办好学前教育、特殊教育和网络教育,普及高中阶段教育,努力让每个孩子都能享有公平而有质量的教育"。

12. C 【解析】本题考查教育研究的基本方法。行动研究法是以解决实际问题为目的的研究的方法,是创造性地运用理论解决实际问题的方法。C 项正确。

A 项,观察法是指人们有目的、有计划地通过感官或辅助仪器,对处于自然状态下的客观事物进行系统感知和考察,从而获取经验事实的研究方法。

B 项,实验法是研究者按照研究目的,合理地控制或创设一定的条件,人为地影响研究对象,从而验证假设,探讨条件和教育现象之间的因果关系的研究方法。

D 项,调查法是研究者通过问卷、访谈、测量等方式,有目的、有计划地搜集研究对象的有关资料,并对取得的资料进行整理和分析,从而揭示事物的本质和规律,寻求解决实际问题的方案的研究方法。

13. D 【解析】本题考查班集体的构成要素。班集体必须具备以下四个基本特征:明确的共同目标;一定的组织结构;一定的共同生活准则;集体成员之间平等、心理相容的氛围。D 项,良好的课堂氛围不属于班集体的构成要素。

14. D 【解析】本题考查影响问题解决的因素。影响问题解决的因素有以下三点:①问题情境因素;②认知因素,包括认知结构的限制、迁移、定式、策略选择、功能固着与变通、原型启发;③个性因素,包括动机与情绪、人际关系、性格品质。①②③④均属于影响问题解决的因素。

15. D 【解析】本题考查《中华人民共和国教育法(2021 年修正)》中关于国家教育考试的条例。《中华人民共和国教育法(2021 年修正)》第七十九条规定,"考生在国家教育考试中有下列行为之一的,由组织考试的教育考试机构工作人员在考试现场采取必要措施予以制止并终止其继续参加考试;组织考试的教育考试机构可以取消其相关考试资格或者考试成绩;情节严重的,由教育行政部门责令停止参加相关国家教育考试一年以上三年以下;构成违反治安管理行为的,由公安机关依法给予治安管理处罚;构成犯罪的,依法追究刑事责任:(一)非法获取考试试题或者答案的;(二)携带或者使用考试作弊器材、资料的;(三)抄袭他人答案的;(四)让他人代替自己参加考试的;(五)其他以不正当手段获得考试成绩的作弊行为。"①②③④均属于应予以制止并终止其继续参加考试的行为。

16. C 【解析】本题考查各心理学派的代表人物。C 项,1879 年,德国心理学家冯特在德国的莱比锡大学创立了世界上第一个心理学实验室,开始对心理现象进行系统的实验研究。这标志着心理学从哲学中分离出来,成为一门独立的科学,冯特也因此被称为"科学心理学之父"。C 项正确。

A 项,华生是行为主义心理学派的代表人物。行为主义心理学反对研究意识,主张研究可观察的外显行为。

B 项,詹姆斯是机能主义心理学的创始人之一。机能主义心理学主张研究意识,强调意识的功能和作用,认为意识是一个持续不断、川流不息的过程,而不是个别心理元素的集合。机能主义者认为意识的作用就是使个人不断地适应环境。

D 项,铁钦纳在美国创立了构造主义心理学。构造主义心理学流派是心理学史上第一个从哲学中独立出来的心理学流派。

17. B 【解析】本题考查知觉的特性。B 项,知觉的整体性是指人根据自己的知识经验把直接作用于感官的客观事物的个别属性、个别部分综合为一个整体的特性。题干中,英语教师强调要注意前后字母排列的顺序,是将 26 个字母整合为一个整体进行记忆。B 项正确。

A 项,知觉的选择性是指人在知觉过程中把知觉对象从背景中区分出来优先加以清晰地反映的特性。

C 项,知觉的理解性是指在知觉过程中,人用过去获得的有关知识经验,对感知对象进行加工理解,并用词语加以概括,赋予它确定的含义,从而标示出来的特性。

D项,知觉的恒常性是指当知觉的条件在一定范围内发生变化时,人的知觉印象仍然保持相对不变的特性。

18. C **【解析】**本题考查皮亚杰的认知发展论。皮亚杰将个体的认知发展分为四个阶段:感知运动阶段、前运算阶段、具体运算阶段和形式运算阶段。其中,处于具体运算阶段的儿童的思维具有如下特征:①思维中形成了守恒概念;②思维的可逆性;③思维的去自我中心性;④进行具体逻辑推理;⑤理解原则和规则;⑥具有多维思维。题干中,儿童可以凭借具体形象进行逻辑推理,但不能进行抽象逻辑推理,说明其处于具体运算阶段。C项符合题意。

A项,在感知运动阶段,儿童主要是通过探索感知觉与动作之间的关系来获得动作经验,并在这些活动中形成了一些低级的图式。

B项,处于前运算阶段的儿童的思维表现出以下特征:①泛灵性(万物有灵论);②思维的自我中心性;③思维的不可逆性;④思维具有刻板性;⑤思维不具有守恒性。

D项,处于形式运算阶段的个体的思维具有如下的特征:①认识命题之间的关系;②进行假设—演绎推理;③具有抽象逻辑思维;④思维具有可逆性、补偿性和灵活性。

19. B **【解析】**本题考查强化的类型。B项,负强化也称消极强化,是指个体在做出某种反应之后,令其摆脱厌恶刺激(如不再点名批评),从而提高其类似行为出现的概率。题干中,批评属于厌恶刺激,学生由于认真完成作业并及时上交,发现老师不再点名批评(撤销厌恶刺激),说明他受到了负强化。B项符合题意。

A项,正强化也称积极强化,是指个体在做出某种反应之后,给予一个愉快刺激(如给予某种奖励),从而提高其类似行为出现的概率。

C项,正惩罚是通过呈现厌恶刺激来降低反应频率,如言语斥责、批评、罚款等。

D项,负惩罚是通过撤销愉快刺激来降低反应频率,例如减少儿童的零花钱、取消儿童周末去游乐园玩的权利等。

20. B **【解析】**本题考查奥苏贝尔的知识学习分类与认知同化学习理论。B项,下位学习又称类属学习,是指当认知结构中原有观念的抽象、概括和包摄性高于新知识,新旧知识建立下位联系时的知识学习。题干中,哺乳动物的抽象、概括和包摄性高于穿山甲,则先学习哺乳动物再学习穿山甲,属于下位学习。B项正确。

A项,上位学习又称总括学习,是指当新知识的抽象、概括和包摄性高于旧知识,新旧知识建立上位联系时的知识学习。

C项,并列结合学习又称并列组合学习,是指新知识与原有观念既无上位,也无下位的特殊联系,是一种并列或类比关系时产生的学习。

D项,命题学习是指学习句子中由若干概念所构成的复合意义,即学习若干概念之间的关系。

二、多项选择题

21. ABCD 【解析】本题考查人本位的价值取向的特点。人本位的价值取向是把人作为教育目的根本所在的思想主张。其具有以下特点：①重视人的价值、个性发展及其需要，把人的个性发展及需要的满足视为教育的价值所在；②认为教育目的的根本在于使人的本性、本能得到自然发展，使其需要得到满足；③主张应根据人的本性发展和自身完善这种“天然的需要”来确立教育目的。

22. CD 【解析】本题考查各课程流派及其对应优点。A 项，经验主义课程论的优点是以学生的活动为中心，有利于激发学生的兴趣，培养社会实践能力；缺点是过分强调学生的兴趣，课程设置缺乏系统性。A 项对应错误，不符合题意。

B 项，学科中心主义课程论的优点是有利于学生掌握系统的科学文化知识，继承优秀的人类文化遗产；缺点是容易使各门学科知识发生断裂现象，加重学生的负担，忽视学生的兴趣，理论和实践相脱离。B 项对应错误，不符合题意。

C 项，社会改造主义课程论的优点是重视课程与社会的联系，有利于为社会需要服务；缺点是缺乏系统知识的学习，夸大了教育的作用。C 项对应正确，符合题意。

D 项，存在主义课程论的优点是注重学生的情感、责任和人生价值，有利于建立和谐的师生关系；缺点是缺乏系统知识的传授和评价标准，学习评价流于主观。D 项对应正确，符合题意。

23. ABCD 【解析】本题考查学校德育内容的“五要素”。我国学校德育内容的“五要素”说认为，德育包括政治教育、思想教育、法制（法纪）教育、道德教育、心理健康教育。

24. AB 【解析】本题考查思维的分类。根据思维探索目标的方向不同，思维可分为聚合思维和发散思维。聚合思维是指人们根据已知的信息，利用熟悉的规则解决问题，也就是从给予的信息中，产生逻辑的结论，它是一种有方向、有范围、有条理的思维方式。发散思维是指人们在解决问题的过程中，沿着不同的方向进行思考，对问题中所提供的信息和记忆系统中储存的信息重新组织，产生大量独特的新思想的思维活动形式，即从一个目标出发，沿着各种不同途径寻求各种答案的思维。

根据思维所依据的中介物，思维可分为直观动作思维、形象思维和抽象思维。直观动作思维是通过实际操作解决具体直观问题时的思维。形象思维是人们利用头脑中的具体形象（表象）来解决问题的思维。抽象思维是以概念、判断、推理的形式达到对事物的本质特性和内在联系认识的思维。

25. BCD 【解析】本题考查条件反射。非条件反射是人固有的、先天的、由特定刺激引起的反射活动。条件反射是在一定条件下，在非条件反射的基础上，后天通过经验学习获得的反射。

A 项，实验课上由刺激性气味引起的咳嗽是先天的、自然的生理反应，属于非条件反射。

B 项，被老师批评后，见老师就躲是后天习得的，属于条件反射。

C 项，听到自己名字后立刻起身是后天习得的，属于条件反射。

D 项，吃到美味的饭菜会流唾液是先天的，但看到美味的饭菜就流唾液是后天习得的，属于条件发射。

26. AD 【**解析**】本题考查情绪状态的分类与激情的特征。根据情绪状态（情绪发生的速度、强度和持续时间），情绪可分为心境、激情和应激。其中，激情是一种强烈的、爆发式的、持续时间短暂的情绪状态。它通常由重大事情引起，如重大成功后的狂喜，突如其来的危险引起的异常恐惧等。激情具有爆发性和冲动性，同时伴随明显的生理变化和外部行为表现。A、D 两项都是由重大事件引起的一种强烈的、爆发式的、持续时间短暂的情绪状态，属于激情。

B、C 两项，心境是种微弱、平静和持久的情绪状态，具有弥散性和长期性等特点。心境的弥散性是指当人具有了某种心境时，常常会以同样的情绪状态看待周围的事物，使自己的活动染上某种情绪色彩，从而影响着人的行为表现。心境的长期性是指心境产生后要在相当长的时间内主导人的情绪表现。亮亮因为期中考试成绩好而连着几天心情高兴，同学们因为听说下周要测验，一段时间内都显得忧心忡忡，这种心情带有弥散性和长期性，属于心境。B、C 两项不符合题意。

27. BCD 【**解析**】本题考查冲突的类型和回避—回避型冲突的特征。冲突的类型主要有以下几种：接近—接近型冲突、回避—回避型冲突、接近—回避型冲突和多重接近—回避型冲突。

接近—接近型冲突也称双趋冲突，指个体以同等程度的两个动机去追求两个有价值的目标时，因不能同时实现这两个目标而产生的动机冲突。竖笛课和舞蹈课都是小静追求的目标，但不能同时实现，这属于接近—接近型冲突。A 项不符合题意。

回避—回避型冲突也称双避冲突，指个体以同等程度的两个动机去躲避两个具有威胁性的事件或情境时，因不能同时避开这两个事件或情境而产生的动机冲突。

B 项，认错挨批评和不认错被揭发都是小明去躲避的事件，其动机冲突属于回避—回避型冲突。

C 项，跟妈妈出门聚会和留在家里写作业都是欢欢要躲避的事件，其动机冲突属于回避—回避型冲突。

D 项，不再交往和自己主动和好都是涛涛不愿做的事，其动机冲突属于回避—回避型冲突。B、C、D 三项符合题意。

28. ABD 【**解析**】本题考查认知学习理论的观点。认知学习理论有苛勒的完形—

顿悟说(格式塔学派的学习理论)、托尔曼的符号学习理论、布鲁纳的认知—发现学习理论等。认知学习理论认为,学习是通过理解,主动地在头脑内部构造认知结构的过程。

A 项,格式塔心理学家认为刺激和反应之间的关系是间接的,是以意识为中介的。

B 项,格式塔心理学派认为学习不是一种盲目的尝试,而是由于对情境顿悟而获得成功。顿悟是领会到自己的动作和情境,特别是和目的之间的关系。

C 项,行为主义学习理论强调学习活动所引起的外部行为变化的结果,不符合题意。

D 项,布鲁纳的认知—发现学习理论认为,教学的目的在于理解学科的基本结构。学科的基本结构是指一门学科围绕其基本概念、基本原理及其基本态度和方法而形成的整体知识框架和思维框架。

29. ABD **【解析】**本题考查奥苏伯尔的动机理论。奥苏伯尔认为,在学校情境中,促进学生学习的成就动机主要包括三个方面的内驱力决定成分,即认知内驱力、自我提高内驱力和附属内驱力。

A 项,认知内驱力是指学生渴望认知、理解和掌握知识,以及陈述和解决问题的倾向。简言之,即一种求知的需要。题干中,小辉通过努力学习体会到了探究知识的快乐,学习更加用心了,这属于认知内驱力。

B,D 两项,附属内驱力又称交往内驱力,是指个人为了获得长者或同伴的赞许或认可,而表现出来的把学习或工作做好的需要。它既不直接指向学习任务本身,也不把学业成就看作赢得地位的手段,而是为了获得长者或同伴的赞许和接纳。题干中,老师在同学面前表扬小辉,小辉心里很高兴。这属于附属内驱力(交往内驱力)。

C 项,自我提高内驱力是指通过自身努力,胜任一定的工作,取得一定的成就,从而赢得一定的社会地位的需要。题干中未涉及自我提高内驱力。

30. ACD **【解析】**本题考查建立和谐师生关系的原则。人本主义心理学的代表人物罗杰斯认为,教师的任务是要营造一种自由、民主、和谐融洽的充满着关爱与真诚的学习氛围。罗杰斯提出建立和谐师生关系的原则有以下三点:①真诚一致,即在师生关系中,教师应该是一个表里如一、真诚、完整而真实的人;②接纳,当人们接纳他人时,他们会提供无条件积极关注,这是一种仁爱的态度;③同理心,即设身处地,感同身受。

第二部分　数学学科专业知识

一、单项选择题

1. B **【解析】**本题考查复数的几何意义。因为复数 z 表示的点位于第三象限,所以$\begin{cases}\dfrac{m^2+m-6}{m}<0,\\ m^3+2m<0,\end{cases}$解得 $m<-3$,故实数 m 的取值范围是$(-\infty,-3)$。

2. C 【解析】本题考查集合的运算。因为 $A=\{x|y=\ln(-x^2-3x)\}=\{x|-x^2-3x>0\}=\{x|-3<x<0\}$，而当 $x<0$ 时，$x+\frac{1}{x}\leqslant -2$，所以 $B=\left\{y\middle|y=x+\frac{1}{x}+1(x<0)\right\}=\{y|y\leqslant -2+1\}=\{y|y\leqslant -1\}$，所以 $\complement_U B=\{y|y>-1\}$，故图中阴影部分表示的集合是 $A\cap\complement_U B=\{x|-1<x<0\}$。

3. D 【解析】本题考查直线与平面的位置关系。A 项，若点 P 不在平面 α 内，则过点 P 垂直于 l 的直线也不在平面 α 内，错误；B 项，若 $a\perp\alpha,b/\!/\beta,\alpha\perp\beta$，则 a 可能垂直于 b，也可能不垂直，错误；C 项，若平面 α 内存在不共线的三点到平面 β 的距离相等，则平面 α 与 β 可能平行，也可能相交，错误；D 项，若平面 $\alpha\perp\beta$，则平面 α 内的任意直线必垂直于平面 β 内的无数条直线，正确。

易错提示：本题在进行判断时，容易忽略两条不同直线除平行和垂直外还有异面这种情况，或者忽视点可能在平面内也可能在平面外这些情况，导致错解。

4. B 【解析】本题考查命题的判断。命题①，当 $1\leqslant x\leqslant 2$ 时，$2\leqslant 2^x\leqslant 4$，故函数 $f(x)$ 的定义域为 $[2,4]$，正确；命题②，在区间 $(0,+\infty)$ 上，函数 $y=x^{-1}$ 是减函数，函数 $y=x^{\frac{1}{2}}$，$y=x^3$ 是增函数，而函数 $y=(x-1)^2$ 在区间 $(0,1)$ 上是减函数，在区间 $(1,+\infty)$ 上是增函数，故有两个增函数，错误；命题③，$P(1<\xi<2)=P(\xi<2)-P(\xi<1)=0.8-0.5=0.3$，$P(0<\xi<1)=P(1<\xi<2)=0.3$，错误；命题④，$y=\sqrt[3]{(x+1)^3}=x+1$ 的定义域为 $\mathbf{R}$，$y=\frac{\sqrt{(x+1)^3}}{\sqrt{x+1}}=x+1$ 的定义域为 $x>-1$，故它们表示的不是同一函数，错误。综上所述，正确的命题只有 1 个。

5. B 【解析】本题考查数列的性质。由题意知，因为数列 $\{a_n\}$ 是递增数列，所以对于任意的 $n\in\mathbf{N}_+$，都有 $a_{n+1}>a_n$，即 $(n+1)^2-\lambda(n+1)>n^2-\lambda n$，整理得 $\lambda<2n+1$，又因为当 $n\in\mathbf{N}_+$ 时，$2n+1\geqslant 2\times1+1=3$，所以 λ 的取值范围是 $\lambda<3$。

6. D 【解析】本题考查等差数列的前 n 项和。因为数列 $\{\sqrt{S_n}\}$ 为等差数列，所以 $\sqrt{S_3}+\sqrt{S_1}=2\sqrt{S_2}$，即 $\sqrt{3a_1+3d_1}+\sqrt{a_1}=2\sqrt{2a_1+d_1}$，两边同时平方，得 $3a_1+3d_1+a_1+2\sqrt{a_1(3a_1+3d_1)}=4(2a_1+d_1)$，整理得 $2\sqrt{a_1(3a_1+3d_1)}=4a_1+d_1$，两边同时平方，得 $4(3a_1^2+3a_1d_1)=16a_1^2+8a_1d_1+d_1^2$，化简得 $4a_1^2-4a_1d_1+d_1^2=0$，即 $(d_1-2a_1)^2=0$，所以 $d_1=2a_1$。

7. D 【解析】本题考查对数函数的性质。由题意知，若实数 $x,y\in(0,1)$，则必有 $0<y<x<1$，A 项关系式可能成立；若 $\log_x 3<0<\log_y 3$，则必有 $0<x<1<y$，B 项关系式可能成立；若实数 $x,y\in(1,+\infty)$，则必有 $1<y<x$，C 项关系式可能成立，而 D 项关系式不可能成立。

8. A 【解析】本题考查命题的判断与充分必要条件。命题①，由 $\ln a>\ln b\Rightarrow e^a>e^b$ 且 $a,b>0$。反之，当 $e^a>e^b$ 时，不能得到 $a,b>0$，故不能得到 $\ln a>\ln b$，因此"$e^a>e^b$"是"$\ln a>\ln b$"的必要不充分条件，①错误；命题②，令 $f(x)=x+\frac{1}{x}$，则 $f'(x)=1-\frac{1}{x^2}$，当 $x>1$ 或 $x<-1$ 时，$f'(x)>0$，$f(x)$ 单调递增，当 $0<x<1$ 或 $-1<x<0$ 时，$f'(x)<0$，$f(x)$ 单调递减，因此 $f(x)$ 在其定义域内不是单调函数，所以"$a>b$"是"$a+\frac{1}{a}>b+\frac{1}{b}$"的既不充分也不必要条件，②错误；命题③，当 $f(x)$ 在 $[a,b]$ 上连续时，如果 $f(a)f(b)<0$，则 $y=f(x)$ 在 (a,b) 上有零点，反之却不一定成立，例如 $f(x)=\cos x$ 在 $[0,2\pi]$ 上连续，且在 $(0,2\pi)$ 上有零点，但 $f(0)\cdot f(2\pi)=1>0$，③错误；命题④，若 $\boldsymbol{a}^2\cdot\boldsymbol{b}=\boldsymbol{b}^2\cdot\boldsymbol{a}$，则 $|\boldsymbol{a}|^2\boldsymbol{b}=|\boldsymbol{b}|^2\boldsymbol{a}$，进而可知 $\boldsymbol{a},\boldsymbol{b}$ 同向，且 $|\boldsymbol{a}|^2|\boldsymbol{b}|=|\boldsymbol{b}|^2|\boldsymbol{a}|$，从而 $|\boldsymbol{a}|=|\boldsymbol{b}|$，可得 $\boldsymbol{a}=\boldsymbol{b}$，所以 $|\boldsymbol{a}|\boldsymbol{a}=|\boldsymbol{b}|\boldsymbol{b}$，反之，若 $|\boldsymbol{a}|\boldsymbol{a}=|\boldsymbol{b}|\boldsymbol{b}$，则 $\boldsymbol{a}$ 与 $\boldsymbol{b}$ 方向相同，且 $|\boldsymbol{a}||\boldsymbol{a}|=|\boldsymbol{b}||\boldsymbol{b}|$，从而 $|\boldsymbol{a}|=|\boldsymbol{b}|$，可得 $\boldsymbol{a}=\boldsymbol{b}$，所以 $\boldsymbol{a}^2\cdot\boldsymbol{b}=\boldsymbol{b}^2\cdot\boldsymbol{a}$，于是"$\boldsymbol{a}^2\cdot\boldsymbol{b}=\boldsymbol{b}^2\cdot\boldsymbol{a}$"为"$|\boldsymbol{a}|\boldsymbol{a}=|\boldsymbol{b}|\boldsymbol{b}$"的充分必要条件，④正确。综上所述，正确的命题有 1 个。

9. A 【解析】本题考查三棱锥的外接球的表面积。由题意，构造如图所示的长方体，则该长方体的外接球即为三棱锥 $A-BCD$ 的外接球，设该长方体的棱长分别为 x,y,z，外接球的半径为 R，则 $2R=\sqrt{x^2+y^2+z^2}$，由已知 $\begin{cases}x^2+y^2=2^2,\\ y^2+z^2=(\sqrt{5})^2,\\ x^2+z^2=(\sqrt{3})^2,\end{cases}$ 整理得 $x^2+y^2+z^2=6$，即 $4R^2=6$，于是三棱锥 $A-BCD$ 外接球的表面积为 $4\pi R^2=6\pi$。

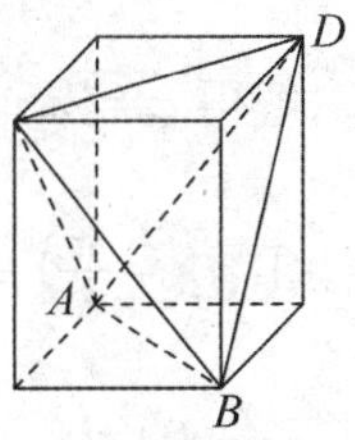

10. C 【解析】本题考查定积分的计算与二项式的展开式。由题设知 $n=\int_1^{e^6}\frac{1}{x}dx=\ln|x|\Big|_1^{e^6}=\ln e^6-\ln 1=6$，二项式 $\left(2\sqrt{x}-\frac{1}{\sqrt{x}}\right)^6$ 的展开式的通项为 $T_{r+1}=C_6^r(2\sqrt{x})^{6-r}\cdot\left(-\frac{1}{\sqrt{x}}\right)^r=2^{6-r}(-1)^rC_6^rx^{3-r}$，令 $3-r=0$，即 $r=3$，故 $\left(2\sqrt{x}-\frac{1}{\sqrt{x}}\right)^n$ 的展开式中的常数项为 $2^{6-3}(-1)^3C_6^3=-160$。

11. D 【解析】本题考查排列问题。根据不在同一直线上的三点可以确定一个平面可知，取正方体的 12 条棱的 12 个中点中的任意 3 个点，可以构成 $C_{12}^3=220$ 个平面，里面包含了重复的平面。重复的平面可分为两类，一类是有且仅有 4 个中点共面，该类又可分为三种情况，第一种是正方体每个面的棱上的 4 个中点共面，共 6 个面（如图

①);第二种是四条相互平行的棱的中点的连线组成的面(如图②),共 3 个面;第三种是每个面中相邻棱的中点与对面上对应的相邻棱的中点的连线组成的面(如图③),共有 $4\times3=12$ 个面,所以有且仅有 4 个点共面的情况共有 $6+3+12=21$ 种。另一类是 6 个中点共面,这样的平面有 4 个(如图④)。综上所述,至少通过其中三个中点的平面有 $220-21(C_4^3-1)-4(C_6^3-1)=81$ 个。

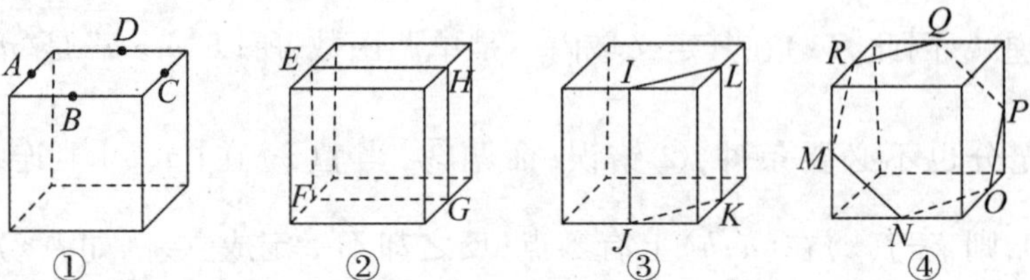

易错提示:本题在进行求解时,极容易忽略某种重复情况,造成计算重复,特别是有 6 个中点共面的情况。

12. D 【**解析**】本题考查三角函数的图象与性质。由图象可知 $A=2$,最小正周期 $T=4\times\left(\frac{\pi}{3}-\frac{\pi}{12}\right)=\pi,\omega=\frac{2\pi}{T}=2$,将点 $\left(\frac{\pi}{12},2\right)$ 代入 $f(x)=2\sin(2x+\varphi)$,即 $2\sin\left(\frac{\pi}{6}+\varphi\right)=2$,解得 $\varphi=2k\pi+\frac{\pi}{3}(k\in\mathbf{Z})$,因为 $|\varphi|<\frac{\pi}{2}$,所以 $\varphi=\frac{\pi}{3}$,则 $f(x)=2\sin\left(2x+\frac{\pi}{3}\right)$。说法①,$f\left(-\frac{\pi}{6}\right)=2\sin\left[2\times\left(-\frac{\pi}{6}\right)+\frac{\pi}{3}\right]=2\sin 0=0$,所以函数 $y=f(x)$ 的图象关于点 $\left(-\frac{\pi}{6},0\right)$ 对称,正确;说法②,$f\left(-\frac{5\pi}{12}\right)=2\sin\left[2\times\left(-\frac{5\pi}{12}\right)+\frac{\pi}{3}\right]=2\sin\left(-\frac{\pi}{2}\right)=-2$,是最值,所以 $y=f(x)$ 的图象关于直线 $x=-\frac{5\pi}{12}$ 对称,正确;说法③,当 $2k\pi+\frac{\pi}{2}\leqslant 2x+\frac{\pi}{3}\leqslant 2k\pi+\frac{3\pi}{2}(k\in\mathbf{Z})$,即 $k\pi+\frac{\pi}{12}\leqslant x\leqslant k\pi+\frac{7\pi}{12}(k\in\mathbf{Z})$ 时,函数 $y=f(x)$ 单调递减,无满足此说法的 k 值,错误;说法④,$y=f(x)$ 的图象向左平移 $\frac{\pi}{12}$ 个单位长度可得到 $f(x)=2\sin\left[2\left(x+\frac{\pi}{12}\right)+\frac{\pi}{3}\right]=2\sin\left(2x+\frac{\pi}{2}\right)=2\cos 2x$ 的图象,正确。

13. B 【**解析**】本题考查函数的图象与性质。由题意知,$f(x)=|x-1|+|x+1|-\frac{1}{2}|x|=\begin{cases}-1.5x, x<-1,\\ 0.5x+2, -1\leqslant x<0,\\ -0.5x+2, 0\leqslant x<1,\\ 1.5x, x\geqslant 1,\end{cases}$ 作出函数 $f(x)$ 的图象如图所示,其中 $A(1,1.5)$,$B(-1,1.5)$ 是 $f(x)$ 的两个极小值点。易知函数 $y=kx+1$ 过定点 $C(0,1)$,由图象可

知，当 $k \geqslant k_{CA}$ 或 $k \leqslant k_{CB}$ 时，函数 $y = kx + 1$ 与函数 $f(x)$ 的图象有交点。又因为 $k_{CA} = \frac{1.5-1}{1-0} = \frac{1}{2}$，$k_{CB} = \frac{1.5-1}{-1-0} = -\frac{1}{2}$，所以 k 的取值范围是 $\left(-\infty, -\frac{1}{2}\right] \cup \left[\frac{1}{2}, +\infty\right)$。

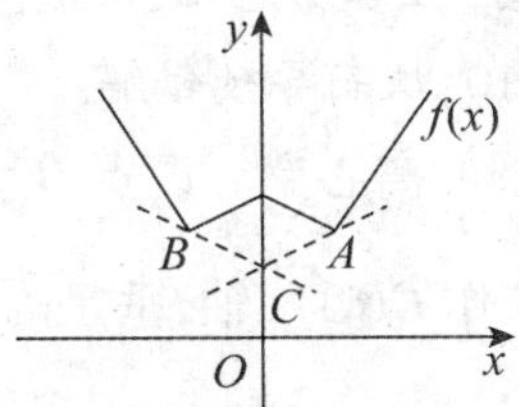

14. C 【解析】本题考查向量的数量积。如图，取 AC 的中点 O，连接 OP，OB，则 $\overrightarrow{PB} \cdot \overrightarrow{AC} = (\overrightarrow{PO} + \overrightarrow{OB}) \cdot \overrightarrow{AC} = \overrightarrow{PO} \cdot \overrightarrow{AC} + \overrightarrow{OB} \cdot \overrightarrow{AC} = \frac{1}{2}(\overrightarrow{PA} + \overrightarrow{PC}) \cdot \overrightarrow{AC} - \frac{1}{2}(\overrightarrow{BA} + \overrightarrow{BC}) \cdot \overrightarrow{AC} = \frac{1}{2}(\overrightarrow{PA} + \overrightarrow{PC}) \cdot (\overrightarrow{PC} - \overrightarrow{PA}) - \frac{1}{2}(\overrightarrow{BA} + \overrightarrow{BC}) \cdot (\overrightarrow{BC} - \overrightarrow{BA}) = \frac{1}{2}(|\overrightarrow{PC}|^2 - |\overrightarrow{PA}|^2 - |\overrightarrow{BC}|^2 + |\overrightarrow{BA}|^2) = \frac{1}{2}(3^2 - 1^2 - 4^2 + 2^2) = -2$。

15. A 【解析】本题考查基本不等式。由基本不等式可得，因为 $a > 0, b > 0$，所以 $\frac{(2a)^2 + b^2}{2} \geqslant \left(\frac{2a+b}{2}\right)^2$，即 $(2a)^2 + b^2 \geqslant \frac{(2a+b)^2}{2}$，且 $\frac{2a+b}{2} \geqslant \sqrt{2ab}$，即 $-\sqrt{2} \times \frac{2a+b}{2} \leqslant -\sqrt{2} \times \sqrt{2ab}$，又因为 $2a + b = 1$，则 $4a^2 + b^2 - 2\sqrt{ab} = (2a)^2 + b^2 - \sqrt{2} \times \sqrt{2ab} \geqslant \frac{(2a+b)^2}{2} - \sqrt{2} \times \frac{2a+b}{2} = \frac{1-\sqrt{2}}{2}$，当且仅当 $2a = b = \frac{1}{2}$ 时取等号，所以 $4a^2 + b^2 - 2\sqrt{ab}$ 的最小值为 $\frac{1-\sqrt{2}}{2}$。

16. C 【解析】本题考查方程的根与等比数列的性质。设方程 $(x^2 - ax + 1)(x^2 - bx + 1) = 0$ 的四个实数根分别是 $m, \frac{1}{2}m, \frac{1}{4}m, \frac{1}{8}m$，根据韦达定理，方程 $x^2 - ax + 1 = 0$ 两个根的乘积为 1，且与方程 $x^2 - bx + 1 = 0$ 两根的乘积相等，不妨设 $m, \frac{1}{8}m$ 是方程 $x^2 - ax + 1 = 0$ 的两个实数根，$\frac{1}{2}m, \frac{1}{4}m$ 是方程 $x^2 - bx + 1 = 0$ 的两个实数根，则有 $\frac{1}{8}m \times m = 1$，解得 $m^2 = 8$，$a = \frac{1}{8}m + m = \frac{9}{8}m$，$b = \frac{1}{4}m + \frac{1}{2}m = \frac{3}{4}m$，故 $ab = \frac{9}{8}m \times \frac{3}{4}m = \frac{27}{32}m^2 = \frac{27}{4}$。

17. D 【解析】本题考查数据的分析。由图知，众数为 $\frac{(70+80)}{2} = 75$；分数小于 70 的占比为 $10 \times (0.005 + 0.015 + 0.020) = 40\%$，分数在 $[70, 80)$ 之间的占比为 $10 \times$

$0.030=30\%$，设中位数为 x，则 $0.4+(x-70)\times0.03=0.5$，解得 $x\approx73.3$；平均数为 $45\times0.05+55\times0.15+65\times0.20+75\times0.30+85\times0.25+95\times0.05=72$。

易错提示：本题在进行求解时，极容易忘记"0.03""0.025"等一系列数实际是"频率/组距"，在计算时忘记乘组距10，从而导致错解。

18. A 【解析】本题考查椭圆的离心率。设点 B 为椭圆的右端点，点 C 在第一象限，点 C 的坐标为 (m,n)，过点 C 作 $CD\perp x$ 轴，垂足为 D，则 $CD=n$，因为 $\angle CBA=\frac{\pi}{4}$，所以 $BD=CD=n$，又 $\sin\angle CAB=\frac{\sqrt{10}}{10}$，所以 $\cos\angle CAB=\frac{3\sqrt{10}}{10}$，$\tan\angle CAB=\frac{1}{3}$，所以 $AD=\frac{CD}{\tan\angle CAB}=3n$，则长轴长 $2a=AB=AD+BD=4n$，即 $a=2n$，从而 $m=OB-BD=a-n=n$，将 C 点坐标代入椭圆方程，得 $\frac{n^2}{(2n)^2}+\frac{n^2}{b^2}=1$，化简得 $b^2=\frac{4}{3}n^2$，所以 $c=\sqrt{a^2-b^2}=\sqrt{(2n)^2-\frac{4}{3}n^2}=\frac{2\sqrt{6}}{3}n$，因此椭圆 E 的离心率为 $e=\frac{c}{a}=\frac{\sqrt{6}}{3}$。

注：当点 C 在第二象限时，同理可得 $CD=BD$，又 $BD>OB=a$，$CD<b$，而 $a>b$，与 $CD=BD$ 矛盾，故点 C 不在第二象限，由于椭圆是对称的，则当点 C 在第三象限时，同第二象限一致，当点 C 在第四象限时，同第一象限一致。

19. D 【解析】本题考查函数的性质。函数 $y=f(x)$ 在 $(-\pi,\pi)$ 上为偶函数，所以当 $x\in(0,\pi)$ 时，$f(x)=f(-x)=\ln[-(-x)]+f'\left(\frac{\pi}{2}\right)\sin(-x)=\ln x-f'\left(\frac{\pi}{2}\right)\sin x$，$f'(x)=\frac{1}{x}-f'\left(\frac{\pi}{2}\right)\cos x$，$f'\left(\frac{\pi}{2}\right)=\frac{2}{\pi}$，于是 $f'(x)=\frac{1}{x}-\frac{2}{\pi}\cos x=\frac{\pi-2x\cos x}{\pi x}$，当 $0<x<\frac{\pi}{2}$ 时，$0<2x\cos x<\pi$；当 $\frac{\pi}{2}<x<\pi$ 时，$2x\cos x<0$，所以在 $(0,\pi)$ 上，$2x\cos x<\pi$，即 $\pi-2x\cos x>0$，则 $f'(x)>0$，$f(x)$ 单调递增。因为 $a=f\left(\log_{\pi}\frac{1}{3}\right)=f(\log_{\pi}3)$，且 $0<\log_{\pi}3<\log_{\pi}\pi=1$，$1=e^0<e^{\frac{1}{3}}<2$，$2^{\ln\pi}>2$，所以 $\log_{\pi}3<e^{\frac{1}{3}}<2^{\ln\pi}$，从而 $f(\log_{\pi}3)<f(e^{\frac{1}{3}})<f(2^{\ln\pi})$，即 $a<b<c$。

20. A 【解析】本题考查函数的零点。由题意知，函数 $f(x)$ 的定义域为 $(-1,+\infty)$，因为函数 $f(x)$ 在定义域上单调递增，所以 $\begin{cases}0<a<1,\\3a+1\geqslant2,\end{cases}$ 解得 $\frac{1}{3}\leqslant a<1$。因为 $g(x)=f(x)-x-2$ 恰有一个零点，而当 $x=0$ 时，$g(0)=f(0)-0-2=0$，即 $x=0$ 是 $g(x)$ 的一个零点，所以 $g(x)$ 在 $(0,+\infty)$ 和 $(-1,0)$ 上都没有零点。当 $x\in(0,+\infty)$ 时，$g(x)=e^x+3a-x-2$，$g'(x)=e^x-1>0$，$g(x)$ 单调递增，所以 $g(x)\geqslant$

$\lim\limits_{x\to0^+}g(x)=3a-1$,要使 $g(x)$ 在 $(0,+\infty)$ 上没有零点,需满足 $\lim\limits_{x\to0^+}g(x)=3a-1\geqslant g(0)=0$,解得 $a\geqslant\frac{1}{3}$。当 $x\in(-1,0)$ 时,$g(x)=-\log_a(x+1)-x$,要使 $g(x)$ 在 $(-1,0)$ 上没有零点,结合 $g(0)=0$,可知函数 $g(x)$ 在 $(-1,0)$ 上单调递增。下面讨论函数 $g(x)$ 在 $(-1,0)$ 上单调递增应满足的条件。令 $h(x)=-\log_a(x+1)-x$,$x\in(-1,+\infty)$,$h'(x)=-\frac{1}{(x+1)\ln a}-1$,令 $h'(x)=0$,得 $x_0=-\frac{1}{\ln a}-1$,当 $x\in(-1,x_0)$ 时,$h'(x)>0$,当 $x\in(x_0,+\infty)$ 时,$h'(x)<0$,即函数 $h(x)$ 在 $x_0=-\frac{1}{\ln a}-1$ 处取得极大值,也是最大值。因此,当 $x_0\geqslant0$ 时,函数 $g(x)$ 在 $(-1,0)$ 上单调递增,即 $-\frac{1}{\ln a}-1\geqslant0$,解得 $a\geqslant\frac{1}{\mathrm{e}}$。综上所述,$a$ 的取值范围是 $\left[\frac{1}{\mathrm{e}},1\right)$。

二、解答题

评分标准:

21.【解析】本题考查求概率、离散型随机变量的分布列及其数学期望。X 的可能取值为 0,1,3,4,6,7,其概率分别为 $P(X=0)=\left(1-\frac{3}{4}\right)\times\left(1-\frac{2}{3}\right)^2=\frac{1}{36}$,

$P(X=1)=\frac{3}{4}\times\left(1-\frac{2}{3}\right)^2=\frac{1}{12}$,

$P(X=3)=\left(1-\frac{3}{4}\right)\times\frac{2}{3}\times\left(1-\frac{2}{3}\right)+\left(1-\frac{3}{4}\right)\times\left(1-\frac{2}{3}\right)\times\frac{2}{3}=\frac{1}{9}$,

$P(X=4)=\frac{3}{4}\times\frac{2}{3}\times\left(1-\frac{2}{3}\right)+\frac{3}{4}\times\left(1-\frac{2}{3}\right)\times\frac{2}{3}=\frac{1}{3}$,

$P(X=6)=\left(1-\frac{3}{4}\right)\times\frac{2}{3}\times\frac{2}{3}=\frac{1}{9}$,

$P(X=7)=\frac{3}{4}\times\frac{2}{3}\times\frac{2}{3}=\frac{1}{3}$。

→正确求出 X 不同取值的概率可得 3 分,每错一个扣 0.5 分。

所以 X 的分布列为:

X	0	1	3	4	6	7
P	$\frac{1}{36}$	$\frac{1}{12}$	$\frac{1}{9}$	$\frac{1}{3}$	$\frac{1}{9}$	$\frac{1}{3}$

→正确答出 X 的分布列可得 1 分。

数学期望 $E(X)=0\times\frac{1}{36}+1\times\frac{1}{12}+3\times\frac{1}{9}+4\times\frac{1}{3}+6\times$

→求出 X 的数学期望可得 2 分。

$\frac{1}{9}+7\times\frac{1}{3}=\frac{57}{12}$。

22.【解析】本题考查线面平行与二面角的正弦值。

(1)如图1,在棱 AC 上取点 G,满足 $CG=2AG$,连接 EG,FG,因为 $\overrightarrow{BF}=2\overrightarrow{FA}$,所以 $FG/\!/BC$,且 $FG=\frac{1}{3}BC=2$,又 $\overrightarrow{BC}=3\overrightarrow{DE}$,所以 $DE/\!/BC$,且 $DE=\frac{1}{3}BC=2$,所以 $FG/\!/DE$,且 $FG=DE$,则四边形 $FDEG$ 为平行四边形,从而 $DF/\!/EG$,因为 $DF\not\subset$ 平面 ACE,$EG\subset$ 平面 ACE,所以 $DF/\!/$ 平面 ACE。

→证明出 $DF/\!/$ 平面 ACE 可得3分。

(2)如图2,分别取 DE,BC 的中点 M,N,连接 AM,MN。因为 $\overrightarrow{BC}=3\overrightarrow{DE}$,$PB=PC=3\sqrt{5}$,所以 $DE/\!/BC$,且 $AD=AE=\frac{1}{3}PB=\sqrt{5}$。又因为点 M 为 DE 的中点,所以 $AM\perp DE$,又平面 $ADE\perp$ 平面 $BCED$,所以 $AM\perp$ 平面 $BCED$,故以 M 为坐标原点,以 MN,ME 和 MA 所在直线分别为 x 轴、y 轴和 z 轴,建立空间直角坐标系。

→正确建立空间直角坐标系可得1分。

易知,$M(0,0,0)$,$A(0,0,2)$,$B(4,-3,0)$,$C(4,3,0)$,$D(0,-1,0)$,$E(0,1,0)$,设 $F(x,y,z)$,则 $\overrightarrow{BF}=(x-4,y+3,z)$,$\overrightarrow{FA}=(-x,-y,2-z)$,由 $\overrightarrow{BF}=2\overrightarrow{FA}$,可得 $F\left(\frac{4}{3},-1,\frac{4}{3}\right)$,所以 $\overrightarrow{EC}=(4,2,0)$,$\overrightarrow{EA}=(0,-1,2)$,$\overrightarrow{DE}=(0,2,0)$,$\overrightarrow{DF}=\left(\frac{4}{3},0,\frac{4}{3}\right)$。

设平面 ACE 与平面 DEF 所成锐二面角为 θ,平面 ACE 的一个法向量 $\boldsymbol{m}=(x_1,y_1,z_1)$,由 $\begin{cases}\boldsymbol{m}\cdot\overrightarrow{EC}=0,\\ \boldsymbol{m}\cdot\overrightarrow{EA}=0,\end{cases}$ 得 $\begin{cases}4x_1+2y_1=0,\\ -y_1+2z_1=0,\end{cases}$ 令 $z_1=1$,得 $\boldsymbol{m}=(-1,2,1)$,

→求出平面 ACE 的一个法向量可得2分。

设平面 DEF 的一个法向量 $\boldsymbol{n}=(x_2,y_2,z_2)$,由 $\begin{cases}\boldsymbol{n}\cdot\overrightarrow{DE}=0,\\ \boldsymbol{n}\cdot\overrightarrow{DF}=0,\end{cases}$ 得 $\begin{cases}2y_2=0,\\ \frac{4}{3}x_2+\frac{4}{3}z_2=0,\end{cases}$ 令 $z_2=1$,得 $\boldsymbol{n}=(-1,0,1)$。

→求出平面 DEF 的一个法向量可得1分。

于是 $\cos\theta=|\cos\langle \boldsymbol{m},\boldsymbol{n}\rangle|=\left|\dfrac{\boldsymbol{m}\cdot\boldsymbol{n}}{|\boldsymbol{m}||\boldsymbol{n}|}\right|=\dfrac{2}{\sqrt{6}\times\sqrt{2}}=\dfrac{\sqrt{3}}{3}$，因此平面 ACE 和平面 DEF 所成锐二面角的正弦值 $\sin\theta=\sqrt{1-\left(\dfrac{\sqrt{3}}{3}\right)^2}=\dfrac{\sqrt{6}}{3}$。

→求出平面 ACE 和平面 DEF 所成锐二面角的正弦值可得 1 分。

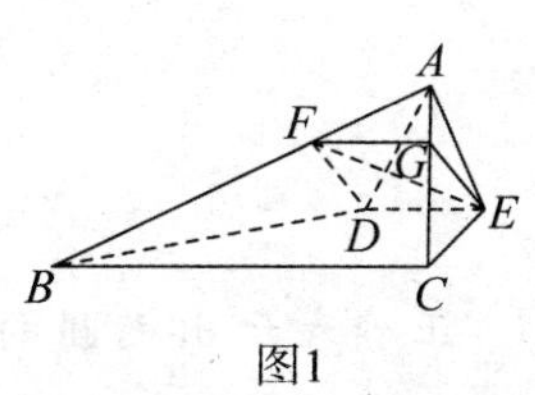

图1

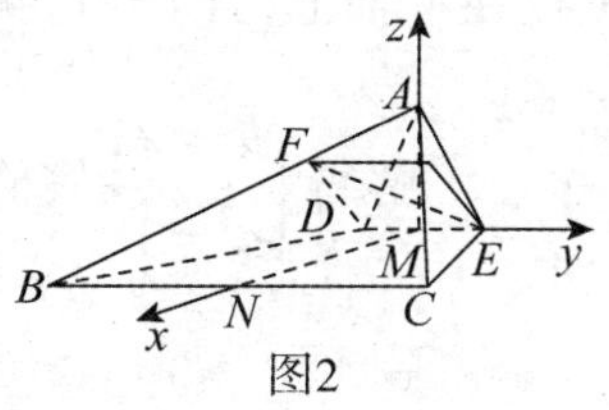

图2

23.【解析】本题考查数列的通项公式与前 n 项和。(1)由 $na_{n+1}=2S_n(n\in\mathbf{N}_+)$①，得 $(n+1)a_{n+2}=2S_{n+1}$②，②－①得 $(n+1)a_{n+2}-na_{n+1}=2a_{n+1}$，整理得 $\dfrac{a_{n+2}}{n+2}=\dfrac{a_{n+1}}{n+1}$，即当 $n\geqslant 2$ 时，$\dfrac{a_n}{n}$ 为常数，所以 $\dfrac{a_n}{n}=\dfrac{a_2}{2}$，又由 $na_{n+1}=2S_n(n\in\mathbf{N}_+)$，得 $a_2=2S_1=2a_1=4$，所以当 $n\geqslant 2$ 时，$a_n=2n$，当 $n=1$ 时此式也成立，因此数列 $\{a_n\}$ 的通项公式为 $a_n=2n(n\in\mathbf{N}_+)$。

→正确表示出 $\{a_n\}$ 的通项公式可得 2 分。

由 $\dfrac{1}{\log_2 b_1+1}+\dfrac{2}{\log_2 b_2+1}+\dfrac{3}{\log_2 b_3+1}+\cdots+\dfrac{n}{\log_2 b_n+1}=\dfrac{n}{2}$③，得 $\dfrac{1}{\log_2 b_1+1}+\dfrac{2}{\log_2 b_2+1}+\dfrac{3}{\log_2 b_3+1}+\cdots+\dfrac{n}{\log_2 b_n+1}+\dfrac{n+1}{\log_2 b_{n+1}+1}=\dfrac{n+1}{2}$④，④－③得 $\dfrac{n+1}{\log_2 b_{n+1}+1}=\dfrac{1}{2}$，整理得 $b_{n+1}=2^{2n+1}$，即当 $n\geqslant 2$ 时，$b_n=2^{2n-1}$，当 $n=1$ 时，有 $\dfrac{1}{\log_2 b_1+1}=\dfrac{1}{2}$，得 $b_1=2$，也满足 $b_n=2^{2n-1}$，所以数列 $\{b_n\}$ 的通项公式为 $b_n=2^{2n-1}(n\in\mathbf{N}_+)$。

→正确表示出 $\{b_n\}$ 的通项公式可得 2 分。

(2)由(1)可知 $c_n=a_nb_n=2n\cdot 2^{2n-1}=n\cdot 4^n$，

→正确表示出 $\{c_n\}$ 的通项公式可得 1 分。

则 $T_n=1\times 4^1+2\times 4^2+3\times 4^3+\cdots+n\times 4^n$，$4T_n=1\times 4^2+2\times 4^3+3\times 4^4+\cdots+n\times 4^{n+1}$，两式相减，得 $-3T_n=(4+4^2+4^3+4^4+\cdots+4^n)-n\times 4^{n+1}=\dfrac{4\times(1-4^n)}{1-4}-n\times 4^{n+1}=-\dfrac{4}{3}+\dfrac{1}{3}\times 4^{n+1}-n\times 4^{n+1}=-\dfrac{4}{3}+\left(\dfrac{1}{3}-n\right)4^{n+1}$，则

→正确表示出 $\{c_n\}$ 的前 n 项和公式 T_n 可得 3 分。

$T_n=\frac{4}{9}-\left(\frac{1}{9}-\frac{n}{3}\right)4^{n+1}$。

24.【解析】本题考查椭圆与抛物线的综合应用。

(1)抛物线$y=\frac{1}{4}x^2$的焦点为(0,1),由题意知,椭圆的一个焦点也为(0,1),所以椭圆的焦点在y轴上,且$c=1$,再将$\left(\frac{\sqrt{2}}{2},1\right)$代入椭圆,可得$\begin{cases}b^2-a^2=1,\\ \frac{1}{2a^2}+\frac{1}{b^2}=1,\end{cases}$解得$\begin{cases}b^2=2,\\ a^2=1,\end{cases}$故椭圆的标准方程为$x^2+\frac{y^2}{2}=1$。

→求出椭圆的焦点可得1分。

→正确表示出椭圆的标准方程可得2分。

(2)设直线l_1的倾斜角为$\theta\in\left[0,\frac{\pi}{2}\right)$,则直线$l_2$的倾斜角为$\theta+\frac{\pi}{2}$,直线$l_1$的参数方程为$\begin{cases}x=t\cos\theta,\\ y=1+t\sin\theta,\end{cases}$与椭圆方程$x^2+\frac{y^2}{2}=1$联立,整理得$t^2(1+\cos^2\theta)+2t\sin\theta-1=0$,所以$t_1+t_2=\frac{-2\sin\theta}{1+\cos^2\theta}$,$t_1t_2=-\frac{1}{1+\cos^2\theta}$,

→正确表示出t_1+t_2和t_1t_2的代数式可得2分。

$|MN|=|t_1-t_2|=\sqrt{(t_1+t_2)^2-4t_1t_2}=\frac{\sqrt{4\sin^2\theta+4(1+\cos^2\theta)}}{1+\cos^2\theta}=\frac{2\sqrt{2}}{1+\cos^2\theta}$,同理$|PQ|=\frac{2\sqrt{2}}{1+\cos^2\left(\theta+\frac{\pi}{2}\right)}=\frac{2\sqrt{2}}{1+\sin^2\theta}$,所以平行四边形$PMQN$的面积$S=\frac{1}{2}|MN||PQ|=\frac{4}{(1+\cos^2\theta)(1+\sin^2\theta)}=\frac{16}{8+\sin^2 2\theta}$,

→正确表示出平行四边形$PMQN$的面积的代数式可得2分。

当$\sin^2 2\theta=0$,即$\theta=0$时,S取得最大值,最大值$S_{\max}=\frac{16}{8+0}=2$,当$\sin^2 2\theta=1$,即$\theta=\frac{\pi}{4}$时,$S$取得最小值,最小值$S_{\min}=\frac{16}{8+1}=\frac{16}{9}$。

→求出平行四边形$PMQN$的面积的最小值和最大值可得1分。

25.【解析】本题考查函数的性质。(1)函数$f(x)=ae^{\ln x}\ln x=ax\ln x$,其导函数$f'(x)=a\ln x+a=a(1+\ln x)$,令$f'(x)=0$,得$x=\frac{1}{e}$。

→求出函数$f(x)$的驻点可得1分。

若 $a>0$，则当 $0<x<\frac{1}{e}$ 时，$f'(x)<0$，$f(x)$ 单调递减，当 $x>\frac{1}{e}$ 时，$f'(x)>0$，$f(x)$ 单调递增；若 $a<0$，则当 $0<x<\frac{1}{e}$ 时，$f'(x)>0$，$f(x)$ 单调递增，当 $x>\frac{1}{e}$ 时，$f'(x)<0$，$f(x)$ 单调递减。

→求出函数 $f(x)$ 的单调区间可得 2 分。

(2)因为 $f(x)$ 的定义域为 $(0,+\infty)$，所以 $a>0$ 时，$f(x)$ 在 $[a,2a]$ 上才有意义。由(1)知，当 $a\geqslant\frac{1}{e}$ 时，$f(x)$ 在 $[a,2a]$ 上单调递增，$f(x)_{\max}=f(2a)=2a^2\ln 2a$；

→正确表示出此时函数 $f(x)$ 的最大值的代数式可得 1 分。

当 $0<a<2a\leqslant\frac{1}{e}$，即 $0<a\leqslant\frac{1}{2e}$ 时，$f(x)$ 在 $[a,2a]$ 上单调递减，$f(x)_{\max}=f(a)=a^2\ln a$；

→正确表示出此时函数 $f(x)$ 的最大值的代数式可得 1 分。

当 $0<a<\frac{1}{e}<2a$ 时，即 $\frac{1}{2e}<a<\frac{1}{e}$ 时，$f(x)$ 在 $[a,\frac{1}{e})$ 上单调递减，$f(x)$ 在 $(\frac{1}{e},2a]$ 上单调递增，最大值在区间端点处取到，$f(2a)-f(a)=2a^2\ln 2a-a^2\ln a=a^2\ln 4a$，令 $a^2\ln 4a\geqslant 0$，得 $a\geqslant\frac{1}{4}$，所以当 $\frac{1}{2e}<a<\frac{1}{4}$ 时，$f(2a)-f(a)<0$，$f(x)_{\max}=f(a)=a^2\ln a$，当 $a=\frac{1}{4}$ 时，$f(2a)=f(a)$，$f(x)_{\max}=f(a)=f(2a)=\frac{1}{16}\ln\frac{1}{4}$，当 $\frac{1}{4}<a<\frac{1}{e}$ 时，$f(2a)-f(a)>0$，$f(x)_{\max}=f(2a)=2a^2\ln 2a$。

→分情况正确表示出对应情况的函数 $f(x)$ 的最大值的代数式可得 1 分。

$$综上，f(x)_{\max}=\begin{cases}a^2\ln a, 0<a<\frac{1}{4},\\ \frac{1}{16}\ln\frac{1}{4}, a=\frac{1}{4},\\ 2a^2\ln 2a, a>\frac{1}{4}。\end{cases}$$

(3)当 $a=1$ 时，$f(x)=x\ln x$，$f'(x)=1+\ln x$，所以 $f'(x_0)=1+\ln x_0$，已知 $f'(x_0)=\frac{f(x_2)-f(x_1)}{x_2-x_1}$，则有 $1+\ln x_0=\frac{f(x_2)-f(x_1)}{x_2-x_1}$，即 $\ln x_0=\frac{f(x_2)-f(x_1)}{x_2-x_1}-1$，于是有 $\ln x_0-$

$\ln x_1=\dfrac{f(x_2)-f(x_1)}{x_2-x_1}-1-\ln x_1=\dfrac{x_2\ln x_2-x_2\ln x_1}{x_2-x_1}-1=$

$\dfrac{x_2\ln\dfrac{x_2}{x_1}}{x_2-x_1}-1=\dfrac{-\ln\dfrac{x_1}{x_2}}{1-\dfrac{x_1}{x_2}}-1$，令$\dfrac{x_1}{x_2}=t$，$t\in(0,1)$，则$g(t)=\dfrac{-\ln t}{1-t}-$

$1=\dfrac{t-\ln t-1}{1-t}$，$t\in(0,1)$。

令$h(t)=t-\ln t-1$，$t\in(0,1)$，则$h'(t)=1-\dfrac{1}{t}<0$，所以函数$h(t)$在$(0,1)$上单调递减，所以$h(t)>\lim\limits_{t\to1^-}h(t)=0$，$t\in(0,1)$，即$t-\ln t-1>0$，又$1-t>0$，所以$g(t)>0$，即$\ln x_0-\ln x_1>0$，所以$x_0>x_1$。同理可得$x_0<x_2$，因此$x_1<x_0<x_2$。

→证明出$x_1<x_0<x_2$可得4分。

三、案例分析题

26.【参考答案】本题考查教学建议。在函数的单调性的教学中，可以利用一次函数、二次函数等常见函数的图象，结合科学技术的辅助，如利用信息技术展示函数值随着自变量的变化而变化的情况，结合图表加强自变量由小到大时函数值的大小变化趋势等，数形结合地提出问题，给学生设置一个由定性到定量、由粗糙到精确的归纳过程，引导学生发现自变量与数值间的变化规律，再把这种规律用数学语言表示出来，在这个过程中可以融入一些关键词语（某个区间、单调、任意值等）的理解与必要性的认识，将概念的形成与认识结合起来，再通过辨析练习帮助学生理解定义。

→结合给出的教学难点答出“利用函数图象引导学生发现自变量与数值间的变化规律”的教学建议，并详细拓展，可得4分。

在函数的奇偶性的教学中，引导学生观察二次函数、正比例函数的图象，再利用表格发现并研究数量变化的特征，最后通过代数运算，验证发现的数量特征的普遍性，在此基础上建立奇（偶）函数的概念。

→结合给出的教学难点答出“通过观察表格、代数运算，建立奇（偶）函数的概念”的教学建议，并详细拓展，可得3分。

在理解函数单调性和奇偶性定义的基础上，引导学生学会用各种方法判断具体函数的单调性，教学时可结合二次函数、反比例函数等学生学习过的函数，先通过研究函数的图象，定性地说出函数的单调区间，再让学生根据函数单调性的定义进行严格的证明，验证结论是否正确，并带领学生总结归纳证明函数单调性的步骤。

→结合给出的教学难点答出“引导学生学会用各种方法判断具体函数的单调性”的教学建议，并详细拓展，可得3分。

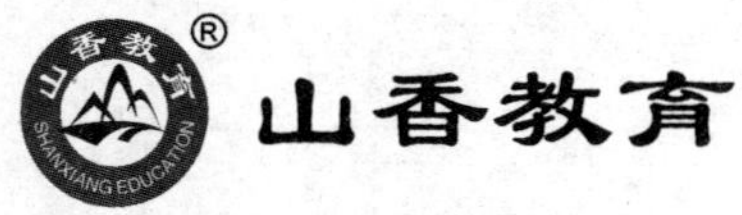

教师招聘考试历年真题详解及预测试卷

小学数学

参考答案及解析－预测试卷

（参考答案及解析-预测试卷由山香教育考试命题研究中心编写）

目　录

教师招聘考试小学数学预测试卷(一)

一、填空题

1. 12;15

【解析】本题考查最大公约数与最小公倍数。设这两个自然数分别为a,b,且$a>b$,(a,b)表示它们的最大公约数,$[a,b]$表示它们的最小公倍数,则$a\times b=(a,b)\times[a,b]=180$,$a-b=3$,$a,b$相差很小,试着把$a\times b=180$分解成相近的两个数的乘积:$180=4\times3\times3\times5=(4\times3)\times(3\times5)=12\times15$。故这两个自然数是12和15。

2. 91

【解析】本题考查工程问题。设总工程为单位“1”,甲、乙、丙一天的工作量分别设为x,y,z,则$\begin{cases}x+y=\dfrac{1}{18},\\ y+z=\dfrac{1}{12},\\ x+y+z=\dfrac{1}{10}\end{cases}\Rightarrow\begin{cases}x=\dfrac{1}{60},\\ y=\dfrac{7}{180},\\ z=\dfrac{2}{45},\end{cases}$乙工作13天,总工作量为$\dfrac{91}{180}$,按工作量分配工资,可得$180\times\dfrac{91}{180}=91$(元)。

3. 72

【解析】本题考查代数式的运算。由$A\div B\div C=6$可得$A\div B=6C$,代入$A\div B-C=6$,得$C=\dfrac{6}{5}$,$A\div B=\dfrac{36}{5}$,则$A=\dfrac{36}{5}B$,将其代入$A-B=62$,得$A=72$,$B=10$。

4. 96

【解析】本题考查阴影部分面积的计算。题中所给图形由两个半圆与一个三角形组成,也可以看成阴影部分与一个大的半圆组成,图中三角形为直角三角形,三边为勾股数,因此两个小半圆的面积和等于大的半圆面积,故两个阴影部分面积的和等于三角形面积,为$\dfrac{1}{2}\times12\times16=96$(平方厘米)。

5. $\dfrac{3}{4}$

【解析】本题考查长方体与圆柱体的体积问题。设水流速度为v立方厘米/分钟,容器底面积为S_1平方厘米,长方体铁块的底面积为S_2平方厘米。

$$\begin{cases}3v=20(S_1-S_2),\\18v=(50-20)S_1\end{cases}\Rightarrow\frac{S_2}{S_1}=\frac{3}{4}。$$

二、判断题

6. × 【解析】本题考查数的认识。两位小数是指小数点右边只有两位的小数，0.4 和 0.5 之间(除去 0.40 和 0.50)分别有 0.41,0.42,0.43,0.44,0.45,0.46,0.47,0.48,0.49 九个两位小数。

7. × 【解析】本题考查几何体的体积与面积计算。占地面积是指木块接触地面的面积,占地面积不一定是0.4 平方分米。

8. √ 【解析】本题考查计数问题。6 个人中每两人握一次手,一共要握手 $C_6^2=15$ 次。

9. × 【解析】本题考查三角形的性质。若三角形最小的一个角不小于 45°,则最大的角不大于 $180°-2\times45°=90°$,此时三角形不是钝角三角形。

10. √ 【解析】本题考查整除。要想被 5 整除,175 要加上的数必须是 5 的倍数,所以 $175+5=180$ 是满足题意的最小整数。

三、单项选择题

11. C 【解析】本题考查比与比例类应用题。由题意可知,乙的速度是甲的$\frac{9}{10}$,丙的速度是乙的$\frac{9}{10}$,因此,丙的速度是甲的$\frac{9}{10}\times\frac{9}{10}=\frac{81}{100}$,所以甲和丙跑 100 米,甲到终点时,丙跑了 81 米。

12. B 【解析】本题考查小学数学浓度类应用题。药∶水 = 1∶1200,则 6 kg 药需要水的量为 $6\times1200=7200$ kg,则配制成的农药的量为$7200+6=7206$ kg。故选 B。

13. B 【解析】本题考查正方体的表面展开图。正方体的表面展开图一共有 11 种情况,记忆口诀如下:“一四一”有 6 种,“一三二”有 3 种,“二二二”与“三三”各 1 种。A、C、D 项均不能被还原成正方体。

14. B 【解析】本题考查间隔问题。人工湖周长为$6\times180=1080$(米),如果湖的周围没有柳树,全是每隔 2 米种的月季,则月季共有 $1080\div2=540$(株),而实际其中有柳树 180 棵,则月季株数应为 $540-180=360$(株)。

15. C 【解析】本题考查探索规律问题。根据题意,平面上直线的条数与交点个数的规律如下表:

直线的条数	交点个数	交点规律
1	0	0
2	1	1
3	3	1+2
4	6	1+2+3
5	10	1+2+3+4
…	…	…

从上表可看出，当平面内的直线有 n 条时，交点个数为 $1+2+3+4+5+\cdots+(n-1)=\frac{n(n-1)}{2}$，则当平面上的直线为 100 条时，交点个数为 $\frac{100\times(100-1)}{2}=4950$ 个。故选 C。

16. C 【**解析**】本题考查数的整除。依题意，设此六位数为 $\overline{abcabc}$，则 $\overline{abcabc}=a\times10^5+b\times10^4+c\times10^3+a\times10^2+b\times10+c=100a\times(10^3+1)+10b\times(10^3+1)+c\times(10^3+1)=(100a+10b+c)\times(10^3+1)=1001(100a+10b+c)$，因为 $100a+10b+c$ 为整数，所以此六位数能被 1001 整除。

17. C 【**解析**】本题考查抽屉原理。根据抽屉原理，$4\times5+1=21$（条）。至少捞出 21 条鱼，才能保证捞出的鱼里一定有 5 条相同品种的鱼。

18. B 【**解析**】本题考查正方体的表面积问题。把一个大的正方体切成 8 个小正方体，需要横、竖、平各切一次，每切一次表面积增加了大正方体的两个底面的面积，切 3 次共增加了大正方体的 6 个底面的面积，也就是增加了一个大正方体的表面积，所以这些小正方体的表面积之和是大正方体表面积的 2 倍。

19. A 【**解析**】本题考查分数问题。一根绳子用去它的 $\frac{3}{5}$，还剩下 $\frac{2}{5}$，同一个整体，它的 $\frac{3}{5}$ 比它的 $\frac{2}{5}$ 长。本题中还剩 $\frac{3}{5}$ 米为干扰信息。

20. B 【**解析**】本题考查小学奥数中的最值问题。大货车平均运 1 吨耗油 $14\div7=2$（升）；小货车为 $9\div4=2.25$（升）。则大货车每吨的耗油量较少。所以尽量在满载的情况下，多使用大货车运送。由于 $59\div7=8$（辆）……3（吨），则 8 辆大货车和 1 辆小货车耗油量为 $8\times14+1\times9=112+9=121$（升），7 辆大货车 3 辆小货车耗油量为 $14\times7+3\times9=98+27=125$（升），$125>121$，所以使用 8 辆大货车，1 辆小货车耗油最少，需耗油 121 升。

四、计算题

21.【**解析**】本题考查简便计算。（1）原式 $=\left[(12\times5+12)\times\frac{13}{18}-\frac{2}{3}\right]\times\frac{2}{11}+\frac{1}{3}=$

$\left(72\times\frac{13}{18}-\frac{2}{3}\right)\times\frac{2}{11}+\frac{1}{3}=\left(4\times13-\frac{2}{3}\right)\times\frac{2}{11}+\frac{1}{3}=\frac{52\times2}{11}-\frac{2}{3}\times\frac{2}{11}+\frac{1}{3}=\frac{52\times2\times3}{11\times3}-\frac{4}{33}+\frac{11}{33}=9\frac{2}{3}$。

(2)10。

原式 $=\frac{1}{4}\times(4.85\times3.6-3.6+6.15\times3.6)+\left(5.5-1.75\times\frac{18}{7}\right)=\frac{1}{4}\times(4.85-1+6.15)\times3.6+\left(5.5-1.75\times\frac{18}{7}\right)=9+(5.5-0.25\times18)=9+1=10$。

22.【解析】本题考查解方程。(1) $\frac{1}{4}x=-\frac{1}{2}x+3\Rightarrow\frac{1}{4}x+\frac{1}{2}x=3\Rightarrow\frac{3}{4}x=3\Rightarrow x=4$。

(2)将 $x=-2$ 代入方程得到 $4-3a-a^2=0$,解得 $a=-4$ 或 1。

23.【解析】本题考查分式的化简求值。原式 $=\frac{x-2}{(x+1)(x-1)}\div\frac{2(x+1)}{(x+1)^2}+\frac{1}{x-1}=\frac{x-2}{(x+1)(x-1)}\times\frac{(x+1)^2}{2(x+1)}+\frac{1}{x-1}=\frac{x-2}{2(x-1)}+\frac{1}{x-1}=\frac{x}{2(x-1)}=\frac{x}{2x-2}$,当 $x=\sqrt{2}+1$ 时,

原式 $=\frac{\sqrt{2}+1}{2(\sqrt{2}+1)-2}=\frac{\sqrt{2}+1}{2\sqrt{2}}=\frac{2+\sqrt{2}}{4}$。

五、解答题

24.【解析】本题考查年龄问题。设女儿现在的年龄为 x 岁,母亲现在的年龄为 y 岁。

当母亲的年龄为 $2x$ 岁的时候,女儿的年龄为 $\frac{y}{4}$ 岁。

根据题意可列二元一次方程组 $\begin{cases}x+y=68,\\ y-2x=x-\frac{y}{4},\end{cases}$ 解得 $x=20$, $y=48$。

答:女儿现在的年龄是 20 岁。

25.【解析】本题考查简单组合体的三视图和表面积问题。从上侧看,两个高为 3 cm 的长方体是横着放的,另一个高为 3 cm 的长方体和高为 2 cm 的长方体竖着放,从前侧看到的图形可以推断,它们竖着放在最左侧,且高为 3 cm 的长方体在后,小正方体放在横着放的高为 3 cm 的长方体的右侧,如下图:

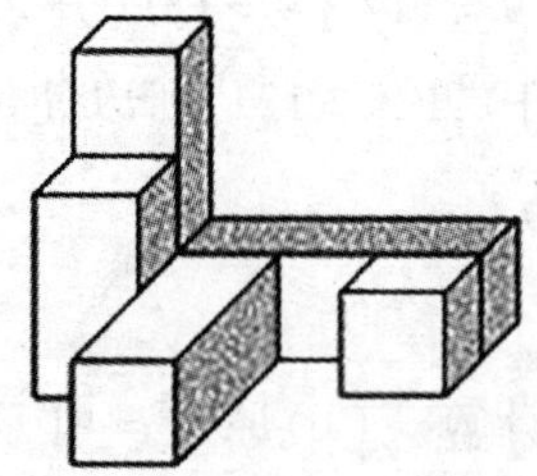

从前边和后边看到的图形面积都是 6 cm^2,

从左边和右边看到的图形面积都是 7 cm^2,

从上边和下边看到的图形面积都是 9 cm^2,

隐藏起来的图形面积是 2 cm^2,总的表面积为 46 cm^2。

26.【解析】本题考查利润问题。(1)这段时间内每出售一件该商品可获得利润 $(x-30)$元,共卖出去$(100-x)$件,则 $y=(x-30)(100-x)=-x^2+130x-3000(x\leqslant 100)$。

(2)令 $-x^2+130x-3000=1000$,

解得 $x_1=50,x_2=80$。

答:利润与售价的函数关系式为 $y=-x^2+130x-3000(x\leqslant 100)$。当售价定为 50 元/件或 80 元/件时,利润可达 1000 元。

27.【解析】本题考查解直角三角形。如图,过点 C 作 $CD\perp AB$ 于点 D,

根据题意得,$\angle ACD=\alpha$,$\angle BCD=\beta$,

则在 $\mathrm{Rt}\triangle ACD$ 中,$AD=CD\cdot\tan\alpha$,在 $\mathrm{Rt}\triangle BCD$ 中,$BD=CD\cdot\tan\beta$,

$\because AD+DB=AB$,

$\therefore CD\cdot\tan\alpha+CD\cdot\tan\beta=AB$,

$\therefore CD=\dfrac{AB}{\tan\alpha+\tan\beta}=\dfrac{150}{1.627+1.373}=\dfrac{150}{3}=50$(千米)。

$\because CD=50>45$,$\therefore$ 连接 A、B 两市的高速公路 AB 不穿过文物保护区。

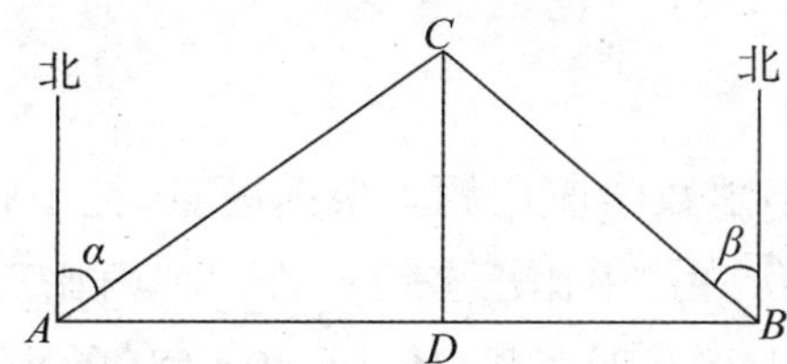

28.【解析】本题考查最佳方案问题。由题意得原本 145 人准备的钱为 $30\times14\times(1-10\%)+5\times5=403$(元)。当前有 147 人入园,如果多购买一张团体票,而不再购买个人票,则需花费 $30\times15\times(1-10\%)=405$(元),此时 m 的值为$(405-403)\div2=1$(元);如果在原来的基础上购买个人票,则需要 $5\times2=10$(元),此时 m 的值为 5。因为 $5>1$,所以 m 的最小值为 1。

教师招聘考试小学数学预测试卷(二)

一、填空题

1. 3

【解析】本题考查周期和余数问题。由题可看出个位数字分别为 3,9,7,1,3,9,7,

1,…,显然个位数字是 4 个数字为一个循环。又因为 $2005 \div 4 = 501 \cdots\cdots 1$,所以 3^{2005} 的个位数字与 3^1 的个位数字是一样的。故 3^{2005} 的个位数字为 3。

2. b

【解析】本题考查最大公约数。因为 $a \div b = 6$,可知 a 是 b 的倍数,所以 a 和 b 的最大公约数是 b。

3. 15

【解析】本题考查长方体的体积问题。箱中水的体积为 $40 \times 30 \times 10 = 12\,000$(立方厘米),长方体的底面积为 $40 \times 30 = 1200$(平方厘米),设放入正方体铁块后,此时的水面高为 h 厘米,则 $12\,000 + 20 \cdot 20h = 1200h$,解得 $h = 15$,故此时水面高为 15 厘米。

4. $n - \frac{7n}{n+7} = n^2 \cdot \frac{1}{n+7}(n \in \mathbf{N}_+)$

【解析】本题考查规律探索问题。在总结规律的题目中,要找式子中的每一项和项数的关系,在所有式子中位置相同的要放在一块考虑。比如本题,观察式子容易发现,等号左边的被减数和等号右边第一个乘数分别为项数和项数的平方;等号左边减数的分子,第一个式子为 7,第二个式子为 14,第三个式子为 21,第四个式子应为 28,…,第 n 个式子应为 $7n$;等号左边减数的分母及等号右边第二个乘数的分母同理应为 $7 + n$;等号右边第二个乘数的分子恒为 1。故第 n 项的式子应为 $n - \frac{7n}{n+7} = n^2 \cdot \frac{1}{n+7}$ $(n \in \mathbf{N}_+)$。

5. 58

【解析】本题考查小学数学应用题。根据题意,把甲钓的看作 1 份,乙钓的是 1 份 -6 条,丙钓的是 2 份,由“甲比乙多钓 6 条”及“丙比乙多钓 22 条”可知,1 份是 $22 - 6$,所以 $(22 - 6) \times (1 + 1 + 2) - 6 = 16 \times 4 - 6 = 58$(条)。

6. $\frac{2}{3}$

【解析】本题考查简单概率的计算。掷一枚骰子,基本事件共 6 个,不大于 4 的基本事件包括向上点数为 1,2,3,4 这四个,所以概率为 $\frac{4}{6} = \frac{2}{3}$。

7. 81

【解析】本题考查分数应用题。原来一共有桃子 $9 \div \left(1 - \frac{1}{2}\right) \div \left(1 - \frac{1}{3}\right) \div \cdots \div \left(1 - \frac{1}{9}\right) = 9 \times 2 \times \frac{3}{2} \times \frac{4}{3} \times \cdots \times \frac{9}{8} = 81$ 个。

8. 15

【解析】本题考查植树问题。由题意可知,第一棵树与第六棵树之间相隔 $3 \times (6 -$

1) = 15(米)。

9. 7

【解析】本题考查余数问题。设这个数为 $84k+46$，由于 $84k$ 能被 3,4,7 整除，因此 $84k+46$ 除以 3,4,7 所得的余数与 46 除以 3,4,7 所得的余数相同，分别为 1,2,4，因此三个余数的和是 7。

10. 7

【解析】本题考查方程问题。设 B、C 组的人数分别为 x 人、y 人，则 $15+x+2y+4=36$，即 $x+2y=17$，同时要满足 $4<y\leqslant x<15$，又 $x,y\in\mathbf{N}_+$，取 $y=5$，则 $x=7$，满足条件，取 $y=6$，则 $x=5$，不满足条件，因此参加 B 组的有 7 人。

二、单项选择题

11. D 【解析】本题考查分数化小数。$\frac{52}{65}=0.8$，$\frac{19}{25}=0.76$，$\frac{21}{35}=0.6$，$\frac{5}{12}=0.41\dot{6}$。

12. B 【解析】本题考查小学数学应用题。根据题意，1 千克玉米可以兑换 0.6 千克大米。连同 4 千克重的容器称，玉米少了 4 千克，应少大米 2.4 千克，但大米实际少了 4 千克，所以大米少兑了 $4-2.4=1.6$ 千克。故选 B。

13. A 【解析】本题考查计数原理问题。先把 3 个涂红色的小球捆绑，作为一体，再把 3 个涂白色的小球排起来。把捆绑的小球插入 3 个涂白色的小球中有 4 种选择。把剩下的 2 个红色小球插入，2 个红色小球分开有 3 种插法，在一起也有 3 种插法，即涂法共有 $4\times(3+3)=24$ 种。故选 A。

14. A 【解析】本题考查浓度问题。设每千克混合糖含果汁糖 x 千克，则含牛奶糖 $(1-x)$ 千克。由题意可知，$28.5x+46.5(1-x)=32$，解得 $x=\frac{14.5}{18}=\frac{29}{36}$(千克)，所以 $1-x=\frac{7}{36}$(千克)。即果汁糖和牛奶糖应取的质量比为 $\frac{29}{36}:\frac{7}{36}=29:7$。故选 A。

15. C 【解析】本题考查时钟问题。时针一分钟走 0.5°，分针一分钟走 6°。设走 x 分钟后时针正好与分针重合，因为初始时刻是 3 时整，时针和分针之间相差 90°，所以 $6x-0.5x=90$，解得 $x=16\frac{4}{11}$。在经过 $16\frac{4}{11}$ 分钟后，时针和分针第一次重合。

16. D 【解析】本题考查方向与位置。由图可知芳芳现在在家的正东方向。

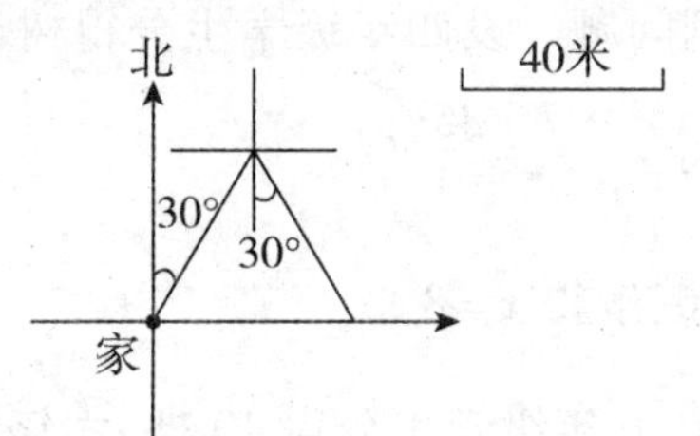

17. B 【解析】本题考查命题的判断。①应明确指出 7 是谁的约数,错误;②设正方形边长为 a,则周长为 $4a$,正确;③直线和射线都是无限延伸的,无长度概念,错误;④两个真分数$\frac{b}{a}(a>b)$和$\frac{n}{m}(m>n)$之间存在另一个真分数$\frac{b+n}{a+m}$,正确。故选 B。

18. C 【解析】本题考查质数。除去 2 之外,所有的偶数都是合数。①当九个连续自然数中最小的数大于 5 时,有 4 个偶数或 5 个偶数。当有 5 个偶数时有 4 个奇数,所以质数的个数不超过 4 个;当有 4 个偶数时有 5 个奇数,这 5 个奇数中一定有一个是 5 的倍数,所以质数的个数也不超过 4 个。②当九个连续的自然数中最小的数不超过 5 时,有下面 5 种情况:1,2,3,4,5,6,7,8,9;2,3,4,5,6,7,8,9,10;3,4,5,6,7,8,9,10,11;4,5,6,7,8,9,10,11,12;5,6,7,8,9,10,11,12,13。这 5 种情况中,质数个数均不超过 4 个。综上所述,在九个连续自然数中,至多有 4 个质数。

三、解答题

19.【解析】本题考查平面几何的面积计算。设三个小块的面积分别为 S_1, S_2, S_3。

由题可得 $S_1+S_2+S_3+S_{\triangle ABF}+S_{\triangle CBE}=S_{长方形ABCD}+$阴影部分的面积,

则阴影部分的面积 $=S_1+S_2+S_3+S_{\triangle ABF}+S_{\triangle CBE}-S_{长方形ABCD}$。因为$\triangle ABF$ 的底是矩形 $ABCD$ 的长,高是矩形的宽,

所以 $S_{\triangle ABF}=\frac{1}{2}S_{长方形ABCD}$,

同理可得 $S_{\triangle CBE}=\frac{1}{2}S_{长方形ABCD}$。

于是,阴影部分的面积 $=S_1+S_2+S_3+S_{\triangle ABF}+S_{\triangle CBE}-S_{长方形ABCD}=S_1+S_2+S_3=15+46+36=97$(平方米)。

答:阴影部分的面积是 97 平方米。

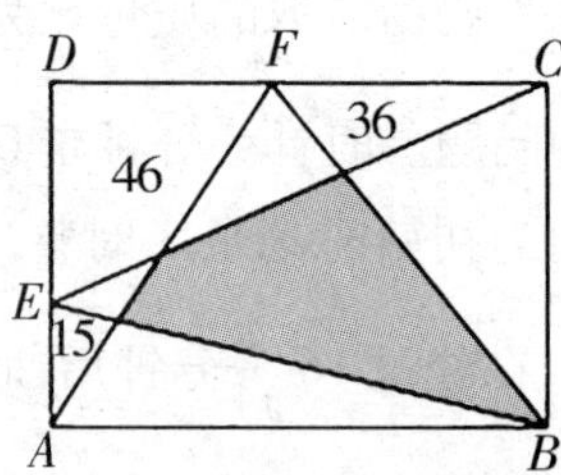

20.【解析】本题考查比例问题。设四年级学生分得树苗 $3x$ 棵,则五年级学生分得 $5x$ 棵,所以六年级学生分得$\frac{5x\cdot 7}{4}=\frac{35x}{4}$棵。

根据题意得,$\frac{35x}{4}-3x=46$,解得 $x=8$。

故四年级学生分得 24 棵,五年级学生分得 40 棵,六年级学生分得 70 棵,所以树

苗总数为 134 棵。

21.【解析】本题考查工程问题。(1)设甲工程队每天铺 x 米,则乙工程队每天铺 $(x-20)$ 米。

设乙工程队每天需要的费用为 1,则甲工程队每天需要的费用为 1.4,

由两队单独完成所需费用相同,可得 $\frac{4200}{x}\cdot 1.4=\frac{4200}{x-20}$,解得 $x=70$,

即甲工程队每天铺 70 米,乙工程队每天铺 50 米。

(2)若乙工程队每天需要的费用为 10 万元,则甲工程队每天需要的费用为 14 万元,所以总费用为 $\frac{4200}{70+50}\times(14+10)=840$(万元),即甲、乙两工程队合作完成铺设该公路的总费用为 840 万元。

22.【解析】本题考查三角形相似与圆的综合问题。(1)$\because \angle EDC=\angle BAO$,$\angle C=\angle C$,$\therefore \triangle CDE\backsim\triangle CAB$,$\therefore \frac{CD}{AC}=\frac{CE}{CB}$。

(2)$\because$ 直径 $AE=8$,$OC=12$,$\therefore AC=12+4=16$,$CE=12-4=8$。又 $\because \frac{CD}{AC}=\frac{CE}{CB}$,$\therefore CD\cdot CB=AC\cdot CE=16\times 8=128$。

连接 OB,在 $\triangle OBC$ 中,$\because OB=\frac{1}{2}AE=4$,$OC=12$,根据三角形三边关系可知,$BC$ 的范围是 $8<BC<16$。

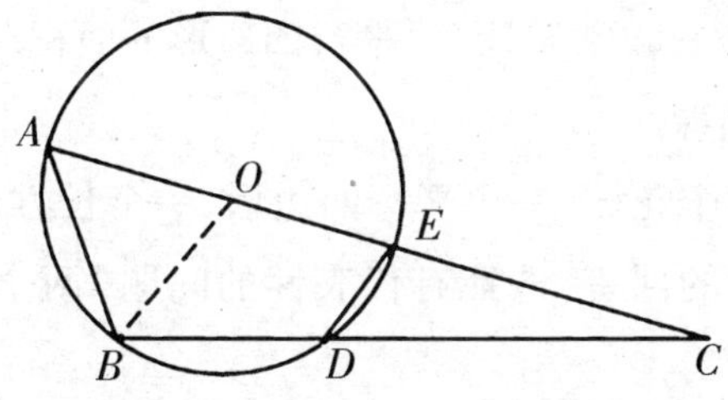

四、案例分析题

23.【参考答案】本题考查教学评价。(1)①加强估算,鼓励算法多样化,引导学生对算法进行优化。教师在教学过程中先让学生自由说出自己的算法,接着引导学生对算法进行优化。培养学生独立思考的能力,增强学生的数学学习兴趣。

②有效的数学活动不是单纯的依赖、模仿和记忆,动手实践、自主探究、合作交流是学生学习的重要方式。案例中教师让学生先自己探究再让学生小组合作分享自己的想法,让每一个学生都能动起来,增强了学生自主探究与合作交流的能力。

③教师教学应以学生的认知发展水平和已有的经验为基础。案例中的教师抓住了学生已有的经验,从学生已有的经验中,一步一步引导学生探究出一位数除两位数

的除法笔算方法。

④教师要注重学生的实践操作,注重学生的认知过程。案例中的教师让学生利用小棒,通过多种感官活动,让学生经历数学形成的过程。

(2)①多渠道唤醒学生已有的知识经验

要紧密联系学生的生活环境,从学生的经验和已有知识出发,创设有助于学生自主学习、合作交流的情境。案例中教师让学生用已有的知识解决所要探究的问题,然后引导学生通过观察、操作、归纳等方法总结出笔算的方法。

②多角度提升学生已有的知识经验

学生储备知识不足的,教师必须适当补充;学生储备知识中不正确的,教师必须要巧妙纠正;学生困惑不解的,教师要点拨引导,指点迷津;学生已知知识中不深不透的,教师要画龙点睛,深化提升。这样教师的主导性才能充分发挥。案例中教师先让一名学生说出笔算的过程,再引导学生对笔算中出现的困惑进行解决。

③多层次展现学生已有的知识经验

面对学生已有知识经验的差异,我们要精心布局,让知道一丁点儿的学生先说;让知道多一点的学生后说;知道很多的学生最后说;知道浅点的学生,让他在基本问题上发言;知道深点的学生,让他在关键、深入的问题上发表意见。这样不同层次的学生都有展示自己已知知识的机会,让学生的主体性自然发挥。

五、教学设计题

24.【**参考答案**】本题考查教学设计。“平行四边形的面积”教学设计:

(一)创设情境,导入新课

师:利用大屏幕出示两个花坛(一个平行四边形,一个长方形),让学生观察,并引导学生提出问题,根据学生的回答,选择有代表性的问题“两个花坛谁大?”进而引出新课,并板书课题。

设计意图:通过这样一个情境,自然地引出了本节课所要探究的重点问题,学生在不知不觉中开始对主题的思考,巧妙地为后面的教学埋下了伏笔。

(二)动手实践,探究发现

①初探建模

引导学生对刚刚的问题“两个花坛谁大?”进行思考。

学生独立思考。教师点名回答。

生1:我用眼睛发现平行四边形大些。

生2:我用了数方格的方法发现,长方形大些。

对数方格的方法进行点评,并引导学生发现平行四边形的面积与它的底和高有关系。引发学生猜想平行四边形的面积等于底×高。

②合作交流

引导学生验证自己的猜想,通过学生分组探索,利用手中的平行四边形纸板、剪刀等学具进行剪、移、拼的操作。

合作前给出合作要求和分工。小组合作时教师巡视指导,有意识地找出其中的典型结果。

③交流验证

各组进行汇报。选择有代表性的小组进行全班小结。

组1:没有沿着平行四边形的高线剪,通过剪、移、拼没有拼成长方形。

组2:沿着平行四边形的高线(或者说任意一条高线)剪,通过剪、移、拼能够成功将平行四边形转化成长方形,发现平行四边形的底就是长方形的长,高就是长方形的宽。

给出问题,请同学们思考一下:把长方形转化成平行四边形,什么变了,什么没变?把长方形与转化后的平行四边形联系起来,有什么发现?小组讨论。(小组代表汇报结果)

最终得出:平行四边形的面积=底×高。

总结平行四边形面积公式的字母表示:$S=ah$。(板书)

设计意图:首先让学生展开丰富的想象,动手操作剪拼,从而感知图形之间的关系,建立表象。紧接着让学生开展小组探究活动,并提出更明确的要求,让学生从刚才的发现中思考:当平行四边形转化成长方形,什么变了,什么没变?通过对上面问题的思考,学生对平行四边形面积公式的推导有了更深的认识,进一步认识到拼成的长方形的长相当于平行四边形的底,拼成的长方形的宽相当于原来的平行四边形的高,平行四边形的面积就等于长方形的面积,从而推导出平行四边形的面积=底×高。这个环节让学生主动经历探索结论的过程,让他们一次次获得新发现的喜悦,使思维始终处于激活的状态。

(三)知识运用

请同学们计算一下下面几个平行四边形的面积。

教师展示出几个平行四边形,学生尝试求出它们的面积。

教师带领学生验证求得的结果。

设计意图:进行知识的运用,加深学生对平行四边形面积公式和求法的理解。

(四)教师与学生共同小结

平行四边形的面积=底×高。

设计意图：对整堂课进行回顾，总结收获，增强学生的总结归纳能力。

（五）课后作业

完成课本上练习题第5题和第6题。

设计意图：课后巩固，深化对知识的理解与运用。

教师招聘考试小学数学预测试卷（三）

一、单项选择题

1. A 【解析】本题考查复数的运算和复数的几何意义。由题意知，$z=1-\mathrm{i}$，则 $\frac{1}{z}=\frac{1}{1-\mathrm{i}}=\frac{1+\mathrm{i}}{2}$。故 $\frac{1}{z}$ 表示的点在第一象限。

2. C 【解析】本题考查集合间的运算。集合 $A=\{x\mid x<2\}$，$B=\{x\mid \mathrm{e}^x>1\}=\{x\mid x>0\}$，则 $A\cap B=\{x\mid 0<x<2\}$。

3. B 【解析】本题考查方程的根与系数的关系。设 x_1，x_2 是关于 x 的一元二次方程 $x^2+4x+a=0$ 的两个不相等实数根，则 $x_1x_2=a$，$x_1+x_2=-4$，故 $x_1x_2-2x_1-2x_2-5=x_1x_2-2(x_1+x_2)-5=a-2\times(-4)-5=0$，即 $a+3=0$，解得 $a=-3$。

4. D 【解析】本题考查比与比例。由题意知，甲瓶盐水的含盐量为 $2\div(2+9)=\frac{2}{11}$，水的含量为 $1-\frac{2}{11}=\frac{9}{11}$；乙瓶盐水的含盐量为 $3\div(3+10)=\frac{3}{13}$，水的含量为 $1-\frac{3}{13}=\frac{10}{13}$；两瓶混合后盐的含量为 $\frac{2}{11}+\frac{3}{13}=\frac{59}{143}$，水的含量为 $\frac{9}{11}+\frac{10}{13}=\frac{227}{143}$，故混合后盐与水的比例为 $59:227$，盐与盐水的比例为 $59:(59+227)=59:286$。

5. B 【解析】本题考查排列组合与计数原理。由题意知，可分为两类：①先从丙、丁、戊三人中任选一人开车，再从其余四人中任选两人作为一个整体同其他两人从事其余三项工作，共有 $\mathrm{C}_3^1\mathrm{C}_4^2\mathrm{A}_3^3$ 种方案；②先从丙、丁、戊三人中任选两人开车，其余三人从事其余三项工作，共有 $\mathrm{C}_3^2\mathrm{A}_3^3$ 种方案，故不同的安排方案共有 $\mathrm{C}_3^1\mathrm{C}_4^2\mathrm{A}_3^3+\mathrm{C}_3^2\mathrm{A}_3^3=126$ 种方案。

6. C 【解析】本题考查三角函数的性质。对于任意 $x\in\mathbf{R}$，函数 $f(x)=\sin(3x+\varphi)$ 满足条件 $f(a+x)=f(a-x)$，则函数图象关于直线 $x=a$ 对称，当 $x=a$ 时，函数取得最值，$\therefore 3a+\varphi=\frac{\pi}{2}+k\pi$，$k\in\mathbf{Z}$，

$$\therefore f\left(a+\frac{\pi}{6}\right)=\sin\left(3a+\frac{\pi}{2}+\varphi\right)=\sin\left(k\pi+\frac{\pi}{2}+\frac{\pi}{2}\right)=0。$$

7. B 【解析】本题考查简单几何体的体积。如图，画出圆柱的轴截面，因为圆柱的高为 1，它的两个底面的圆周在直径为 2 的同一个球的球面上，所以 $AC=1,AB=\frac{1}{2}$。设圆柱的底面圆半径为 r，在 $Rt\triangle ABC$ 中，$AB^2+BC^2=AC^2$，即有 $\left(\frac{1}{2}\right)^2+r^2=1^2$，解得 $r=\frac{\sqrt{3}}{2}$，所以圆柱的体积 $V=\pi r^2\times1=\frac{3\pi}{4}$。

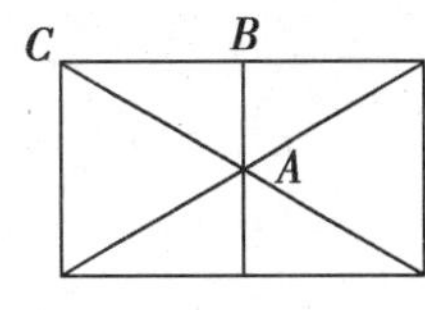

8. B 【解析】本题考查圆的性质。连接 OD，如图所示，$\because AB$ 是 $\odot O$ 的直径，且经过弦 CD 的中点 H，$\therefore AB\perp CD$，$\therefore \angle OHD=\angle BHD=90°$，$\because \sin\angle CDB=\frac{3}{5}$，$BD=5$，$\therefore BH=3$，$\therefore DH=\sqrt{BD^2-BH^2}=\sqrt{5^2-3^2}=4$，设 $OH=x$，则 $OD=OB=x+3$，在 $Rt\triangle ODH$ 中，由勾股定理得，$x^2+4^2=(x+3)^2$，解得 $x=\frac{7}{6}$，$\therefore AH=OA+OH=\frac{7}{6}+3+\frac{7}{6}=\frac{16}{3}$。故选 B。

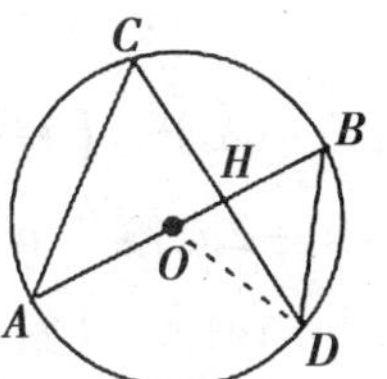

9. B 【解析】本题考查平均数的计算。根据四年级获奖学生的得分情况，可得获奖学生的平均分为 $\frac{100\times4+98\times6+95\times16+93\times10}{4+6+16+10}=95.5$（分）。

10. A 【解析】本题考查导数的应用。将 $x=1$ 代入 $f(x)=2f(2-x)-x^2+8x-8(*)$，可得 $f(1)=1$。同时在 $(*)$ 两端对 x 求导并代入 $x=1$ 得 $f'(1)=2$。因此曲线 $y=f(x)$ 在点 $(1,f(1))$ 处的切线方程为 $y=2(x-1)+1=2x-1$。故选 A。

11. B 【解析】本题考查抛物线的性质。设 $A(x_A,y_A)$，$B(x_B,y_B)$，$C(x_C,y_C)$，F 为抛物线 $y^2=4x$ 的焦点，即 $F(1,0)$，A,B,C 为该抛物线上三点，若 $\overrightarrow{FA}+\overrightarrow{FB}+\overrightarrow{FC}=\mathbf{0}$，则 $(x_A-1,y_A)+(x_B-1,y_B)+(x_C-1,y_C)=(0,0)$，故有 $x_A-1+x_B-1+x_C-1=0\Rightarrow x_A+x_B+x_C=3$，因此 $|\overrightarrow{FA}|+|\overrightarrow{FB}|+|\overrightarrow{FC}|=(x_A+1)+(x_B+1)+(x_C+1)=6$。故选 B。

12. D 【解析】本题考查线性规划。不等式组 $\begin{cases}x+y\leqslant2,\\2x-y\leqslant1,\\4x-y\geqslant-2\end{cases}$ 在平面直角坐标系中所表示的区域如图中阴影部分所示。设 $z=2x+y$，则原题目可转化为在限制区域内求直线 $y=-2x+z$ 与 y 轴交点的纵坐标的最大值，观察图形可知，当直线经过图中的 B 点时，直线与 y 轴交点的纵坐标最大，易得 B 点的坐标为 $(1,1)$，故 $z_{max}=2\times1+1=3$。故选 D。

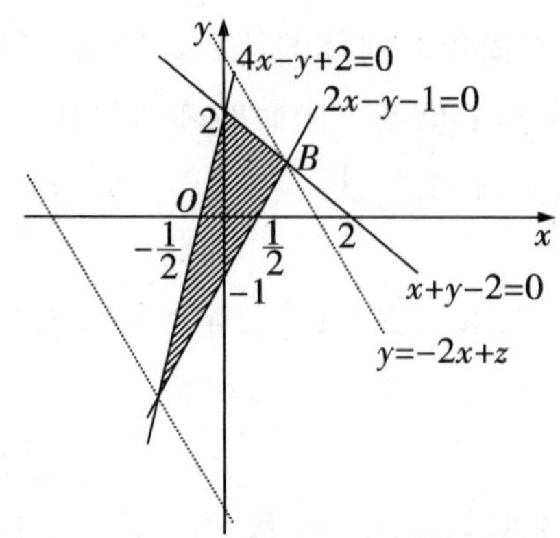

13. B 【解析】本题考查函数的奇偶性。偶函数的定义域关于原点对称，则 $a-3=-2a$，解得 $a=1$，又对定义域内任意 x，$f(x)=f(-x)$，则 $b=0$，故 $a+b=1$。

14. A 【解析】本题考查《义务教育数学课程标准（2022 年版）》的学段目标。《义务教育数学课程标准（2022 年版）》中对第一学段学生在数与运算方面的学业要求为：能用数表示物体的个数或事物的顺序，能认、读、写万以内的数；能说出不同数位上的数表示的数值；能用符号表示数的大小关系，形成初步的数感和符号意识。能描述四则运算的含义，知道减法是加法的逆运算、乘法是加法的简便运算、除法是乘法的逆运算；能熟练口算 20 以内数的加减法和表内乘除法，能口算简单的百以内数的加减法；能计算两位数和三位数的加减法。形成初步的运算能力。

15. A 【解析】本题考查常见的数学思想。对参数 a 的取值进行讨论，体现的是数学思想中的分类讨论思想。

二、填空题

16. 4

【解析】本题考查带余除法。设 a 除以 5 的商为 m，b 除以 5 的商为 n。由题意知，$a=5m+1$，$b=5n+4$，故$3a-b=15m-5n-1=15m-5n-5+4$。$\because$ $15m-5n-5$ 能被 5 整除，$\therefore$ $3a-b$ 除以 5 的余数为 4。

17. 53

【解析】本题考查约数的应用。6 的约数有 1，2，3，6，它们的乘积为 $2\times3\times6=36=6^2$；8 的约数有 1，2，4，8，它们的乘积为 $2\times4\times8=64=8^2$；10 的约数有 1，2，5，10，它们的乘积为 $2\times5\times10=100=10^2$；14 的约数有 1，2，7，14，它们的乘积为 $2\times7\times14=196=14^2$；15 的约数有 1，3，5，15，它们的乘积为 $3\times5\times15=225=15^2$。这 5 个数是大于 1 的自然数中最小的 5 个“好数”，它们的和为 $6+8+10+14+15=53$。

18. $\frac{2}{9}S$

【解析】本题考查平面图形的面积。$\because CE:BE=1:2$，$\therefore BE:BC=2:3$，$\because DE/\!/AC$，$\therefore AD:BD=1:2$，$S_{\triangle BDE}:S_{\triangle ABC}=4:9$，$S_{\triangle ADE}:S_{\triangle BDE}=1:2$，$\therefore S_{\triangle ADE}=\frac{1}{2}S_{\triangle BDE}=\frac{2}{9}S$。

19. $2\sqrt{3}$

【解析】本题考查向量的运算。$\because |\boldsymbol{a}|=2$，$|\boldsymbol{b}|=1$，$\boldsymbol{a}$ 与 $\boldsymbol{b}$ 的夹角为 $60°$，$\therefore |\boldsymbol{a}+2\boldsymbol{b}|^2=\boldsymbol{a}^2+4\boldsymbol{a}\cdot\boldsymbol{b}+4\boldsymbol{b}^2=4+4\times2\times1\times\cos 60°+4\times1=4+4+4=12$，$\therefore |\boldsymbol{a}+2\boldsymbol{b}|=2\sqrt{3}$。

20. 3

【解析】本题考查数列极限的计算。$\lim\limits_{n\to\infty}\frac{6n-5}{2n}=3$。

三、解答题

21.【解析】本题考查行程问题。甲从 A 地出发，去时用时 $25+5=30$(分钟)，回时因速度提高 1 倍，用时 $30\div2=15$(分钟)，甲往返用时 $30+15=45$(分钟)，此时甲恰好在 A 地追上乙，即 45 分钟正好是乙从 B 地到 A 地的时间，所以乙走完全程用时 45 分钟。

答：乙走完全程用时 45 分钟。

22.【解析】本题考查函数模型的应用。(1) 由题意知，$50^2=\frac{k}{100}$，解得 $k=25\times10^4$，$\therefore p=\sqrt{\frac{25\times10^4}{x}}=\frac{500}{\sqrt{x}}$，$\therefore$ 总利润 $L(x)=x\cdot\frac{500}{\sqrt{x}}-1200-\frac{2x^3}{75}=-\frac{2x^3}{75}+500\sqrt{x}-1200$ $(x\in\mathbf{N}^*)$。

(2) 由 (1) 得，$L'(x)=-\frac{2x^2}{25}+\frac{250}{\sqrt{x}}$，令 $L'(x)=0$，设 $t=\sqrt{x}$，则有 $\frac{2t^4}{25}=\frac{250}{t}$，解得 $t^5=125\times25=5^5$，$\therefore t=5$，于是 $x=t^2=25$，则当 $0<x<25$ 时，$L'(x)>0$，此时 $L(x)$ 单调递增，当 $x>25$ 时，$L'(x)<0$，此时 $L(x)$ 单调递减，故当产量定为25 件时，总利润最大，$L(25)\approx2500-1200-416.7\approx883$(万)。

答：产量 x 为 25 件时，总利润 $L(x)$ 最大，约为883 万。

23.【解析】本题考查直线与圆锥曲线的综合应用。(1) 由条件焦距为 $2\sqrt{2}$，知 $c=\sqrt{2}$，则 $b^2=a^2-2$，从而将 $\left(1,\frac{\sqrt{6}}{2}\right)$ 代入方程 $\frac{x^2}{a^2}+\frac{y^2}{a^2-2}=1$，

解得 $a^2=4$ 或 $\frac{1}{2}$，因为 $a^2>c^2=2$，故 $a^2=4$，$b^2=2$，故椭圆方程为 $\frac{x^2}{4}+\frac{y^2}{2}=1$。

(2) ① 当直线 l 的斜率不为 0 时，设直线 $l: x=my+1$ 交椭圆于 $A(x_1,y_1)$，$B(x_2,y_2)$，

由$\begin{cases}x=my+1,\\x^2+2y^2=4,\end{cases}$可得$(m^2+2)y^2+2my-3=0$，

$y_1+y_2=-\frac{2m}{m^2+2}$，$y_1y_2=-\frac{3}{m^2+2}$，$\overrightarrow{PA}=\left(x_1-\frac{7}{4},y_1\right)$，$\overrightarrow{PB}=\left(x_2-\frac{7}{4},y_2\right)$，

$\overrightarrow{PA}\cdot\overrightarrow{PB}=\left(x_1-\frac{7}{4}\right)\left(x_2-\frac{7}{4}\right)+y_1y_2=\left(my_1+1-\frac{7}{4}\right)\left(my_2+1-\frac{7}{4}\right)+y_1y_2=\left(my_1-\frac{3}{4}\right)\left(my_2-\frac{3}{4}\right)+y_1y_2=(m^2+1)y_1y_2-\frac{3}{4}m(y_1+y_2)+\frac{9}{16}$，

化简得$\overrightarrow{PA}\cdot\overrightarrow{PB}=\frac{-3m^2-6}{2(m^2+2)}+\frac{9}{16}=-\frac{15}{16}$。

②当直线 l 的斜率为 0 时，$A(2,0)$，$B(-2,0)$，$\overrightarrow{PA}\cdot\overrightarrow{PB}=\left(\frac{1}{4},0\right)\cdot\left(-\frac{15}{4},0\right)=-\frac{15}{16}$。

即证$\overrightarrow{PA}\cdot\overrightarrow{PB}$为定值，且为$-\frac{15}{16}$。

24.【解析】本题考查数列的通项公式与前 n 项和。(1)证明：由题意得，$a_1+a_2=4a_1+2$，解得 $a_2=3a_1+2=5$，则 $b_1=a_2-2a_1=3$，由 $a_1=1$，$a_2=5$，解得 $a_3=16$，从而得 $b_2=a_3-2a_2=6$，$\because a_{n+1}=S_{n+1}-S_n=4a_n-4a_{n-1}(n>1,n\in\mathbf{N}_+)$，$\therefore\frac{b_n}{b_{n-1}}=\frac{a_{n+1}-2a_n}{a_n-2a_{n-1}}=\frac{2(a_n-2a_{n-1})}{a_n-2a_{n-1}}=2$，即 $b_n=2b_{n-1}$。当$n=2$ 时，$b_2=2b_1$ 成立。因此数列$\{b_n\}$是首项为 3，公比为 2 的等比数列。

(2)由(1)知等比数列$\{b_n\}$中，$b_1=3$，公比 $q=2$，所以 $b_n=a_{n+1}-2a_n=3\times2^{n-1}$，于是$\frac{a_{n+1}}{2^{n+1}}-\frac{a_n}{2^n}=\frac{3}{4}$，因此数列$\left\{\frac{a_n}{2^n}\right\}$是首项为$\frac{1}{2}$，公差为$\frac{3}{4}$的等差数列，则$\frac{a_n}{2^n}=\frac{1}{2}+(n-1)\times\frac{3}{4}=\frac{3}{4}n-\frac{1}{4}$，所以 $a_n=(3n-1)\cdot2^{n-2}$。

四、简答题

25.【参考答案】本题考查数感的培养。(1)在体验中培养学生的数感。引导学生联系自己身边具体、有趣的事物，通过观察、操作、解决问题等丰富的活动，感受数的意义，体会用数来表示和交流的作用，初步建立数感。在小学阶段，学生要学习的整数、小数、分数等数的概念本身是抽象的，如果像传统教法那样，把概念灌输给学生，就割裂了知识与生活之间的联系，在学生的头脑中，这些概念就只是一种符号，使知识失去了其真实的生活意义。因此，在教学中一定要注意把知识与生活实际相联系，让学生在生活中充分地感知、体验，再加以适当的抽象概括，避免产生死记硬背、生搬硬套的现象。

(2)在比较中培养学生的数感。在具体的情境中把握数的相对大小关系,不仅是理解数的需要,也是加深学生对数的实际意义的理解的需要,使学生在比较中有了“多、少、多一些、少一些、相当于这样的几倍”的认识,使数感得到发展。

(3)在表达与交流中培养学生的数感。在教学中为学生创设问题情境,让学生在讨论的过程中互相启发、互相学习、互相借鉴,体会数可以用来表达和交流信息,使学生在交流对数的感知时,拓展思维,丰富自己对数的认识,体会数学的价值,从而促进数感的形成。学会倾听,从别人对某些数量的描述中发现问题、思考问题也是一种交流。例如,在实际测量中,教师带领学生到操场上测量长方形花坛的长和宽,学生用不同的方法测出了花坛的长和宽。在课堂交流的时候,展示了多种多样的测量方法,有的学生直接用卷尺量;有的学生先测出一块砖的长度,再数花坛的长和宽各包含多少块砖,用一块砖的长和宽乘砖的块数得到花坛的长和宽;有的学生先测出 1 米长的绳子,再一米一米地量;还有的学生使用步测的方法。在交流中,大家将自己的想法与别人进行交流,同时体会别人是怎样想的、怎样做的,从不同角度感知一定的长度,发展了距离感,也增进了数感。

(4)在解决问题中培养学生的数感。只有学生把所学知识与生活经验联系起来,才能更好地掌握知识、内化知识。因此,培养学生的数感需要学生更多地接触和理解现实问题,有意识地将现实问题与数量关系建立联系。要使学生学会从现实情境中提出问题,从一个复杂的情境中提出问题,选择恰当的方法解决问题,并对运算结果的合理性做出解释。这需要具备一定的数感,同时也使已具备的数感得到强化。

五、教学设计题

26.【参考答案】本题考查教材的实验活动的作用及教学设计。

(1)教材中摆三角形的实验实际上就是课堂上的学生活动,这样的活动形式可以给学生创设一个生动活泼、富有个性的学习氛围,有利于学生自主探究及合作交流。

(2)教学过程:

一、激趣导入,提出问题

教师引导学生取出三根小棒,动手尝试是否可以围成三角形。

学生围一围。

教师小结:随意的给你们三根小棒,有时候能围成一个三角形,有时候不能围成一个三角形。

引导学生说出这与三角形的边有关系。

板书课题:三角形边的关系。

二、实践操作,探究学习

1. 动手操作。

电脑出示:现有两根小棒,一根长 3 厘米,一根长 6 厘米,再配一根多长的小棒,就能围成一个三角形?

学生小组活动,教师巡视指导。

2. 汇报交流。

教师:下面请同学们来汇报一下你们的操作结果。

学生分享自己的实验数据,并总结发现的规律。

3. 集体探究。

第一层次:发现不能围成的原因。

引导学生去尝试长度为 3 厘米,3 厘米,6 厘米及 1 厘米,3 厘米,6 厘米的小棒组合,发现其中的规律。

第二个层次:通过猜想初步得出三角形三边的关系。

教师:两边之和小于或者等于第三边,不能围成三角形。同学们猜想一下,什么情况下能围成三角形呢?

学生猜出:两边之和大于第三边。

第三个层次:引发矛盾,突破难点。

引导学生猜测,只通过一组数据来判断能否围成三角形,全面吗?那应该怎么说?引导学生得出“任意”两字。

第四个层次:判断是否能围成三角形的最简便的方法。

教师提问:判断是否能围成三角形有没有更简单的方法?是不是每次都要计算三组?

让学生充分地进行交流。

引导学生发现,较小的两边的和已经大于最长的边,那么用最长的边加一条较短的边,就一定大于另一条短边了。

三、深化认知,联系实际,拓展应用

1. 判断:下面哪组的小棒能围成一个三角形?(单位:厘米)

(1)3,4,5;(2)3,3,3;(3)3,3,5;(4)2,6,2。

2. 儿童乐园要建一个凉亭,亭子上部是三角形木架,现在已经准备了两根三米长的木料,假如你是设计师,第三根木料会准备多长?并说明理由。

四、全课小结

同学们的收获可真不少,你们能用今天所学的知识判断任意的三根小棒能否组成一个三角形吗?

五、作业布置

对不同层次的学生分层次布置作业。

教师招聘考试小学数学预测试卷(四)

一、单项选择题

1. C 【解析】本题考查数学思想。“圆的面积”的教学运用的是割圆法,即将圆进行无限分割后转化为平行四边形,整个教学过程渗透的最重要的数学思想是极限思想。

2. C 【解析】本题考查推理的分类。推理是数学的基本思维方式,一般包括合情推理和演绎推理。

3. D 【解析】本题考查《义务教育数学课程标准(2022 年版)》的学段目标。A、B、C 三项属于“六三”学制中第一学段的学段目标内容,D 项属于“六三”学制中第二学段的学段目标内容。

4. B 【解析】本题考查概念之间的关系。有理数的概念是实数概念的种概念,实数概念是有理数概念的属概念。故两者之间的关系是属种关系。

5. B 【解析】本题考查导数的应用。$f'(x)=\ln(ax)+1$,则有$f'\left(\frac{1}{\mathrm{e}}\right)=\ln\left(\frac{a}{\mathrm{e}}\right)+1=0$,解得 $a=1$,所以$f'(x)=\ln x+1$。当 $x>\frac{1}{\mathrm{e}}$时,$f'(x)>0$;当$0<x<\frac{1}{\mathrm{e}}$时,$f'(x)<0$,则 $x=\frac{1}{\mathrm{e}}$是函数$f(x)$的极值点,故 $a=1$ 成立。

6. C 【解析】本题考查事件的运算。由 A 与 B 为相互独立事件可知,$P(AB)=P(A)P(B)$。

7. C 【解析】本题考查数的整除。由$\overline{3a2}+336=\overline{6b8}$可得,$a+3=b$,又因为$\overline{6b8}$能被 9 整除,则 $6+b+8$ 为 9 的整数倍,且 b 是 0 ~ 9 中的任一数字,可知$b=4$,则 $a=1$,所以 $a+b=1+4=5$。

8. C 【解析】本题考查反函数的求解。由 $f(x)=\log_3 x$ 可知,$f^{-1}(x)=3^x$,则 $f^{-1}(-1)=3^{-1}=\frac{1}{3}$。

9. A 【解析】本题考查简单立体几何的表面积计算。如图所示,设球的半径为 R,正四棱锥底面中心为 O',且球心为 O。因为正四棱锥 $P-ABCD$ 中 $AB=2$,所以 $AO'=\sqrt{2}$,因为 $PO'=4$,所以在$\mathrm{Rt}\triangle AOO'$中,$AO^2=AO'^2+OO'^2$,即 $R^2=(\sqrt{2})^2+(4-R)^2$,解得 $R=\frac{9}{4}$,故该球的表面积为 $4\pi R^2=4\pi\times\left(\frac{9}{4}\right)^2=\frac{81\pi}{4}$。

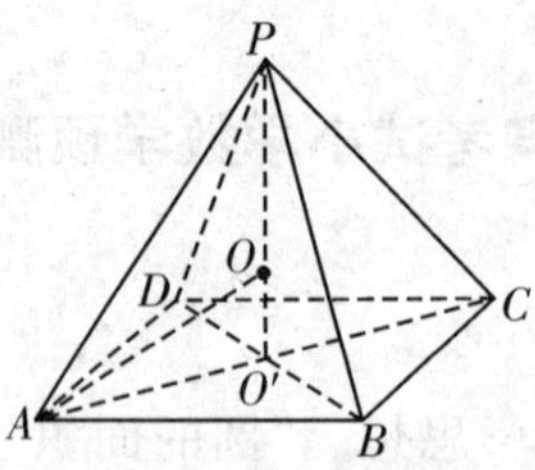

10. A 【解析】本题考查球体积的计算。设正方体上底面所在平面截球得小圆 M,则圆心 M 为正方体上底面正方形的中心,如图所示,设球的半径为 R,则圆 M 与水面的距离为 $8-6=2$ cm,由勾股定理可知,$R^2=(R-2)^2+4^2$,解得 $R=5$,所以球的体积为 $V=\frac{4}{3}\pi R^3=\frac{4}{3}\pi\times5^3=\frac{500\pi}{3}$ cm^3。

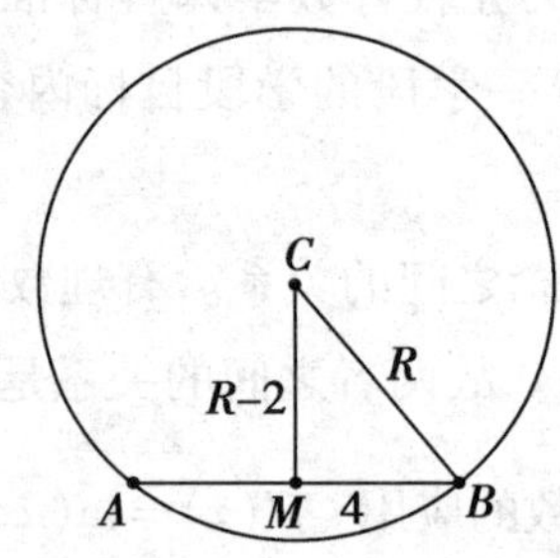

11. B 【解析】本题考查等比数列的性质以及充分条件和必要条件的判定。若 a,b,c,d 成等比数列,则 $\frac{a}{b}=\frac{c}{d}$,即 $ad=bc$;若 $ad=bc$,则 $\frac{a}{b}=\frac{c}{d}$,但不一定等于 $\frac{b}{c}$,则 a,b,c,d 不一定成等比数列。所以"$ad=bc$"是"a,b,c,d 成等比数列"的必要不充分条件。

12. C 【解析】本题考查直线与圆的方程及位置关系。由题意,圆的方程可化为 $(x-3)^2+(y-4)^2=25$,则圆心 C 坐标为$(3,4)$,半径 $r=5$,过点 A 的直线被圆所截得的最短弦应与 CA 垂直,由 $CA=1$,则所求的弦的长度为 $2\times\sqrt{r^2-1^2}=2\times\sqrt{25-1}=4\sqrt{6}$。

13. A 【解析】本题考查找次品问题。先把 100 个芯片分成 33,33,34 三份,把两份 33 个芯片分别放在天平的两端,若天平不平衡,则次品就在天平上升的一端;若天平平衡,则次品就在 34 个芯片里面。假设次品就在其中一份 33 个芯片里面,再把这份 33 个芯片分成 11,11,11 三份,把其中两份分别放在天平的两端,若天平不平衡,则次品就在天平上升的一端;若天平平衡,则次品就在剩下的 11 个芯片里面。假设次品就在其中一份 11 个芯片里面,再把这份 11 个芯片分成 4,4,3 三份,把两份 4 个芯片分别放在天平的两端,若天平不平衡,则次品就在天平上升的一端;若天平平衡,则次品就在剩下的 3 个芯片里面。假设次品就在其中一份 4 个芯片里面,再把这份 4 个芯片分成1,1,2三份,把其中两份1个芯片分别放在天平的两端,若天平不平衡,则次品就在天平上升的一端;若天平平衡,则次品就是剩下的2个芯片。天平左右两边分别放一个,即可找出次品。综上所述,至少称5次才能保证找到这块芯片。

14. C 【**解析**】本题考查均值不等式。因为 $x>0,y>0,x+y=1$,所以 $x+y+1=2$,则 $\frac{1}{x}+\frac{4}{y+1}=\frac{1}{2}\left(\frac{1}{x}+\frac{4}{y+1}\right)[x+(y+1)]=\frac{1}{2}\left(5+\frac{y+1}{x}+\frac{4x}{y+1}\right)\geqslant\frac{1}{2}(5+4)=\frac{9}{2}$,当且仅当 $\frac{y+1}{x}=\frac{4x}{y+1}$ 且 $x+y=1$,即 $x=\frac{2}{3},y=\frac{1}{3}$ 时,原式取得最小值 $\frac{9}{2}$。

15. A 【**解析**】本题考查直线与抛物线的综合应用。抛物线 $C:y^2=4x$ 的焦点是 $F(1,0)$,准线为 $l:x=-1$,l 与 x 轴交于点 Q,设 $M(x_1,y_1)$,$N(x_2,y_2)$,M,N 到准线的距离分别为 d_M,d_N,由抛物线的定义可知 $|MF|=d_M=x_1+1$,$|NF|=d_N=x_2+1$,于是 $|MN|=|MF|+|NF|=x_1+x_2+2$,$\because \overrightarrow{PF}=3\overrightarrow{MF}$,$\therefore \frac{d_M}{|FQ|}=\frac{d_M}{p}=\frac{2}{3}$,即 $|MF|=\frac{2}{3}p$,$\therefore |PF|=2p$,$\therefore \frac{|PF|}{|FQ|}=2$,$\therefore$ 直线 MN 的斜率为 $\pm\sqrt{3}$,$\because F(1,0)$,$\therefore$ 直线 PF 的方程为 $y=\pm\sqrt{3}(x-1)$,代入方程 $y^2=4x$,得 $3(x-1)^2=4x$,化简得 $3x^2-10x+3=0$,$\therefore x_1+x_2=\frac{10}{3}$,于是 $|MN|=|MF|+|NF|=x_1+x_2+2=\frac{16}{3}$。

二、填空题

16. -13

【**解析**】本题考查代数式的运算。$\because 4x-3y-6z=0$,$x+2y-7z=0$,$\therefore \begin{cases}4x-3y=6z,\\x+2y=7z,\end{cases}$ 解得 $\begin{cases}x=3z,\\y=2z,\end{cases}$ $\because xyz\neq0$,$\therefore z\neq0$,$\therefore \frac{5x^2+2y^2-z^2}{2x^2-3y^2-10z^2}=\frac{45z^2+8z^2-z^2}{18z^2-12z^2-10z^2}=\frac{52z^2}{-4z^2}=-13$。

17. $(-\infty,0)\cup(2,+\infty)$

【**解析**】本题考查分段函数。由题意得,当 $m>0$ 时,$\log_3(m+1)>1\Rightarrow m>2$;当 $m\leqslant0$ 时,$3^{-m}>1\Rightarrow m<0$。因此,m 的取值范围是 $(-\infty,0)\cup(2,+\infty)$。

18. $\frac{2}{5}$

【**解析**】本题考查排列与组合。基本事件总数为 $A_5^5=120$ 种,同一科目中有相邻情况的有 $A_4^4A_2^2+A_4^4A_2^2-A_3^3A_2^2A_2^2=72$ 种,故同一科目的书都不相邻的概率是 $\frac{120-72}{120}=\frac{2}{5}$。

19. π

【**解析**】本题考查三角函数的性质。$y=\sin 2x+2\sqrt{3}\sin^2x=\sin 2x-\sqrt{3}(1-2\sin^2x)+$

$\sqrt{3}=\sin 2x-\sqrt{3}\cos 2x+\sqrt{3}=2\sin\left(2x-\frac{\pi}{3}\right)+\sqrt{3}$，故最小正周期 $T=\pi$。

20. $\frac{1}{2}$

【解析】本题考查平面向量的坐标运算。$\because \boldsymbol{a}/\!/\boldsymbol{b}, \boldsymbol{a}=(\sin 2\theta, \cos\theta), \boldsymbol{b}=(\cos\theta, 1)$，$\therefore \sin 2\theta-\cos^2\theta=0$，即 $\cos\theta(2\sin\theta-\cos\theta)=0$，$\because 0<\theta<\frac{\pi}{2}$，$\therefore \cos\theta\neq 0$，则 $2\sin\theta-\cos\theta=0$，即 $2\sin\theta=\cos\theta$，$\therefore \tan\theta=\frac{\sin\theta}{\cos\theta}=\frac{1}{2}$。

21. $2\sqrt{2}-2$

【解析】本题考查二次根式的应用。由题易知，面积为 2 和 4 的正方形的边长分别为 $\sqrt{2}$ 和 2，则矩形的长和宽分别为 $\sqrt{2}+2$ 和 2，故图中阴影部分的面积为 $2(\sqrt{2}+2)-2-4=2\sqrt{2}-2$。

22. $\frac{\pi}{4}$

【解析】本题考查定积分的计算。$\int_0^a(\cos x-\sin x)\mathrm{d}x=\int_0^a\sqrt{2}\cos\left(x+\frac{\pi}{4}\right)\mathrm{d}x=\sqrt{2}\sin\left(x+\frac{\pi}{4}\right)\Big|_0^a=\sqrt{2}\sin\left(a+\frac{\pi}{4}\right)-1$，$\because a\in\left[0,\frac{\pi}{2}\right]$，$\therefore a+\frac{\pi}{4}\in\left[\frac{\pi}{4},\frac{3\pi}{4}\right]$，$\therefore$ 由三角函数的性质可得 $\sqrt{2}\sin\left(a+\frac{\pi}{4}\right)-1$ 的最大值为 $\sqrt{2}-1$，此时 $a+\frac{\pi}{4}=\frac{\pi}{2}$，即 $a=\frac{\pi}{4}$。

23. 定性与定量；定性的描述性评价；描述性评价；等级评价

三、解答题

24.【解析】本题考查数列的通项公式及数列求和。(1)由 $a_1=10$，a_2 为整数知，等差数列 $\{a_n\}$ 的公差 d 为整数，又因为 $S_n\leqslant S_4$，$\therefore a_4\geqslant 0, a_5\leqslant 0$，于是 $10+3d\geqslant 0, 10+4d\leqslant 0$，解得 $-\frac{10}{3}\leqslant d\leqslant-\frac{5}{2}$，因此 $d=-3$，数列 $\{a_n\}$ 的通项公式 $a_n=10-3(n-1)=13-3n$。

(2) $b_n=\frac{1}{a_na_{n+1}}=\frac{1}{(13-3n)(10-3n)}=\frac{1}{3}\cdot\left(\frac{1}{10-3n}-\frac{1}{13-3n}\right)$，于是 $T_n=b_1+b_2+\cdots+b_n=\frac{1}{3}\left[\left(\frac{1}{7}-\frac{1}{10}\right)+\left(\frac{1}{4}-\frac{1}{7}\right)+\cdots+\left(\frac{1}{10-3n}-\frac{1}{13-3n}\right)\right]=\frac{1}{3}\left(\frac{1}{10-3n}-\frac{1}{10}\right)=\frac{n}{10(10-3n)}$。

25.【解析】本题考查立体几何的综合应用。

(1) $\because$ 在直角梯形 $ABCD$ 中，$AD=DC=\frac{1}{2}AB=1$，$\therefore AC=\sqrt{2}, BC=\sqrt{2}, AB=2$，则 $AC^2+BC^2=AB^2$，$\therefore BC\perp AC$，

又 $\because PA\perp$ 平面 $ABCD$，$BC\subset$ 平面 $ABCD$，$\therefore BC\perp PA$，

又$\because PA\cap AC=A$,

$\therefore BC\perp$平面PAC,$\therefore BC\perp PC$。

在$Rt\triangle PAB$中,点M为PB的中点,则$AM=\frac{1}{2}PB$,

在$Rt\triangle PBC$中,点M为PB的中点,则$CM=\frac{1}{2}PB$,

$\therefore AM=CM$。

(2)如图,连接DB交AC于点F。

$\because DC=\frac{1}{2}AB$,易知$DF=\frac{1}{2}FB$。

取PM的中点G,连接DG,FM,则$DG/\!/FM$,

又$\because DG\not\subset$平面AMC,$FM\subset$平面AMC,

$\therefore DG/\!/$平面AMC。

连接GN,则$GN/\!/MC$,

又$\because GN\not\subset$平面AMC,$MC\subset$平面AMC,$\therefore GN/\!/$平面AMC,

又$\because GN\cap DG=G$,$\therefore$平面$DNG/\!/$平面AMC,

又$\because DN\subset$平面DNG,$\therefore DN/\!/$平面AMC。

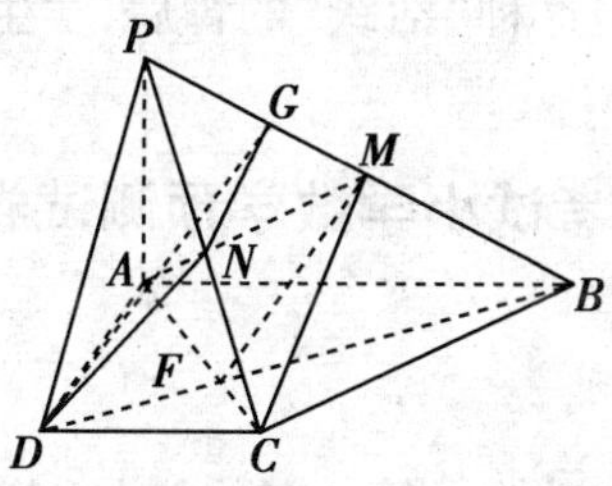

26.**【解析】**本题考查圆锥曲线性质的应用。(1)设动圆的圆心为$P(a,b)$,则P到直线$y=-1$的距离$b+1$为圆P的半径,两圆的圆心距为$\sqrt{a^2+(b-2)^2}$,列方程得$b+1+1=\sqrt{a^2+(b-2)^2}$,化简得$a^2=8b$,则点P的轨迹E的方程为$x^2=8y$。

(2)证明:设$A\left(x_1,\frac{x_1^2}{8}\right)$,$B\left(x_2,\frac{x_2^2}{8}\right)$。由于$\overrightarrow{OA}\cdot\overrightarrow{OB}=-16$,则$x_1x_2+\frac{x_1^2x_2^2}{64}=-16$,化简得$x_1x_2=-32$。设直线$AB$的方程为$y=kx+t$,与抛物线$x^2=8y$联立得$\frac{x^2}{8}-kx-t=0$,则$x_1x_2=-8t=-32$,$t=4$。因此直线$AB$恒过点$(0,4)$。

27.**【解析】**本题考查函数与导数的性质。$f(x)$的定义域为$\mathbf{R}$,$f'(x)=[ax^2-(a+1)x+1]e^x$,

(1)由题可知,$f'(2)=(2a-1)e^2=0$,则$2a-1=0$,解得$a=\frac{1}{2}$。

(2)$f'(x)=[ax^2-(a+1)x+1]e^x=(ax-1)(x-1)e^x$，

若 $a>1$，当 $x\in\left(\frac{1}{a},1\right)$ 时，$f'(x)<0$；当 $x\in(1,+\infty)$ 时，$f'(x)>0$，所以 $f(x)$ 在 $x=1$ 处取得极小值。

若 $a\leqslant 1$，当 $x\in(0,1)$ 时，$ax-1\leqslant x-1<0$，所以 $f'(x)>0$，所以 1 不是 $f(x)$ 的极小值点。

综上所述，a 的取值范围是 $(1,+\infty)$。

四、案例分析题

28.【参考答案】本题考查教学评价。数学课程标准指出："学生的学习应是一个主动的过程，认真听讲、独立思考、动手实践、自主探索、合作交流等是学习数学的重要方式。教学活动应注重启发式，激发学生学习兴趣，引发学生积极思考，鼓励学生质疑问难，引导学生在真实情境中发现问题和提出问题。"在本课的教学环节中，分数的大小比较通过学生的主动操作与观察，答案便显而易见，增设涂色比较环节是没有意义的，这是一节数学课，不是美术的涂色练习课，此处过分追求动手实践、自主探索与合作交流而增设不必要的活动，反而会占去大量的课堂有效教学时间。数学课堂教学中的相关活动不能脱离数学的思想与方法，花大量的时间去完成本应是美术课的"涂画"活动。虽然课堂气氛活跃，但这种"活跃"的背后，学生却不会收获数学知识。

教师招聘考试小学数学预测试卷(五)

一、单项选择题

1. C 【解析】本题考查集合间的运算。$M=\{x\mid -1\leqslant x\leqslant 1\}$，$N=\{-1,0,1\}$，则 $M\cap N=\{-1,0,1\}$。

2. D 【解析】本题考查命题真假的判断。全称命题的否定是将"∀"改为"∃"，再否定结论，排除 A、B 项。又因为当 $x=0$ 时，$x^2\leqslant 0$ 成立，所以 D 项正确。

3. D 【解析】本题考查逻辑推理。依题意，由于甲看后还是不知道自己的成绩，说明乙、丙两人必是一个优秀、一个良好，则甲、丁两人必是一个优秀、一个良好，因此乙看了丙的成绩就可以知道自己的成绩，丁看了甲的成绩就知道自己的成绩，综合以上信息可知，乙、丁可以知道自己的成绩。

4. D 【解析】本题考查分数的运算。根据题意可知，乙数占甲数比丙数占甲数多 $\frac{3}{5}-\frac{5}{9}=\frac{2}{45}$，乙数比丙数多 10，则甲数为 $10\div\frac{2}{45}=225$，则乙数是 $225\times\frac{3}{5}=135$。

5. C 【解析】本题考查随机事件的独立性。因为一枚质地均匀的硬币只有正、反两面，所以不管抛多少次，硬币正面朝上的概率都是0.5。

6. A 【解析】本题考查平面向量的运算。记$\overrightarrow{AB}=\boldsymbol{a}$，$\overrightarrow{AD}=\boldsymbol{b}$，则$\boldsymbol{a}\cdot\boldsymbol{b}=0$，$\because |\boldsymbol{a}|=\sqrt{2}$，$|\boldsymbol{b}|=1$，$\therefore \overrightarrow{AC}\cdot\overrightarrow{DB}=(\overrightarrow{AB}+\overrightarrow{BC})(\overrightarrow{DA}+\overrightarrow{AB})=(\boldsymbol{a}+\boldsymbol{b})\cdot(\boldsymbol{a}-\boldsymbol{b})=\boldsymbol{a}^2-\boldsymbol{b}^2=2-1=1$。

7. A 【解析】本题考查函数与零点的判断。依题意，$f(0)=-3<0$，$f(1)=e-2>0$，且函数$f(x)$是增函数，因此函数$f(x)$的零点$a\in(0,1)$。又$g(1)=-3<0$，$g(2)=\ln 2+3>0$，且函数$g(x)$在$(0,+\infty)$上是增函数，因此函数$g(x)$的零点$b\in(1,2)$，于是有$f(b)>f(1)>0$，$g(a)<g(1)<0$，故$g(a)<0<f(b)$。

8. B 【解析】本题考查圆锥曲线的性质。设点$C(x,y)$，由于$A(0,-1)$，$B(0,1)$，$\triangle ABC$的周长为6，则$|CA|+|CB|+|AB|=6$，因为$|AB|=2$，所以$|CA|+|CB|=4$，即点C与点A，B的距离和为定值，则点C的轨迹是椭圆，设其方程为$\frac{y^2}{a^2}+\frac{x^2}{b^2}=1$，从而有$a=2$，半焦距$c=1$，解得$b^2=3$，又因为点$C$不能在$y$轴上，即$y\neq\pm2$，则点$C$的轨迹方程为$\frac{y^2}{4}+\frac{x^2}{3}=1(y\neq\pm2)$。

9. D 【解析】本题考查三角函数的性质。$f(x)=\frac{1}{2}\cos 2x+\frac{\sqrt{3}}{2}\sin 2x+2\sin\left(x-\frac{\pi}{4}\right)\sin\left(\frac{\pi}{2}+x-\frac{\pi}{4}\right)=\frac{1}{2}\cos 2x+\frac{\sqrt{3}}{2}\sin 2x+2\sin\left(x-\frac{\pi}{4}\right)\cos\left(x-\frac{\pi}{4}\right)=\frac{1}{2}\cos 2x+\frac{\sqrt{3}}{2}\sin 2x+\sin\left(2x-\frac{\pi}{2}\right)=\frac{1}{2}\cos 2x+\frac{\sqrt{3}}{2}\sin 2x-\cos 2x=\sin\left(2x-\frac{\pi}{6}\right)$，所以函数$f(x)$的最小正周期$T=\frac{2\pi}{2}=\pi$。

10. D 【解析】本题考查阴影部分的面积计算。设$B'C'$与CD的交点是E，连接AE。由题意得$AD=AB'$，$\angle DAB'=60°$。在$\text{Rt}\triangle ADE$和$\text{Rt}\triangle AB'E$中，$\because AB'=AD$，$AE=AE$，$\therefore \triangle ADE\cong\triangle AB'E(\text{HL})$，$\therefore \angle B'AE=30°$，$\therefore B'E=\frac{\sqrt{3}}{3}$，$\therefore S_{\triangle AB'E}=\frac{\sqrt{3}}{6}$，$\therefore S_{\text{四边形}ADEB'}=\frac{\sqrt{3}}{3}$，$\therefore$ 阴影部分的面积为$1-\frac{\sqrt{3}}{3}$。

11. B 【解析】本题考查等差数列的性质。因为S_n为等差数列$\{a_n\}$的前n项和，且$3S_3=S_2+S_4$，所以$3\times(3a_1+\frac{3\times2}{2}d)=(a_1+a_1+d)+(4a_1+\frac{4\times3}{2}d)$，即$3a_1+2d=0$，将$a_1=2$代入得$d=-3$，故$a_5=a_1+4d=2+4\times(-3)=-10$。

12. A 【解析】本题考查函数的零点问题。由$f(f(x))+1=0$，得$f(f(x))=-1$，

由$f(-2)=f\left(\frac{1}{2}\right)=-1$，得$f(x)=-2$或$f(x)=\frac{1}{2}$。若$f(x)=-2$，则$x=-3$或$x=\frac{1}{4}$；若$f(x)=\frac{1}{2}$，则$x=-\frac{1}{2}$或$x=\sqrt{2}$。综上所述，函数$y=f(f(x))+1$的零点个数是4。

13. B 【解析】本题考查数学思想方法。在讲解三角形的面积公式的过程中运用了转化的数学思想。

14. A 【解析】本题考查《义务教育数学课程标准(2022 年版)》中的核心素养内涵。《义务教育数学课程标准(2022 年版)》中指出，核心素养具有整体性、一致性和阶段性，在不同阶段具有不同表现。小学阶段，核心素养主要表现为：数感、量感、符号意识、运算能力、几何直观、空间观念、推理意识、数据意识、模型意识、应用意识、创新意识。抽象能力主要表现在初中而非小学。

15. D 【解析】本题考查数学思维的特性。数学思维在数学学习过程中主要表现为以下特性：问题性，它促使并推动数学的发展；概括性，通过思维把抽象出的事物本质特性联合起来，或推广到同类事物中去；间接性，对于有些事物我们在地球这个空间中是无法直观地认识的，只有通过数学思维才能间接地认识。

二、填空题

16. $\frac{2}{15}$

【解析】本题考查比例的基本性质。根据比例的运算规则，两个外项之积等于两个内项之积。故两个内项的乘积为1，则另一个内项是$\frac{2}{15}$。

17. 110

【解析】本题考查排列组合。自然数0～9中共有10个数，其中奇数与偶数的个数都为5，若三个数的积为偶数，共有三种情况：三个数都是偶数；其中两个数为偶数，一个数为奇数；其中一个数为偶数，剩余两个数为奇数。当三个数都是偶数时，有$C_5^3=10$种选法；当其中两个数为偶数，一个数为奇数时，有$C_5^2C_5^1=50$种选法；当一个数为偶数，剩余两个数为奇数时，有$C_5^1C_5^2=50$种选法，则一共有$10+50+50=110$种不同选法。

18. 18

【解析】本题考查均值不等式的应用。因为$x>0$，$y>0$，且$x+y=1$，所以由均值不等式可得$\frac{8}{x}+\frac{2}{y}=\left(\frac{8}{x}+\frac{2}{y}\right)(x+y)=10+\frac{8y}{x}+\frac{2x}{y}\geqslant 10+2\sqrt{16}=18$，当且仅当$\frac{8y}{x}=\frac{2x}{y}$，即$x=\frac{2}{3}$，$y=\frac{1}{3}$时，等号成立。

19. $\frac{1}{2}\ln 2$

【解析】本题考查定积分的计算。$\int_0^{\frac{\pi}{4}}\tan x\mathrm{d}x=\int_0^{\frac{\pi}{4}}\frac{\sin x}{\cos x}\mathrm{d}x=-\int_0^{\frac{\pi}{4}}\frac{1}{\cos x}\mathrm{d}(\cos x)=$

$-\ln(\cos x)\Big|_0^{\frac{\pi}{4}}=-\ln\left(\cos\frac{\pi}{4}\right)+\ln(\cos 0)=-\ln\frac{\sqrt{2}}{2}+\ln 1=\ln\left(\frac{\sqrt{2}}{2}\right)^{-1}=\ln\sqrt{2}=$

$\frac{1}{2}\ln 2$。

20. $\frac{x^2}{36}+\frac{y^2}{9}=1$

【解析】本题考查椭圆的性质及标准方程。设椭圆的长半轴长为 a,由题意知 $2a=12$,解得 $a=6$,又因为椭圆的离心率为$\frac{\sqrt{3}}{2}$,即$\frac{c}{a}=\frac{\sqrt{3}}{2}$,解得 $c=3\sqrt{3}$,则 $b^2=a^2-c^2=9$,已知椭圆的长轴在 x 轴上,故椭圆 C 的标准方程为$\frac{x^2}{36}+\frac{y^2}{9}=1$。

21. 0

【解析】本题考查导数的定义。由导数的定义可知,$\lim\limits_{\Delta x\to 0}\frac{f\left(\frac{\pi}{2}+\Delta x\right)-f\left(\frac{\pi}{2}\right)}{\Delta x}=f'\left(\frac{\pi}{2}\right)$,因为$f(x)=\sin x$,所以$f'(x)=\cos x$,所以$f'\left(\frac{\pi}{2}\right)=\cos\frac{\pi}{2}=0$。

22. ⑤⑦

【解析】本题考查评价建议中的评价方式。《义务教育数学课程标准(2022 年版)》的评价建议指出,评价方式应包括书面测验、口头测验、活动报告、课堂观察、课后访谈、课内外作业、成长记录等,可以采用线上线下相结合的方式。

23. ①③⑤⑦

【解析】本题考查《义务教育数学课程标准(2022 年版)》中的数学眼光。在义务教育阶段,数学眼光主要表现为:抽象能力(包括数感、量感、符号意识)、几何直观、空间观念与创新意识。

三、解答题

24.【解析】本题考查齐次线性方程组的求解。对系数矩阵作初等行变换,将其化为阶梯形矩阵,$\begin{pmatrix}2&-4&2&7\\3&-6&4&3\\5&-10&4&25\end{pmatrix}\to\begin{pmatrix}-1&2&-2&4\\3&-6&4&3\\5&-10&4&25\end{pmatrix}\to\begin{pmatrix}-1&2&-2&4\\0&0&-2&15\\0&0&-6&45\end{pmatrix}\to$

$\begin{pmatrix}1 & -2 & 0 & 11\\ 0 & 0 & 2 & -15\\ 0 & 0 & 0 & 0\end{pmatrix}$，由 $n-\mathrm{r}(\boldsymbol{A})=4-2=2$，基础解系由 2 个向量组成，每个解中有 2 个自由变量，令 $x_2=1,x_4=0$，解得 $x_1=2,x_3=0$；令 $x_2=0,x_4=2$，解得 $x_3=15,x_1=-22$，于是得到 $\boldsymbol{\eta}_1=(2,1,0,0)^{\mathrm{T}}$，$\boldsymbol{\eta}_2=(-22,0,15,2)^{\mathrm{T}}$，通解为 $k_1\boldsymbol{\eta}_1+k_2\boldsymbol{\eta}_2$（$k_1,k_2$ 为任意常数）。

25.【解析】本题考查导数的应用。(1) $\because f(x)=ax^3+bx^2$，$\therefore f'(x)=3ax^2+2bx$，

由已知得 $\begin{cases}f(1)=4,\\ f'(1)=9,\end{cases}$ 即 $\begin{cases}a+b=4,\\ 3a+2b=9,\end{cases}$

解得 $a=1,b=3$。

(2) 由(1)知 $f(x)=x^3+3x^2$，$f'(x)=3x^2+6x=3x(x+2)$，

令 $f'(x)=3x(x+2)>0$，解得 $x>0$ 或 $x<-2$，

$\therefore f(x)$ 在区间 $(-\infty,-2)$ 和 $(0,+\infty)$ 上单调递增。

令 $f'(x)=3x(x+2)<0$，解得 $-2<x<0$，

$\therefore f(x)$ 在区间 $(-2,0)$ 上单调递减。

26.【解析】本题考查圆的综合应用。(1) 如图，作 $BD\perp AC$，垂足为 D，

当点 P 与点 B 重合时，$\odot P$ 与边 AC 相切，此时 BD 是 $\odot P$ 的半径，

在 $\mathrm{Rt}\triangle ABD$ 中，$\tan A=\dfrac{BD}{AD}=\dfrac{1}{2}$，

设 $BD=x$，则 $AD=2x$，

$\therefore x^2+(2x)^2=15^2$，解得 $x=3\sqrt{5}$ 或 $x=-3\sqrt{5}$（舍）。

所以 $\odot P$ 的半径为 $3\sqrt{5}$。

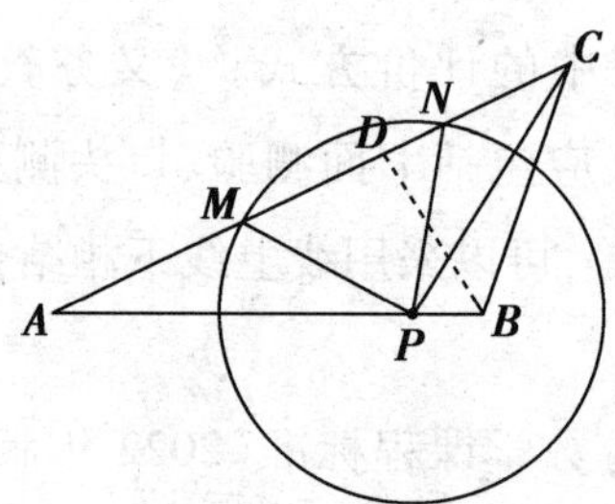

(2) 相似，理由如下：

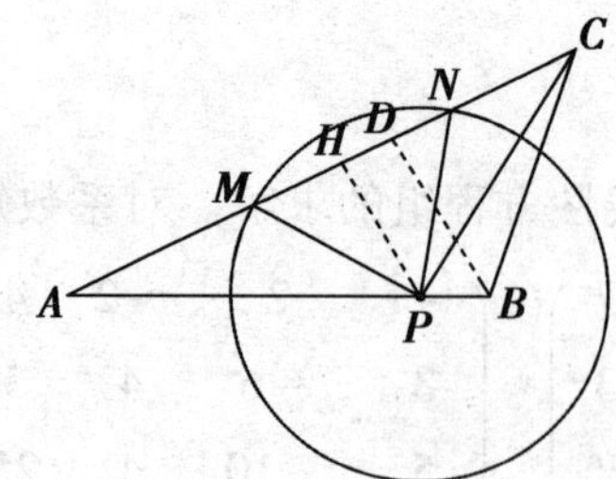

如图，过点 P 作 $PH\perp AC$，垂足为 H，

易知 $PM=PN$，$\therefore PH$ 垂直平分 MN，

在 $\mathrm{Rt}\triangle AHP$ 中，$\tan A=\dfrac{PH}{AH}=\dfrac{1}{2}$，

设 $PH=y$，$AH=2y$，

则 $y^2+(2y)^2=(6\sqrt{5})^2$，解得 $y=6$ 或 $y=-6$（舍），

$\therefore PH=6$，$AH=12$，

在 $\mathrm{Rt}\triangle MPH$ 中，$MH=\sqrt{PM^2-PH^2}=\sqrt{(3\sqrt{5})^2-6^2}=3$，

$\therefore MN=2MH=6$，

$\therefore AM=AH-MH=12-3=9$，$NC=AC-MN-AM=20-6-9=5$，

$\therefore \dfrac{AM}{MP}=\dfrac{9}{3\sqrt{5}}=\dfrac{3\sqrt{5}}{5}$，$\dfrac{PN}{NC}=\dfrac{3\sqrt{5}}{5}$，

即 $\dfrac{AM}{MP}=\dfrac{PN}{NC}\Rightarrow\dfrac{AM}{PN}=\dfrac{PM}{NC}$，

又 $\because PM=PN$，$\therefore \angle PMN=\angle PNM$，

$\therefore \angle AMP=\angle PNC$，

$\therefore \triangle AMP\backsim\triangle PNC$。

四、简答题

27.【参考答案】本题考查错误归因分析和教学建议。(1)①错误之处：在计算本题的过程中，小学生混淆了乘法结合律公式与乘法分配律公式，误将乘法结合律当乘法分配律运用。②错误原因：对乘法运算定理的理解不透彻，出现了思维定势。

(2)教师应采取的措施：联系实际讲清算理；分层练习、形式多样、讲究实效；发展学生的思维。

五、教学设计题

28.【参考答案】本题考查教学设计。教学过程：

一、创设情境，激趣导入

师：“六一”节快到了，老师给大家送来了礼物！（出示百宝箱）大家想要吗？可是这上面有锁，而且是一个密码锁，打不开，怎么办？

师：密码是一个三位数，它既是一个偶数，又是5的倍数；最高位是9的最大因数；中间一位是最小的质数。你能打开密码锁吗？

学生质疑：什么是质数？教师引入本节课的内容：质数与合数。

二、主动参与，探索新知

1. 写因数。

师：每个同学都有自己的学号对不对？那么请你写出自己学号的所有因数。

在写之前请一两个同学说说写因数的方法。

说完后学生开始写因数，就写在学号牌上。（要求：写因数时要完整、工整、有规律）

2. 交流。

请 1 ~ 12 号同学汇报自己学号的所有因数，课件出示：现在请所有同学一起来观察屏幕上这些数字的所有因数，看看你发现了什么？

师：按照每个数的因数的个数（板书：按因数的个数），可以分为哪几种情况？并说说你为什么这样分。

（全班交流）板书完成：有一个因数的：1；有两个因数的：2，3，5，7，11；有两个以上因数的：4，6，8，9，10，12。

（1）质数。

师：先观察只有两个因数的数的特征，谁能发现它们的因数有什么特点呢？（出示：只有 1 和它本身两个因数）

命名：我们给这样的数取名为质数（或素数）（课件），齐读后特别强调“只有”两字，然后个别读，最后再齐读（一个数，如果只有 1 和它本身两个因数，这样的数叫作质数）。

再举出几个质数的例子，并让学生说说为什么是质数。举得完吗？说明了什么？（质数有无数个）

想一想：最小的质数是几？最大的呢？

（2）合数。

师：再看 4，6，9，10 等这一类的数，它们的因数跟质数的因数比较，有什么不同呢？（板书：除了 1 和它本身以外，还有别的因数）应强调两个以上或至少有三个因数。

命名：我们给这样的数取名为合数。（板书：合数）（课件）

齐读概念。

质数和合数就是我们这节课所要学的内容。再举出几个合数的例子，然后问为什么。问：举得完吗？说明了什么？（合数也有无数个）

想一想：最小的合数是几？最大的呢？

（3）1 既不是质数也不是合数。

（4）分类：所以按照因数个数的多少，非零自然数又可以分为哪几类呢？

课件出示：可以把非零自然数分为质数和合数以及 1 三类。

判断你自己的学号是质数还是合数，悄悄地告诉你的同桌，并告知理由。

3. 判断下面各数哪些是质数,哪些是合数。

17,22,29,35,37,87。

学生先自己想一想,然后分组讨论,汇报交流。

教师提问:20 以内的数中有哪几个质数? 哪几个合数? 1 呢?

三、动手实践,制作 100 以内的质数表

师:51 是质数还是合数? 要想马上知道一个数是什么数还真不容易。(过渡)如果有质数表可查就方便了。我们一起制作一个质数表,拿出 100 以内的数表,想想怎样找出 100 以内的质数,制成质数表。

师:刚才,我们有些同学接受任务后,有的马上就去找,有人在思考。要是我,我可不急于去找,而是想一想用什么方法去找。说说你们是怎样找的。(把质数留下,其他的数去掉,古代数学家就是用这种筛选的方法制作质数表的。我们都来筛选吧!)

师:怎样筛选得更快? ……,同学们用自己发现的规律制成了 100 以内的质数表。你们真了不起!

师:你们还有什么发现吗?

四、巩固练习,拓展延伸

1. 在(　　)里填适当的质数。

6 = (　　) × (　　)

28 = (　　) × (　　) × (　　)

2. 男女竞赛:所猜的两个数都是质数。

(1)我俩的和是 15,积是 26。

(2)我俩的和是 28,积是 115。

(3)两个质数的和是 49,这两个质数分别是(　　)和(　　)。

(4)两个质数的和是 99,这两个质数分别是(　　)和(　　)。

3. 独立解答:有趣的质数。一个质数是两位数,个位、十位上的数字都是质数,并且个位和十位交换后还是质数,这个两位数是(　　)或(　　)。

学生出现 79 和 97 时,注意提示个位和十位都必须是质数。

五、归纳总结,师生评价

1. 总结:本节课学习了什么? 你有什么收获? 还有什么疑问?

2. 回到课始情境,你能打开密码锁了吗? 里面是什么?

六、布置作业

独立完成课本上练习题第 5 题。

教师招聘考试小学数学预测试卷(六)

一、单项选择题

1. B 【解析】本题考查科学记数法。科学记数法是把一个数表示为 $a\times10^n$ 的形式,其中 $1\leqslant|a|<10$,n 取整数。数字 21 500 000 用科学记数法表示为 2.15×10^7。

2. C 【解析】本题考查向量的运算。因为 $|\boldsymbol{a}+\boldsymbol{b}|=|\boldsymbol{a}-\boldsymbol{b}|$,对其两边平方可得 $(\boldsymbol{a}+\boldsymbol{b})^2=(\boldsymbol{a}-\boldsymbol{b})^2$,即 $\boldsymbol{a}^2+\boldsymbol{b}^2+2\boldsymbol{a}\cdot\boldsymbol{b}=\boldsymbol{a}^2+\boldsymbol{b}^2-2\boldsymbol{a}\cdot\boldsymbol{b}$,整理得 $\boldsymbol{a}\cdot\boldsymbol{b}=0$,所以 $3\times4+4\times m=0$,解得 $m=-3$,故 $\boldsymbol{b}=(4,-3)$,则 $|\boldsymbol{b}|=\sqrt{4^2+(-3)^2}=5$。

3. C 【解析】因为函数 $y=f(2x^2+1)+f(\lambda-x)$ 只有一个零点,所以方程 $f(2x^2+1)+f(\lambda-x)=0$ 只有一个实数根,又因为函数 $f(x)$ 是定义在 $\mathbf{R}$ 上的单调奇函数,所以 $f(2x^2+1)+f(\lambda-x)=0\Leftrightarrow f(2x^2+1)=f(x-\lambda)\Leftrightarrow 2x^2+1=x-\lambda$,所以方程 $2x^2-x+1+\lambda=0$ 只有一个实数根,即该一元二次方程的判别式 $\Delta=(-1)^2-4\times2\times(1+\lambda)=0$,解得 $\lambda=-\dfrac{7}{8}$。

4. A 【解析】本题考查三角函数的单调性。函数 $f(x)=\sin\left(\omega x+\dfrac{\pi}{4}\right)$ 的单调递减区间满足 $\dfrac{\pi}{2}+2k\pi\leqslant\omega x+\dfrac{\pi}{4}\leqslant\dfrac{3\pi}{2}+2k\pi$,$k\in\mathbf{Z}$,即 $\dfrac{\pi}{4\omega}+\dfrac{2k\pi}{\omega}\leqslant x\leqslant\dfrac{5\pi}{4\omega}+\dfrac{2k\pi}{\omega}$,$k\in\mathbf{Z}$,$\because$ 函数 $f(x)=\sin\left(\omega x+\dfrac{\pi}{4}\right)$ 在 $\left(\dfrac{\pi}{2},\pi\right)$ 上单调递减,故 $\begin{cases}\dfrac{\pi}{4\omega}+\dfrac{2k\pi}{\omega}\leqslant\dfrac{\pi}{2},\\ \dfrac{5\pi}{4\omega}+\dfrac{2k\pi}{\omega}\geqslant\pi,\end{cases}$ 解得 $\dfrac{1}{2}+4k\leqslant\omega\leqslant\dfrac{5}{4}+2k$,$k\in\mathbf{Z}$,令 $k=0$ 求得 $\dfrac{1}{2}\leqslant\omega\leqslant\dfrac{5}{4}$。

5. D 【解析】本题考查探索规律与余数。设这串数为 $a_1,a_2,a_3,\cdots,a_{2013},\cdots$,依题意知,$a_1=1$,$a_2=1+1$,$a_3=1+1+2$,$a_4=1+1+2+3$,$a_5=1+1+2+3+4$,$\cdots$,$a_{2013}=1+1+2+3+\cdots+2012=1+(1+2+3\cdots+2012)=1+1006\times2013$。因为 $1006\div5=201\cdots\cdots1$,$2013\div5=402\cdots\cdots3$,则 1006×2013 除以 5 的余数是 3,因此这串数左起第 2013 个数除以 5 的余数是 4。

6. C 【解析】本题考查指数式与对数式的大小比较。$a=\log_3 2=\dfrac{1}{\log_2 3}$,$b=\ln 2=\dfrac{1}{\log_2 \mathrm{e}}$,$\because\log_2 3>\log_2 \mathrm{e}>1$,$\therefore a<b$,$\because c=5^{-\frac{1}{2}}=\dfrac{1}{\sqrt{5}}$,$\therefore\dfrac{1}{c}=\sqrt{5}>2>\log_2 3>\log_2 \mathrm{e}>1$,由此可得 $c<a<b$。

7. C 【解析】本题考查简单几何体的表面积。将 3 个这样的部件尽可能拼成正方体时,表面积最小。从上面看有 4 个小正方形,从前面看有 5 个小正方形,从右面看有 5 个小正方形,所以这个立体图形的表面一共有 $(4+5+5)\times2=28$ 个小正方形,所以表面积是 $1\times1\times28=28$,故表面积最小是 28。

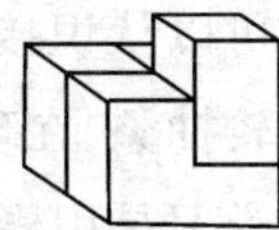

8. B 【解析】本题考查双曲线的离心率。不妨设双曲线的一条渐近线 $y=\frac{b}{a}x$,联立可得方程组 $\begin{cases} y=\frac{b}{a}x, \\ y=2x^2+1, \end{cases}$ 整理得 $2x^2-\frac{b}{a}x+1=0$,由双曲线的渐近线和抛物线只有一个交点可得方程只有一个解,即 $\Delta=\left(-\frac{b}{a}\right)^2-8=0\Rightarrow\left(\frac{b}{a}\right)^2=8$,所以双曲线的离心率为 $e=\frac{c}{a}=\frac{\sqrt{a^2+b^2}}{a}=\sqrt{1+\left(\frac{b}{a}\right)^2}=3$。

9. D 【解析】本题考查浓度问题。设应加入 5% 的盐水 x g,则 $\frac{500\times20\%+5\%x}{500+x}=15\%$,解得 $x=250$。

10. D 【解析】本题考查三角函数的图象与性质。$\because f(x)=\sin x+\sqrt{3}\cos x=2\sin\left(x+\frac{\pi}{3}\right)$,$\therefore$ 向右平移 $\frac{\pi}{4}$ 个单位,得到 $h(x)=2\sin\left(x-\frac{\pi}{4}+\frac{\pi}{3}\right)=2\sin\left(x+\frac{\pi}{12}\right)$,再将其横坐标扩大到原来的 2 倍后得到函数 $g(x)=2\sin\left(\frac{1}{2}x+\frac{\pi}{12}\right)$,$g(x)$ 的对称轴为 $\frac{1}{2}x+\frac{\pi}{12}=\frac{\pi}{2}+k\pi(k\in\mathbf{Z})$,即 $x=\frac{5\pi}{6}+2k\pi(k\in\mathbf{Z})$,则当 $k=0$ 时,可得函数 $g(x)$ 的一条对称轴为 $x=\frac{5\pi}{6}$。

11. D 【解析】本题考查命题的否定。全称命题 $p:\forall x\in M,p(x)$,其否定形式是 $\neg p:\exists x_0\in M,\neg p(x_0)$,故原命题的否定为:$\exists n_0\in\mathbf{N}_+,f(n_0)\notin\mathbf{N}_+$ 或 $f(n_0)>n_0$。

12. A 【解析】本题考查《义务教育数学课程标准(2022 年版)》中的学段目标。《义务教育数学课程标准(2022 年版)》在第三学段指出,初步养成认真勤奋、独立思考、合作交流、反思质疑的习惯。

13. A 【解析】本题考查几何直观的内涵。B、C、D 三项属于空间观念的内容。

14. A 【解析】本题考查数学概念间的关系。自然数包含正整数,因此是包含关系。

15. B 【解析】本题考查概念同化的定义。概念同化指利用学习者认知结构中原有的概念,以定义或描述的方式直接向学习者揭示新概念的本质属性,进而使学习者获得概念的过程。也就是以间接经验为基础,利用已掌握的概念去学习新概念的过程。长方体、长方形的学习都有实物可以认识接触;循环小数的概念学习不需要借助其他已经掌握的概念;质数的概念比较抽象,在现实生活中也接触不到,它本身的定义就是借助于因数来定义的,所以它的学习是用概念同化的方式进行的。

二、填空题

16. $\frac{43}{52}$

【解析】本题考查数的混合运算。原式 $=\left(\dfrac{\frac{7}{4}+\frac{1}{6}}{13\frac{1}{3}-12}\times\frac{8}{23}\right)\times\left(\frac{15}{13}+\frac{1}{2}\right)=\left(\frac{23}{16}\times\frac{8}{23}\right)\times\left(\frac{15}{13}+\frac{1}{2}\right)=\frac{1}{2}\times\frac{43}{26}=\frac{43}{52}$。

17. 8

【解析】本题考查函数的极限。当 $x\to0$ 时,$1-\cos x\sim\frac{1}{2}x^2$,$\tan2x\sim2x$,$\therefore$ 原式 $=\lim\limits_{x\to0}\dfrac{(2x)^2}{\frac{1}{2}x^2}=8$。

18. $\frac{7}{4}$

【解析】本题考查定积分的计算。由题意知,函数 $f(x)$ 是分段函数,则 $\int_0^2 f(x)\mathrm{d}x=\int_0^1 x^3\mathrm{d}x+\int_1^2 x\mathrm{d}x=\frac{1}{4}x^4\Big|_0^1+\frac{1}{2}x^2\Big|_1^2=\frac{1}{4}+2-\frac{1}{2}=\frac{7}{4}$。

19. 6

【解析】本题考查二项式的展开式。该二项式展开式的通项为 $T_{r+1}=C_4^r\ (\sqrt{x})^{4-r}\cdot(-1)^r$,当 x 的指数为 1 时,$4-r=2$,得 $r=2$。故 $T_3=C_4^2\ (\sqrt{x})^2\cdot(-1)^2=6x$,即 x 的系数为 6。

20. $\frac{7}{12}$

【解析】本题考查几何概型。(a,b) 所在的区域是边长为 3 的正方形,正方形的面积为 $3^2=9$,$f(2)=-4+2a+b>0$ 的区域是梯形 $ABCD$,如图,$A(2,0)$,$B(3,0)$,

$C(3,3)$，$D\left(\frac{1}{2},3\right)$，$S_{梯形ABCD}=\frac{1}{2}\times\left(1+\frac{5}{2}\right)\times 3=\frac{21}{4}$，由几何概型的概率公式可得不等式 $f(2)>0$ 成立的概率是$\frac{\frac{21}{4}}{9}=\frac{7}{12}$。

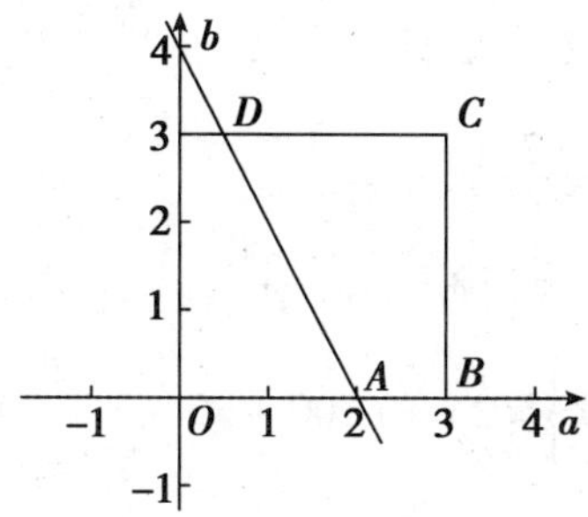

21. $\sqrt{3}$

【解析】本题考查正方体的外接球的体积。设正方体的棱长为 a。因为正方体的体对角线就是外接球的直径，且正方体的体对角线长为$\sqrt{3}a$，所以正方体的外接球的半径为$\frac{\sqrt{3}}{2}a$，球的体积为$\frac{4}{3}\pi\times\left(\frac{\sqrt{3}}{2}a\right)^3=\frac{9\pi}{2}$，解得 $a=\sqrt{3}$。

22. 归纳推理

【解析】本题考查推理种类的判别。推理主要分为合情推理和演绎推理。其中合情推理又分为归纳推理和类比推理。让学生在百数表中圈出所有 3 的倍数并观察特征，从而推出所有 3 的倍数的特征，这正是由部分到整体的推理，即归纳推理。

23. 已有知识背景；数学知识与技能；数学思想；方法

【解析】本题考查数学教学知识。

三、解答题

24.【解析】本题考查三角函数的综合应用。

(1)$f(x)=\cos x\left(\frac{1}{2}\cos x+\frac{\sqrt{3}}{2}\sin x\right)-\frac{1}{4}=\frac{1}{2}\cos^2 x+\frac{\sqrt{3}}{2}\cos x\sin x-\frac{1}{4}=\frac{1}{2}\cdot\frac{1+\cos 2x}{2}+\frac{\sqrt{3}}{2}\cdot\frac{\sin 2x}{2}-\frac{1}{4}=\frac{1}{2}\left(\frac{1}{2}\cos 2x+\frac{\sqrt{3}}{2}\sin 2x\right)=\frac{1}{2}\sin\left(2x+\frac{\pi}{6}\right)$，

由 $2k\pi-\frac{\pi}{2}\leqslant 2x+\frac{\pi}{6}\leqslant 2k\pi+\frac{\pi}{2}, k\in\mathbf{Z}$，

解得 $k\pi-\frac{\pi}{3}\leqslant x\leqslant k\pi+\frac{\pi}{6}, k\in\mathbf{Z}$，

$\therefore f(x)$的单调增区间为$\left[k\pi-\frac{\pi}{3},k\pi+\frac{\pi}{6}\right], k\in\mathbf{Z}$。

(2)由(1)可知,$f(A)=\frac{1}{2}\sin\left(2A+\frac{\pi}{6}\right)=\frac{1}{2}$,即 $\sin\left(2A+\frac{\pi}{6}\right)=1$,

$\because\ \angle A\in(0,\pi)$,$\therefore 2\angle A+\frac{\pi}{6}\in\left(\frac{\pi}{6},\frac{13\pi}{6}\right)$,$\therefore 2\angle A+\frac{\pi}{6}=\frac{\pi}{2}$,即 $\angle A=\frac{\pi}{6}$,在 $\triangle ABC$ 中,$\because \overrightarrow{AB}\cdot\overrightarrow{AC}=bc\cos A=2b\cos\frac{\pi}{6}=\frac{3}{2}$,$\therefore b=\frac{\sqrt{3}}{2}$,$\therefore$ 由余弦定理知 $\cos A=\frac{b^2+c^2-a^2}{2bc}$,

即 $a^2=4+\frac{3}{4}-2\times2\times\frac{\sqrt{3}}{2}\times\frac{\sqrt{3}}{2}=\frac{7}{4}$,$\therefore a=\frac{\sqrt{7}}{2}$。

25.【解析】本题考查小学数学应用题。由题意得,$\left\{\left[1000\div\left(1+\frac{2}{3}\right)+50\right]\times2-450\right\}\times2=[(600+50)\times2-450]\times2=(1300-450)\times2=850\times2=1700$(千克)。

答:粮店本月初原有粮食 1700 千克。

26.【解析】本题考查函数的性质与导数的综合应用。(1)$\because f(x)=\mathrm{e}^x-ax-2$,定义域是 $\mathbf{R}$,$\therefore f'(x)=\mathrm{e}^x-a$。

若 $a\leqslant0$,则 $f'(x)>0$ 在 $\mathbf{R}$ 上恒成立,所以此时 $f(x)$ 的单调增区间是 $\mathbf{R}$,无减区间。

若 $a>0$,当 $f'(x)>0$ 时,有 $x>\ln a$,此时 $f(x)$ 单调递增;当 $f'(x)<0$ 时,有 $x<\ln a$,此时 $f(x)$ 单调递减。即 $a>0$ 时,$f(x)$ 的单调增区间是 $(\ln a,+\infty)$,单调减区间是 $(-\infty,\ln a)$。

(2)当 $a=1$ 时,$f'(x)=\mathrm{e}^x-1$,$f(x)=\mathrm{e}^x-x-2$。

$\because x\in[2,+\infty)$,$\therefore f'(x)>0$,$\therefore f(x)$ 在 $[2,+\infty)$ 上是增函数,故 $f(2)$ 为 $f(x)$ 的最小值,$\therefore f(x)$ 在 $[2,+\infty)$ 上的最小值为 e^2-4。

(3)当 $a=1$,且 $x\in[2,+\infty)$ 时,$(x-k)f'(x)+x+1=(x-k)(\mathrm{e}^x-1)+x+1>0$ 等价于 $k<\frac{x\mathrm{e}^x+1}{\mathrm{e}^x-1}$。令 $g(x)=\frac{x\mathrm{e}^x+1}{\mathrm{e}^x-1}(x\geqslant2)$,则 $k<g(x)_{\min}$ 恒成立。$\because g'(x)=\frac{\mathrm{e}^x(\mathrm{e}^x-x-2)}{(\mathrm{e}^x-1)^2}\geqslant0$,$x\in[2,+\infty)$,$\therefore g(x)_{\min}=g(2)=\frac{2\mathrm{e}^2+1}{\mathrm{e}^2-1}$,$\therefore k<\frac{2\mathrm{e}^2+1}{\mathrm{e}^2-1}$。

四、分析题

27.【参考答案】本题考查教学评价与教学建议。(1)在改错的环节中,教师指名板演,评价时每次都问学生对不对,这种问题没有任何价值,学生不假思索就能脱口回答,不能起到促进学生思维发展的作用。这样的问题,浪费教学时间,只能活跃一点课堂气氛,容易使学生逐步形成思维惰性。教师的评价既要关注学生学习的结果,也要重视学习的过程,除了让学生发现计算结果上的错误,还应指出学生在计算过程中问题出在哪里,以便学生能够掌握该知识技能,这也正是课堂提问的目的。

(2)①提问内容要有目的性,课堂提问的内容应当紧扣教材,围绕教学目标、教学的重难点进行。所提问题应该为课堂教学内容服务,每一次提问都应有助于启发学生思维,有助于学生对新知识的理解、对旧知识的回顾,有利于实现课堂教学目标。在设计问题之前,教师不仅要考虑提什么样的问题,还要考虑为什么提这样的问题,目的是什么,使每个问题都成为完成教学任务的一个组成部分,使提问为教学目的服务。

②提问内容要有启发性,启发性是课堂提问的灵魂,缺少启发性的提问是蹩脚的提问。因此,教师所设计的问题要能够激活学生的思维,引导学生去探索、去发现。提问要能引导学生到思维的"王国"中去遨游探索,使他们受到有力的思维训练。要把教材知识点与已有知识、经验之间的矛盾当作提问设计的突破口,让学生不但了解"是什么",而且能发现"为什么"。同时,还要适当设计一些多思维指向、多思维途径、多思维结果的问题,强化学生的思维训练,培养他们的创造性思维能力。通过这些有序的启发,引导学生去分析问题和解决问题。

③提问内容要有趣味性,常言道:好奇之心人皆有之。如果一堂课的提问都是平平淡淡的,不能引起学生的学习兴趣,必然会削弱课堂教学的效果。因此,教师在设计提问时就应注意到它的趣味性,课堂提问的内容新颖别致,富有趣味和吸引力,学生可以感到有趣而愉快,并能愉快地接受知识。联系学生实际的提问,能唤起学生已有经验并展开联想,使学生积极投入到问题解决的情境之中。

五、教学设计题

28.**【参考答案】**本题考查教学设计。教学过程:

一、创设情境,导入课题

同学们,我国古代民间流传着很多有趣的数学问题。今天,我们一起来解决古代数学名著《孙子算经》中记载的一道数学题:"今有鸡兔同笼,上有三十五头,下有九十四足,问鸡兔各几何?"(PPT 投影展示原题)这四句话是什么意思呢?

生:笼子里有若干只鸡和兔,从上面数,有 35 个头;从下面数,有 94 只脚。问鸡和兔各有几只?(PPT 展示今意)

师:这类题我们把它叫作"鸡兔同笼"问题。(板书课题)

二、合作探究,学习新知

活动一:探究用列表法解决"鸡兔同笼"问题。

1. 为了便于研究,我们先从简单的问题入手,来探讨解决这类问题好吗?

(出示例 1)师:请大家读题。思考:从上面数,有 8 个头,从下面数,有 26 只脚,分别是什么意思?问题是什么?

生:鸡和兔一共有 8 个头。鸡和兔一共有 26 只脚。求鸡几只?兔几只?

师:你们还有什么补充吗?有隐藏条件,看谁细心发现了?

生:鸡有 2 只脚,兔子有 4 只脚。鸡和兔一共有 8 个头。鸡兔一共有 26 只脚。

2. 列表法。

(1)猜测:求鸡和兔各有几只,我们不妨猜猜看,好吗?(学生猜)

(2)验证:到底谁猜对了呢?我们来验证一下。解决问题要有理有据,不能随意猜。我们应该抓住什么样的条件来验证我们的猜测是否正确?首先,要知道鸡和兔一共有 8 只,其次,鸡的脚和兔的脚一共有 26 只,所以我们必须要把鸡和兔的头加起来等于 8 个,鸡和兔的脚加起来等于 26 只。这两个条件必须同时满足才是正确答案。

鸡	8	7	6							
兔	0	1								
脚	16	18								

学生独立完成表格,之后交流完成情况。

(像这样把我们的猜测按一定的顺序列成表格,这种方法叫列表法)观察这个表格,你找到答案了吗?

活动二:画图法。

出示 8 个圆圈表示 8 个头,然后画脚。(学生自己尝试后交流画法)

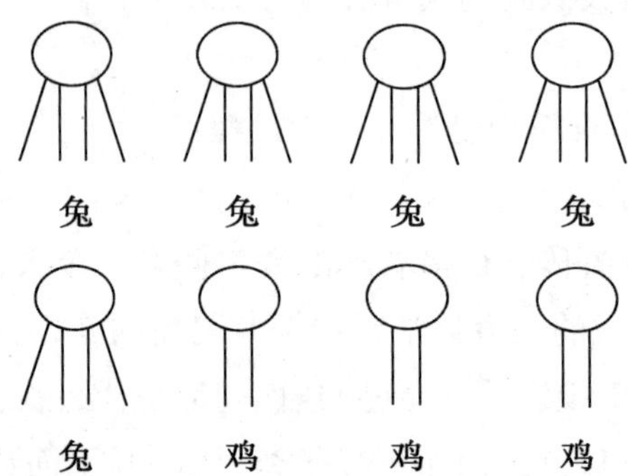

口答:有 5 只兔,有 3 只鸡。

活动三:探究用假设法解决"鸡兔同笼"问题。

1. 列表法和画图法可以解决鸡兔同笼问题,但是如果数据很大,会发生什么情况?可不可以用其他方法解决?请同学们四人一小组探讨一下。

2. 假设法。

①设全都是鸡,每只鸡有 2 只脚,8 只鸡共长几只脚? $2\times8=16$(只)。$26-16=10$(只)表示什么?所有兔子少的脚。$4-2=2$(只),2 表示什么?每只兔子少的脚。$10\div2=5$(只),兔共少了 10 只脚,每只鸡上添 2 只脚变成兔子,所以共有 5 只鸡变成

了兔子,因此兔子有 5 只。8 - 5 = 3(只),鸡的数量等于总数减兔的数量。可能还有些同学有点迷糊,我们先做个小游戏。

请 8 位同学上来假设全是鸡,一共有 16 只脚,多出来了 10 只脚,每只鸡再加 2 只脚变成兔子,共有 5 只鸡变成 5 只兔子。最后剩下的 3 只就是鸡。现在大家清楚了吗?

再引导学生回顾一遍。

我们假设全是鸡,用总脚数减去鸡的脚数求出它们的相差数是 10,再用相差的数除以每只鸡与兔相差的 2 只脚,就得到了兔的数量,最后用总数量减去兔的数量就是实际鸡的数量。这种方法好吗?这种方法就是假设法。

②如果假设全是兔,你们会解吗?好,这个方法就留给你们课后完成。

小结:同学们,刚才我们用很多方法解决了同一个问题,你觉得这些方法的核心思想是什么?(假设。所以鸡兔同笼问题又叫假设问题)

3. 发散思考、加深理解。

现在我们能用上面的方法解决古人流传下来的问题了吗?出示:鸡兔同笼,有 35 个头,94 只脚,鸡兔各有几只?学生独立自主完成。

小结:现在你能重新总结一下这些方法的优势和适用范围吗?数目比较小时,用列表法。数目比较大时,列表法计算量大,就有局限性,比较麻烦,最好用假设法比较好。用假设法时要特别注意,如果假设是鸡而先求出的就是兔子,如果假设的是兔子那先求出的是鸡,两者相反。

三、巩固练习

课本“练一练”的第 2,3 题。

四、课堂总结

通过今天的学习,你有哪些收获?

五、布置作业

课本“练一练”的第 4,5 题。

教师招聘考试小学数学预测试卷(七)

一、单项选择题

1. D **【解析】**本题考查无理数的认识。实数是由有理数和无理数组成的,在题干各数中,$-2,0,3\sqrt{4},\frac{22}{7},-1.732,\sqrt{25}$是有理数,$\sqrt{5},\frac{\pi}{2},3+\sqrt{29}$,0. 101 001 000 1…是无理数。

2. D **【解析】**本题考查指数式与对数式的大小比较。方法一:因为 $a=\log_2 e>1$,

$b=\ln 2\in(0,1)$，$c=\log_{\frac{1}{2}}\frac{1}{3}=\log_2 3>\log_2 \mathrm{e}>1$，所以 $c>a>b$。

方法二：$\log_{\frac{1}{2}}\frac{1}{3}=\log_2 3$，如图，在同一坐标系中作出函数 $y=\log_2 x$，$y=\ln x$ 的图象，由图知 $c>a>b$。

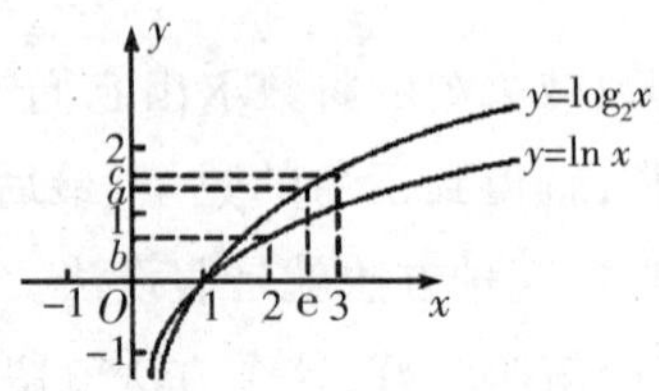

3. D 【解析】本题考查简单几何体的体积。设圆锥形容器的底面积为 $S\ \mathrm{cm}^2$，则圆锥形容器的体积为 $\frac{1}{3}S\times 24=8S\ \mathrm{cm}^3$。因为圆柱形容器与圆锥形容器等底，所以圆柱形容器中水的高度为 $8S\div S=8\ \mathrm{cm}$。

4. A 【解析】本题考查排列组合。若第一门安排在开头或结尾，则第二门有 3 种安排方法，这时，共有 $C_2^1\times 3=6$（种）方案。若第一门安排在中间的 3 天中，则第二门有 2 种安排方案，这时，共有 $C_3^1\times 2=6$（种）方案。综上可得，所有的不同的考试安排方案有 $6+6=12$（种）。

5. C 【解析】本题考查充分条件与必要条件。由题意，$A=\{x\mid 0<x<1\}$，$B=\{x\mid 0<x<3\}$，则$A\subsetneqq B$，故“$x\in A$”是“$x\in B$”的充分不必要条件。

6. C 【解析】本题考查不等式以及函数的奇偶性。若$x>0$，则 $-x<0$，$\because$ 当 $x\leqslant 0$ 时，$f(x)=x^2+4x$，$\therefore$ 当 $-x<0$ 时，$f(-x)=x^2-4x$，$\because f(x)$是定义域为 $\mathbf{R}$ 的偶函数，$\therefore f(-x)=x^2-4x=f(x)$，即当 $x>0$ 时，$f(x)=x^2-4x$，综上得 $f(x)=\begin{cases}x^2+4x, x\leqslant 0,\\ x^2-4x, x>0,\end{cases}$ 由题意得，①当 $x+2>0$，即 $x>-2$ 时，$f(x+2)=(x+2)^2-4(x+2)=x^2-4>5$，解得 $x>3$；②当 $x+2\leqslant 0$，即 $x\leqslant -2$ 时，$f(x+2)=(x+2)^2+4(x+2)=x^2+8x+12>5$，解得 $x<-7$，综上所述，$f(x+2)>5$ 的解集为$\{x\mid x<-7$ 或 $x>3\}$。

7. D 【解析】本题考查反比例函数和三角形、扇形的性质。连接 AB，BC，$\because$ 点 A 在反比例函数 $y=\frac{4\sqrt{3}}{x}(x>0)$ 的图象上，$\therefore S_{\triangle AOB}=\frac{1}{2}\times 4\sqrt{3}=2\sqrt{3}$，$\therefore \frac{1}{2}OB\cdot AB=2\sqrt{3}$，$\because$ 点 C 为 OA 的中点，$AB\perp OB$，$\therefore BC=AC=AB$，$\therefore \triangle ABC$ 是等边三角形，$\therefore \angle OAB=60^\circ$，$\therefore$ 在 $\mathrm{Rt}\triangle ABO$ 中，$OB=\sqrt{3}AB$，$\therefore \frac{1}{2}\cdot\sqrt{3}AB\cdot AB=2\sqrt{3}$，$\therefore AB=2$，$\therefore S_{扇形ABC}=\frac{60\pi\cdot AB^2}{360}=\frac{2\pi}{3}$，$\therefore S_{阴影}=S_{\triangle AOB}-S_{扇形ABC}=2\sqrt{3}-\frac{2\pi}{3}$。

8. B 【解析】本题考查一笔画问题。一个图形要能一笔画成必须符合两个条件：①图形是连通图；②图形中的奇点（与奇数条边相连的点）个数为 0 或 2。第 1 个图中有 6 个奇点，不能一笔画；第 2 个图中没有奇点，能够一笔画；第 3 个图中有 2 个奇点，能够一笔画；第 4 个图中有 4 个奇点，不能一笔画。综上所述，能不重复地一笔画完的图标有 2 个。

9. A 【解析】本题考查三视图。该棱锥的直观图如下，三棱锥的高为 PO，且 $AC\perp BC$，过点 O 作 $OD\perp BC$，连接 PD，则有 $PO=4$，$OD=3$，$AC=BC=6$，由勾股定理得，$PD=5$，$AB=6\sqrt{2}$，由三视图可知，$S_{\triangle PAC}=S_{\triangle PBC}$，则此棱锥的表面积为 $\frac{1}{2}\times6\times6+2\times\frac{1}{2}\times6\times5+\frac{1}{2}\times6\sqrt{2}\times4=48+12\sqrt{2}$。

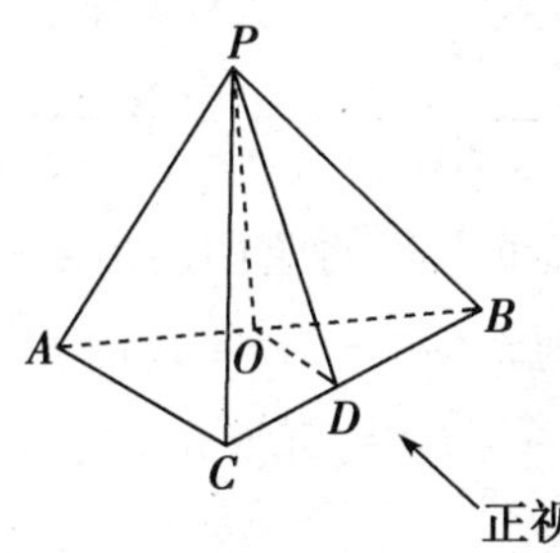

10. A 【解析】本题考查进制之间的转化。将 389 转化为四进制数，利用除法，$389\div4=97\cdots\cdots1$，$97\div4=24\cdots\cdots1$，$24\div4=6\cdots\cdots0$，$6\div4=1\cdots\cdots2$，$1\div4=0\cdots\cdots1$，将所有的余数按照倒序排列得12011，即$389_{(10)}=12011_{(4)}$。

11. C 【解析】本题考查古典概型及其概率计算公式。从 1，2，3，4，5，6 这六个数字中任取 3 个不同的数字组成一个三位数，基本事件总数为$\mathrm{A}_6^3=120$，这个三位数是偶数，那么个位数只有 2，4，6 三种可能，再看十位，就有 5 种可能，百位就有 4 种，那么一共有 $3\times4\times5=60$ 种，故这个三位数是偶数的概率是 $P=\frac{60}{120}=\frac{1}{2}$。

12. D 【解析】本题考查规律探究问题以及等差数列的通项公式。因为 $a_1=1$，$4a_n=(a_{n+1}-1)^2-(a_n-1)^2$，$a_1,a_2,a_3,\cdots$是一列正整数，所以 $a_n-1\geqslant0$，$(a_{n+1}-1)^2=(a_n-1)^2+4a_n=(a_n+1)^2$，则 $a_{n+1}-1=a_n+1$，即 $a_{n+1}-a_n=2$，又因为 $a_1=1$，所以 a_n 是以 2 为公差，以 1 为首项的等差数列，所以 $a_n=2n-1$，故 $a_{2019}=2019\times2-1=4037$。

13. B 【解析】本题考查定积分的计算。$\int_0^1\frac{x^2}{1+x}\mathrm{d}x=\int_0^1\frac{x^2-1+1}{1+x}\mathrm{d}x=\int_0^1\left(x-1+\frac{1}{1+x}\right)\mathrm{d}x=\left[\frac{1}{2}x^2-x+\ln(1+x)\right]\Big|_0^1=\ln2-\frac{1}{2}$。

14. A 【解析】本题考查分式方程的应用。设今年1 ~3月份每辆车的销售价为 x 万元，则去年每辆车的销售价为$(x+1)$万元。根据题意可列方程为$\frac{5000}{x+1}=\frac{5000(1-20\%)}{x}$。

15. D 【解析】本题考查空间中点、线、面的关系。A项，如图1所示，l_2与l相交，故A项错误；B项，如图1所示，$l_1 /\!/ l$，l_1与l不相交，故B项错误；C项，如图2所示，l分别与l_1，l_2相交，故C项错误；D项，假设l与l_1，l_2不相交，因为l与l_1共面且l与l_2共面，所以$l_1 /\!/ l /\!/ l_2$，这与l_1，l_2为异面直线相矛盾，故l至少与l_1，l_2中的一条相交，故D项正确。

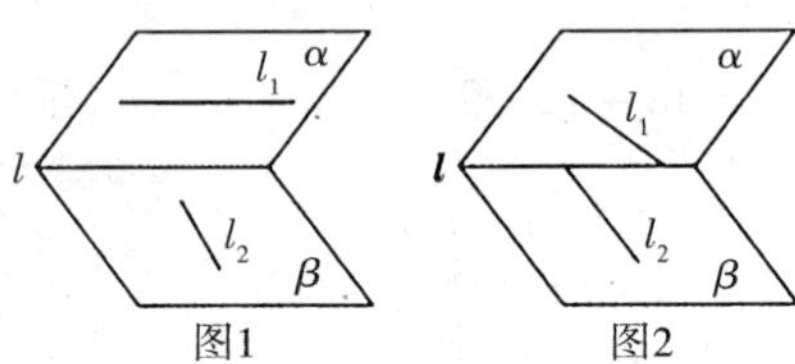

16. A 【解析】本题考查切线方程的应用。由点$(1,3)$在直线$y=kx+1$上可得$k=2$，令$y=f(x)=x^3+ax+b$，则$f'(x)=3x^2+a$，由$f'(1)=2$可得$3\times1+a=2$，解得$a=-1$，将点$(1,3)$代入$y=x^3-x+b$中，可得$b=3$，$\therefore a-b=-4$。故选A。

17. A 【解析】本题考查三角函数的变换。由题意可知，$g(x)=\sin\left(x-\frac{\pi}{4}\right)$，则$y=f(x)g(x)=\sin\left(x-\frac{\pi}{4}\right)\sin x=\frac{\sqrt{2}}{2}\sin^2 x-\frac{\sqrt{2}}{2}\sin x\cos x=\frac{\sqrt{2}-\sqrt{2}\sin 2x-\sqrt{2}\cos 2x}{4}=\frac{\sqrt{2}-2\sin\left(2x+\frac{\pi}{4}\right)}{4}$，因为$2\sin\left(2x+\frac{\pi}{4}\right)$的最小值为$-2$，所以$y=f(x)g(x)$的最大值为$\frac{\sqrt{2}-(-2)}{4}=\frac{2+\sqrt{2}}{4}$。

18. B 【解析】本题考查几何体体积的计算。$\because$正方体的棱长为10 cm，$\therefore$两个正方体的体积为$V=2\times10\times10\times10=2000\ \text{cm}^3$，设熔化后铸成的正四棱柱铜块的高为$a$ cm，则$5\times5\times a=2\ 000$，解得$a=80$ cm。

19. B 【解析】本题考查数的整除。$2002\times499=2002\times(500-1)=1001\ 000-2002=998\ 998$，不满足七位数。$2002\times500=1\ 001\ 000$是七位数，但个位数字为0。$2002\times501=1\ 003\ 002$，满足条件，其各位数字之和为$1+3+2=6$。

20. D 【解析】本题考查集合间的关系。$A=\{1,2\}$，$B=\{1,2,3,4\}$，因为$A\subseteq C\subseteq B$，所以满足条件的集合C有$\{1,2\}$，$\{1,2,3\}$，$\{1,2,4\}$，$\{1,2,3,4\}$，共4个。

21. A 【解析】本题考查三角函数的图象与性质。函数$f(x)=\sqrt{3}\sin 2x-\cos 2x=$

$2\sin\left(2x-\frac{\pi}{6}\right)$的图象向左平移 m 个单位，得到函数 $g(x)=2\sin\left(2x+2m-\frac{\pi}{6}\right)$的图象，由于 $g(x)$ 的图象关于直线 $x=\frac{\pi}{6}$对称，则有 $2\times\frac{\pi}{6}+2m-\frac{\pi}{6}=k\pi+\frac{\pi}{2}(k\in\mathbf{Z})$，解得 $m=\frac{\pi}{6}+\frac{k\pi}{2}(k\in\mathbf{Z})$，$\because m>-\frac{\pi}{2}$，$\therefore$ 当 $k=-1$ 时，m 取得最小值，最小值为 $m_{\min}=\frac{\pi}{6}-\frac{\pi}{2}=-\frac{\pi}{3}$。

22. C 【解析】本题考查代数式的化简求值。$\frac{x-3}{2x-4}\div\left(\frac{5}{x-2}-x-2\right)=\frac{x-3}{2(x-2)}\div\frac{9-x^2}{x-2}=\frac{x-3}{2(x-2)}\times\frac{x-2}{(3-x)(3+x)}=-\frac{1}{2(x+3)}$。$\because\frac{x+3}{x+2}=\frac{1}{\sqrt{3}+\sqrt{2}+1}$，$\therefore\frac{x+2}{x+3}=\sqrt{3}+\sqrt{2}+1$，$\therefore\frac{x+3-1}{x+3}=1-\frac{1}{x+3}=\sqrt{3}+\sqrt{2}+1$，$\therefore\frac{1}{x+3}=-(\sqrt{3}+\sqrt{2})$，$\therefore$原式$=-\frac{1}{2(x+3)}=\frac{\sqrt{2}+\sqrt{3}}{2}$。

23. A 【解析】本题考查函数的连续性。$\because$ 函数$f(x)$在 $x=0$ 处连续，$\therefore$ 有 $\lim\limits_{x\to0^+}f(x)=\lim\limits_{x\to0^-}f(x)=f(0)$，$\because\lim\limits_{x\to0^+}f(x)=\lim\limits_{x\to0^+}\frac{1-e^{\tan x}}{\arcsin\frac{x}{2}}=\lim\limits_{x\to0^+}-\frac{\tan x}{\frac{x}{2}}=-2$，$\therefore\lim\limits_{x\to0^-}f(x)=\lim\limits_{x\to0^-}ae^{2x}=a=\lim\limits_{x\to0^+}f(x)=-2$。

24. C 【解析】本题考查正态分布。$\because P(\xi<4)=0.8$，$\therefore P(\xi\geqslant4)=1-0.8=0.2$，$\because\mu=2$，$\therefore P(2<\xi<4)=0.5-0.2=0.3$，由正态分布的对称性可知，$P(0<\xi<2)=0.3$。

25. D 【解析】本题考查函数的图象与性质。根据题意作出函数 $f(x)=|2^x-1|$的图象，如图。A 项，函数在$(-\infty,0)$上单调递减，即当 $a<b<c<0$ 时，得不到$f(a)>f(c)>f(b)$，故 a,b,c 不可能同时小于 0；B 项，b 的符号可以为负；C 项，$\because -a>c>0$，$\therefore 2^{-a}>2^c$；D 项，根据图象可知 a 和 c 异号，且 $1>f(a)>f(c)>0$，$\therefore 2^a+2^c<2$。

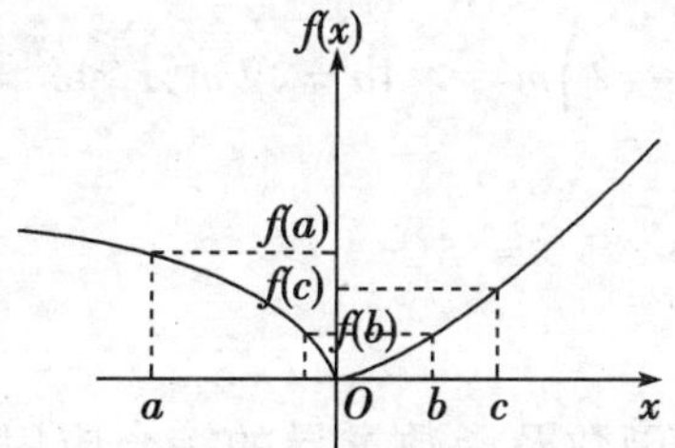

26. B 【解析】本题考查数列极限。将分子有理化可得 $\lim\limits_{n\to\infty}(\sqrt{n+1}-\sqrt{n})=\lim\limits_{n\to\infty}\frac{1}{\sqrt{n+1}+\sqrt{n}}=0$。

27. C 【解析】本题考查同余问题。由题意知,3,5,7 的最小公倍数为 105。自然数被 3 除余 1 且被 5 和 7 整除的最小数是70;被 5 除余 2 且被 3 和 7 整除的最小数是 42;被 7 除余 3 且被 3 和 5 整除的最小数是 45。因此,被 3 除余 1、被 5 除余 2 且被 7 除余 3 的最小数是:$70+42+45-3\times5\times7=52$。由于这个自然数在 1000 到 1200 之间,则这个自然数为 $105\times10+52=1102$。

28. C 【解析】本题考查导数的应用。当 $a=0$ 时,$f(x)=-3x^2+1$,令 $f(x)=0$,解得 $x=\pm\frac{\sqrt{3}}{3}$,不符合题意;当 $a\neq0$ 时,$f'(x)=3ax^2-6x$,令 $f'(x)=0$,得 $x=0$ 或 $x=\frac{2}{a}$。若 $a>0$,则有 $f(x)$ 在 $(-\infty,0)$ 上单调递增,因为 $f(0)=1$,则存在一零点在 $(-\infty,0)$上,不符合题意;若 $a<0$,则有$f(x)$在$\left(-\infty,\frac{2}{a}\right)$上单调递减,在$\left(\frac{2}{a},0\right)$上单调递增,在$(0,+\infty)$上单调递减,由 $f(x)$ 在 $\mathbf{R}$ 上存在唯一的零点 x_0,且 $x_0>0$,因为 $f(0)=1>0$,所以此时必有$f\left(\frac{2}{a}\right)>0$,即 $a\times\frac{8}{a^3}-3\times\frac{4}{a^2}+1>0$,化简得 $a^2>4$,解得 $a<-2$。

29. B 【解析】本题考查抛物线与双曲线的性质。$\because$ 抛物线方程为 $y^2=4x$,$\therefore 2p=4$,可得$\frac{p}{2}=1$,$\therefore$ 抛物线的焦点坐标为 $F(1,0)$。双曲线的渐近线方程为$y=\pm\sqrt{3}x$,化成一般式得$\sqrt{3}x\pm y=0$,故抛物线 $y^2=4x$ 的焦点到双曲线的渐近线的距离为 $d=\frac{|\sqrt{3}\times1\pm0|}{\sqrt{3+1}}=\frac{\sqrt{3}}{2}$。

30. D 【解析】本题考查双曲线的性质。设$|AF_1|=|AB|=m$,则$|BF_1|=\sqrt{2}m$,$|AF_2|=m-2a$,$|BF_2|=\sqrt{2}m-2a$。$\because$ $|AB|=|AF_2|+|BF_2|=m$,$\therefore m-2a+\sqrt{2}m-2a=m$,$\therefore 4a=\sqrt{2}m$,$\therefore |AF_2|=\left(1-\frac{\sqrt{2}}{2}\right)m$。$\because$ $\triangle AF_1F_2$为直角三角形,$\therefore |F_1F_2|^2=|AF_1|^2+|AF_2|^2$,$\therefore 4c^2=\left(\frac{5}{2}-\sqrt{2}\right)m^2$,$\because 4a=\sqrt{2}m$,$\therefore 4c^2=\left(\frac{5}{2}-\sqrt{2}\right)\times8a^2=(20-8\sqrt{2})a^2$,$\therefore e^2=\frac{c^2}{a^2}=5-2\sqrt{2}$。

二、解答题

31.【解析】本题考查三角函数及函数求导的综合应用。(1)$f(x)=\boldsymbol{m}\cdot\boldsymbol{n}+a=b\sin x\cos x-a\cos^2x+a=\frac{a}{2}(1-\cos 2x)+\frac{b}{2}\sin 2x$,由 $f\left(\frac{\pi}{6}\right)=2$,得 $a+\sqrt{3}b=8$,$f'(x)=a\sin 2x+b\cos 2x$,又 $f'(0)=0+b=2\sqrt{3}$,$\therefore b=2\sqrt{3}$,$a=2$。

(2)由(1)得 $f(x)=1-\cos 2x+\sqrt{3}\sin 2x=2\sin\left(2x-\frac{\pi}{6}\right)+1$，$\because x\in\left[0,\frac{2\pi}{3}\right]$，$-\frac{\pi}{6}\leqslant 2x-\frac{\pi}{6}\leqslant\frac{7\pi}{6}$，$\therefore -1\leqslant 2\sin\left(2x-\frac{\pi}{6}\right)\leqslant 2$，$\therefore f(x)\in[0,3]$，又$\because f(x)-\log_{\frac{1}{3}}k=0$ 在$\left[0,\frac{2\pi}{3}\right]$上有解，即 $f(x)=-\log_3 k$ 在$\left[0,\frac{2\pi}{3}\right]$上有解，$\therefore -3\leqslant\log_3 k\leqslant 0$，解得$\frac{1}{27}\leqslant k\leqslant 1$，所以实数 k 的取值范围是$\left[\frac{1}{27},1\right]$。

32.【解析】本题考查立体几何的综合应用。(1)如图，连接 OA，OB，OC，因为 $\triangle ABC$ 是正三角形，所以 $AB=BC=AC$，因为 O 是圆锥底面的圆心，所以 $OA=OB=OC$，又因为 $PO\perp$平面 ABC，所以 $AP^2=OA^2+OP^2$，$BP^2=OB^2+OP^2$，$CP^2=OC^2+OP^2$，则 $AP=BP=CP$，所以 $\triangle APB\cong\triangle BPC\cong\triangle APC$(SSS)，由于 $\angle APC=90°$，所以 $\angle APB=\angle BPC=90°$，即 $AP\perp BP$，$CP\perp BP$，又 $AP\cap CP=P$，所以 $BP\perp$平面 APC，由于 $BP\subset$平面 PAB，所以平面 $PAB\perp$平面 PAC。

(2)设圆锥的底面半径为 r，圆锥的母线长为 l，则 $l=\sqrt{2+r^2}$，由于圆锥的侧面积为$\sqrt{3}\pi$，所以 $\pi\cdot r\cdot\sqrt{2+r^2}=\sqrt{3}\pi$，整理得$(r^2+3)(r^2-1)=0$，解得 $r=1$，所以 $AB=2\times 1\times\cos 30°=\sqrt{3}$，在Rt$\triangle ABP$中，因为 $AP=BP$，所以 $AP=BP=CP=AB\cdot\cos 45°=\sqrt{\frac{3}{2}}$，则 $V_{P-ABC}=V_{B-APC}=\frac{1}{3}\times\frac{1}{2}\times\sqrt{\frac{3}{2}}\times\sqrt{\frac{3}{2}}\times\sqrt{\frac{3}{2}}=\frac{\sqrt{6}}{8}$。

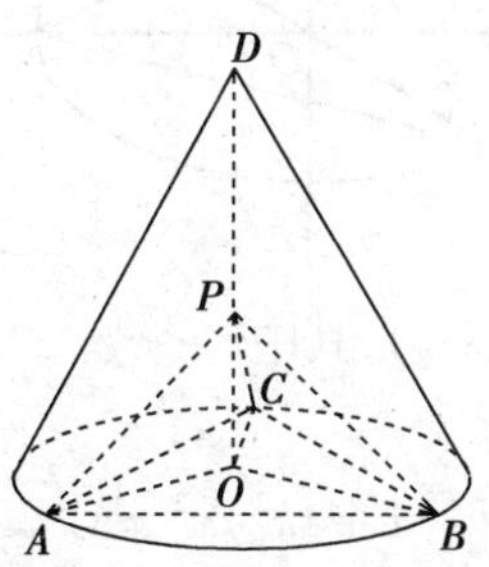

33.【解析】本题考查概率问题。(1)设 A_1 表示事件“日销售量不低于 100 个”，A_2 表示事件“日销售量低于 50 个”，B 表示事件“在未来连续 3 天里，有连续 2 天日销售量都不低于 100 个，且另 1 天的日销售量低于 50 个”。因此 $P(A_1)=(0.006+0.004+0.002)\times 50=0.6$，$P(A_2)=0.003\times 50=0.15$，$P(B)=0.6\times 0.6\times 0.15\times 2=0.108$。

(2)X 可能取的值为 0，1，2，3，相应的概率分别为 $P(X=0)=C_3^0(1-0.6)^3=0.064$，

$P(X=1)=C_3^1 0.6(1-0.6)^2=0.288$，

$P(X=2)=C_3^2 0.6^2(1-0.6)=0.432$，

$P(X=3)=C_3^3 0.6^3=0.216$。

X 的分布列为

X	0	1	2	3
P	0.064	0.288	0.432	0.216

因为 $X \sim B(3,0.6)$，所以期望 $E(X)=3\times0.6=1.8$，方差 $D(X)=3\times0.6\times(1-0.6)=0.72$。

34.【解析】本题考查等比数列的性质。(1)设等比数列 $\{a_n\}$ 的公比为 q，则有 $\begin{cases}a_1+a_1q=4,\\a_1q^2-a_1=8,\end{cases}$ 解得 $\begin{cases}a_1=1,\\q=3,\end{cases}$ 故数列 $\{a_n\}$ 的通项公式为 $a_n=3^{n-1}$。

(2)由(1)可得，$\log_3 a_n=n-1$，是一个以 0 为首项，1 为公差的等差数列，所以 $S_n=\frac{n(n-1)}{2}$，又因为 $S_m+S_{m+1}=S_{m+3}$，则有 $\frac{m(m-1)}{2}+\frac{(m+1)m}{2}=\frac{(m+3)(m+2)}{2}$，即 $m^2-5m-6=0$，解得 $m=6$ 或 -1(舍去)，故 $m=6$。

35.【解析】本题考查圆锥曲线的综合应用。(1)依题意可得，椭圆的方程为 $\frac{x^2}{4}+y^2=1$，直线 AB，EF 的方程分别为 $x+2y=2$，$y=kx(k>0)$，如图所示。

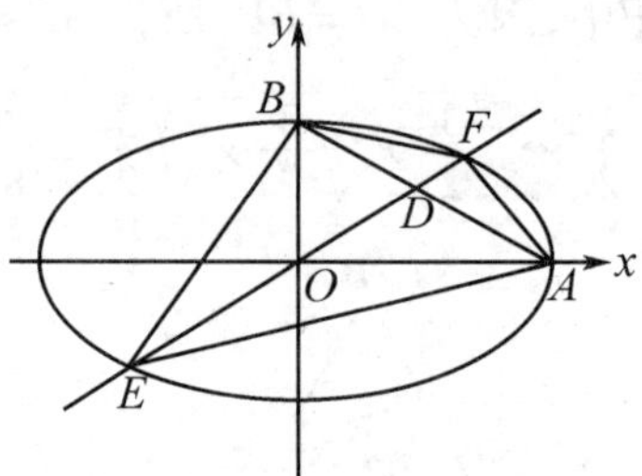

设 $D(x_0,kx_0)$，$E(x_1,kx_1)$，$F(x_2,kx_2)$，其中 $x_1<x_2$。

联立方程组 $\begin{cases}\frac{x^2}{4}+y^2=1,\\y=kx,\end{cases}$ 化简得 $(1+4k^2)x^2=4$。

由题意知，x_1，x_2 满足方程 $(1+4k^2)x^2=4$，

则 $x_2=-x_1=\frac{2}{\sqrt{1+4k^2}}$。①

由 $\overrightarrow{ED}=6\overrightarrow{DF}$ 知 $x_0-x_1=6(x_2-x_0)$，

得 $x_0=\frac{1}{7}(6x_2+x_1)=\frac{5}{7}x_2=\frac{10}{7\sqrt{1+4k^2}}$。

由 D 在 AB 上知 $x_0+2kx_0=2$，得 $x_0=\frac{2}{1+2k}$，

故$\frac{2}{1+2k}=\frac{10}{7\sqrt{1+4k^2}}$,化简得 $24k^2-25k+6=0$,

解得 $k=\frac{2}{3}$或 $k=\frac{3}{8}$。

(2)由题知$|BO|=1$,$|AO|=2$。

设 $y_1=kx_1$,$y_2=kx_2$。

由①得 $x_2>0$,$y_2=-y_1>0$,$\frac{x_2^2}{4}+y_2^2=1$,

故四边形 $AEBF$ 的面积为 $S=S_{\triangle BEF}+S_{\triangle AEF}=\frac{1}{2}|BO||x_2-x_1|+\frac{1}{2}|AO||y_2-y_1|=x_2+2y_2=\sqrt{(x_2+2y_2)^2}=\sqrt{x_2^2+4y_2^2+4x_2y_2}\leqslant\sqrt{2(x_2^2+4y_2^2)}=2\sqrt{2}$,当且仅当$x_2=2y_2$,即 $x_2=\sqrt{2}$,$y_2=\frac{\sqrt{2}}{2}$时取等号,因此 S 的最大值为 $2\sqrt{2}$。

教师招聘考试小学数学预测试卷(八)

一、判断题

1. × 【解析】本题考查分数与百分数的意义。百分数不能表示带单位的量,只能表示两个数之间的关系。故一根绳长 97%米,这种说法是错误的。

2. √ 【解析】本题考查正方形内切圆的面积。设正方形的边长为 a,在此正方形内画一个最大的圆,圆是正方形的内切圆,圆的直径是正方形的边长,圆的面积为$\frac{\pi a^2}{4}$,正方形面积为 a^2,而$\frac{\pi a^2}{4}>\frac{3a^2}{4}$,故这个圆的面积大于正方形面积的$\frac{3}{4}$。

3. √ 【解析】本题考查原函数的计算。对于任意实数$x\in\mathbf{R}$,恒有 $f'(x)=0$,则有 $f(x)=C$(C 为常数)。

4. × 【解析】本题考查分式方程的计算。分式方程去分母得 $3-2x-9+mx=-x+3$,整理得$(m-1)x=9$,当 $m-1=0$,即 $m=1$ 时,该分式方程无解;当 $m-1\neq0$,即 $m\neq1$ 时,由分式方程无解得 $x-3=0$,即 $x=3$,把 $x=3$ 代入整式方程得$m=4$。综上所述,$m=1$ 或 $m=4$。

5. √ 【解析】本题考查函数奇偶性的判定。设$f(x)=y=\ln\frac{1-x}{1+x}$,其定义域为$\left\{x\left|\frac{1-x}{1+x}>0\right.\right\}=\{x|-1<x<1\}$,关于原点对称,$f(-x)=\ln\frac{1+x}{1-x}=\ln\left(\frac{1-x}{1+x}\right)^{-1}=$

$-\ln\frac{1-x}{1+x}=-f(x)$，所以 $y=\ln\frac{1-x}{1+x}$是奇函数。

6. × 【解析】本题考查极限与连续的概念。举反例，比如，$f(x)=0(x\neq 0)$，当 $x\to 0$ 时，$\lim\limits_{x\to 0}f(x)=0$，但是$f(x)$在 $x=0$ 处是不连续的。

7. √ 【解析】本题考查矩阵秩的概念。矩阵 $\boldsymbol{A}$ 中有一个 r 级子式不为零，同时所有 $r+1$ 级子式全为零，这是矩阵 $\boldsymbol{A}$ 的秩为 r 的充分必要条件。

8. × 【解析】本题考查集合的运算。$A=\{x \mid \ln x>0\}=\{x|x>1\}$，$B=\{x \mid x^2-4\leqslant 0\}=\{x|-2\leqslant x\leqslant 2\}$，故 $A\cap B=\{x|1<x\leqslant 2\}$。

9. × 【解析】本题考查基本不等式。当 x,y 都是正数时满足该式。

10. × 【解析】本题考查函数的值域。$f(x)=\sin\left(\frac{\pi}{2}-x\right)\sin x-\sqrt{3}\cos^2x+\frac{\sqrt{3}}{2}=\cos x\sin x-\sqrt{3}\times\frac{1+\cos 2x}{2}+\frac{\sqrt{3}}{2}=\frac{1}{2}\sin 2x-\frac{\sqrt{3}}{2}\cos 2x=\sin\left(2x-\frac{\pi}{3}\right)$，因为 $x\in\left(0,\frac{3\pi}{4}\right]$，所以 $2x-\frac{\pi}{3}\in\left(-\frac{\pi}{3},\frac{7\pi}{6}\right]$，故$f(x)$的值域为$\left(-\frac{\sqrt{3}}{2},1\right]$。

二、单项选择题

11. A 【解析】本题考查数的认识与运算。$2016\div 4=504$，故 2016 年是闰年，有 366 天，A 正确；互质的两个数，它们的公约数为 1，B 错误；在等底等高的条件下，圆锥的体积等于圆柱体积的$\frac{1}{3}$，C 错误；自然数 0 与$\frac{7}{8}$相乘所得的积等于自然数 0，D 错误。

12. D 【解析】本题考查复数的几何意义。由题意得复数 $z=x+y\mathrm{i}(x\in\mathbf{R},y\in\mathbf{R})$，$\because z+\mathrm{i}=x+(y+1)\mathrm{i}$，$\therefore |z+\mathrm{i}|=\sqrt{x^2+(y+1)^2}=1$，可得 $x^2+(y+1)^2=1$。

13. C 【解析】本题考查数轴和科学记数法。由题意知，数轴单位长度约为 5×10^6 光年，$10\times 5\times 10^6=5\times 10^7$，从数轴上看比较接近 C 选项。

14. B 【解析】本题考查图形的对称。选项 A 是中心对称图形；选项 B 既是轴对称图形也是中心对称图形；选项 C 是轴对称图形；选项 D 既不是轴对称图形也不是中心对称图形。

15. C 【解析】本题考查代数式的运算。$3^{2m-4n}=3^{2m}\div 3^{4n}=(3^m)^2\div(9^n)^2=2$，将 $3^m=4$ 和 $9^n=x$ 整体代入，得 $4^2\div x^2=2$，$\therefore x^2=8$，解得 $x_1=2\sqrt{2}$，$x_2=-2\sqrt{2}$（舍去），$\therefore x=2\sqrt{2}$。

16. A 【解析】本题考查极限的定义。根据极限的定义可知$\lim\limits_{\Delta x\to 0}\frac{f(1+\Delta x)-f(1)}{\Delta x}=f'(1)$，$\because f'(x)=\frac{5}{3}-\frac{2}{2x+1}$，$\therefore f'(1)=1$，则$\lim\limits_{\Delta x\to 0}\frac{f(1+\Delta x)-f(1)}{\Delta x}=1$。

17. B 【解析】本题考查导数应用与双曲线的性质。由函数 $y=1+\ln x+\ln 2(x>0)$ 可得 $y'=\frac{1}{x}>0$，即过该切点的切线的斜率大于0，故函数是与双曲线的渐近线 $y=\frac{b}{a}x$ 相切，设切点为 (m,n)，则 $\frac{b}{a}=\frac{1}{m}$，且 $n=\frac{b}{a}m, n=1+\ln m+\ln 2$，联立解得 $m=\frac{1}{2}$，则 $\frac{b}{a}=\frac{1}{m}=2$，$\therefore e=\frac{c}{a}=\sqrt{1+\left(\frac{b}{a}\right)^2}=\sqrt{5}$。

18. A 【解析】本题考查直线与圆的位置关系。当直线 l 经过圆心 $(0,3)$ 时，圆心到直线 l 的距离最小，最小距离为0；当 $OA\perp l$ 时，圆心到直线 l 的距离最大，最大距离为线段 OA 的长度，即 $d_{\max}=\sqrt{(0-0)^2+(-1-3)^2}=4$，则 d 的取值范围是 $[0,4]$。

19. B 【解析】本题考查解三角形。将 $\sin A+\cos A=\frac{2}{5}$ 两边平方，得 $\sin^2 A+\cos^2 A+2\sin A\cos A=\frac{4}{25}$，即 $2\sin A\cos A=\sin 2A=\frac{4}{25}-1=-\frac{21}{25}<0$，$\therefore \pi<2\angle A<2\pi$，$\therefore \frac{\pi}{2}<\angle A<\pi$，$\therefore \angle A$ 为钝角。

20. A 【解析】本题考查函数的单调性与奇偶性。$\because$ 函数 $f(x)$ 在区间 $[0,+\infty)$ 上有 $f'(x)>0$，$\therefore$ 函数 $f(x)$ 在区间 $[0,+\infty)$ 上单调递增，$\because$ 偶函数 $f(x)$ 满足 $f(2x-1)<f\left(\frac{1}{3}\right)$，$\therefore f(|2x-1|)<f\left(\frac{1}{3}\right)$，即 $|2x-1|<\frac{1}{3}$，解得 $\frac{1}{3}<x<\frac{2}{3}$，$\therefore x$ 的取值范围是 $\left(\frac{1}{3},\frac{2}{3}\right)$。

21. D 【解析】本题考查排列组合。因为5位学生已经排好，第一位老师的站法有 $C_6^1=6$ 种，当第一位老师站好后，第二位老师的站法有 $C_7^1=7$ 种，所以这两位老师与学生站成一排的站法共有 $6\times 7=42$ 种。

22. C 【解析】本题考查由三视图计算立体图形的体积。由三视图可得如图所示的三棱锥 $P-ABC$，将其置于长方体 $ABCD-EFGP$ 中，则二者的外接球相同，该球的直径等于长方体 $ABCD-EFGP$ 的体对角线长度。因为网格纸上小正方形的边长为1，所以 $AB=4, BC=3, AE=2$，则长方体 $ABCD-EFGP$ 的体对角线长度为 $\sqrt{4^2+3^2+2^2}=\sqrt{29}$，所以三棱锥 $P-ABC$ 的外接球半径为 $r=\frac{\sqrt{29}}{2}$，则该球表面积为 $S=4\pi r^2=29\pi$。

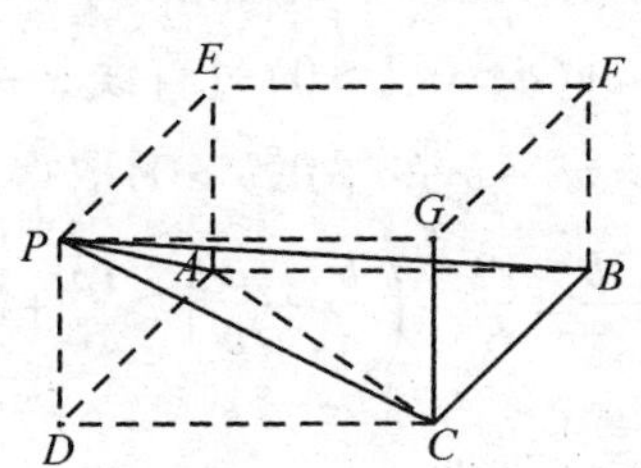

23. B 【解析】本题考查函数与方程。令 $f(x)=2\sin \pi x-x+1=0$，则 $2\sin \pi x=x-1$，令 $h(x)=2\sin \pi x$，$g(x)=x-1$，则 $f(x)=2\sin \pi x-x+1$ 的零点个数问题即为函数 $h(x)$ 与 $g(x)$ 图象的交点个数问题。如图所示，在同一坐标系中，两个函数图象的交点一共有 5 个，所以 $f(x)=2\sin \pi x-x+1$ 的零点个数为 5。

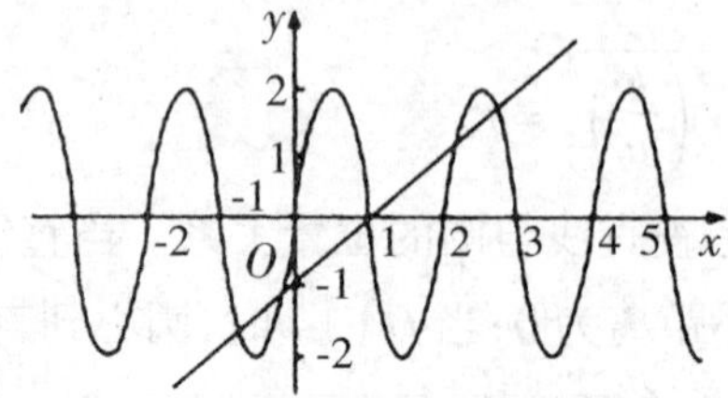

24. C 【解析】本题考查球的体积问题。如图，当 $OC\perp$ 平面 OAB 时，三棱锥 $O-ABC$ 的底面 OAB 上的高最大，即三棱锥体积最大，此时底面 OAB 上的高为球 O 的半径，设球 O 的半径为 R，此时 $V_{O-ABC}=V_{C-AOB}=\frac{1}{3}\times\frac{1}{2}\times R^2\times R=\frac{1}{6}R^3=36$，故 $R=6$，则球 O 的体积 $V=\frac{4}{3}\pi R^3=\frac{4}{3}\times\pi\times 216=288\pi$。

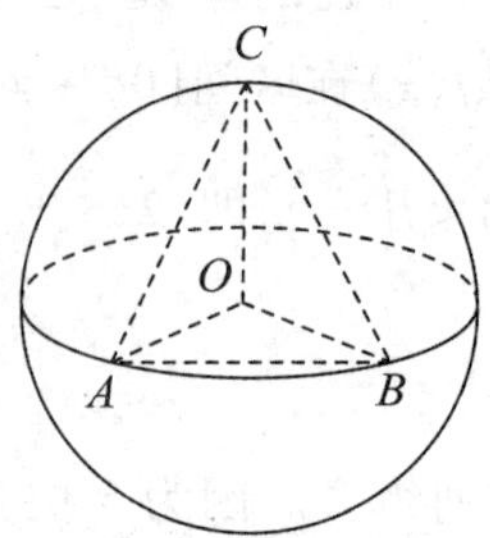

25. D 【解析】本题考查导数的图象与性质。根据题意，已知导函数的图象有三个零点，且每个零点的两边导函数值的符号相反，因此函数 $f(x)$ 在零点处取得极值，排除 A、B 项；导函数 $f'(x)$ 的零点从左到右分别记为 x_1,x_2,x_3，又在 $(-\infty,x_1)$ 上，$f'(x)<0$，则函数 $f(x)$ 在 $(-\infty,x_1)$ 上单调递减，排除 C 项。

三、填空题

26. $\frac{25}{6}$

【解析】本题考查线性规则的应用。由题意知，不等式表示的平面区域如图中阴影部分所示，当直线 $z=ax+by(a>0,b>0)$ 过直线 $x-y+2=0$ 与直线 $3x-y-6=0$ 的交点 $(4,6)$ 时，目标函数 $z=ax+by(a>0,b>0)$ 取得最大值 12，即 $2a+3b=6$，从而有 $\frac{2}{a}+\frac{3}{b}=\left(\frac{2}{a}+\frac{3}{b}\right)\cdot\frac{2a+3b}{6}=\frac{13}{6}+\left(\frac{b}{a}+\frac{a}{b}\right)\geqslant\frac{13}{6}+2=\frac{25}{6}$，当且仅当 $a=b=1$ 时等号成立。

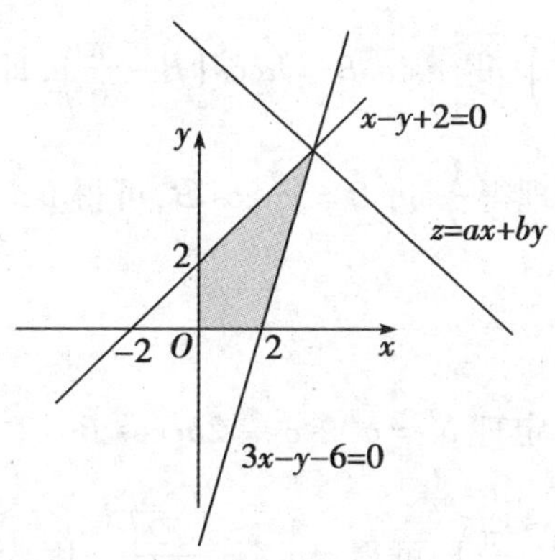

27. $\frac{1}{2}\ln 2$

【解析】本题考查定积分的计算。$\int_0^{\frac{\pi}{4}}\tan x\mathrm{d}x = \int_0^{\frac{\pi}{4}}\frac{\sin x}{\cos x}\mathrm{d}x = -\int_0^{\frac{\pi}{4}}\frac{1}{\cos x}\mathrm{d}(\cos x) = -\ln(\cos x)\Big|_0^{\frac{\pi}{4}} = -\ln\left(\cos\frac{\pi}{4}\right)+\ln(\cos 0) = -\ln\frac{\sqrt{2}}{2}+\ln 1 = \ln\left(\frac{\sqrt{2}}{2}\right)^{-1} = \ln\sqrt{2} = \frac{1}{2}\ln 2$。

28. $\frac{1}{3}$

【解析】本题考查极限的计算。$\lim\limits_{n\to\infty}\frac{n^2-n-2}{3n^2+1}=\lim\limits_{n\to\infty}\frac{1-\frac{1}{n}-\frac{2}{n^2}}{3+\frac{1}{n^2}}=\frac{1}{3}$。

29. $\sqrt{5}$

【解析】本题考查向量的运算。由题意得，$|\boldsymbol{b}| = \sqrt{2^2+1^2}=\sqrt{5}$，由 $\lambda\boldsymbol{a}+\boldsymbol{b}=\boldsymbol{0}$，得 $\boldsymbol{b}=-\lambda\boldsymbol{a}$，故 $|\boldsymbol{b}|=|-\lambda\boldsymbol{a}|=|\lambda||\boldsymbol{a}|$，所以 $|\lambda|=\frac{|\boldsymbol{b}|}{|\boldsymbol{a}|}=\frac{\sqrt{5}}{1}=\sqrt{5}$。

30. 7

【解析】本题考查二项式定理。二项式 $\left(\sqrt[3]{x}+\frac{1}{2x}\right)^8$ 的展开式通项为 $T_{r+1} = C_8^r(\sqrt[3]{x})^{8-r}\left(\frac{1}{2x}\right)^r=\frac{1}{2^r}C_8^r x^{\frac{8-4r}{3}}$。当 $\frac{8-4r}{3}=0$，即 $r=2$ 时，T_{r+1} 为常数项，因此该二项式的展开式的常数项为 $T_3=\frac{1}{2^2}\times C_8^2=7$。

四、解答题

31. 【解析】本题考查三角函数的综合应用。(1) 在 $\triangle ABC$ 中，由正弦定理得 $b\sin A=$

$a\sin B$，由 $b\sin A = a\cos\left(B-\dfrac{\pi}{6}\right)$，得 $a\sin B = a\cos\left(B-\dfrac{\pi}{6}\right)$，即 $\sin B=\cos\left(B-\dfrac{\pi}{6}\right)$，即 $\sin B=\dfrac{\sqrt{3}}{2}\cos B+\dfrac{1}{2}\sin B$，整理得 $\dfrac{1}{2}\sin B=\dfrac{\sqrt{3}}{2}\cos B$，可得 $\tan B=\sqrt{3}$，又因为 $\angle B\in(0,\pi)$，所以 $\angle B=\dfrac{\pi}{3}$。

(2)在 $\triangle ABC$ 中，由余弦定理 $b^2=a^2+c^2-2ac\cos B=2^2+3^2-2\times2\times3\times\dfrac{1}{2}=7$，则 $b=\sqrt{7}$，由 $b\sin A=a\cos\left(B-\dfrac{\pi}{6}\right)$，可得 $\sin A=\dfrac{\sqrt{21}}{7}$。因为 $a<c$，所以 $\angle A<\angle C$，即 $\angle A$ 为锐角，所以 $\cos A=\dfrac{2\sqrt{7}}{7}$，因此 $\sin 2A=2\sin A\cos A=\dfrac{4\sqrt{3}}{7}$，$\cos 2A=2\cos^2 A-1=\dfrac{1}{7}$，所以 $\sin(2A-B)=\sin 2A\cos B-\cos 2A\sin B=\dfrac{4\sqrt{3}}{7}\times\dfrac{1}{2}-\dfrac{1}{7}\times\dfrac{\sqrt{3}}{2}=\dfrac{3\sqrt{3}}{14}$。

32.【解析】本题考查数列的通项与极限的计算。(1)由 $S_3=3$，$S_6=-21$，得 $q\neq1$，则有 $\dfrac{a_1(1-q^3)}{1-q}=3$，$\dfrac{a_1(1-q^6)}{1-q}=-21$，两式相除可得 $1+q^3=-7$，解得 $q=-2$。

(2)由等比数列的前 n 项和公式可得，$S_n=\dfrac{a_1(1-q^n)}{1-q}$，$\therefore T_n=a_1+a_3+\cdots+a_{2n-1}=\dfrac{a_1(1-q^{2n})}{1-q^2}$，当 $q>1$ 时，$\lim\limits_{n\to\infty}\dfrac{S_n}{T_n}=\lim\limits_{n\to\infty}\dfrac{1+q}{1+q^n}=0$；当 $0<q<1$ 时，$\lim\limits_{n\to\infty}\dfrac{S_n}{T_n}=\lim\limits_{n\to\infty}\dfrac{1+q}{1+q^n}=1+q$；当 $q=1$ 时，$\lim\limits_{n\to\infty}\dfrac{S_n}{T_n}=\lim\limits_{n\to\infty}\dfrac{1+q}{1+q^n}=1$。

33.【解析】本题考查频率分布直方图。(1)由频率分布直方图知，月平均用水量在[0,0.5)中的频率为 $0.08\times0.5=0.04$。同理，在[0.5,1)，[1.5,2)，[2,2.5)，[3,3.5)，[3.5,4)，[4,4.5)中的频率分别为0.08，0.20，0.26，0.06，0.04，0.02。由 $0.04+0.08+0.20+0.26+0.5\times2\times a+0.06+0.04+0.02=1$，解得 $a=0.30$。

(2)由(1)可知，100位居民每人月平均用水量不低于3吨的频率为 $0.06+0.04+0.02=0.12$。由以上样本的频率分布，可以估计全市30万居民中月平均用水量不低于3吨的为 $300\,000\times0.12=36\,000$ 人。

(3)因为前6组的频率之和为 $0.04+0.08+0.15+0.20+0.26+0.15=0.88>0.85$，而前5组的频率之和为 $0.04+0.08+0.15+0.20+0.26=0.73<0.85$，所以 $2.5\leqslant x<3$。由 $0.3\times(x-2.5)=0.85-0.73$，解得 $x=2.9$。所以，估计月用水量标准不超过2.9吨时，85%的居民每月的用水量不超过标准。

34.【解析】本题考查椭圆的方程与性质。(1)由题意，短轴长 $2b=2\sqrt{2}$，即 $b=$

$\sqrt{2}$，离心率 $e=\dfrac{c}{a}=\dfrac{\sqrt{6}}{3}$，又 $a^2=b^2+c^2$，解得 $a=\sqrt{6}$，$c=2$，即椭圆 C 的方程为 $\dfrac{x^2}{6}+\dfrac{y^2}{2}=1$。

(2)由(1)知 $A(0,\sqrt{2})$。假设点 $M(m,0)(m>0)$，则 $k_{AM}=-\dfrac{\sqrt{2}}{m}$，因为 $AM\perp AN$，所以 $k_{AN}=\dfrac{\sqrt{2}m}{2}$，则 l_{AN} 方程为 $y=\dfrac{\sqrt{2}}{2}mx+\sqrt{2}$，联立 $\begin{cases}y=\dfrac{\sqrt{2}}{2}mx+\sqrt{2},\\ \dfrac{x^2}{6}+\dfrac{y^2}{2}=1,\end{cases}$ 解得 $\begin{cases}x=-\dfrac{12m}{2+3m^2},\\ y=\dfrac{2\sqrt{2}-3\sqrt{2}m^2}{2+3m^2}\end{cases}$ 或 $\begin{cases}x=0,\\ y=\sqrt{2}\end{cases}$(与点 A 重合，舍去)，即 $N\left(-\dfrac{12m}{2+3m^2},\dfrac{2\sqrt{2}-3\sqrt{2}m^2}{2+3m^2}\right)$。易知在 Rt$\triangle MAN$ 中，$\angle ANM=30°$，$|\overrightarrow{NM}|=2|\overrightarrow{AM}|$，$\overrightarrow{NM}=\left(\dfrac{3m^3+14m}{2+3m^2},-\dfrac{2\sqrt{2}-3\sqrt{2}m^2}{2+3m^2}\right)$，$\overrightarrow{AM}=(m,-\sqrt{2})$，于是有$\left(\dfrac{3m^3+14m}{2+3m^2}\right)^2+\left(-\dfrac{2\sqrt{2}-3\sqrt{2}m^2}{2+3m^2}\right)^2=4(m^2+2)$，整理得 $9m^6+6m^4-20m^2+8=0$ ①。令 $t=m^2(t>0)$，则方程①可化为 $9t^3+6t^2-20t+8=(t+2)(3t-2)^2=0$，所以 $t=\dfrac{2}{3}$ 或 $t=-2$(舍去)，所以 $m=\dfrac{\sqrt{6}}{3}$，即所求的点 M 的坐标为$\left(\dfrac{\sqrt{6}}{3},0\right)$。

35.**【解析】**本题考查导数的应用。(1)当 $a=-1$ 时，$f(x)=x^2\ln x+x^2-1$，$f'(x)=2x\ln x+3x$，则曲线 $f(x)$ 在点 $(1,f(1))$ 处的切线斜率为 $f'(1)=3$，又 $f(1)=0$，所以切线方程为 $3x-y-3=0$。

(2)$f'(x)=2x\ln x+(1-2a)x=x(2\ln x+1-2a)$，其中 $x\geqslant 1$。

当 $a\leqslant\dfrac{1}{2}$ 时，因为 $x\geqslant 1$，所以 $f'(x)\geqslant 0$，所以函数 $f(x)$ 在 $[1,+\infty)$ 上单调递增，故 $f(x)\geqslant f(1)=0$；

当 $a>\dfrac{1}{2}$ 时，令 $f'(x)=0$，得 $x=\mathrm{e}^{a-\frac{1}{2}}$。若 $x\in[1,\mathrm{e}^{a-\frac{1}{2}})$，则 $f'(x)<0$，所以函数 $f(x)$ 在 $[1,\mathrm{e}^{a-\frac{1}{2}})$ 上单调递减，此时 $f(x)\leqslant f(1)=0$，不符合题意。

综上，a 的取值范围是$\left(-\infty,\dfrac{1}{2}\right]$。

图书反馈

重磅！真题有奖征集！

「**凡提供当年度考试真题者，根据真题完整度，可获得500元以内现金奖励。**」

具体请联系QQ:1831595423

（温馨提示：所提供真题须是当年度考试真题，且真实有效。）

联系方式：400-600-3363　　研发部QQ：1831595423

招教网
招考资讯平台

山香官网
考编服务平台

山香网校
线上学习平台

图书订正链接
勘误更新平台